50 Jahre   1938-1988

Grenz
brigade 5

herausgegeben von Brigadier Hans Jörg Huber (Kdt Gz Br 5, 1982 - 1987)

Baden Verlag, 5401 Baden

Copyright © 1988 beim Herausgeber

Gesamtherstellung: Buchdruckerei AG, Baden
Printed in Switzerland

ISBN 3-85545-029-3

CIP Kurztitelentnahme der Deutschen Bibliothek
50 Jahre Grenzbrigade 5, 1938–1988
Baden (Switzerland) Baden Verlag, 1988

Inhalt

Herausgeber

Huber Hans Jörg, Brigadier z D
Kdt Gz Br 5 1982–1987
Dr. iur., Fürsprecher, Zurzach

Vorwort

Koller Arnold, Bundesrat
Vorsteher Eidg. Militärdepartement, Bern

Autoren

Halder Heiner, Korporal, Stabskp Gz Br 5
Redaktor, Lenzburg
Hartmann Martin, Dienstführer, Stabskp Mob Pl 203
Dr. phil., Kantonsarchäologe, Ennetbaden
Heller Daniel, Oberleutnant, Pz Hb Flt Bttr 15
Dr. phil., Stab Operative Schulung EMD, Unter-Erlinsbach
Hemmeler Hans, Brigadier a D, Kdt Gz Br 5 1966–1971
Dr. iur., ehem. Vorsteher der Aargauischen
Industrie- und Handelskammer, Aarau
Höchli Hans Rudolf, Major, Stab Gz Br 5
Rektor Gewerbeschule, Lenzburg
Huber Hans Jörg, Brigadier z D
Humm Richard, Oberstleutnant, Stab Ter Zo 2
Schulungsberater, Zürich
Pfisterer Thomas, Oberst i Gst, Stab Gz Br 5
Dr. iur., Bundesrichter, Aarau
Räber Stefan, Oberleutnant, Sch Kan Flt Bttr 14
Student phil. I, Aarau
Schmid Peter, Pionier, Stabskp Gz Br 5
Redaktor, Niederlenz

Stüssi-Lauterburg Jürg, Hauptmann i Gst, Stab Ter Zo 12
Dr. phil., Chef Eidg. Militärbibliothek, Windisch
Vögeli Robert, Oberst, z Vf Chef TID Armee
Dr. phil., Institutsleiter, Wohlen
Walde Karl J., Divisionär a D
Dr. phil., Conthey
Wolf Peter, Brigadier, Kdt Gz Br 5
Dr. phil., Rektor, Bülach

Bildmaterial

Grauwiller Christoph, Major, Stab Gz Br 5
Schulleiter, Liestal
Vock Robert, Oberstleutnant, Stab Gz Br 5
Dipl. Arch. ETH/SIA, Weiningen
Weber Hans,
Foto-Journalist BR, Lenzburg

Wir danken ehemaligen und gegenwärtigen Angehörigen der Grenzbrigade 5,
die freundlicherweise Bilder aus ihren Privatsammlungen zur Verfügung gestellt
haben.
Dem Bundesarchiv und dem Staatsarchiv des Kantons Aargau danken wir für die
Mitarbeit.

Mitarbeiter

Achermann Marcel, Oberstleutnant, Stab Gz Br 5
Vizedirektor, Dietikon
Kaufmann Franz, Hauptmann, Stab Fest Abt 21
Bezirkslehrer, Fahrwangen
Schröter Guido, Leutnant, Stab Gz Br 5
Kfm. Ang., Basel
Weber Jörg, Oberleutnant, Füs Kp III/251
Lic. phil., Mittelschullehrer, Baden
Widmer Alex, Oberleutnant, Füs Stabskp 60
Dr. oec. HSG, Zurzach
Willimann Karl, Oberstleutnant, Stab Gz Br 5
Dipl. Ing. ETH, Lausen

Gesamtherstellung

Buchdruckerei AG, Baden
Der Herausgeber dankt Paul Bieger, Sachbearbeiter.

Als mit der Truppenordnung 1938 auch die Grenzbrigade 5 geschaffen wurde, stand Europa kurz vor Ausbruch des Zweiten Weltkriegs. Ein gütiges Schicksal hat unser Land vom schweren Waffengang und von der Katastrophe verschont. Aber die Aktivdienst-Generation weiss, welche Opfer und Entbehrungen in den Jahren der Grenzbesetzung zu bringen waren. Das vorliegende Buch berichtet davon.

Der Auftrag, den die Grenzbrigade 5 im Rahmen unserer militärischen Landesverteidigung zu erfüllen hat, ist heute so wichtig wie vor 50 Jahren. Wer unsere Grenze mutwillig verletzt, soll erfahren, dass es uns mit unserer Verteidigung ernst ist und wir keinen Zoll Boden ohne hartnäckigen Widerstand preiszugeben bereit sind. Die Formationen der Landwehr, die das Gros der Bestände der Brigade stellen, tragen ihre Bezeichnung nicht von ungefähr. Wehrhaft zu bleiben ist denn auch das Gebot unserer Zeit.

Ausrüstung und Organisation der Armee unterliegen einem dauernden Wandel. Beide müssen laufend der sich ändernden Bedrohung und dem technischen Fortschritt angepasst werden. Auch die Ausrüstung der Grenzbrigaden hat im Lauf der Zeit erfreulich verbessert werden können, zuletzt mit modernen, wirkungsvollen Panzerabwehrlenkwaffen.

Der vorliegende Band gibt mir Gelegenheit, allen Angehörigen der Grenzbrigade 5, die sich aus den Kantonen Aargau und Basel Stadt rekrutieren, für ihren grossen Einsatz zu danken. Ich rufe sie gleichzeitig auf, sich auch in Zukunft an dem Platz, den sie einnehmen, und in der Funktion, die sie zu erfüllen haben, mit voller Kraft für unsere gute Sache – Kriegsverhinderung durch Verteidigungsbereitschaft – einzusetzen. Es gilt, den bis heute erreichten hohen Ausbildungsstand zu festigen und auszubauen. Nur eine kriegsgenügende Armee kann ihrer Hauptaufgabe gerecht werden: einen möglichen Angreifer vom Übergriff auf unser Land auch in Zukunft abzuhalten.

Arnold Koller
Bundesrat, Vorsteher Eidgenössisches Militärdepartement

Das vorliegende Buch nimmt für sich nicht in Anspruch, die ganze Geschichte der Gz Br 5 zu erzählen. Dem stehen verschiedene Umstände entgegen, nicht zuletzt die notwendige Geheimhaltung in der Gegenwart.

Mehrere Dinge aber sind erreicht worden: ein Blick zurück auf Land und Leute, eine gründliche, wissenschaftliche Erforschung der frühen Jahre unseres Kampfverbandes, das Einfangen von Taten und Stimmungen während des Aktivdienstes 1939 bis 1945. Einzelne Bilder unserer Bilderbogen zeigen zudem die Gegenwart, verraten die Bereitschaft, das Erbe der Vergangenheit unter veränderten Vorzeichen in der Gegenwart zu leben und in die Zukunft zu tragen. Es gibt keine Anzeichen in unserer Welt am Ende des 20. Jahrhunderts, dass der neutrale Kleinstaat Schweiz im Herzen Europas auf seine Armee verzichten könnte.

Ich möchte allen danken, die an diesem Buch über lange Zeit mitgearbeitet haben. Da sind unsere Autoren: Sie verdienen unseren besonderen Dank. Eingeschlossen sind ihre Mitarbeiter und verschiedene Amtsstellen, die bereitwillig mithalfen. Ich danke der «Arbeitsgruppe Br Geschichte», die in mehreren Dienstleistungen das Werk zusammen mit dem Verlag der Herausgabe entgegenführte. Viele Wehrmänner der Gz Br 5, ehemalige und aktive, haben uns unterstützt, indem sie berichteten, Fotos zur Verfügung stellten und sich um unsere Arbeit bemühten. Wir danken ihnen ebenso wie unseren Donatoren der öffentlichen Hand und ziviler Unternehmungen, ohne deren Beiträge wir nicht in der Lage gewesen wären, das Werk zu produzieren und zu einem günstigen Preis anzubieten.

Als Herausgeber widme ich unser gemeinsames Werk allen Wehrmännern, die in den Reihen der Grenzbrigade 5 Dienst leisteten und leisten.

Das Buch soll Zeugnis ablegen vom Willen unserer Vorfahren, Land und Leute zu schützen. Es soll aber auch ein Bekenntnis sein, dass wir jetzt und heute zu diesem Auftrag stehen. Was die Zeit verlangt, erkennen wir oft erst, wenn wir die Geschichte befragen. Unsere Geschichte der Grenzbrigade 5 gibt Auskunft, was heute und morgen getan werden muss.

Hans Jörg Huber
Brigadier, Kdt Gz Br 5 1982–1987

Zweimal in der langen Geschichte des römischen Imperiums bildete der Hochrhein die nördliche Grenze des Reiches. Diese Grenze dürfen wir uns allerdings nicht im gleichen Masse als absolute Grösse vorstellen, wie wir es von einer modernen Landesgrenze gewohnt sind. Mit dem Ausdruck Grenzland wird umschrieben, dass sowohl der linke als auch der rechte Uferbereich des Rheines damit gemeint ist. Die hier folgenden Ausführungen beziehen sich auf das Gebiet zwischen Zurzach und Kaiseraugst, das heisst auf den aargauischen Teil dieser Grenze, könnten aber grosso modo auch auf andere Grenzabschnitte angewandt werden.

Die Eroberung des Alpenvorlandes

Die Regierungszeit des Augustus (27 v. bis 14 n. Chr.) brachte den im schweizerischen Mittelland lebenden Helvetiern die zu erwartende Unterwerfung. Sowohl die rechtsrheinisch siedelnden Germanen als auch die rätischen Alpenvölker bildeten für die angrenzenden Provinzen eine ständige Gefahr. In mehreren Etappen versuchte Augustus dieser Situation Herr zu werden. Zur Vorbereitung seines geplanten Alpenfeldzuges wurden die Salasser im Aostatal unterworfen, und damit kam die Strasse über den Grossen St. Bernhard in römische Hände.
Gleichzeitig operierte P. Silius Nerva gegen verschiedene Alpenvölker im östlichen Oberitalien. Am Niederrhein sorgte Augustus selbst für Ordnung, indem er gegen die Sugambrer zog. Mit diesen Operationen war der Weg frei, um zum entscheidenden Schlag gegen die Alpenvölker auszuholen. Die beiden Adoptivsöhne des Augustus, Tiberius und Drusus, sollten den Feldzug leiten. Man schrieb das Jahr 15 v. Chr., als Drusus als Führer zweier Heeresgruppen nach Norden vorstiess. Er selbst führte die eine das Etschtal hinauf, über den Brenner- oder den Reschenpass ins Inntal und weiter ins Gebiet der Vindeliker. Der andere Heeresteil stiess über den Julier oder den Septimer Richtung Bodensee vor. Gleichzeitig zog Tiberius mit einem zweiten Heer von Gallien durch die Nordschweiz zum Bodensee. Dieser Feldzug endete mit der Unterwerfung der Räter und Vindeliker. Das ganze Alpengebiet mit dem nördlichen Vorland war nun in römischer Hand.
Der Vorstoss des Tiberius hatte aber für das Mittelland schwerwiegende Folgen. Zur Vorbereitung seines Feldzuges wurden in Basel, Windisch, Zürich und Oberwinterthur kleine Militärkastelle errichtet. Damit war das ganze helvetische Sied-

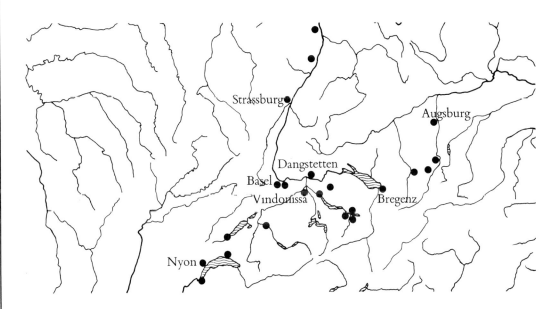

lungsgebiet militärisch besetzt. Über das Verhalten der Bevölkerung sind wir
weitgehend im unklaren. Nirgends steht etwas von Kampfhandlungen geschrieben. Es gibt auch keine archäologischen Hinweise auf Zerstörungen. Offensichtlich
haben die Helvetier diese Ereignisse, die ja zum Einbezug ihres Gebietes in den
römischen Herrschaftsbereich führten, mit Gleichmut hingenommen.
In offensiver Position über dem rechten Rheinufer wurde bei Rheinheim-Dang-
stetten für die 19. Legion ein Militärlager und zur Sicherung des Flussübergangs in
Zurzach ein Kastell errichtet. Während das Legionslager schon wenige Jahre später (um 8 v. Chr.) im Zuge der weiteren Feldzüge aufgegeben wurde, blieb das
Kastell von Zurzach bis in die Mitte des 1. Jahrhunderts n. Chr. militärisch besetzt.
Nach Errichtung der erwähnten Militärkastelle und dem Abschluss des Alpenfeldzuges schritt die römische Heerführung zur Realisierung des zweiten Teiles
ihrer Pläne: zur Eroberung Germaniens. Man verlegte sechs Legionen an den
Rhein, zwischen Mainz und die niederländische Grenze. Unter dem Oberkommando des Drusus und später seines Stiefbruders Tiberius stiessen die römischen
Truppen weit ins Gebiet von Main, Lahn und Weser vor und drangen an gewissen Stellen bis an die Ufer der Elbe. Der Widerstand der Germanen schien recht
stark gewesen zu sein, die unwirtliche Gegend tat ein übriges; jedenfalls dauerten

11

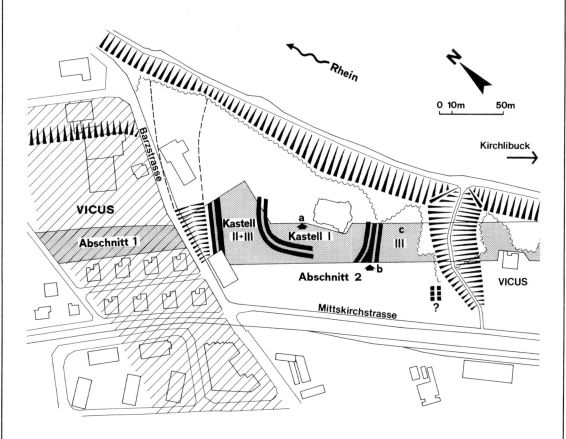

die Feldzüge mit Unterbrüchen bis ins Jahr 5 n.Chr., bis Tiberius mit der Einrichtung der Provinz Germania die Eroberung fürs erste als abgeschlossen und die Germanen als befriedet betrachten konnte. Doch lange währte dieser Friede nicht. Im Jahre 9 n.Chr. lockte der Cheruskerfürst Arminius den Legaten P. Quinctilius Varus mit drei Legionen und Hilfstruppen im Teutoburger Wald in einen Hinterhalt. Dort wurde das römische Heer vollständig vernichtet. Dies bedeutete das Ende der Herrschaft auf der rechten Seite des Rheines. Kaiser Augustus entsandte erneut Tiberius, um eine Neuordnung der militärischen Kräfte am Rhein in die Wege zu leiten. Dieser verstärkte das Heer auf acht Legionen und teilte es in zwei Gruppen. Das Kommando für den Oberrhein stand in Mainz. Diese Massnahmen bildeten die ersten Schritte, die zur Konsolidierung der nördlichen Reichsgrenze am Rhein führten. Obwohl man mit einigen kleineren Feldzügen auf rechtsrheinisches Gebiet versuchte, die Germanen einzuschüchtern, änderte sich an der Situation wenig. Nach dem Tode des Augustus (14 n. Chr.) wurde Tiberius zum Kaiser ausgerufen. Ihm lag sehr viel daran, die Lage an der Rheingrenze so stabil wie möglich zu belassen und im wesentlichen auf eine Sicherung dieser Front hinzuwirken. Verschiedene Truppeneinheiten wurden umgruppiert, und zu den bisherigen Legionslagern des oberen Rheinabschnittes, Mainz und Strassburg, kam neu, als südlichstes Lager der Rheingrenze, als Ersatz für das augusteische Kastell, das in defensiver Lage errichtete Legionslager von Vindonissa hinzu.

Stabilisierung der Rheingrenze

Die in Vindonissa seit dem Jahre 17 n. Chr. stationierte 13. Legion übernahm eine Vielzahl von Aufgaben. Vorerst war eine Sicherung der Verbindungsstrassen notwendig. Welche Stellung der Platz Vindonissa dabei einnahm, zeigt die Vielzahl wichtiger Destinationen, die von hier aus erreichbar waren: Germanien (über Augst–Strassburg), Gallien (über Kembs–Burgunder Pforte), Provence (über Avenches–Genf), Italien (über Zürich–Julier), Obere Donau (über Zurzach–Hüfingen) und Noricum (über Winterthur–Bregenz–Salzburg).

Im weiteren unterstanden die in den Militärposten der Provinz Raetien stationierten Hilfstruppen (auxilia) dem Oberbefehlshaber der Windischer Legion, da seit der Aufgabe des Lagers von Augsburg in dieser Provinz keine regulären Truppen mehr standen. Daneben waren wichtige Strassenposten wie Zurzach, Baden, Zürich, Lenzburg oder Solothurn zu unterhalten.

Die regelmässigen Soldzahlungen an die Legionäre führten zu einem wirtschaftlichen Aufschwung bei der einheimischen Bevölkerung. Die militärische Präsenz hatte aber noch weitere Konsequenzen. Einerseits nahm die Legion schon sehr bald eine grössere Zahl von Landgütern in Besitz, die sie bewirtschaften liess. Andererseits wurden mit freien Gutsbesitzern Lieferverträge abgeschlossen, womit diese in direkte Abhängigkeit zur Legion gerieten. Die Militärverwaltung sicherte sich durch solche Massnahmen die Versorgung mit landwirtschaftlichen Produkten.

So entstand das, was wir territorium legionis nennen: ein relativ grosses Gebiet, das der Legion von Vindonissa zur Nutzung zur Verfügung stand. In dieses Gebiet mit einbezogen war auch das Grenzland beidseits des Rheines, wie Gutshöfe in Rekingen, Zurzach, Koblenz, Laufenburg, Münchwilen, Wallbach und Möhlin sowie Funde von verschiedenen Orten auf dem rechtsrheinischen Ufer (z. B. Badisch Laufenburg, Säckingen oder Wyhlen) belegen. Verbunden waren diese Orte mit je einer links- und rechtsrheinisch verlaufenden Fernstrasse.

In der Regierungszeit des Kaisers Claudius (41–54) erfolgte eine Änderung in der Besatzung des Legionslagers von Vindonissa. Die 13. Legion wurde im Jahre 45 nach Poetovio (Pettau) in Pannonien verlegt. An ihrer Stelle rückte die 21. Legion, Rapax, ins Lager ein, die vorher in Vetera (Xanten) am Niederrhein stationiert war. Diese Truppenverschiebungen geschahen, wie noch weitere innerhalb der Rheinarmee, im Zusammenhang mit der Vorbereitung zum Britannienfeldzug. Jedenfalls ist die Ankunft der Legion ins Jahr 46 zu setzen. Eine ihrer ersten

Zurzach, Grabstein des Certus, Veteran
der 13. Legion.

Kastelle tiberisch-claudischer Zeit in der
Nordschweiz und in Südwestdeutschland.

Aufgaben war die Errichtung einer neuen, nördlich des Hochrheins liegenden
durchgehenden Verteidigungslinie von Sasbach am Oberrhein über Hüfingen an
die Donau, wo sie auf die Kastellkette traf, die diesen Fluss bis zur Lechmündung
sicherte. Damit verbunden war der Ausbau der Strasse Vindonissa–Zurzach–
Schleitheim–Hüfingen. Der Rheinübergang bei Zurzach war weiterhin von einem
Kastell bewacht. Die Bezeichnung der hier stationierten Einheit ist noch nicht gesichert. Aber es besteht kein Zweifel, dass es sich dabei um eine Truppe aus dem
Lager von Vindonissa gehandelt haben muss. Entweder gehörte sie zur 21. Legion
selbst oder zu einer in derselben Zeit in Vindonissa stationierten Hilfstruppe.
Nach Abschluss dieser militärischen Aktion nördlich des Rheines blieb die Situa-
tion während der folgenden 25 Jahre weitgehend stabil.
Um die Kontrolle des der 21. Legion unterstellten Gebietes zu gewährleisten,
wurden der regulären Truppe Auxiliareinheiten (Hilfstruppen) zugeteilt. In der

14

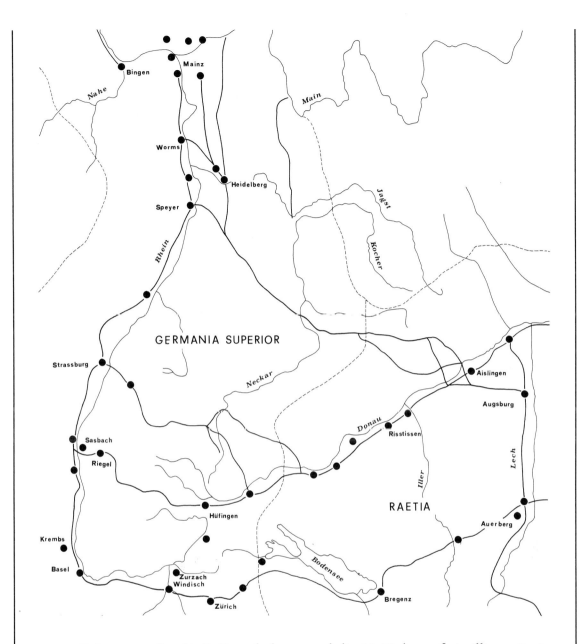

ersten Zeit waren dies die 7. Räterkohorte und die 26. Kohorte freiwilliger römischer Bürger, die in den frühen sechziger Jahren von der 3. spanischen und der 6. rätischen Kohorte abgelöst wurden. Von all diesen Truppenteilen sind uns Ziegelstempel überliefert.

Der Einfluss des Heeres auf die Landbevölkerung nahm ständig zu. Neue Gutshöfe wurden angelegt, teils von Pächtern legionseigener Güter, teils von ausgedienten Soldaten (Veteranen), die mit ihrer Abgangsentschädigung in der Lage waren, ein eigenes Landgut zu erwerben. Die Romanisierung des Landes war in vollem Gange, als im Jahre 68 der gewaltsame Tod Kaiser Neros Ereignisse auslöste, die für das helvetische Gebiet verheerende Folgen hatten.

Die Katastrophe des Vierkaiserjahres

Erstes Oppositionszeichen gegen die Misswirtschaft unter Kaiser Nero war die Erhebung des Legaten C. Julius Vindex im Frühjahr des Jahres 68, dem sich die Statthalter der spanischen Provinzen, M. Salvius Otho und Ser. Sulpicius Galba, anschlossen. Diese Rebellion führte zur Ächtung Kaiser Neros durch den Senat. Nero beging darauf Selbstmord, und Galba wurde zum neuen Kaiser ausgerufen. Zu Beginn des folgendes Jahres verweigerten die sieben rheinischen Legionen den kaiserlichen Treueeid an Kaiser Galba. Sie riefen den Legaten des unteren Heeres, Aulus Vitellius, zum Gegenkaiser aus. Um seinen Machtanspruch in Rom geltend zu machen, entsandte Vitellius den Legaten Fabius Valens mit 40 000 Mann des unteren Heeres quer durch Gallien nach Italien. Ein zweites Heer, bestehend aus Teilen der Mainzer Legionen, zog unter Führung von A. Caecina Alienus rheinaufwärts nach Vindonissa, wo sich die 21. Legion seinen Truppen anschliessen

16

sollte, um gemeinsam über den Grossen St. Bernhard ebenfalls nach Oberitalien zu gelangen.

Doch sein Vormarsch wurde verzögert. Folgendes war geschehen und wird vom grossen römischen Historiker Tacitus in allen Details geschildert: Ein Geldtransport von Aventicum, der Soldzahlungen für die helvetische Miliz mitführte, wurde von Angehörigen der 21. Legion überfallen. Diese Miliz war in einem Grenzkastell stationiert. Daraufhin nahmen die Helvetier eine Kurierabteilung gefangen, die von Vitellius zu den Donaulegionen entsandt war, um diese für seine Sache zu gewinnen. Auf diese Ereignisse reagierte Caecina, der inzwischen das Legionslager von Vindonissa erreicht hatte, mit Gewalt. Er beauftragte die Soldaten der 21. Legion, Gutshöfe und Siedlungen im weiten Umkreis von Vindonissa zu verwüsten und zu plündern. Besonders der blühende Vicus von Baden (Aquae Helveticae) ging in Flammen auf. Die helvetische Miliz versuchte Widerstand zu leisten. Sie erhielt dabei Unterstützung aus Aventicum. Doch hatte sie gegen die gut geschulten Legionäre keine Chance. Von diesen sowie von aus Nordosten herbeigerufenen rätischen Auxiliartruppen wurden die schlecht ausgerüsteten Helvetier vollständig aufgerieben.

Nach dem Zerschlagen der Milizen zog Caecina mit seinen Truppen gegen Aventicum, um hier an der Hauptstadt der Civitas Helvetiorum ein letztes Exempel zu statuieren und damit den Widerstand endgültig zu brechen. Eine Gesandtschaft angesehener Bürger begab sich unter Führung des Claudius Cossus nach Lyon, um beim dort weilenden Vitellius Fürbitte für ihre Stadt einzulegen. Dank einer überzeugenden Rede des Cossus gelang dieses Unternehmen, und Aventicum entging der Zerstörung. Caecina aber führte seine Truppen bei Schnee und Eis über den Grossen St. Bernhard nach Oberitalien.

In der Zwischenzeit war in Rom Kaiser Galba von seinem ehemaligen Mitstreiter Otho, der sich zurückgesetzt fühlte, und der Prätorianergarde gestürzt worden. Die Armee des Otho zog von Rom Richtung Oberitalien, um sich den Truppen des Vitellius entgegenzustellen. Aus der folgenden Schlacht gingen die rheinischen Legionen des Vitellius siegreich hervor, und dieser konnte sich in Rom als Kaiser huldigen lassen. Doch die Ereignisse sollten sich noch einmal zuspitzen. Im Osten des Reiches wurde der Feldherr T. Flavius Vespasianus von seinen Truppen zum Kaiser ausgerufen. Die an der Donau stationierten Legionen schlossen sich dem gegen Italien marschierenden Vespasianus an. In der Schlacht bei Cremona wurde Vitellius besiegt, und der Senat anerkannte Vespasianus als neuen Kaiser.

In der Provinz Belgica gärte es weiter. Unter der Führung von C. Julius Civilis erhoben sich im Rheingebiet die Bataver, denen sich bald auch die Treverer und Lingonen anschlossen. Gemeinsam riefen sie ein unabhängiges «Gallisches Reich» aus. Die am Rhein verbliebenen Legionen schlossen sich den Aufständischen an und zogen nach Trier. Die Situation war für den neuen Kaiser Vespasianus bedrohlich. Er beauftragte seinen Legaten Q. Petilius Cerialis, den Aufstand niederzuschlagen. Aus Rätien kam ihm Sextilius Felix mit seinen norischen Auxiliarkohorten zu Hilfe. Gemeinsam mit der unverwüstlichen 21. Legion, Rapax, erkämpfte Cerialis bei Trier den Sieg gegen die Aufständischen.

Der Ausbau der nördlichen Grenze

Nach dem Sieg des Cerialis konnte der neue Kaiser Vespasianus die Ordnung am Rhein wiederherstellen. Eine für unsere Gegend wichtige Massnahme bestand darin, dass er die 21. Legion aus Vindonissa entfernte und durch die zuverlässige 11. Legion, Claudia Pia Fidelis, ersetzte. Damit kam er der durch die vergangenen Ereignisse schwergeprüften helvetischen Bevölkerung entgegen.

Vespasianus hatte erkannt, dass die Verbindungswege zwischen dem Oberrhein und Rätien völlig ungenügend waren. Dies veranlasste ihn, den Befehlshaber der oberrheinischen Armee, Cn. Pinarius Cornelius Clemens, mit dem Auftrag zu betrauen, von Strassburg einen Vorstoss zur oberen Donau vorzubereiten. Zu diesem

Kastelle der Eroberungsfeldzüge der Kaiser Vespasianus (74–76) und Domitianus (83–89).

Mainz
Nahe
Main
Heidelberg
Jagst
Speyer
Wimpfen
Kocher
Rhein
Munningen
Bad Cannstatt
Heidenheim
GERMANIA SUPERIOR
Köngen
Urspring
Strassburg
Neckar
Günzburg
Sulz
Burladingen
Donau
Risstissen
Rottweil
Lech
Iller
RAETIA
Bodensee
Basel
Zurzach
Windisch
Bregenz

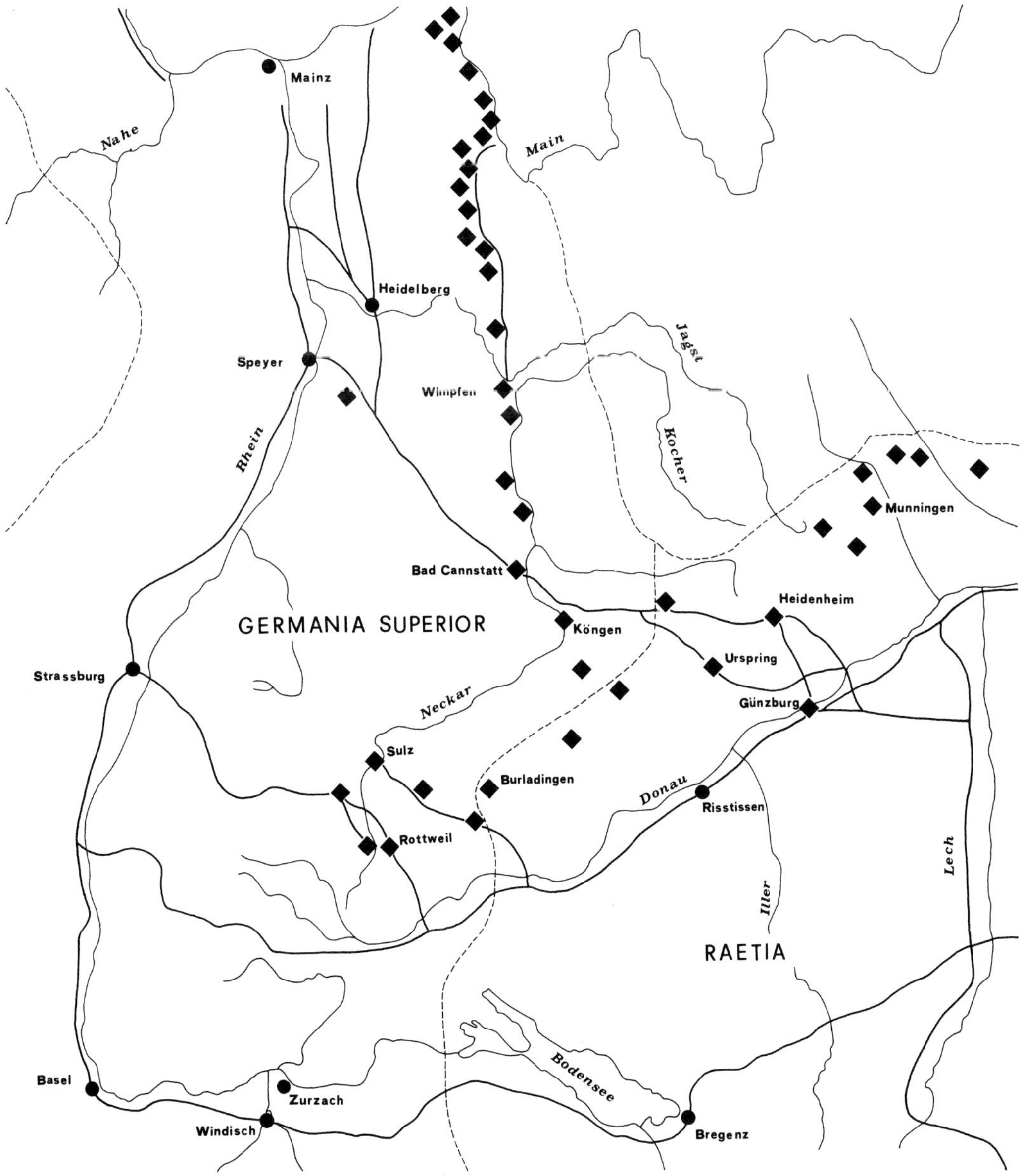

Vorhaben wurden verschiedene Truppenkörper zugezogen. Sicher waren die 11. Legion oder Teile von ihr an diesem Unternehmen beteiligt. Der Meilenstein aus Offenburg zeigt, dass im Jahre 74 parallel mit dem militärischen Vorstoss eine Strasse gebaut wurde, die von der Legionsbasis in Strassburg durch das Kinzigtal nach Rottweil und weiter nach Tuttlingen an die obere Donau führte. Eine zweite Heeresabteilung – hier war wohl die 11. Legion dabei – dürfte von Vindonissa auf der schon bestehenden Strasse über die Kastellorte Zurzach und Hüfingen nach Rottweil vorgestossen sein. Das von der Windischer und der Strassburger Legion besetzte Gebiet wurde durch neue Kastelle in Offenburg, Waldmössingen und Rottweil gesichert. Zur Besatzung des Kastells von Rottweil war mindestens eine Vexillation (ein aus verschiedenen Truppenteilen zusammengestelltes Detachement) in Kohortenstärke der 11. Legion eingesetzt. Die dort gefundenen Ziegelstempel dieser Legion, die sich von denjenigen in Windisch unterscheiden, zeigen, dass die Truppe das Kastell auch erbaut hat. In Hüfingen stand ebenfalls ein Detachement der Windischer Legion.

Der erfolgreiche Feldzug im Schwarzwald war Auftakt zu weiteren Offensiven im rechtsrheinischen Germanien (agri decumates). Unter Kaiser Domitianus begann im Jahr 83 der Krieg gegen die im Maingebiet wohnenden Chatten. Das aus sämtlichen Truppen der Rheinarmee bestehende Heer stiess nach Norden vor und errichtete neue Grenzsicherungsanlagen am Main, im Odenwald und am mittleren Neckar. So entstand der Obergermanische Limes, die neue nördliche Reichsgrenze, die, mit einigen Korrekturen unter Kaiser Antoninus Pius, bis in die Mitte des 3. Jahrhunderts Bestand hatte. Gleichzeitig wurden aus den beiden das Rheingebiet umfassenden Militärbezirken zwei neue Provinzen gebildet: Germania Inferior und Germania Superior. Letzterer gehörte das ganze schweizerische Mittelland westlich der Linie Bodensee–Pfyn–Oberer Zürichsee an. Hauptstadt dieser neuen Provinz Obergermanien war Mainz (Mogontiacum).

Der Aufstand des Legaten L. Antonius Saturninus mit seinen zwei Mainzer Legionen im Jahr 89 brachte noch einmal Gefahr für die beiden neuen Provinzen. Gemeinsam mit den Chatten versuchte er, sich auch Niedergermaniens zu bemächtigen. Doch der Versuch misslang. Kaiser Domitianus sammelte in Vindonissa ein Heer, bestehend aus der 11. Legion, rätischen Auxiliareinheiten und der aus Spanien herbeigerufenen 7. Legion. Mit dieser wohl gegen 15 000 Mann zählenden Armee zog er nach Mainz, wo er die Aufständischen besiegte und den Wiederaufbau der durch die Chatten zerstörten Limes-Kastelle veranlasste. Mit dem Bau einer direkten Verbindungsstrasse von Mainz über Cannstatt, Faimingen nach Augsburg schloss er diesen Feldzug erfolgreich ab. In den neuen Limes-Kastellen wurden die am Feldzug beteiligten Auxiliartruppen stationiert.

Die Ereignisse dieser Jahre hatten unmittelbare Folgen für die Stellung des Legionslagers von Vindonissa. Grössere Teile der 11. Legion waren im neuen Grenzgebiet und dessen unmittelbarem Hinterland im Einsatz. Das Lager diente vermehrt als Etappenort und Materialbasis.

Die Veränderung der Aufgaben lassen sich an verschiedenen Um- und Neubauten im Lagerinnern erkennen (grosse Magazinbauten und Werkstätten usw.).

Wenige Jahre später (101 n. Chr.) wurde das Lager aber doch aufgegeben und die 11. Legion an die untere Donau verlegt.

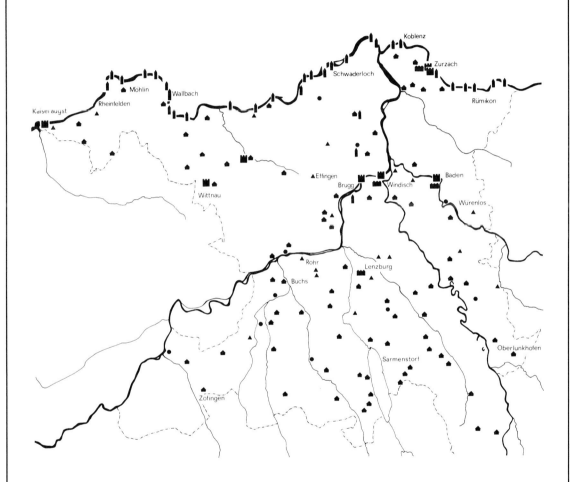

Die notwendigen Überwachungsaufgaben, besonders an den Strassen- und Brük-kenposten, wurden von Angehörigen der in Strassburg stationierten 8. Legion übernommen. Vereinzelt, besonders in der Westschweiz, traten auch Beneficiarier (Postenchefs) der 22. Legion aus Mainz in Erscheinung.

Die militärlose Zeit bis zum Fall des Limes

Für das nicht mehr im Grenzgebiet liegende Mittelland begann nun eine Zeit der Prosperität und des Wohlstandes. Wohl war ein wichtiger Teil der «Konsumen-

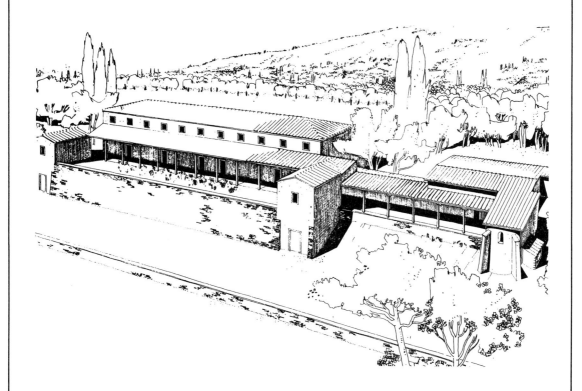

ten», nämlich die regelmässig über klingende Münze verfügenden Soldaten, nicht
mehr vorhanden. Dennoch zeigen uns die zum Teil reich ausgestatteten Siedlungen und Gutshöfe, dass die Bevölkerung unter keinerlei Mangel litt.
Doch bald schon kündigten sich neue Schwierigkeiten im Grenzbereich an. Grössere Völkerbewegungen im Norden Deutschlands übertrugen sich auf die weiter
südlich wohnenden Germanenstämme. Betroffen war in erster Linie die Donau-
grenze in Noricum und Pannonien. Die sich erhebenden und in einem grossen
Raubzug bis nach Italien einfallenden Markomannen banden grosse Truppenver-
bände während mehrerer Jahre.
Kaiser Marc Aurel gelang es, das umkämpfte Gebiet an der Donau wieder fest in
römische Hand zu nehmen (179 n.Chr.). Auch in Rätien weisen einige Münz-
schatzfunde auf die Verheerungen hin. Wie weit unsere Gegend von diesen jahre-

22

lang andauernden Kämpfen betroffen war, steht heute noch nicht fest. Allerdings wird ein Zerstörungshorizont im vicus von Baden mit diesen Ereignissen des späteren 2. Jahrhunderts in Zusammenhang gebracht.

Schon zu Beginn des 3. Jahrhunderts zeichnete sich eine Änderung der Machtverhältnisse nördlich der römischen Nordgrenze ab, die für dieses Gebiet weittragende Folgen haben sollte. Belegt durch schriftliche Überlieferungen, tauchten in den Jahren 212 und 213 erstmals alamannische Reiterschwadrone im Gebiet des obergermanisch-rätischen Limes auf und überrannten diesen an mehreren Stellen. Weitere Überfälle folgten in den Jahren 233 und 253, wobei auch das schweizerische Mittelland teilweise davon betroffen wurde. Die Vergrabung des Silberschatzes von Wettingen und eines grossen Bronzedepots in Kaiseraugst, bestehend aus einer Vielzahl von Gefässen, Statuetten und Münzen, legen beredtes Zeugnis ab für diese unruhigen Zeiten.

Die widerrechtliche Machtergreifung durch Ingenuus (Statthalter in Pannonien) und die Ausrufung des «Gallischen Sonderreiches» durch Postumus führten im Jahre 259 zu einer Zersplitterung der römischen Kampfkraft und damit unausweichlich zur Katastrophe. Franken und besonders Alamannen überrannten den Grenzschutz am Limes, der vollständig zusammenbrach. Quer durch das schweizerische Mittelland und über die Alpen ziehend, drangen die Alamannen bis nach Oberitalien vor, wo es Kaiser Gallenius gelang, sie in der Gegend von Mailand aufzuhalten und vernichtend zu schlagen. Bei ihrem Durchzug durch unsere Ge-

gend raubten und plünderten sie, wessen sie habhaft wurden, und zerstörten Siedlungen und Gutshöfe. Diese Verwüstungen scheinen aber doch sehr lokal auf den
eigentlichen Durchzugsweg beschränkt gewesen zu sein.

Für das Römische Reich aber hatte dieser Germaneneinfall weittragende Konsequenzen. Das ganze rechtsrheinische Gebiet musste aufgegeben werden. Kaiser
Gallienus sah sich gezwungen, links des Rheins in aller Eile eine neue Grenzbefestigung aufzubauen.

Die zivile Bevölkerung zog sich zum Teil auf schwer erreichbare Höhen im Jura
zurück, die sie mit den notwendigen Verteidigungsanlagen versahen. So entstand

24

z.B. auf dem Wittnauer Horn eine grosse Fluchtburg (refugium), die den Bewohnern der umliegenden Gutshöfe Schutz bot. Das rechtsrheinische Dekumatland aber blieb verloren.

Nach weiteren Alamanneneinfällen, von denen Münzdepots in Gebenstorf und Birmenstorf Zeugnis ablegen, gelang es Kaiser Probus im Jahre 277 und in den folgenden Jahren, die Franken und Alamannen aus Gallien zu vertreiben. Er begann die Nordgrenze am Rhein neu zu sichern.

Einer seiner Nachfolger war Kaiser Diocletianus (284–305). Mit starker Hand ordnete er das marode Reich neu. Er trennte die zivile und die militärische Verwaltung und teilte das Reich in zwei Teile (West- und Ostreich). Jeder Reichshälfte stand in der Folge ein Kaiser vor. Auch innerhalb dieser Reichsteile veranlasste Diocletianus eine Neustruktur der Provinzen. Das gesamte schweizerische Mittelland bis an die Grenze zu Rätien kam zur neugeschaffenen Provinz Maxima Sequanorum. Zur Sicherung der Grenze am Hochrhein wurden vorerst die Truppen in den neu gegründeten Kastellen von Tasgaetium (Burg bei Stein am Rhein), Vitudurum (Oberwinterthur), Tenedo (Zurzach) und wenig später im Castrum Rauracense (Kaiseraugst) und in Basilea (Basel) eingesetzt. Als Truppeneinheit ist uns die in Kaiseraugst stationierte Legio I Martia bekannt.

Den staatlichen Reformen des Diokletian folgte unter Constantinus I eine ganz wesentliche Heeresreform. Das Heer wurde in zwei Teile gegliedert. Die Garnisonstruppen (limitanei) hatten für den ständigen Grenzschutz zu sorgen und durften nicht aus den zugeteilten Provinzen abgezogen werden. Daneben entstand ein Feldheer (comitatenses) als mobile Einsatztruppe, meist im ständigen Gefolge des Kaisers. Sowohl für die Fusstruppen als auch für die berittenen Einheiten bestand je ein unabhängiges Oberkommando. Diese neue Regelung gestattete es, rasch an einem weit entfernt liegenden Krisenort einzugreifen, ohne ein anderes Grenzgebiet von den dort liegenden Wachttruppen entblössen zu müssen. Die durch die verschiedenen Massnahmen eingetretene Beruhigung erlaubte es auch der zivilen Bevölkerung, wieder aufzuatmen. Funde des 4. Jahrhunderts in verschiedenen nach dem Alamannensturm verlassenen Gutshöfen, als Beispiel seien Oberkulm, Oberentfelden, Birmenstorf und Neuenhof genannt, zeigen, dass man sich wieder aufs offene Land wagen konnte. Doch ist davon auszugehen, dass der grösste Teil der gegenüber den vorigen Jahrhunderten stark dezimierten Bevölkerung es vorzog, in den von starken Mauern gesicherten Kastellen zu wohnen.

Im grossen und ganzen darf man annehmen, dass während der 1. Hälfte des 4. Jahrhunderts weitgehend Ruhe herrschte. Nach dem Tode des Constantinus I (337) wurde das Reich wieder zweigeteilt. Die beiden Söhne Constans und Constantius II übernahmen den West- resp. den Ostteil mit Residenz in Trier und Konstantinopel. Doch wiederum, wie schon so oft, war es ein innenpolitisches Ereignis, das zum Ende dieser ruhigen Jahre führte. Im Jahre 350 liess der Magister militum des westlichen Heeres, Magnentius, Kaiser Constans ermorden, erhob sich selbst zum Kaiser und führte ein starkes Heer gegen Constantius II. Dieser veranlasste die Alamannen, einen Angriff über den Rhein zu unternehmen, um damit Magnentius in den Rücken zu fallen. Dieser vordergründig kluge Schachzug sollte sich als fataler Fehler erweisen. Zwar besiegte Constantius II seinen Widersacher, doch gleichzeitig fielen Franken und Alamannen plündernd in die Pfalz, das Elsass und die Nordschweiz ein. Was bis jetzt an offenen Siedlungen noch Bestand gehabt hatte, wie z.B. der in der 2. Hälfte des 3. Jahrhunderts errichtete Gutshof Görbelhof bei Rheinfelden, ging nun endgültig in Flammen auf. Zahlreiche Münzschätze dieser Zeit (z.B. Unterkulm) geben Hinweise auf das Ausmass der Katastrophe. Das Kastell Kaiseraugst war hart umkämpft. Zu diesem

Zeitpunkt muss der grosse Silberschatz im Innern des Kastells nahe der südlichen
Mauer in der Erde verborgen worden sein. Er war offensichtlich im Besitz eines
hohen Heerführers des Magnentius, der möglicherweise in der Schlacht gegen
Constantius II fiel und somit keine Gelegenheit mehr hatte, das wertvolle Tafel-
geschirr wieder zu heben.

Constantius II zog nun gegen die Alamannen. Trotz mehreren Feldzügen in den
Jahren 354 bis 356, die teilweise von Kaiseraugst aus geführt wurden, gelang es
nicht, die Alamannen aus dem von ihnen besetzten Elsass und der Pfalz zu vertreiben.

Sein von ihm eingesetzter Vetter Julian befreite dann eine ganze Reihe gallischer
Städte, zog an den Niederrhein, wo er auf dem Verhandlungsweg mit den Franken die Stadt Köln zurückgewinnen konnte. Der Zusammenschluss alamannischer

27

Gaufürsten, die offensichtlich an den Fähigkeiten Julians zweifelten, führte im Jahre 357 zur entscheidenden Schlacht bei Strassburg, in der Julian die Gegner vernichtend schlug. Mehrere Züge ins rechtsrheinische Alamannengebiet endeten mit weiteren Siegen und führten endlich zu einem Friedensschluss. Nach dem Tod des Constantius II wurde Julian, der schon vorher von seinen Truppen zum gleichberechtigten Augustus ausgerufen worden war, alleiniger Herrscher des Gesamtreiches.

Geldzahlungen und Abkommen mit einer ganzen Reihe von Germanenstämmen sicherten das rechtsrheinische Vorgelände der Reichsgrenze. Im Kampf gegen die Perser starb Kaiser Julian im Jahre 363. Sein Nachfolger, Valentinianus I, sollte die letzte starke Persönlichkeit sein, die das spätrömische Reich hervorbrachte.

Valentinian I war vorerst nicht bereit, die Geldzahlungen an verbündete Germanenstämme weiter zu entrichten. Das führte zu erneuten Raubzügen nach Gallien und zur Plünderung von Mainz. Mit harter Hand schlug der Kaiser zurück. Ein Feldzug ins Dekumatland bis in die Gegend von Rottenburg brachte die notwendige Ruhe. Nun begann Valentinian I die Nordgrenze erneut zu sichern. Zwischen Basel und dem Bodensee und von Bregenz bis zur Donau entstand ein dichtes Netz von Wachtposten, deren Aufgabe es war, die zwischen den schon bestehenden Kastellen liegenden Abschnitte zu schützen. Zwei Inschriften aus Etzgen und Koblenz bezeugen, dass diese Bauarbeiten zum Teil im Jahre 371 n. Chr. ausgeführt wurden. Weitere Massnahmen waren die Erstellung von Brükkenköpfen in Basel (munimentum prope Basileam), Wyhlen (gegenüber Kaiser-

Windisch, silberner Gürtel, Fibel und
Schnalle aus einem Grab des frühen
5. Jh. n. Chr.

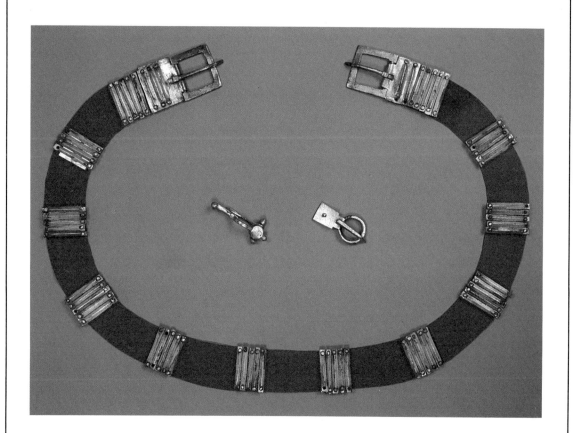

augst) und Rheinheim (gegenüber Zurzach). In Kaiseraugst liess er Teile der Befestigung, die in den Unruhen der Magnentius-Jahre beschädigt worden waren,
neu errichten. Doch beliess es Valentinian I nicht bei der direkten Grenzbefestigung. Zusätzlich liess er im Hinterland eine rückwärtige Auffanglinie ausbauen,
die sich in den Kastellbauten von Solothurn, Olten, Altenburg, Baden und Zürich
manifestiert.

Unruhen im Donaugebiet zwangen den Kaiser, seine Anwesenheit am Hochrhein
zu beenden. Er übergab das Kommando seinem Sohn Gratian und zog im Jahre
374 nach Brigetio in Pannonien, wo er einem Schlaganfall erlag.

An der Rheinfront herrschte nun weitgehend Ruhe, abgesehen von vereinzelten
Übergriffen der Alamannen. Auch der Nachfolger Theodosius I konnte trotz
Thronstreitigkeiten und vereinzelten Germaneneinfällen die Lage an der Rhein-

grenze weitgehend stabil halten. Dazu beigetragen haben sicherlich der starke Einbezug germanischer Söldner ins Heer und der Einsatz von fähigen germanischen Führern als Heermeister.

Nach seinem Tod wurde das Reich erneut aufgeteilt; das Westreich fiel an seinen noch minderjährigen Sohn Honorius. Für ihn führte der Vandale Stilicho, der Heermeister des Westreichs (magister utriusque militiae), die Regentschaft. Zweimal bereiste er die Rheingrenze, um die Grenzverteidigung zu inspizieren und die verschiedenen Verträge mit den Germanen zu erneuern. Zum Schutze Italiens, das von Alarich und seinen Gotenstämmen bedroht war, zog Stilicho im Jahre 401 sämtliche verfügbaren Truppen des Bewegungsheeres von der Nordgrenze ab. Zurück blieben in den Kastellen und Wachttürmen an der Rheingrenze Teile der vorwiegend aus germanischen Föderaten bestehenden Limitantruppen. Das Westreich aber hatte noch weitere fünfzig Jahre Bestand. Wie sich das Leben im schweizerischen Mittelland weiter abspielte, wissen wir nur teilweise. Vereinzelte Grabfunde (Basel, Kaiseraugst, Windisch und Zurzach) zeigen, dass noch bis gegen die Mitte des 5. Jahrhunderts germanische Söldner als Grenzschutz eingesetzt waren. Nach dem Sieg über die Burgunder (435) siedelte der Heermeister Aëtius, der Nachfolger Stilichos, diese in der Sapaudia an (südlich und westlich des Genfersees). Mit der Absetzung des letzten Kaisers Romulus Augustus durch den kaiserlichen Offizier Odoaker (476 n. Chr.) endete das weströmische Kaiserreich. Die in den Kastellen wohnhaften Romanen blieben. Erst zu Beginn des 6. Jahrhunderts ist eine langsame Landnahme des Mittellandes durch die Alamannen erkennbar.

Martin Hartmann

W. Drack, Die spätrömische Grenzwehr am Rhein, Archäol. Führer der Schweiz, 13, 1980.
W. Drack/R. Fellmann, Die Römer in der Schweiz, 1988.
Ph. Filtzinger/D. Planck/G. Kämmerer, Die Römer in Baden-Württemberg, 3. Aufl., 1986.
M. Hartmann, Die Römer im Aargau, 1985.
M. Hartmann, Vindonissa – Oppidum, Legionslager, Castrum, 1986.
F. Stähelin, Die Schweiz zur Römerzeit, 3. Aufl. 1948.

I. Einleitung

In letzter Zeit sind einige Bücher erschienen oder wieder aufgelegt worden, die sich mit dem Dreissigjährigen Krieg von 1618 bis 1648 oder den Hauptakteuren befassen. Ich erinnere an eine neue Biographie über König Gustav II. Adolf von Schweden, eine imponierende Gestalt als Politiker, Soldat und Mensch. Neu aufgelegt wurde Golo Manns «Wallenstein», wohl ein Schlüsselwerk über eine der seltsamsten Persönlichkeiten der europäischen Geschichte: einen Feldherrn, einen Kaufmann von grossem Format, der meist mit Armeen handelte, einen Kriegsunternehmer, einen Mann, der bei seiner ganzen Durchtriebenheit in der Politik die Sterndeuterei über sein Schicksal entscheiden liess. Die Lektüre dieser Bücher hat mich zurückgeführt zu einem Klassiker der Geschichtsschreibung über den Dreissigjährigen Krieg: dem Buch der Engländerin Wedgwood, das der kritische Geist Sebastian Haffner als «klassisches Meisterwerk» bezeichnete. Es enthält auch eine Beschreibung des Krieges im Fricktal im Jahre 1638 mit einer Skizze des Hochrheins und eines Teilverlaufs der Kämpfe, die allerdings mit schweren Fehlern.
Mit Hilfe der Kantonsbibliothek Aarau stiess ich auf die einzige mir bekannte Monographie zum Thema von Oberst Hans Wieland, erschienen als «Basler Taschenbuch» auf das Jahr 1857. Oberst im Generalstab Hans Wieland (1825–1864) war Herausgeber und Redaktor der «Allgemeinen Schweizerischen Militärzeitung», Oberinstruktor der eidgenössischen Infanterie. Er gilt für seine Zeit als Reorganisator des schweizerischen Wehrwesens. Seine einschlägige Studie trägt den Titel «Die Schlachten von Rheinfelden im Jahre 1638». Ich bin diesem Werk in mehrfacher Hinsicht verpflichtet, ebenso auch dem Buch von Sebastian Burkart über die Geschichte Rheinfeldens bis zu seiner Vereinigung mit dem Kanton Aargau. Nach der Lektüre des vorliegenden Materials bin ich zu dem Schlusse gekommen, über den Krieg des Jahres 1638 an der Hochrheinachse zu schreiben. Für kurze Zeit konzentrierte sich die europäische Geschichte auf diesen Raum. Auch der Gang der Schweizer Geschichte, besonders die Entwicklung des schweizerischen Wehrwesens, ist durch diese Kämpfe zwischen Schweden und kaiserlichen Truppen in den vorderösterreichischen Landen beeinflusst worden. Und schliesslich ist die Ortsgeschichte von Rheinfelden und Laufenburg ohne die schwerwiegenden Ereignisse nicht zu verstehen. Ich hoffe aber auch zeigen zu können, dass aus den Kämpfen von damals Schlüsse zu ziehen sind, nicht nur für die schweizerische Sicherheitspolitik unserer Tage, sondern auch für die taktischen Aufgaben,

die wir heute in diesem Raum zu lösen haben. Und vielleicht bewegen meine Ausführungen den einen oder anderen, das Land und seine Leute mit den Augen der Geschichte zu sehen und daher noch besser zu verstehen.

II. Der Dreissigjährige Krieg als Rahmen

Die Beteiligten, der Raum

Der Dreissigjährige Krieg ist ein Vorgang von grosser räumlicher Ausdehnung, von Interventionen, von Vermischung von Zielen, von Grausamkeiten und schwersten Verlusten der Bevölkerung. Um einigermassen die Übersicht zu wahren und den Krieg im Fricktal überhaupt zu verstehen, muss man den Krieg oder die Kriege in ganz groben Strichen zeichnen.

Der Dreissigjährige Krieg prägt in Mitteleuropa die Zeit der 1. Hälfte des 17. Jahrhunderts. Die Reformation hatte sich in weiten Gebieten des Heiligen Römischen Reiches Deutscher Nation durchgesetzt. Das 17. Jahrhundert ist das Jahrhundert der religiösen Gegenreformation, der teilweisen Wiederherstellung des Katholizismus im Raum zwischen Ungarn und der Ostsee. Im Norden war das Kampfgebiet begrenzt durch das Königreich Polen, im Süden teilweise durch die Eidgenossenschaft, im Westen zeitweise durch Frankreich. Das ganze übrige Europa mit den heutigen Bezeichnungen Belgien, die Niederlande, die Bundesrepublik, die DDR, Österreich, die Tschechoslowakei, Ungarn war Kriegsgebiet. Die vordergründig religiösen Auseinandersetzungen mit Waffen verdeckten die Auseinandersetzungen im politischen Raum, nämlich den Kampf der Fürsten gegen den habsburgischen Kaiser. Habsburg betrieb vorab eine kaiserliche Politik, dann aber war es seine expansive Hausmachtpolitik, die unablässig nach Rekatholisierung und Gebietszuwachs drängte. Angrenzend finden wir das Herzogtum Bayern, das zeitweise bis an den Niederrhein ausgriff. Ein weiterer bedeutender Kriegsteilnehmer war das Königreich Dänemark, zu dem auch das heutige Norwegen gehörte und das vor nicht zu langer Zeit Schweden verloren hatte. Schweden selber war ein aufstrebender Staat, der sich zum Ziel gesetzt hatte, die Ostsee sowohl auf dem eigenen Ufer wie auf dem deutschen, polnischen und russischen Ufer zu beherrschen. Schweden war ein religiös geeinter, protestantischer Staat mit starkem Sendungsbewusstsein. Frankreich schritt dem Absolutismus entgegen. Nach 1624 wurde die französische Politik durch Kardinal Richelieu geführt, der nicht religiös, sondern in den Kategorien der Macht dachte und handelte. Die Niederlande hatten das spanische Joch abgeschüttelt und traten als politische Mittelmacht in Erscheinung. Zwischen den Niederlanden, den «Generalstaaten», und Frankreich lagen die spanischen Besitzungen, die Spanien zum Kriegsteilnehmer machten. Kurz vor Beginn des Dreissigjährigen Krieges hatten sich die katholischen Fürsten zur «Liga», die protestantischen zur «Union» zusammengeschlossen. Beide Bündnisse änderten oft die Teilnehmer, waren aber wohl die Kerne, um die herum sich die Kriegführenden gruppierten. Daneben war der Krieg gekennzeichnet durch eine Unzahl von Söldnerheeren und Söldnerführern wie Wallenstein oder eben Bernhard von Weimar, der uns näher begegnen wird.

Der Dreissigjährige Krieg wird von den Historikern in vier Kriege aufgeteilt, die teilweise zeitlich und in den Aktionen überlappen:

Der böhmisch-pfälzische Krieg (1618–1624)

In den Wirren der habsburgischen Monarchie wird der Erzherzog Ferdinand von Österreich ohne Mitwirkung der böhmischen Stände König von Böhmen. Es folgt der Fenstersturz von Prag, die böhmischen Adligen stürzen kaiserliche Räte aus der Prager Burg. Als Ferdinand Kaiser wird, anerkennen die Böhmen seine Wahl nicht und berufen Friedrich den V. von der Pfalz zum König. Der Krieg entbrennt, auf seiten des Kaisers steht die Liga, auf seiten des Königs Friedrich die Union. Am Weissen Berg werden die Böhmen geschlagen, der «Winterkönig» wird vertrieben. Böhmen erlebt eine blutige Niederwerfung und eine Dezimierung des Adels, es wird seiner Verfassung beraubt und zwangsweise rekatholisiert.

Der niederdeutsch-dänische Krieg (1625–1629)

Gegenüber diesem Erfolg entsteht mit niederländischen und englischen Subsidien ausgerüstet eine grosse antihabsburgische Koalition. 4 Armeen marschieren gegen die katholische Liga auf, Christian IV. von Dänemark, Johann Ernst von Weimar, der Herzog von Mansfeld, die Schweden im Raume Kurland. Auf kaiserlicher Seite wird der Böhme Wallenstein kaiserlicher Oberbefehlshaber und besiegt sukzessive zusammen mit Tilly 1626/27 die entgegenstehenden Kräfte. Die kaiserlichen Truppen gelangen bis an die Ostsee und dominieren das Kriegstheater. Hand in Hand damit erfolgt 1629 das Restitutionsedikt, das wieder katholisiert, was reformiert war. Gegen diese maximale Ausdehnung habsburgischer Macht treten Frankreich und Schweden in den Krieg ein.

Der schwedische Krieg (1631–1635)

Auch im Innern wird diese Ausdehnung der kaiserlichen Macht abgelehnt. Die Fürsten zwingen den Kaiser, Wallenstein zu entlassen. 1631 schliessen das katholische Frankreich und das protestantische Schweden einen Beistandspakt, und König Gustav II. Adolf von Schweden greift in den Krieg ein. Er stösst durch Deutschland vor bis an den Rhein, und seine Hilfstruppen marschieren in Böhmen ein. Der Kaiser ist auf seine Ausgangsposition zurückgeworfen. 1632 nimmt der Kaiser Wallenstein wieder in seine Dienste auf, um die Katastrophe für das Reich und für Habsburg abzuwenden. Die Schlacht von Lützen bringt einen schwedischen Sieg und den Tod des legendären Gustav II. Adolf, des «Löwen aus Mitternacht». 1634 wird Wallenstein in Eger durch den irischen Obersten Butler ermordet. 1635 kommt es im Frieden von Prag zu einem Teilfrieden des Kaisers mit Sachsen, dem sich die meisten protestantischen Fürsten anschliessen. Eine Reichsarmee soll die Fremden vertreiben. Der Kaiser verzichtet auf die Restitution, das heisst die Rekatholisierung.

Der Krieg der Schweden und Franzosen gegen Habsburg und seine Verbündeten (1635–1648)

Mit dem Heer Bernhards von Weimar und anderen Truppen greift Frankreich jetzt direkt in den Krieg ein. Die Marschälle Gustavs II. Adolf stossen wieder nach Osten. Der Krieg endet mit einem französisch-schwedischen Zangenangriff auf Bayern. Seit 1644 wird um einen Frieden verhandelt, der 1648 zwischen dem Reich, Frankreich und Schweden in Münster und Osnabrück als der Westfälische Friede abgeschlossen wird.

Die Ergebnisse des Westfälischen Friedens

Im religiösen Bereich gilt der Augsburger Religionsfrieden von 1555 mit dem Grundsatz «cuius regio, eius religio». Das Kaisertum wird entscheidend geschwächt, das Reich löst sich in einen lockeren Staatenbund auf. Frankreich erhält den Rhein als gesicherte Grenze. Schweden bleibt auf dem Ostufer der Ostsee und erhält Sitz und Stimme im deutschen Reichstag. Die Schweiz und die Niederlande scheiden aus dem Reichsverband aus. Die zentrale Bedeutung liegt darin, dass die habsburgische Hegemonie über Europa zerbrochen, gescheitert ist. Das Ende des Dreissigjährigen Krieges signalisiert den Beginn der Epoche des säkularisierten Staates mit religiöser Toleranz. An die Stelle der Theologie tritt in Europa die Staatsphilosophie. Die Folgen für die Bevölkerung waren entsetzlich. Obwohl genauere Angaben nicht erhältlich sind, rechnet man mit einem Viertel der Bevölkerung an Toten, rund 5 Mio Menschen. Sie starben am Krieg, an der Pest, am Hunger. 2000 Schlösser, 18 000 Dörfer und 1500 Städte sollen zerstört worden sein, das entsprach einem Drittel der Wohnbauten in Deutschland. Es dauerte mehr als ein halbes Jahrhundert, bis die sichtbaren Schäden in Stadt und Land und auch im Landschaftsbild behoben waren. Politisch hat der Dreissigjährige Krieg bis ins 20. Jahrhundert nachgewirkt. Der Zerfall Deutschlands in die Kleinstaaterei führte 1870 zum deutsch-französischen Krieg, zur Einigung Deutschlands und zum Ausschluss Österreichs aus dem Reichsverband durch Bismarck, zum Ersten Weltkrieg mit dem Ziel der Wiedereroberung des Elsass durch Frankreich und schliesslich zum Dritten Reich durch den Österreicher Adolf Hitler, mit allen Folgen, an denen wir zu tragen haben.

Die militärischen Mittel im Dreissigjährigen Krieg

Wir kennen in der Militärgeschichte verschiedene Formen, wie man einen Volkskörper nutzt, um Soldaten aus ihm heraus zu erhalten: Das stehende Heer, das

Volksheer oder die Miliz, das Söldnerheer. Es hat kaum eine Zeit gegeben, da diese Typen rein nebeneinander standen, die Vermischung war die Regel. Im Dreissigjährigen Krieg war es die Mischung aller drei Formen. Man kann sagen, dass im europäischen Raum in diesem Krieg das Söldnerwesen seinen Höhepunkt erreichte. Gerade deswegen ist dieser Krieg auch in ein grausames Massenmorden über Jahre und Jahrzehnte hinaus entartet und hat mehr Opfer gefordert als grössere Kriege vor und nach ihm.

Die Heeresorganisation

Die Organisation der Söldnerheere basierte auf dem Patent zur Anwerbung von Truppen, das der Landesfürst zumeist an Adelige vergab. Damit wurden Soldaten rekrutiert gegen Handgeld und mit dem Versprechen auf Entlöhnung und auf Beute. Auf diese Art rekrutierte man Infanterie und berittene Truppen. Die Artillerie wurde gesamthaft mit Geschützen und Mannschaft eingekauft oder eingemietet für die Dauer eines Feldzuges.

Das Grundmuster der Truppe war das Heer, kommandiert von einem Oberbefehlshaber, der nicht notwendigerweise der Landesfürst sein musste, wohl aber in der Regel ein erfahrener militärischer Führer. Das Heer setzte sich aus Regimentern zu Fuss und zu Pferde zusammen, diese wiederum aus Fähnlein zu zirka 400 Mann. 10 bis 20 Fähnlein ergaben ein Regiment. Im Regiment waren Infanterie und Kavallerie gemischt. Es gab aber auch reine Reiterregimenter mit wesentlich tieferem Mannschaftsbestand.

Die Truppengattungen und ihre Bewaffnung

Die *Infanterie* stellte den Haupthast der Heere. Man unterschied bei ihr den Musketier und den Pikenier. Der Musketier war mit einer Schusswaffe, der Muskete, ausgerüstet, ferner mit einer Hieb- und Stichwaffe. Die Muskete war ein Vorderlader, langsam im Schuss, nicht besonders treffsicher, tödlich aber auf zirka 100 bis 200 Meter. Die Pikeniere trugen einen Langspiess von mehreren Metern, den sie am Boden festmachten und der feindlichen Reiterei entgegenhielten. Die Infanterie war also das stabile Element, die Feuerbasis, die Verteidigung. Sie stand in Carrés, geordneten Reihen, zumeist Musketiere und Pikeniere gemischt oder dann hintereinander angeordnet, je nach dem Verlauf des Gefechts.

Bei der berittenen Truppe, der *Kavallerie,* dem Element des Angriffs, des Einbruchs, der Verfolgung, wurden unterschieden: einerseits der Kürassier, ein gepanzerter Reiter auf einem gepanzerten Pferd, mit Säbel und mehreren Pistolen ausgerüstet; anderseits der Arkebusier, mehr ein allerdings viel mobilerer Fusskämpfer, der das Pferd als Transportmittel nutzte. Daneben traten Mischformen auf: leichte, bewegliche Kavallerie. Man muss sich vor Augen halten, dass die Geschwindigkeit des Pferdes das Mass aller Dinge war. Es gab kein schnelleres Mittel für die Übermittlung der Nachrichten. Schlachtentscheidend war in vielen Fällen nicht die Bewegung, sondern wie heute das Feuer.

Die *Artillerie* war der wohl kostbarste Teil des Heeres. Man kannte damals schon die gezogene Kanone, den Mörser mit dem Feuer in der oberen Winkelgruppe und die «Orgelgeschütze», die aus 14 Rohren wie die Stalinorgel schiessen konnten. Verschossen wurden Eisenkugeln oder Steinkugeln. Natürlich war die Zahl der eingesetzten Geschütze unterschiedlich. Das Ziel der Geschütze war das Carré der Infanterie oder dann der befestigte Ort.

Hatte ein grosses Heer einen Artilleriepark von etwa 130 Geschützen, waren davon zirka 100 Feldgeschütze, die übrigen Belagerungsgeschütze. Für die Verschiebung eines solches Trosses ohne Munition brauchte man zirka 3000 Pferde und 1000 Fuhrknechte. Der Unterhalt für eine derartige Truppe kostete monatlich über 250 000 Goldfranken.

Die Taktik

Die Taktik bestand im wesentlichen im Zusammenprall zweier Heere unter der Leitung des Feldherrn. Ziel war maximal die Vernichtung des Gegners, minimal ihn aus dem Felde zu schlagen. Taktik war die Kombination von Feuer, Bewegung und Belagerung. Angestrebt wurde der Durchbruch, die Umfassung, die Verfolgung und die Einnahme des gegnerischen Lagers. Entscheidend war in vielen Fällen der richtige «Coup d'œil» des Feldherrn, das «Chancen wittern, Chancen nutzen». Einer, der dieses Talent in hohem Masse besass und zudem ein hervorragender Taktiker war, war Gustav II. Adolf von Schweden.

Im Dreissigjährigen Krieg hat es ungefähr 80 grosse Schlachten gegeben. Keine war im eigentlichen Sinne kriegsentscheidend. Das lag an der Strategie, die das kostspielige Heer schonen wollte, die auf neue Bündnisse aus war, auf neue politische Konstellationen, vor allem aber auf Ermattung und Erschöpfung der gegnerischen Ressourcen.

Die Logistik

Wurden die Bewaffnung und die Munition bereits industriell hergestellt und zugeführt, so erfolgte die Versorgung mit allen Gütern zum Leben aus dem Land, durch das man zog, das man eroberte.

Hinter einem Regiment, das sich mit einer durchschnittlichen Tagesleistung von etwa 5 bis 6 km verschob, folgte ein Tross von mehreren Tausend Menschen, die auf die gleiche Art lebten. Wo ein Heer durchgezogen war, blieben getötete oder geflohene Bauern, zirka 80% der Bevölkerung, ein kahles Land, leer geraubt, gebrandschatzt. Nur starke Persönlichkeiten als Heerführer wie Gustav II. Adolf oder Wallenstein gingen anders vor: Sie beschafften teilweise die Mittel zum Leben gegen Zahlung, wobei aber Wallenstein es war, der das Wort fand «Das Land ernährt den Krieg». Daher bestand zumeist die Auseinandersetzung nicht einmal so sehr zwischen feindlichen Heeren, sondern zwischen dem Soldaten und dem Bauern.

Die Disziplin

Auch hier kam es auf das prägende und sich durchsetzende Beispiel des Feldherren oder des Söldnerführers an. Das beste Beispiel bieten wieder die Schweden: Zu Gustav II. Adolfs Zeiten straff geführt, nachher der Schrecken aller Länder, die sie betraten. Da die Motivation der Truppe zumeist im materiellen Gewinn lag, bestand die Disziplin nur im Gefecht, die auch erzwungen wurde, und artete nachher in die wilde Flucht einer Niederlage oder in die Plünderung im Falle des Sieges aus.

Die Eidgenossenschaft im Dreissigjährigen Krieg

Es kann sich hier nur darum handeln, einen kurzen Blick auf die Schweiz von damals zu werfen und dann jene Dinge anzusprechen, die mit unserem Thema in direktem Zusammenhang stehen, wie etwa den Einbezug von Teilen der Eidgenossenschaft in den Krieg und die bedeutsamen Ansätze zur Ausformulierung der Neutralitätspolitik, die eben in diese Jahrzehnte fallen.

Staatsrechtlich war die Schweiz damals eine lockere Föderation, ein Staatenbund von weitgehend selbständigen kleinen Staatswesen. Ein vielschichtiges Vertragsgeflecht verband die 13 Orte, das Wallis und drei Bündner Bünde. Rechte und Pflichten waren in Bundesbriefen niedergelegt, so etwa im Stanser Verkommnis von 1481. Man verwaltete die «Gemeinen Herrschaften» mit unterschiedlicher Beteiligung der Eidgenossen. Dabei handelte es sich vor allem um die italienischen Vogteien, die Freien Ämter, die Grafschaft Baden, den Thurgau, das Rheintal, Sargans.

Obwohl von aussen her gesehen ein gewisser eidgenössischer Zusammenhalt festzustellen war, blieb die Eidgenossenschaft im Inneren besonders aus religiösen Gründen tief gespalten. Das kam auch darin zum Ausdruck, dass mit dem Ausland verschiedene, sich zum Teil widersprechende Bündnisse bestanden: so alle Orte gemeinsam mit Frankreich, die katholischen Orte mit Spanien und dem Kaiser, die protestantischen mit deren Gegnern. Den Kriegführenden war erlaubt, die Truppen in der Schweiz zu werben, was sie denn auch intensiv taten, allen voran die Spanier für den Einsatz in Italien, die Franzosen für den Einsatz im Dreissigjährigen Krieg.

Trotz dieser Gegensätze oder gerade wegen ihnen gelang es einer klugen Staatskunst, den Einbezug in den grossen europäischen Krieg zu verhindern. An Verlockungen hat es nicht gefehlt: So sandte König Gustav II. Adolf eine Gesandtschaft an die Tagsatzung zu Baden mit der Aufforderung, auf seiner Seite in den Krieg zu ziehen. Die Eidgenossen lehnten ab, wohl wissend, dass nur die Protestanten mitgezogen wären und das Bündnis, der Staat Schweiz, daran wohl zerbrochen wäre. So blieb die Schweiz mit wenigen Ausnahmen vom Krieg verschont und erlebte einen starken wirtschaftlichen Aufschwung.

Allerdings gab es auch einige gewichtige Ausnahmen. Weil das Haus Habsburg mit seinen beiden Stämmen, dem habsburgischen und dem spanischen, kooperierte, waren Passübergänge aus Italien nach Österreich und die Rheinachse hin zu den spanischen Niederlanden lebenswichtig. Aus dieser strategischen Ausgangslage entstanden die «Bündnerwirren», eine religiöse und machtpolitische Auseinandersetzung, an der von aussen her Österreich, Spanien, Venedig und Frankreich beteiligt waren. In diesen wechselvollen Kämpfen standen lange Zeit zwei Männer im Zentrum, der einheimische Jürg Jenatsch und der französische Heerführer Duc de Rohan.

Die für die Eidgenossen wohl gravierendsten Ereignisse spielten sich indessen im Norden des Landes ab. Der eine Fall ist Gegenstand dieser Arbeit, der Zug Bernhards von Weimar durch schweizerisches Territorium und die Kämpfe am Hochrhein. Ebenfalls ein schwedischer General, der General Horn, belastete das Verhältnis unter den Eidgenossen nachhaltig. Im Jahre 1633 zog er ohne Widerstand durch das damals zürcherische Stein am Rhein, stiess durch die Gemeine Herrschaft Thurgau und belagerte die österreichische Stadt Konstanz. Auf katholischer wie auf protestantischer Seite rüstete man zum Kampf, nicht gegen General Horn, sondern gegeneinander. Nur der Abbruch der Belagerung ersparte den Eidgenossen einen Waffengang, der vielleicht fremde Intervention nach sich gezogen hätte.

Die dauernden Grenzverletzungen gegenüber Bundesgliedern führten nun zu einer langsamen Besinnung auf die Solidarität im Neutralitätsfall. Obwohl das damalige Völkerrecht den Durchzug fremder Truppen durch das Gebiet des Neutralen gestattete, war es der Durchmarsch des Bernhard von Weimar durch baslerisches Gebiet, der die Eidgenossen an einer eiligst einberufenen Tagsatzung bewog, nicht nur den Durchmarsch zu untersagen, sondern sich auch gemeinsam dagegen zu wehren. Man erkannte, dass Durchmärsche die Gefahr in sich bergen, dass zwei «Durchmarschierer» sich im Land des Neutralen treffen und bekriegen. Daraus ergab sich nach langwierigen Verhandlungen im Jahre 1647 das Defensionale von Wil, das erstmals einen eidgenössischen Kriegsrat schuf und ein Bundesheer von 12 000 Mann in drei Aufgeboten. «Alles in allem handelte es sich bei diesem Verteidigungswerk um den bedeutsamsten Fortschritt, den man in der Geschichte der eidgenössischen Wehrverfassung seit dem Sempacherbrief vom Jahre 1393 je erreicht hatte. Das Defensionale machte, so unvollkommen es auch erscheinen mag, im Ausland einigen Eindruck und trug zweifellos zur Festigung der schweizerischen Neutralität bei.» (Guggenbühl, «Geschichte der Schweizerischen Eidgenossenschaft», Band I, 1947, Seite 665).

Man gewinnt als Betrachter dieser Zeit den Eindruck, dass fremdes Leid die Schweiz auch damals näher zusammengeführt hat, eine Feststellung, die für manche Epoche unseres Landes Geltung beanspruchen darf.

Das Fricktal während des Dreissigjährigen Krieges

Das Fricktal in den Grenzen, wie wir es heute kennen, war mit den Herrschaften Laufenburg und Rheinfelden und den vier Waldstädten Rheinfelden, Säckingen, Laufenburg und Waldshut Teil der vorderösterreichischen Lande, die unter anderem Breisach und Freiburg sowie einen Teil des Schwarzwaldes umfassten. Strategisch diente der Raum dazu, den Rhein stellenweise in der Hand zu haben und die drei befestigten Rheinübergänge, nämlich Breisach, Rheinfelden und Laufenburg. Damit wollte man sich einem Stoss aus Frankreich nach Osten ins Reich widersetzen.

Die Stadt Rheinfelden, in deren Nähe und um die gekämpft wurde, war beidseits des Rheins befestigt mit Gräben, Mauern und Türmen. Die Bürgerschaft war in einer Stadtmiliz organisiert, der Schultheiss zugleich militärischer Kommandant. Im Krisen- und Kriegsfall wurden die Verteidiger durch Teile des habsburgischen Heeres verstärkt, und es wurde zumeist ein militärischer Kommandant mit der Verteidigung des festen Platzes beauftragt. Die Stadt verfügte über eine artilleristische und infanteristische Bewaffnung. Wer einen Hausstand gründen wollte, hatte sich selber die Waffen zu beschaffen. Angeordnet war ein ausgeklügeltes Bewachungs- und Alarmsystem. In Krisenzeiten wurde die Stadt mit Proviant versorgt, um eine Belagerung durchzustehen. Der Dreissigjährige Krieg hat die vorderösterreichischen Lande und vor allem Rheinfelden schwer betroffen. Bereits 1633 wurde die Stadt von den Schweden belagert und erobert. Die Österreicher befreiten sie nach kurzer Zeit wieder. Schlimm wurde es im Jahre 1634, als die Stadt, wiederum von Schweden, 21 Wochen belagert wurde. Unter Oberst Mercy hielten sich die Verteidiger hervorragend. Kennzeichend für die Zeit war, dass dem angreifenden Kommandanten, Rheingraf Johann Philipp, vom bernischen Obersten Hans Ludwig von Erlach, der die bernische Grenzbesetzung im Schenkenberger Amt befehligte, Munition in grösserem Ausmass geliefert wurde. Die Stadt Basel weigerte sich, Munition zu liefern, versorgte aber die Belagerer mit Getreide. Am 19. August 1634 musste Rheinfelden kapitulieren, nachdem die militärischen und die zivilen Mittel erschöpft waren. Trotz gegenteiliger Zusicherung wurde die Stadt geplündert, ein Teil der Verteidiger trat zu den schwedischen Truppen über. Wenige Tage später wurde die Niederlage der Schweden bei Nördlingen bekannt, und sie zogen ab.

Der Chronist schätzt, dass die Stadt Rheinfelden alleine im Dreissigjährigen Krieg an die 2 Millionen Goldfranken für Wehraufwendungen und Kontributionen aufbringen musste. Armut, Verelendung und eine nur langsame Erholung waren die Folgen.

III. Die besondere Lage 1638

Bernhard von Weimar – der Hauptakteur

Die Zahl der Staatsmänner und Politiker, die im Dreissigjährigen Krieg ihre Spuren hinterlassen haben, ist ausserordentlich gross. Einige sind mit einer ausserordentlichen Faszination versehen wie der mehrfach erwähnte schwedische König Gustav II. Adolf (wie Friedrich der Grosse Politiker und Soldat) oder dann eben doch Wallenstein, ein Panoptikum von einem Menschen. Ihnen zur Seite tritt seit dem Eingreifen Frankreichs wohl Richelieu, Kardinal und Gestalter der französischen Politik in der ersten Hälfte des 17. Jahrhunderts. Nicht auf der gleichen Höhe mit diesen europäischen Figuren steht der im Jahr 1604 in Weimar geborene Herzog Bernhard von Sachsen-Weimar, kurz Herzog Bernhard von Weimar. Er wächst mit zehn Brüdern und einer Schwester auf als Sohn eines kleinen

Fürsten an einem kleinen Hof, der allerdings dank Goethe viele Jahrzehnte später europäisch geistige Geltung beanspruchen wird. Bernhard verlebte eine harmonische Jugend, was in diesen Zeiten viel heissen will, erhält eine sorgsame Bildung, lebt als überzeugter Protestant und Lutheraner. Zeit seines Lebens steht er in einem extremen Gegensatz zum kaiserlich-katholischen Haus Habsburg. Es überrascht denn auch nicht, dass er in einem protestantischen Vorort, nämlich in den Niederlanden bei Moritz von Oranien, als Soldat in die Lehre geht. Militärisch und persönlich haben ihn Moritz von Oranien und Gustav II. Adolf von Schweden tief geprägt. 1625 ist der 21jährige, der schon vorher Zeugnisse seiner militäri-

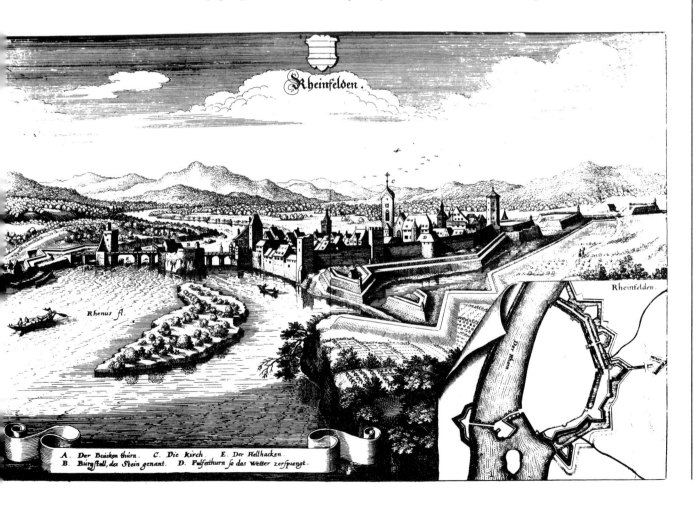

A. Der Bruicken thurn.   C. Die Kirch.   E. Der Hellhacken.
B. Burgstall, der Stein genant.   D. Pulsethurn so das Wetter zerspuengt.

schen Begabung sowohl als Stratege, als Taktiker und als Führer im Gefecht abgelegt hatte, Oberst eines Reiterregimentes in dänischen Diensten. In der Folge lernt
er bei den Schweden das gesamte Soldatenhandwerk, insbesondere auch die Kunst
der Belagerung fester Plätze, die in der Kriegführung der damaligen Zeit ihren
besonderen Stellenwert hat.

Bernhard von Weimar muss persönlich ein sehr angenehmer Mensch gewesen
sein. Die persönliche Motivation seines Tuns ist rasch erkennbar: Neigung und
Begabung zum Soldatenhandwerk, die entschiedene Förderung der protestantischen Sache und die Absicht, sich – wie etwa Wallenstein – in den Kämpfen des
Dreissigjährigen Krieges eine Heimat, ein Stück Land zu erobern. Von Schweden
liess er sich im Jahre 1633 das Herzogtum Franken, umfassend im wesentlichen
die Bistümer Bamberg und Würzburg, zu Lehen geben. Mit dem Zusammenbruch der Schweden in Deutschland nach der Schlacht bei Nördlingen (1634)
verliert er den von ihm angestrebten Besitz an die früheren kaiserlichen Herren.
Im Jahre 1636, am 17. Oktober, unterschreibt er mit dem König von Frankreich
einen Vertrag, der ihm die Mittel zusichert, eine Armee von rund 18 000 Mann zu
unterhalten – davon 6000 Reiter – und ihm mit allen Rechten, die das Haus
Habsburg daran besessen hat, die Landgrafschaft Elsass zum Besitz überlässt. Im
Jahre 1639 versteifte er sich darauf, das von ihm eroberte Breisach und die vier
Waldstädte zusätzlich zu seinem Eigentum zu behalten (Wedgwood, Seite 370).

Herzog Bernhard von Weimar war ein grosser Feldherr mit überzeugenden Erfolgen. Er gehörte zu den wohl lichteren Gestalten des Dreissigjährigen Krieges.
Sein Biograph Droysen würdige ihn so: «Es war die Kombination von Sorgfalt in
der Vorbereitung und die Kühnheit in der Entscheidung, die ihn zum geborenen
Feldherren machten» (Droysen, Band I, Seite 103). Niemand wird bestreiten
können, dass diese «Kombination von Sorgfalt in der Vorbereitung und die
Kühnheit in der Entscheidung» auch heute noch zu den Tugenden der militärischen Führung gehören.

Die Ausgangslage zu den Schlachten um Rheinfelden 1638

Auf schwedisch-französischer Seite

Im Spätherbst 1637 hatte das Heer Bernhards von Weimar durch Entbehrungen
und Gefechte schwer gelitten. Er beabsichtigte zuerst, im Elsass Winterquartier zu
beziehen. Dem stand entgegen, dass das Land ausgeblutet war und kaiserliche
Truppen unter dem bekannten Reitergeneral Johann von Werth ihn gegen Alt-
kirch zurückdrängten. Dazu kam, dass ihm der uns bereits bekannte Berner
Oberst Ludwig von Erlach riet, sich im Fürstbistum Basel für die Winterszeit einzurichten. Bernhard von Weimar teilte seine Armee – sie dürfte damals 6000
Mann nicht überschritten haben – in zwei Teile. Die eine Kolonne ging längs der
Ill gegen Pruntrut, die linke Kolonne unter seiner Führung drang ins Leimental
vor. Schliesslich lagen die weimarischen Truppen im Quartier im Raume Pruntrut–Delémont–Zwingen. Das Hauptquartier war in Delémont.

Beschreibung

Condignus bæres SAXONIS fidi Sacris,
Et Marte, et arte Principum nullo minor,
REGI (beu) cadenti lauream meritus ....
BERNARDUS bic est, Teutonum et Gothi ....,

Für die betroffene Gegend begann nun eine schwere Zeit. Die Truppe lebte aus dem Land, und sie lebte gut, da dieser Raum den Krieg bis anhin nicht gekannt hatte. Die Kavallerie wurde mit Freiberger Pferden neu ausgerüstet, und die Werbung von Landvolk begann.

Die Tatsache der Einquartierung im Fürstbistum Basel hatte die Eidgenossenschaft aufgerüttelt. Die katholischen Orte wurden bereits tätig, als sich die Gefahr abzeichnete, offenbar dazu aufgefordert durch Österreich und Spanien. Sie hielten mehrmals Konferenzen in Luzern ab und brachten das Geschäft vor die Tagsatzung. Anders in der protestantischen Schweiz: Hier schätzte man die Nähe des militärischen Nachfolgers von Gustav II. Adolf, der für die protestantische Welt die Rettung vor kaiserlich-habsburgischem Zugriff und religiöser Bedrängnis war. Von seinem Winterlager aus plante der Herzog nun seinen kommenden Feldzug. Er verhandelte mit der Stadt Schaffhausen um Durchzugsrechte, ohne Erfolg. Er hatte sich die Burg Hohentwiel bei Singen gesichert als festen Platz für einen Stoss nach Schwaben und Bayern. In dieser Zeit muss der Entschluss gefasst worden sein, die vorderösterreichischen Gebiete und die vier Waldstädte Rheinfelden, Säckingen, Laufenburg und Waldshut in Besitz zu nehmen, um den Rhein überschreiten zu können. Über den weiteren Fortgang gab es offenbar mehrere Absichten: Rheinabwärts nach Breisach oder ostwärts nach Bayern und Österreich.

Auf kaiserlich-österreichischer Seite

Die Winterquartiere dieser Truppen lagen weit östlich, in Bayern und Schwaben. Vergeblich hatte Johann von Werth darauf aufmerksam gemacht, dass die Rheinlinie sich nicht verteidigen lasse. Seine Aufforderung, die Waldstädte zu verstärken, wurde trotz der Nähe der feindlichen Truppen abgelehnt. Offenbar ging die Lagebeurteilung dahin, Bernhard von Weimar werde wieder ins Elsass ziehen und weiter rheinabwärts die Flussüberquerung zusammen mit französischen Truppen versuchen. Die zuständigen militärischen Chefs, der Graf von Savelli, war in Besançon, Johann von Werth in Augsburg.

Rheinfelden war für eine Belagerung schlecht vorbereitet. Ein Teil der Artillerie der Stadt war im Dezember 1637 nach Breisach verschoben worden. Am 8. Dezember 1637 zog ein Verband von zirka 400 Mann österreichischer Truppen unter Oberst Rödell in die Stadt. Zusammen mit Verstärkungen aus Säckingen und Breisach und der örtlichen Miliz dürften 900 Mann einsatzbereit gewesen sein. Noch schlechter war die Lage in Laufenburg. Dort kommandierte ein Hauptmann Wickersheim, dessen Auftrag dahin lautete, «Laufenburg im Falle eines Angriffs rechtzeitig zu räumen und die Brücke zu verbrennen» (Schib, Seite 199). Aus der Ortsgeschichte von Laufenburg wissen wir, dass die Stadt von Solothurn aus mit Briefen vom 27. und 28. Januar 1637 vor den Absichten der Schweden gewarnt war.

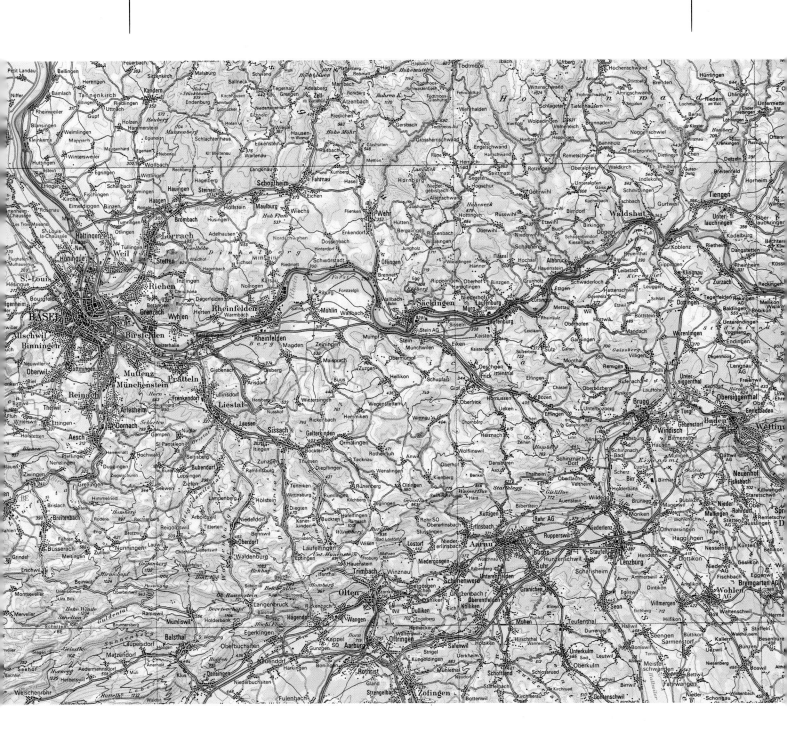

Der Aufmarsch

Trotzdem war das nun zu schildernde Vorgehen des Herzogs von Weimar in mehrfacher Hinsicht eine Überraschung. Zum ersten erfolgte der Feldzug entgegen den Gebräuchen des Krieges im Winter, zudem bei grimmiger Kälte und Schnee, wie die Quellen berichten. Sodann erweist sich das ganze Vorgehen als sorgsam vorbereitet, geplant und straff geführt.

Mitte Januar 1638 zog der Herzog sein Heer unauffällig um Laufen herum zusammen. Am 17. Januar liess er nach gut schwedischer Art einen Feldgottesdienst feiern. Auf den Zeitpunkt des Abmarsches hin hatte man von Montpellier zwei Kähne beschafft. Noch in der Nacht des 17. auf den 18. Januar verschob sich das kleine Heer, bestehend aus 1000 Reitern und ebensoviel Fussvolk, in raschem Marsch durch das Birstal nach Norden. Die Birs wurde unterhalb von Münchenstein überschritten und auf baslerischem Gebiet ein kurzes Nachtlager bezogen. Die Quellen berichten, dass ein Teil der baslerischen Regierung über die Absichten des Herzogs informiert war. Der eidgenössische Ort hat sich dem Vorgehen in keiner Art und Weise widersetzt. Am Morgen des 18. Januar wurde die Grenze des Fricktals überschritten, und im Laufe des gleichen Tages verschob sich der schwedische Verband bis in den Raum Stein–Sisseln. Dort wurde einen Tag gerastet, Proviant beschafft und der Flussübergang vorbereitet. Die Schweden gewannen einige ortsansässige Schiffer, die gegen guten Lohn die mitgebrachten Kähne zu Wasser brachten und in vielen Fahrten jeweils acht Mann über den Rhein setzten. Als 120 Mann, ein Hauptmann und ein Leutnant am Nordufer angelangt waren, wurde ohne Verzug das unbewaffnete Säckingen genommen, bei dem damals keine Brücke über den Rhein führte, wohl aber eine Fähre. Am 20. Januar wurde die Hälfte des Heeres, rund 1000 Mann, mit der Fähre über den Rhein verschoben. Unter Ausnützung der Flankensicherung bei Säckingen und Sisseln erfolgte der Stoss beidseits rheinaufwärts nach Laufenburg. Der Verteidiger von Laufenburg erfüllte seinen Auftrag nicht. Er wollte die Stadt übergeben, machte aber keinen Versuch, die Brücke zu zerstören. Wahrscheinlich konnte er das gar nicht mehr, denn die Schweden antworteten auf seine Offerte, die Stadt zu übergeben, mit einem kräftigen Stoss vom Nordufer durch Kleinlaufenburg über die Brücke nach Grosslaufenburg, das teilweise geplündert wurde. Der Herzog von Weimar hatte sein erstes Ziel erreicht, um so mehr, als er einen feindlichen Stoss von kaiserlichen Truppen rheinaufwärts aus der Feste Breisach abwies. Die kaiserliche Infanterie hatte gegen die schwedische Kavallerie keine Chance. Sofort wurde von schwedisch-weimarischer Seite die Aufklärung tief in den Schwarzwald hinein angesetzt. Die folgenden Tage dienten dazu, die errungene Stellung Laufenburg zu befestigen. Auf dem rechten und dem linken Rheinufer wurden Wälle aufgeworfen. Bereits am 22. Januar verfügte der Herzog über sein ganzes Heer bei Laufenburg, da er rechtzeitig die im Laufental verbliebenen Teile nachgezogen hatte. Er brach unverzüglich aus dem Stützpunkt Laufenburg auf und stiess rheinabwärts in den Raum Beuggen. Dort eroberte er das befestigte Deutschherrenhaus, dessen Besatzung unter Hinterlassung von grossen Verpflegungsbeständen nach Rheinfelden ausgewichen war. Herzog Bernhard von Weimar bezog in Beuggen sein Hauptquartier und begann mit den Vorbereitungen für die Belagerung von Rheinfelden. «Ohne den Besitz dieses wichtigen Rheinüberganges durfte er nicht daran denken, sich in Vorderösterreich zu behaupten» (Burkart, Seite 413).

Der überraschende Vorstoss des kleinen schwedischen Heeres hatte mächtige Folgen. Die Eidgenossen protestierten heftig, besonders die katholischen Orte, unter massgeblichem Druck der kaiserlichen Diplomatie. Die Regierung des Standes Basel entschuldigte sich beim Kaiser, der Stand Bern versorgte weiterhin über den Rhein und durch die «Gemeine Herrschaft Baden» auf dem Flussweg den Angreifer mit Getreide. Die kaiserlich-österreichische Seite erkannte die Gefahr für ihre vorderösterreichischen Lande und entschloss sich, die Waldstädte – auch Waldshut war unterdessen vom Herzog eingenommen worden – mit Waffengewalt zurückzugewinnen.

Die beiden kommandierenden Generäle Savelli und von Werth besammelten ihre Truppen im Raume Villingen. Das Landvolk im Schwarzwald wurde aufgeboten. Es besetzte die Pässe bei St. Blasien und bei Waldshut. Im Schwarzwald wurden vorgeschobene Lager mit Lebensmitteln und Munition angelegt sowie Saumpferde bereitgestellt.

Die Belagerung von Rheinfelden

In unseren Darlegungen haben wir geschildert, dass Rheinfelden einige Jahre vor den hier darzulegenden Ereignissen eine Belagerung von 21 Wochen durchgestanden hatte. Auch diesmal waren weder der Kommandant der österreichischen Truppen noch die Bevölkerung bereit, sich dem Belagerer zu ergeben. Ihre Zuversicht gründete sich auf verschiedene Faktoren. Der Biograph des Herzogs Bernhard von Weimar gibt offenbar dessen Beurteilung wieder, wenn er schreibt (Droysen, a. a. O., Band II, Seite 338): «Der Platz war mit Wall, doppeltem Graben und hoher, starker Mauer umgeben, vorteilhaft gelegen und nicht allein mit einem guten Kommandanten, sondern auch mit einer herzhaften, ja gleichsam desperaten Bürger- und Bauernschaft versehen.» Gut stand es also mit der Befestigung, und gut stand es mit der Moral der Verteidiger. Weniger gut stand es mit der Bewaffnung und vor allem mit der Munition. Alle Quellen reden davon, dass die Rheinfelder rasch keine «Kugeln» mehr für die Artillerie gehabt hätten, sondern Steine verschossen. Auch ist die Rede davon, dass der Kommandant versuchte, aus Breisach zusätzliche Truppen und Munition zu beschaffen. Sein Bote wurde abgefangen und – für die Verteidiger sichtbar – vor dem Tore aufgeknüpft. Aus der Schilderung der Belagerung durch den Rheingrafen Johann Philipp im Jahre 1634 wissen wir, dass die Rheinfelder dennoch die Verbindung mit Breisach offen hielten. Sie setzten Schwimmer ein, die rheinabwärts nach Breisach gelangten und zurück über den Schwarzwald und dann wieder über den Rhein die belagerte Stadt erreichten.

Nachdem Herzog Bernhard nun über sein ganzes Heer verfügte, konzentrierte er sich auf die Belagerung von Rheinfelden, ohne den Schutz der anderen eroberten festen Plätze zu vernachlässigen. Zuerst wurde die Kavallerie in die Umgebung ausgesandt, um Kontributionen zu erheben und Beute zu machen. Ein Teil dieser Verbände blieb im Fricktal, um die Versorgung der Belagerer sicherzustellen. Der andere Teil unter dem Generalmajor Taupadel drang tief in die sich nach Süden öffnenden Schwarzwaldtäler ein. Es ging darum, die Verbindung zum Hohentwiel sicherzustellen «und einem etwaigen Vorbruch des Feindes aus dem Gebirge» zu begegnen.

Über die Zahl der beteiligten Truppen sind sich die Quellen uneinig. An einem Ort finde ich für die Schweden die Zahl von zehn Regimentern zu Fuss und acht Regimentern zu Ross (Burkard, op. cit. Seite 415). Droysen spricht von 8000 Mann (a.a.O., Seite 336). Wieland kommt etwa auf dieselbe Zahl. Auf kaiserlicher Seite wird die Zahl von neun Reiterregimentern und vier Fussregimentern angegeben (Wieland, Seite 193). Des Rätsels Lösung liegt darin, dass Regimenter von heute mit Regimentern von damals auch von der Zahl her nicht verglichen werden dürfen. Ich gehe davon aus, dass auf beiden Seiten gesamthaft etwa 7000 bis 8000 Mann beteiligt waren.

Kehren wir zurück zur Belagerung von Rheinfelden. Wenn eine Stadt oder ein befestigter Platz nicht durch Verrat, Überfall oder durch Aushungern genommen werden konnte, so war die Belagerung ein schweres und kostspieliges Unternehmen. Beteiligt war vorerst die Artillerie, welche die Befestigung zu zertrümmern hatte, Brände auslösen konnte und den Verteidiger und die Bevölkerung dezimierte. Auf einem schon hohen Niveau stand die Ingenieurkunst, die feindliche Befestigungen untergrub, Sprengstoff anbrachte und die Minen zündete. Bernhard von Weimar hat sich für die Belagerung von Rheinfelden im übrigen einen Oberstleutnant Lüscher in Bern ausgeliehen, der die Arbeiten kommandierte. In den Akten findet sich eine anschauliche Schilderung der vom 26. Januar bis 18. Februar dauernden Belagerung. Sie wurde, so vermutet man, vom Feldprediger im Heere Bernhards von Weimar geschrieben. Alle Belagerungstechniken kamen zur Anwendung – und sie führten nicht zum Erfolg. Die Verteidiger kämpften überaus geschickt, obwohl die Übermacht des Gegners erdrückend war. Bernhard von Weimar war denn auch über die Nachhaltigkeit des Widerstandes erbittert. Am 18. Februar 1638 schien die Stadt aber reif für die Eroberung. Es war gelungen, auf der linken Rheinseite eine neue Bresche zu öffnen. Bernhard von Weimar wollte sie zum entscheidenden Gefecht nutzen, der Tag war ein Sonntag. Er brachte aber den Belagerten Glück, da an diesem Tag das kaiserliche Heer aus dem Schwarzwald heraustrat und überraschend den Belagerer packte. Von Villingen aus war General von Werth mit seinem Heer trotz Schnee und Eis in einem nicht leichten Gelände, von Gebirgswegen wird gesprochen, in drei Tagen und vier Nächten heranmarschiert. Am 18. Februar erschienen die Kolonnenspitzen der Kaiserlichen bei Karsau und Nollingen, möglicherweise Aufklärungsverbände.

Die erste Schlacht bei Rheinfelden

Es ist schwer, sich ein präzises Bild zu machen über die erste Schlacht bei Rheinfelden, die sich um die Räume Riedmatt – Karsau – Beuggen abspielte. Am zu-

Ausschnitt aus der Landeskarte 1:50 000, Blatt 214. Reproduziert mit Bewilligung des Bundesamtes für Landestopographie vom 18. 7. 1988.

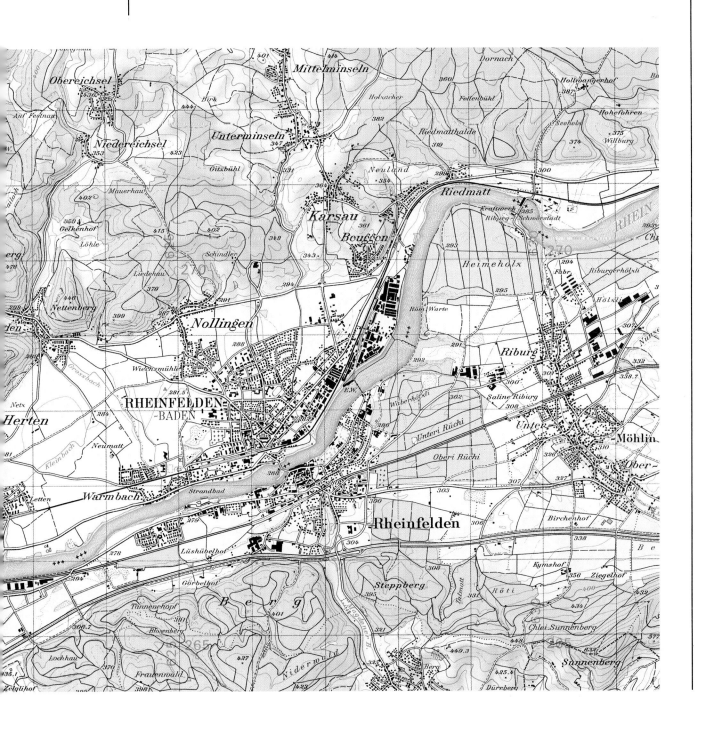

49

verlässigsten scheint mir die Schilderung von Burkart, der sich nach seinen eigenen Darlegungen auf die Chronik von Beuggen und das Schlachtbild von Merian abstützt.

Zuerst handelt es sich um ein reines Reitergefecht aus der Bewegung heraus. Die Kaiserlichen forcieren das Engnis bei Rietmatt, was vermuten lässt, dass sie über Todtmoos und durch das Wehratal gezogen sind. Dem Herzog Bernhard gelingt es, 6 Reiterregimenter von der Belagerung auf dem rechten Rheinufer abzuziehen, und mit ihnen sperrt er das Engnis rund 4 Stunden. Inzwischen kann er einen Musketierverband, 2 Schwadronen und einige Rohre Artillerie mit der Fähre bei Beuggen vom linken auf das rechte Rheinufer nachziehen. Die Belagerung wird aufrecht erhalten. Die Schweden gruppieren sich wie folgt:

– Sperre bei Riedmatt
– Das Gros, in die Tiefe gestaffelt, nördlich von Beuggen, angelehnt an das Schloss Beuggen und den Rhein, beim Schloss die Kürassiere als Reserve
– Zum Schutz der linken Flanke halten die Musketiere das Dorf Karsau.

Die kaiserlichen Truppen sind vom Marsch schwer mitgenommen. Verfügbar ist im wesentlichen nur die Kavallerie, die Fusstruppen und die Artillerie bleiben noch im Schwarzwald zurück. Sie versuchen, zuerst das Engnis Riedmatt zu öffnen. Als das nicht gelingt, greifen sie Karsau an, setzen es in Brand und vertreiben die Musketiere, die der Herzog nach Beuggen zurücknimmt. Damit ist für die Kaiserlichen der Zugang nach Rheinfelden offen. Sie aber wollen ganz offensichtlich nicht nur Rheinfelden entsetzen, sondern das Heer des Herzogs vernichten. Also formieren sie sich östlich von Rheinfelden und Nollingen neu mit Front nach Osten. Das aber zwingt nun den Herzog, einen totalen Frontwechsel vorzunehmen und sein Heer, das bisher mit einer Front Ost stand, nach Westen zu drehen. Er belässt die Sperre bei Riedmatt, hält Beuggen und bezieht eine «klassische Aufstellung» mit der Infanterie und der Artillerie in der Mitte und zwei reiterlichen Elementen an den Flanken, zwischen dem Rhein und den bewaldeten Höhen südlich von Karsau.

Das zweite Gefecht mit der verkehrten Front eröffnen die Schweden mit einem Angriff ihres nördlichen Reiterflügels unter dem bewährten Taupadel. Er wirft die kaiserlichen Reiter zurück, verfolgt sie bis in den Raum Herten und bringt ihnen empfindliche Verluste bei. Die kaiserlichen Truppen erringen einen lokalen Erfolg auf dem rechten, am Rhein angelehnten Flügel. Sie drängen die Truppen des Herzogs zurück bis zum Schloss Beuggen, das den Schweden als Feuerbasis dient und ihnen eine Anlehnung möglich macht. Die Kaiserlichen gehen gegen das Zentrum vor, die Infanterie und die Artillerie; erst die Rückkehr der schwedischen Reiterei von der Verfolgung auf das Schlachtfeld bringt eine neue Stabilisierung. Das Gefecht zerfällt in Einzelaktionen, die Nacht bricht herein.

Bernhard von Weimar als der an Truppen Schwächere und in der Erkenntnis, dass die Belagerung von Rheinfelden bei diesem Stand der Dinge nicht weitergeführt werden kann, entschliesst sich zum Rückzug nach Laufenburg. Er belässt starke Kräfte bei Beuggen, sperrt das Engnis Riedmatt und befiehlt die Belagerungstruppen auf dem südlichen Rheinufer ebenfalls nach Laufenburg.

Der Rückzug erfordert aber noch ein weiteres Gefecht. Sofort beim Austritt aus dem Schwarzwald hatte Johann von Werth durch die Inbesitznahme von Rothaus zwischen Säckingen und Murg dem Herzog den Rückzug nach Laufenburg auf dem Nordufer abschneiden wollen. Es handelt sich um eine klassische passage obligée vom Gelände her, verstärkt mit einem Bauwerk, das Deckung und Wirkung erlaubt. Bernhard muss seine Reiterei absteigen lassen und in einem heftigen Gefecht Rothaus nehmen und die Achse öffnen. Es gelingt, alle Truppen bei Laufenburg zu besammeln, ausgenommen die Elemente bei Beuggen und Riedmatt. Nichts hätte näher gelegen, als diese detachierten Elemente durch einen neuen Angriff seitens der Kaiserlichen zu vernichten. Dazu wie auch zur Verfolgung hatten sie die Kraft nicht mehr nach dem schweren Marsch über die Berge. Sie zogen in Rheinfelden ein, und ihre Reiter brandschatzten die Umgebung. Entgegen dem Ratschlag des erfahrenen Generals von Werth wurde keine Aufklärung betrieben, keine Sicherung gestellt, keine Reorganisation durchgeführt. Das Heer, bis hinauf in seine Spitze, zerfiel in Teile, die bankettierten und sich bezahlen liessen, kurz die angenehmen Seiten des Landsknechtslebens genossen.

Eine *kurze Analyse der ersten Schlacht von Rheinfelden* ergibt folgende Erkenntnisse:

– Es handelte sich vornehmlich um ein Reitergefecht, wobei die Kaiserlichen die Überraschung zu Beginn nicht ausnützten und es Bernhard gelang, die entscheidenden Geländeteile zu halten, nämlich das Engnis Riedmatt und das Zentrum von Beuggen.
– Die Zuführung von zusätzlichen Elementen in der Phase der Kampfvorbereitung über die Fähre bei Beuggen und ihr Einsatz zur Flankensicherung bei Karsau ist eine gute technische und taktische Leistung.
– Der Entschluss der kaiserlichen Generale, nach dem Durchbruch bei Karsau und dem Austritt in die Rheinebene nicht sofort nach Rheinfelden zu ziehen, sondern den Herzog und sein Heer zu vernichten, zeigt eine klare und richtige militärische Überlegung. Mit der Vereinigung des Entsatzheeres mit den Belagerten auf der Südseite war die Belagerung auf der Nordseite obsolet. Jetzt ging es darum, das feindliche Heer zu vernichten.
– Bernhard vollbrachte mit dem Frontwechsel in der Schlacht eine beachtliche organisatorische Leistung.
– Der Rückzug und vor allem das Halten des Schlüsselgeländes sowie die Erstürmung des Rothauses, ferner die Vereinigung aller Truppen bei Laufenburg unter Abbruch der Belagerung zeigen einen Feldherrn von 34 Jahren, der nicht nur die physische Kraft hat, ein Gefecht während Stunden persönlich zu führen, sondern der auch die taktisch und operativ richtigen Entschlüsse fasst.

V. Die zweite Schlacht von Rheinfelden, 20./21. Februar 1638

Lagebeurteilung, erste Massnahmen, der Entschluss

Wir wissen nicht, welche Lagebeurteilung die beiden Heeresleitungen, auf seiten der Schweden Bernhard von Weimar, auf seiten der Kaiserlichen Savelli und von

Werth im einzelnen durchgeführt haben. Aus den getroffenen Massnahmen lassen sie sich aber nachvollziehen.

Die Schweden

– Sie hatten ihr primäres Ziel, nämlich die Einnahme Rheinfeldens, nicht erreicht, trotz grossem Aufwand an Mitteln und Zeit. Ein Stoss nach Schwaben war nicht möglich nur mit dem Übergang Laufenburg.
– Das Heer lag konzentriert, voll verfügbar um Laufenburg; Beuggen und Riedmatt wurden gehalten.
– Ein Rückzug über vorderösterreichisches Gebiet und über das Territorium des Standes Basel kam wohl kaum in Frage.
– Das kaiserliche Heer ist nicht konzentriert, der Zusammenschluss mit den Teilen im Schwarzwald ist nicht erfolgt.
– Die Kaiserlichen werden sich in Rheinfelden nicht einschliessen lassen, sondern sich zur Schlacht stellen. Es kommt darauf an, das Überraschungselement auf seiner Seite zu haben.

Bernhard von Weimar fasst daher am 20. Februar 1638 den Entschluss, auf dem nördlichen Rheinufer in Richtung Rheinfelden zu stossen, Beuggen zu entsetzen, die Kaiserlichen zu schlagen und Rheinfelden zu nehmen. Zu diesem Zweck treibt er erste Elemente nach Säckingen vor, befiehlt dem Kommandierenden in Beuggen auszuhalten und klärt im ganzen Schwarzwaldbereich auf.
Der Beginn der Verschiebung des Gros auf zwei Achsen, dem Rhein entlang und weiter nördlich über das Wehratal, wird auf den Beginn der Nacht des 20. Februars festgelegt.

Die Kaiserlichen

– Sie hatten ihr primäres Ziel, nämlich die Entsetzung Rheinfeldens und die Vernichtung der Armee des Gegners, nur teilweise erreicht.
– Es war nicht gelungen, Teile der Infanterie und der Artillerie heranzuziehen, weil geflohene Truppen und Führer die Nachricht einer Niederlage der Kaiserlichen verbreitet hatten. Truppenteile marschierten nach Villingen zurück.
– Das Oberkommando war sich in der Ausnützung seiner Erfolge hingegen uneins. Von Werth wollte Rheinfelden verstärken, sich im übrigen nach Norden in den Schwarzwald absetzen und sich dort mit den übrigen Truppen vereinigen. Savelli wollte Rheinfelden halten und die Gegend plündern. Beide nahmen im Kern nicht an, dass Bernhard von Weimar nochmals vor Rheinfelden erscheinen würde.
– Dem sich zurückziehenden Gegner war eine Truppenabteilung nachgeschickt worden. Sie erfüllte den Auftrag nicht, sondern plünderte. Eine persönliche Aufklärung des Generals von Werth in den Raum Beuggen ergab ausser einem Schusswechsel keine Ergebnisse.

Man wird aus dieser sachgerechten Gegenüberstellung von Absichten und Massnahmen leicht den Unterschied einer zielstrebigen, aktiven und einer passiven, nachlässigen Führung erkennen. Herzog Bernhard von Weimar machte in dieser Phase seines Lebens seinen beiden Lehrmeistern Moritz von Oranien und vor allem Gustav II. Adolf alle Ehre. Bei von Werth, der sich über glänzende militärische Qualitäten auswies, sind Ansätze zu richtigem Handeln da, nicht aber beim Söldnerführer Savelli.

Die zweite Schlacht bei Rheinfelden

Der Vormarsch der Schweden auf dem nördlichen Rheinufer ging ohne Feindkontakt vor sich. Tief in den Schwarzwald hinein fühlten die Reiter Taupadels vor: Sie trafen keine gegnerischen Truppen auf dem Weg zum Rhein. Ein kurzes Nachtlager wurde östlich der Wehra, ungefähr bei Brennet, bezogen. Droysen berichtet, der Herzog habe trotz grimmiger Kälte das Anbrennen von Feuer verboten, «um nicht durch den Flammenschein ihre Gegenwart zu verraten» (a.a.O., Seite 342). Nach der Vereinigung der beiden Verbände brachen die Truppen im Morgengrauen auf, befreiten Beuggen und trieben die kroatischen Sicherungen zurück. Diese waren es, die morgens um 8 Uhr in die Stadt Rheinfelden galoppierten und das Herannahen des Gegners meldeten.

Wieland bemerkt in seiner Monographie, dass in dem unbeschreiblichen Durcheinander nur einer den Feldherrn nicht verleugnet habe, der Reitergeneral von Werth. Er eilte auf das Norodufer des Rheins und setzte die Infanterie, die er traf, am Rheinufer entlang im Gebüsch ein. Das «Wahlsche Regiment», eines der besten und vollzähligsten, setzte er bei Nollingen ein mit dem Befehl, das Dorf, den Kirchhof und das nahe gelegene Waldstück zu verteidigen. Zwischen Nollingen und Warmbach am Rhein zog sich durch die Ebene ein tiefer Graben. Diesen besetzte er mit der Infanterie. Hinter dem Graben hoffte er das übrige Fussvolk und vor allem die marodierende Kavallerie bei ihrem Eintreffen auf dem Schlachtfeld ordnen zu können. Die Feldgeschütze, die man den Schweden in der ersten Schlacht abgenommen hatte, wurden von Rheinfelden her herangeführt. Sie fielen den Schweden in die Hände, die sie ungesäumt einsetzten. Die Kommandoordnung bei den Kaiserlichen ergab sich so, dass Savelli die Verbände angelehnt an den Rhein kommandierte, von Werth das Zentrum und die Truppen bei Nollingen.

Die Verbände des Herzogs von Weimar passierten das Defilée bei Beuggen und bezogen aus dem Marsch heraus die Schlachtordnung. Taupadel mit der Reiterei bildete den rechten Flügel und das Zentrum, den linken Flügel und die Artillerie kommandierte Bernhard selber. Während in den kaiserlichen Reihen Verwirrung herrschte, waren die Angreifer «sicher und siegesfreudig und an Zahl und Ausrüstung überlegen» (Burkart, a.a.O., Seite 424). Die Schlacht begann mit Aktionen auf dem linken schwedischen Flügel: Die Schützennester am Rhein wurden niedergekämpft, der Weg gegen den Graben hin war offen. Bernhard von Weimar praktizierte hier in vorbildlicher Art «Feuer und Bewegung». Die Kanoniere zogen ihre Geschütze vor der Front in Stellung und feuerten in Richtung Graben.

Auf das Feuer hin rückten die Schweden vor. Das wurde mehrmals wiederholt, bis das Gros des Fussvolkes in der Sturmstellung vor dem Graben ankam. Der Stoss in und über den Graben erfolgte gleichzeitig mit der Kavallerie im Zentrum. Die Kaiserlichen wurden zurückgeworfen, und eine wilde Flucht brach aus. Auf der rechten Flanke hatte Taupadel von Werth angegriffen und ebenfalls geschlagen. Der kaiserliche Reitergeneral schlug sich zu Fuss zum Regiment Wahl in Nollingen durch, das seine Aufträge trotz härtester Bedrängnis erfüllte. Erst nach mehrmaligen Angriffen der Schweden und schweren Verlusten der Kaiserlichen ergaben sich die Reste des Regiments mit dem General. Das in die Flucht geschlagene kaiserliche Heer wurde bis Hüningen verfolgt. 400 Mann, die sich in die Stadt Rheinfelden retten konnten, wurden später bei ihrem Abmarsch auf dem linken Rheinufer von Truppen Bernhards geschlagen, die mit neuen Pferden und Nachschub aus dem Elsass heranrückten.

Die Quellen berichten, dass die Schlacht nicht länger als eine Stunde gedauert habe. Es war eine folgenschwere Stunde im Dreissigjährigen Krieg. Das kaiserliche Heer in den vorderösterreichischen Landen war vernichtet, die Generalität gefangen, dazu über 100 Offiziere und 3000 Mann. Gefallen waren auf kaiserlicher Seite 40 Offiziere und 600 Mann. Was vom Heer übrig blieb, zerstob in alle Himmelsrichtungen, führerlos, geschlagen. Franzosen und Schweden dominierten am Hochrhein, der Vorstoss nach Nordosten war möglich geworden.

Die Folgen der zweiten Schlacht bei Rheinfelden

Belagerung Rheinfeldens

Am 21. Februar 1638 wurde das kaiserliche Heer vernichtet. In Süddeutschland stand kein Verband, der Bernhard von Weimar nun hätte hindern können, die Belagerung Rheinfeldens durchzuführen und die Stadt zu erobern. Bereits am 25. Februar begann die Belagerung, oder sie wurde dort fortgesetzt, wo sie vor der ersten Schlacht bei Rheinfelden aufgehört hatte. Rheinfelden wehrte sich tapfer. Am 13. März kapitulierte Oberst Rödell. Herzog Bernhard hatte mit ihm eine günstige Kapitulationsvereinbarung unterschrieben, die die Verteidiger in allen Ehren nach Breisach abziehen liess. Das Gros kam nur bis nach Basel; dort liess sich ein grosser Teil für das Heer der Schweden anwerben. Herzog Bernhard legte eine Besatzung von 600 Mann unter Oberst Forbus in die Stadt. Am 18. März finden wir ihn bereits mit seiner Armee im Wiesenthal und bei der Einnahme von Schloss Rötel. Dann brach er auf zur Eroberung von Breisach, dem zentralen «festen Platz» am Hochrhein und am Fuss des Kaiserstuhls.

Rheinfelden unter schwedischer und französischer Herrschaft

Herzog Bernhard von Weimar war vom strategischen Wert des Übergangs bei Rheinfelden überzeugt. Er befahl daher die unverzügliche Verstärkung der Befestigungen der Stadt, die zum Teil durch Bürger in Frondiensten in den Jahren

1638–1641 durchgeführt wurden. Die Pläne lieferte der uns bekannte Genieoffizier Lüscher, und die Leitung hatte als nun französischer Generalmajor der andere Berner, Hans Ludwig von Erlach. Die Stadt litt unendlich unter der Besetzung durch Schweden und nach dem Tod Bernhards im folgenden Jahr (er wurde nur 35 Jahre alt) durch die Franzosen, in deren Dienste nun das Heer der Weimarianer übertrat. Kontributionen mussten bezahlt, Frondienste geleistet werden. Der Stadtchronist schildert die Lage so: «Was die einzelnen Bürger an Schaden erlitten, entzieht sich der Berechnung. Das Elend und die Armut aber waren unbeschreiblich.» Erst 1650, also zwei Jahre nach dem Westfälischen Frieden, der die Lande wieder an die Österreicher zurückgab, zogen die Kaiserlichen wieder in die Stadt ein. Behörden und Bevölkerung feierten das Ereignis mit einer Prozession und erfüllten die Versprechen, die sie in bösen Zeiten getan hatten: Eine Prozession wurde durchgeführt ins schweizerische Einsiedeln, und bis zu Beginn des 20. Jahrhunderts wurde jeden Donnerstag mit der grossen Glocke zusätzlich geläutet, ohne dass schliesslich jemand wusste warum.

VI. Schlussbetrachtungen

Ich habe in meinen Darlegungen ein Stück fricktalischer und allgemeiner Geschichte geschildert, über 350 Jahre zurück und dennoch, so meine ich, in hohem Masse lehrreich. Immer wieder habe ich versucht, an dem einen oder anderen Ort auf die «Nutzanwendung» hinzuweisen, wobei ich mir aller Unterschiede von damals, heute und morgen bewusst bin. Einige überragende Lehren möchte ich hier zusammenfassen:

Taktische und operative Erkenntnisse

– In allen Lagen und auf allen Stufen ist das Element der Überraschung des Gegners von überragender Bedeutung. Bernhard von Weimar war erfolgreich, weil er immer wieder überraschte durch die Art seines Vorgehens, den Ort seines Einsatzes, den Zeitpunkt seiner Aktionen.
– Nur der Kampf der verbundenen Waffen bringt den Erfolg. Wir erlebten das bei einer Belagerung, wo Genie, Artillerie und Infanterie zusammenwirkten. Wir erlebten es im System «Feuer und Bewegung» in der zweiten Schlacht bei Rheinfelden.
– Nur aggressives Handeln in der Verteidigung und im Angriff bringt den Erfolg. Freiheit des Handelns ist entscheidend, sich die Mittel dazu zu verschaffen die echte Führungstätigkeit.
– Der Kampf am Fluss und der Kampf in und um Ortschaften sind altes Soldatenhandwerk, auf das wir uns unter veränderten Verhältnissen neu zu besinnen haben.
– Es geht in allen Lagen darum, die Absichten des Gegners so früh wie möglich zu erfahren. Aufklärung und Sicherung sind unabdingbare militärische Tätigkeiten in jeder Lage. Wer sie vernachlässigt, hat den ersten Schritt zur Niederlage getan.

Strategische und sicherheitspolitische Lehren

– Es gibt nur eine bewaffnete Neutralität, keine wehrlose Neutralität. Das haben sogar die alten Eidgenossen erkannt, als sie – wie erwähnt – das Defensionale von Wil abgeschlossen haben im Anschluss an den Durchmarsch des Herzogs von Weimar an den Rhein.

– Dissuasion ist nur soviel wert, wie effektiv dahinter steht und was der Gegner als für ihn schädlich erkennt. Die Diplomatie der Eidgenossen war in keiner Hinsicht dissuasiv und die Kollaboration der Stände der unfertigen Eidgenossenschaft mit den Kriegsparteien schon gar nicht.

– Der nur lokale Durchmarsch durch einen Teil der Schweiz ist ein hochkomplexes militärisch-politisches Ereignis, das möglich ist und dem wir kraftvoll, aber angemessen und mit dem Primat der Politik und den Mitteln des Soldaten entgegentreten müssen.

– Der Krieg ist eine grausame Last für die Bevölkerung. Es braucht die Gesamtverteidigung.

Militärische Führungstätigkeit

– Das Engagement des Chefs entscheidet in vielen Fällen. Erinnern wir uns an das Zitat von Droysen über Bernhard von Weimar: «Kombination von Sorgfalt in der Vorbereitung und Kühnheit in der Entscheidung» machen den militärischen Chef aus. Dazu tritt bei diesem Feldherrn die Gabe, seine Truppe mitzureissen und mit ihr Ungewöhnliches zu wagen.

– Damit im Zusammenhang steht, dass vom militärischen Chef verlangt wird, dass er ausgetretene Pfade verlässt und nach Neuem sucht. Neu war es, die Artillerie in der zweiten Schlacht von Rheinfelden vor die Front zu stellen. Sie brachte den Erfolg.

– Klar denken, rasch handeln und ausdauernd bleiben, das sind Eigenschaften von Chefs, die wir selber vorzuleben und andere daraufhin zu schulen haben.

Zusammenfassend meine ich: Der Krieg im Fricktal 1638 kann uns noch einiges lehren.

Hans Jörg Huber

Burkart Sebastian: Geschichte der Stadt Rheinfelden bis zu ihrer Vereinigung mit dem Kanton Aargau, Aarau 1909

Droysen Gustav: Bernhard von Weimar, Band I und II, Leipzig 1885

Fuchs Theodor: Geschichte des europäischen Kriegswesens, Teil I und II, F.J. Lehmann Verlag, München, 1972

Guggenbühl Gottfried: Geschichte der Schweiz. Eidgenossenschaft, 2 Bände, Verlag Rentsch, 1947

Haas Leonhard: Schwedens Politik gegenüber der Eidgenossenschaft während des 30-jährigen Krieges in: Schweiz. Beiträge zur allgemeinen Geschichte, Band 9, Verlag Herbert Lang & Cie., Bern, 1951

Langer Herbert: Kulturgeschichte des 30-jährigen Krieges, Kohlhammer, 1979

Schib Karl: Geschichte der Stadt Laufenburg, Argovia 62, 1950; Geschichte der Stadt Rheinfelden, 1961

Wedgwood C.V.: Der 30-jährige Krieg, Paul-List-Verlag, 1967

Wieland Hans: Die Schlachten von Rheinfelden im Jahr 1638, Basler Taschenbuch auf das Jahr 1857

«Unter Aergeüische Päss»
Karten und Ansichten
aus dem Raum des Wasserschlosses
in der Schauenburg-Sammlung

Mit dem Untergang der Republik Bern am 5. März 1798 gelangten den französischen Siegern die Papiere des bernischen Kriegsrates in die Hände. Eine Sammlung von Karten und Ansichten aus diesem Bestand kehrte aus der Erbschaft des Generals Balthasar von Schauenburg im Jahre 1881 ins Eigentum der Eidgenossenschaft zurück und befindet sich heute in der Obhut der Eidgenössischen Militärbibliothek und des Historischen Dienstes des Armee[1].

Die bernische Herkunft erklärt die grosse Zahl von Karten und Ansichten, welche den weiteren Raum des Wasserschlosses betreffen: Hier grenzte die reformierte Aarerepublik nicht nur an das katholische Vorderösterreich, sondern auch an die Gemeinen Herrschaften Baden und Freiamt, welchen die Konfession sowohl der Bewohner als auch der Mehrheit der dort regierenden Stände ein katholisches Gepräge verlieh. Berns wichtigster Bundesgenosse im Falle innereidgenössischer konfessioneller Konflikte, Zürich, lag östlich des katholischen Korridors, jenseits der Reuss. Nichts konnte dem bernischen Kriegsrat wichtiger sein als die Möglichkeit, das eigene Heer bei Bedarf mit dem zürcherischen zu vereinigen, und dazu bedurfte es sicherer Übergänge über die Reuss. Der bernische Ingenieur Valentin Friedrich sah 1616 in seiner «Charte des Laufs der Reuss» (Abbildung 1) dementsprechend eine durch Feldbefestigung gesicherte Kriegsbrücke beim Kloster Gnadental vor. Darüber schreibt Friedrich im Kommentar: «Von Melikon bis zum Kloster Gnadentall da die pruk samp den schantzen solte gemacht werten ist ¾ stunt. – Von der schantz gen Lenzburg ist 3 stundt.» Die Wegzeit nach Lenzburg ist von Bedeutung, weil sich dort die gegebene Operationsbasis des bernischen Heeres befindet.

Die undatierte, dem Zürcher Hans Conrad Gyger zugeschriebene «Charte vom Lauf der Reuss durch die freyen Ämter» (Abbildung 2) schlägt ins gleiche Kapitel ein und ist gleichsam eine gezeichnete Problemstellung für die frühneuzeitlichen Feldherren Zürichs und Berns: Die Reuss und der Unterlauf der Aare bilden ein zwischen Vierwaldstättersee und Rhein durchgehendes Hindernis. Die festen Brücken sind ausnahmslos in katholischer Hand, was es den fünf Orten Luzern, Uri, Schwyz, Unterwalden und Zug erleichtert, durch einen Stoss etwa im Tal des Aabachs oder der Bünz nach Norden entweder nur das zürcherische Heer vom bernischen zu trennen oder dieses allein *vor* der Vereinigung mit seinem Verbündeten zu stellen und zu schlagen. Aus bernischer Sicht konnte das dann etwa so aussehen, wie es Jost von Brechershäusern für den Hilfszug von 1620 nach Graubünden beschreibt: «Nun aber wie unser Volk kame bis gan Meligen zu dem

Abb. 2
«Charte vom Lauf der Reuss durch die freyen Aemter», angeblich von Hans Conrad Gyger, ohne Jahr, Schauenburg-Sammlung Nr. 16.

Mußhafen, da waren die Reußthaler mit vielen Papisten und hielten sie auf mit starker Macht, ehe aber die unseren etwas anfiengen, zugen sie ehe unten für zu ihrem Fahr gan Küngsfelden hinüber,…»[2]

Der frühneuzeitliche homo universalis hatte, ähnlich dem heutigen Schweizer Milizoffizier, vielleicht ein vorwiegend, aber doch nicht ein ausschliesslich militärisches Interesse an Karten. Hans Conrad Gygers Karte von «Königsfelden Mitt seiner Zugehörigen Landschafft, genant das Eigen Ampt» (Abbildung 3) erfüllt offensichtlich auch den Zweck, dem bernischen Hofmeister (Landvogt) Johannes Leonhard Engel, dessen Wappen oben rechts unter dem Dreiklang Bern-Eigenamt-Königsfelden erscheint, die rasche Orientierung über seinen Herrschaftsbereich zu erlauben und vielleicht auch als Repräsentationsstück zu dienen. So ist Gygers «Königsfelder Karte» auch nicht in erster Linie ihres militärischen Informationsgehalts wegen berühmt geworden, sondern weil auf ihr erstmals das römische Amphitheater von Vindonissa als solches verzeichnet ist und da hier der Lauf der Aare im Bereich des Wasserschlosses vor der Zähmung des Flusses durch die Kanderkorrektion von 1714 genau festgehalten ist. Trotzdem betrachtete der Hofmeister das in seinem Auftrag angefertigte Stück wohl doch in erster Linie als Militärkarte und schenkte es deshalb im April 1660 dem Kriegsrat.

Die sich zuwiderlaufenden Bemühungen, reformierterseits eine Ost-West-Verbindung zu gewinnen und katholischerseits den Korridor nach Norden offenzuhalten, führten im 17. Jahrhundert zu einer Reihe von teilweise verwirklichten Festungsbauvorhaben. Die geplanten Brugger Schanzen, die nicht gebaut wurden[3], haben in der Schauenburg-Sammlung keine Spuren hinterlassen, wohingegen die Fortifikationsarbeiten am Stein zu Baden gegenwärtig sind (Abbildung 4).

Als beeinflusst von den innereidgenössischen Spannungen des frühen 18. Jahrhunderts erweist sich Samuel Bodmers «Plan und Grundriss von dem ganzen Amt Königsfelden» (Abbildung 5). Der als Nebenkarte gegebene Grundriss von Windisch ist vor allem durch die Hervorhebung der den Reusslauf beherrschenden Artillerieplattformen im Bereich der alten Fährstelle bemerkenswert.

Der Zweite Villmergerkrieg von 1712, der wie der Erste 1656 militärisch im Freiamt entschieden wurde, verlieh der bernischen Militärkartographie neue Impulse. Es galt nun nicht mehr, für die Herstellung der Ost-West-Kommunikation im Kriegsfall zu planen, da sich die Sieger Zürich und Bern durch den Ausschluss der katholischen Orte von der Mitregierung der Grafschaft Baden und des Unteren Freiamts eine permanente Verbindung geschaffen und dadurch den katholischen Korridor unterbrochen hatten. Kartographisch festgehalten werden sollten *nun* einerseits der Kriegsverlauf, andererseits Ausdehnung und Grenzen der neugewonnenen Gebiete, insbesondere des Unteren Freiamts. Dieser Aufgabe entledigte sich der Ingenieur Johann Adam Riediger (auch Rüdiger geschrieben) mit zwei informationsreichen Kartenwerken. Die erste Karte stammt aus dem Jahr 1715 und ist dem Hofmeister in Königsfelden und Landvogt im Unteren Freiamt Sigmund Emanuel Steiger zugeeignet (Abbildung 7). Neben den üblichen, militärisch wichtigen Informationen über die Flüsse, Berge, Wälder und Strassen, die Dörfer, Städte und Schlösser, die Brücken (hier jene von Bremgarten, Mellingen und Brugg), die Fähren, die Hochwachten (hier jene auf Brunegg, auf dem Meiengrün und auf dem Niesenberg) und anderes mehr enthält Riedigers Werk fünf

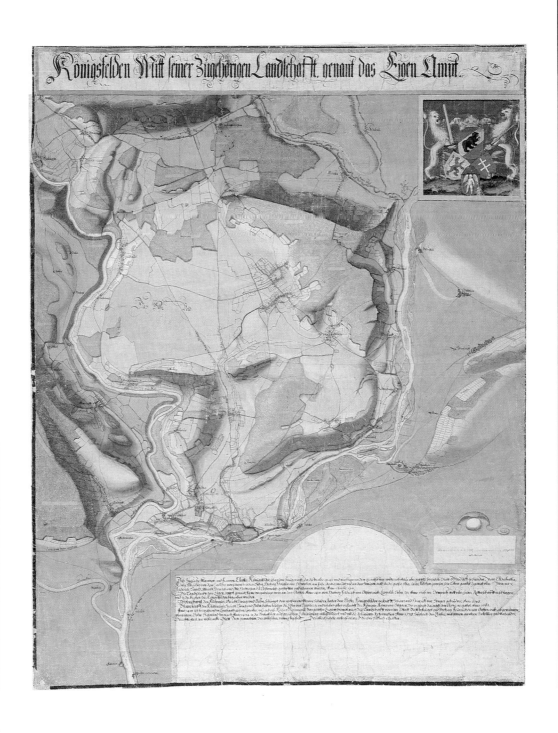

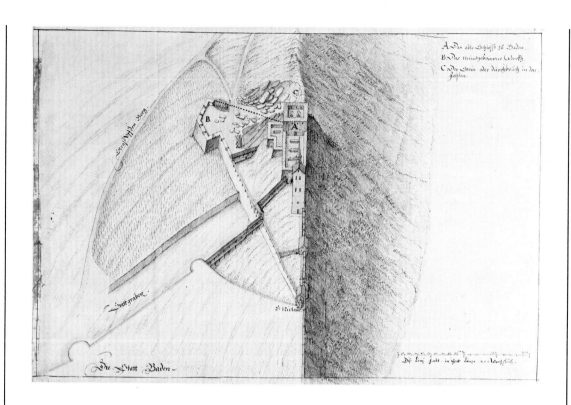

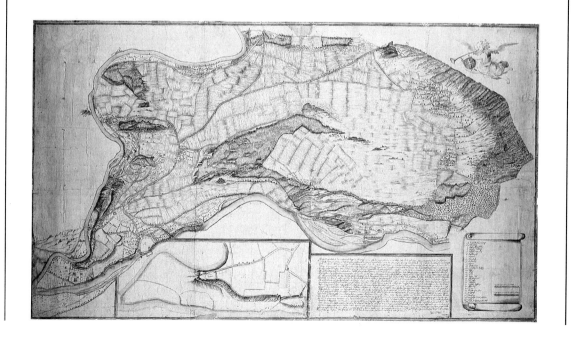

Abb. 4
«Plan des Schlosses zu Baden», ohne Jahr,
Schauenburg-Sammlung Nr. 19.

Abb. 5
«Plan und Grundriss von dem ganzen
Amt Königsfelden», von Samuel Bodmer,
1705, Schauenburg-Sammlung Nr. 35.

Abb. 6
«Plan und Grundriss des ganzen unteren
Aargaus bis an die Wigger», von Samuel
Bodmer, 1705, Schauenburg-Sammlung
Nr. 61.

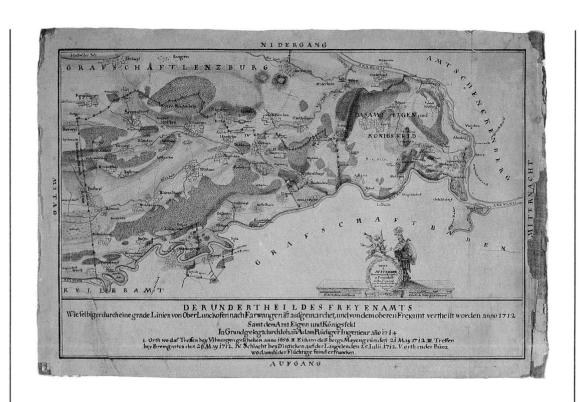

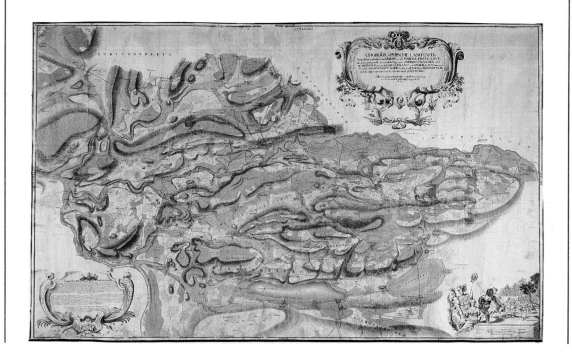

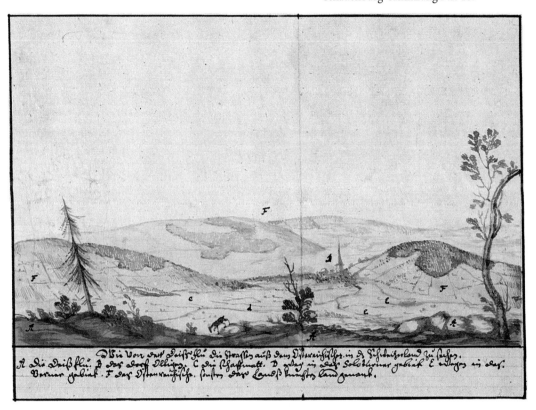

militärhistorische Eintragungen zu den beiden Villmerger Kriegen von 1656 und
1712. Mit seiner «Chorographische Landtafel des oberen und underen Freyen
Amts» betitelten Karte (Abbildung 8) hat sich Riediger selbst übertroffen. Die
Landtafel beschlägt nicht nur eine weitere Region, sie ist auch in den Einzelheiten
genauer und bringt eine Reihe von *zusätzlichen* Informationen zum Zweiten Villmergerkrieg. So springen etwa die Pontonbrücke bei Dietikon beziehungsweise
Glanzenberg, die Artilleriestellungen bei Rein und die Anlandung bernischer
Truppen am rechten Limmatufer gegenüber von Vogelsang ins Auge. Diese am-
phibische Operation stellte die Verbindung zwischen Bern und Zürich her und war
daher für den Verlauf des Zweiten Villmergerkrieges überhaupt von einiger Bedeutung. Ein Berner Soldat hat über seine Erlebnisse folgende Verse geschmiedet:

«11. An einem Sonntag Morgens früh
hört man die Trummlen rühren;
Da mussten wir in aller Eil
auf Brugg hinab marschieren.

12. Allda wir blieben über Nacht
bis an den hellen Morgen;
wir hielten allzeit gute Wacht
und waren ohne Sorgen.

13. Am selben Montag Morgens früh
führt man unsre Canonen
so gschwind und bhend auf Stille zu,
mit den niemand z'verschonen.

14. Viel Schiffe waren da bereit;
mir mussten darin hauren
und fahren durch das Wasser ab
gegen Badische Bauren.

15. Die Bauren waren wohl versehn
mit gut starker Brustwehre;
mit Knittlen sach man viel da stehn
und anderem Gewehre.

16. Vermeinten ihre Linie dort
gar schön zu defendieren;
aber ich sag mit einem Wort:
sie mussten sie verlieren.

17. Wir stiegen aus den Schiffen bald
und wollten sie angreifen;
unser Canonen dergestalt
theten auf sie brav pfeifen.

18. Als sie sahen die Grenadier
gar tapfer auf sie stoßen
und die Stuck brummen hin und her,
thun sie mit Schrecken loßen.

19. Da heißt es bei den Bauren dort:
Rechts um, salviert euch eben
und thut euch in den Wald hinab
in aller Eil begeben!

20. Wir funden da gar keinen Mann,
als wir auf d' Ebene kamen,
weil man sie alle in den Wald
gar treulich thäte mahnen.

21. Als da abglöst wurd kein klein Gschoß,
so thät man auch den Feinden
nicht gehen auf das Leben los:
man thut ihn' als den Freunden.

22. Es stunde nicht lang an der Zeit,
daß wir hatten vernommen,
die Zürcher wären auch nicht weit
und wollten zu uns kommen.

23. Wir marschierten zu ihnen bhend
und thun uns conjungieren,
mit Gsundheit und mit Freuden fein
thut Gott uns zsammenführen.

24. Das klein Geschoß wurd da abglöst
und thät gar zierlich krachen;
wann ich noch allzeit daran denk,
thut 's Herz im Leib mir lachen.

25. Wein gnug hand wir dieselbe Nacht
von den Bauren bekommen;
da heißt's: schenk ein, du Bruder mein,
und spring nur dapfer ummen!»[4]

Riediger ist in einer gewissen Hinsicht bereits Epigone: Das militärische Problem
der Ost-West-Verbindung war nach 1712 für Zürich und Bern gelöst – allerdings
um den Preis einer lang anhaltenden zusätzlichen Belastung des Verhältnisses zu
den fünf Orten.
Vor wie nach dem Zweiten Villmergerkrieg aktuell war hingegen die potentielle
Gefährdung aus dem Norden; diese Gefährdung könnte man geradezu ein
Grundthema der Militärgeschichte des schweizerischen Raumes seit den Zeiten

der Helvetier nennen. Bern hatte sich um das Neujahr 1389 erstmals militärisch im Wasserschloss engagiert; allerdings zogen die Krieger der Aarestadt nach ihrem erfolgreichen Zug aareabwärts bis Brugg und danach über den Bözberg nach Frick wieder nach Hause – möglicherweise über die Staffelegg[5]. War das mittelalterliche Bern tätig und offensiv, so lässt sich das frühneuzeitliche vielleicht als bedächtig und defensiv charakterisieren. Grenzbesetzungen traten an die Stelle von Raub- und Wüstungszügen. Selbstverständlich standen die militärischen Massnahmen jeweils in einem gewissen Verhältnis zur Bedrohung, wie dies zum Beispiel in der Chronik des Jost von Brechershäusern für eine unteraargauische Grenzbesetzung der Zeit des Dreissigjährigen Krieges deutlich zum Ausdruck kommt:

> "Von dem Habermuß krieg im Argeu.
> Ano 1635 waren von Bern hinab ins Argeu zogen um die Zeit wie bald Keiserisch bald Schwedisch Volk ins Frikthal, und um Rhynfelden herum, auch Rhynfelden hart belägeret, zu der Zeit wie gemeldt, waren Sieben Hauptleut mit 2000 Mann hinabgezogen, als um Brugg, Schinznach und der Orten herum, auch by 3 Monaten, da zugen sie allersyts wieder heim.[6]"

Zur raschen Orientierung über die Einfallsachsen im Gebiet des Wasserschlosses verfügte der Kriegsrat über entsprechende Ansichten, von welchen sich fünf in der Schauenburg-Sammlung finden. Eine davon gibt das Panorama von der Geissfluh aus wieder (Abbildung 9) und verzeichnet, wie bereits ihr Titel verkündet, «die Strassen aus dem Österreichischen in das Schweizerland» in der Gegend von Oltingen. Der Titel «Unter Aergeüische Päss», den die Serie von vier Ansichten auf einem Blatt (Abbildung 10) trägt, beschlägt den nordöstlichen Grenzbogen des damaligen Berner Aargaus und somit des heutigen Bezirks Brugg, nämlich die von einer Wache gesicherte Fährstelle von Stilli, Villigen mit der Hochwacht, Mandach mit dem Geissberg, der Mandacher Egg und dem Wessenberg und schliesslich die Bürersteig mit ihrem Corps de Garde.

Alles in allem lässt sich sagen, dass der bernische Kriegsrat zu Ende des 18. Jahrhunderts für den weiteren Raum des Wasserschlosses über eine zwar heterogene, aber doch erstaunlich dichte Karten- und Ansichtensammlung verfügte. Da es der Aarerepublik wie auch der Alten Eidgenossenschaft damals jedoch nicht mehr gelang, den politischen Konsens und damit die wichtigste Voraussetzung für den Wehrwillen zu erhalten, wurde das konzentrierte, in Generationen zusammengetragene Wissen wie das Land überhaupt eine leichte Beute der französischen Eroberer. Das jüngste Dokument der Schauenburg-Sammlung ist denn auch der Plan des Heerlagers der Sieger vor den Toren Berns um das Jahr 1798 (Abbildung 11). Die Franzosen schlugen ein Jahr darauf die Russen in der Zweiten Schlacht bei Zürich durch einen Stoss über die Limmat bei Dietikon, der ihnen durch den Erfolg einer Scheinlandung vis-à-vis von Vogelsang wesentlich erleichtert wurde – ob sie sich bei der Planung von Riedigers «Chorographischer Landtafel» inspirieren liessen?

Jürg Stüssi-Lauterburg

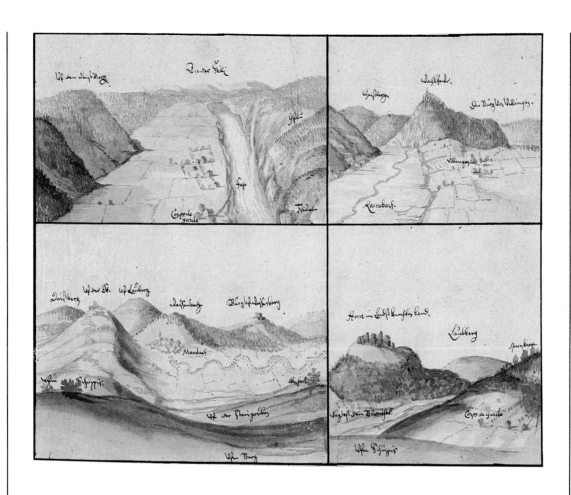

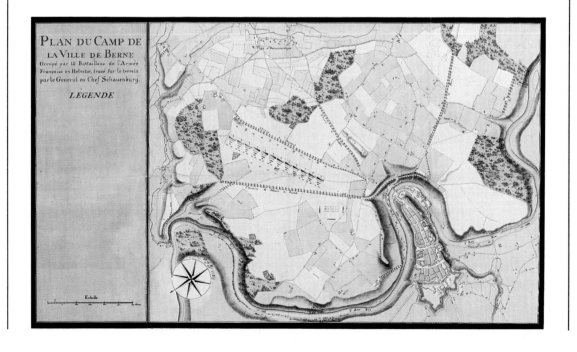

Abb. 10
«Unter Aergeüische Päss»,
Schauenburg-Sammlung Nr. 18.

Abb. 11
«Plan du camp de la ville de Berne,
occupé par 12 bataillons de l'Armée
française en Helvétie, tracé sur le terrain
par le Général en chef Schauenburg»,
1798, Schauenburg-Sammlung Nr. 56.

[1] Der Nachlass Schauenburg ging zunächst integral an die Strassburger Universitätsbibliothek, deren Oberbibliothekar Barak der Schweiz zugetan war. Er verkaufte der Eidgenossenschaft deshalb die Karten- und Ansichtensammlung für den symbolischen Betrag von Fr. 500.–, wofür ihm der Bundesrat am 11. Januar 1881 den Dank des Landes aussprach (vgl. den am 26. November 1891 gehaltenen Vortrag von Professor Graf «Beiträge zur Topographie und Geographie der Schweiz», Separatdruck aus dem XI. Jahresbericht der Geographischen Gesellschaft von Bern für die Jahre 1891/1892, Bern 1892).

[2] Die Chronik des Jost von Brechershäusern 1598–1656, herausgegeben von Wolfgang Friedrich von Mülinen, Bern ohne Jahr, S. 16.

[3] Die Pläne liegen im Berner Staatsarchiv. Abbildungen finden sich in den Brugger Neujahrsblättern 1988.

[4] Ein schönes Abscheid-Liedlein, in: Schweizerische Volkslieder, herausgegeben von Ludwig Tobler, Frauenfeld 1882, SS. 62–64.

[5] Conrad Justingers Berner-Chronik, herausgegeben von E. Stierlin und J.R. Wyss, Bern 1819, S. 230. Justinger schreibt:

> "Daß die von Bern aber mit Macht zugent gen Fricke
> und ander Ende.
>
> Nach Wienechten in dem vorgenannten Jare [1388],
> wie mechtig die von Friburg warent mit den frömden Herren und Söldnern, — dennocht zugent die von Bern mit Macht des ersten Tages gen Solotern, mordes das Gäüw ab untz gen Solten , und wustent, was sie funden; von dannen gen Gowenstein , dasselb Sloß überhoupt gewunnen ward mit viel Gutes, und verdurbent daruf bi hundert Mannen. Von dannen zoch man gen Brugg, und was man fand, ward alles verwust. Von dannen über den Bötzberg in das Frickthal, und gewunnent den Kilchhof dafelbs, und darinne viel Gutes, und zugent da ungeletzet wieder heim."

[6] Die Chronik des Jost von Brechershäusern 1598–1656, herausgegeben von Wolfgang Friedrich von Mülinen, Bern ohne Jahr, S. 17.

Die militärpolitische Lage der Schweiz nach dem Ersten Weltkrieg

Versailler Ordnung

Der Erste Weltkrieg hinterliess in Europa eine grundsätzlich veränderte Macht-konstellation, die nicht ohne Rückwirkung auf die Schweiz blieb. Lange Jahre war für die geostrategische Lage unseres Landes der deutsch-französische Gegen-satz dominant gewesen. Ein Gegensatz, der weder für unsere Innenpolitik noch für unsere Militärpolitik ohne Folgen blieb. So waren während des Krieges bereits in der Beurteilung des Überfalles der Deutschen auf das neutrale Belgien 1914 die beiden grossen schweizerischen Kulturräume auseinandergebrochen, indem die Sympathien der Welschen mehrheitlich beim kulturverwandten Frankreich lagen und die Deutschschweizer in der grossen Mehrheit auf seiten der Deutschen stan-den. Diese über die Grenzen reichende Anteilnahme führte in der Schweiz zu schweren innenpolitischen Belastungen. Der Graben deutsch–welsch beherrschte in den Kriegsjahren die innenpolitische Konfrontation.
Militärpolitisch hatte man zu Recht vor und während des Ersten Weltkrieges vor allem im revanchistischen Frankreich den bedrohlichen Nachbarn gesehen. Rück-blickend ist diese Angst auch zu einem guten Stück berechtigt gewesen, waren es doch die Franzosen, die während des Krieges Pläne für einen Einmarsch in die Schweiz ausarbeiten liessen.
Besonders im deutschschweizerischen Offizierskorps hatte man sich schon nach den Erfolgen des preussisch-deutschen Heeres gegen Österreich 1866 und gegen Frankreich 1870/71 primär am Vorbild der Heeresorganisation der Deutschen und ihren Ausbildungsmethoden orientiert. Ein Umdenken zeichnete sich erst nach der Affäre um den deutschfreundlichen Bundesrat Hoffmann ab, der 1917 zwischen Russland und dem Deutschen Reich einen Separatfrieden zu vermitteln suchte und deswegen zu Fall kam. Als sich im gleichen Jahr mit dem Kriegsein-tritt der Amerikaner die Kriegslage definitiv zuungunsten der Deutschen wan-delte, erachtete es der Bundesrat als geschickter, an der Spitze der Armee nicht mehr den deutschfreundlichen Ulrich Wille zu haben. Aussenpolitischen Oppor-tunitäten gehorchend, versuchte man, den General mit Hilfe des Armeearztes und medizinischer Argumente zu Fall zu bringen, und sah vor, den welschen Korps-kommandanten Audeoud an seine Stelle zu setzen. Das Vorhaben scheiterte am plötzlichen Tod Audeouds[1].

Der Versailler Friedensvertrag und der Völkerbund sanktionierten nach dem Kriege die Niederlage Deutschlands. Die Franzosen bezahlten ihren Sieg im Ersten Weltkrieg mit dem höchsten Blutzoll gemessen an der Gesamtbevölkerung. Politisch war das Land deshalb bestrebt, aus dem Friedensvertrag ein wirksames Instrument der französischen Sicherheitspolitik zu machen. Durch die Begrenzung der deutschen Reichswehr auf 100 000 Mann und zahlreiche weitere, den Sicherheitsbedürfnissen der Franzosen entgegenkommende Bestimmungen versuchte Frankreich seine Vormachtstellung zu sichern und eine deutsche Revanche zu verunmöglichen. Den Völkerbund, der die neue Friedensordnung sichern sollte und dem die Schweiz 1920 nach heftigem Abstimmungskampf beitrat, erachtete Frankreich als ein geeignetes Mittel, um sein Bedürfnis nach «securité» zu befriedigen. Angesichts dieser veränderten militärpolitischen Situation richtete sich der Blick der Schweiz bald weg vom über Jahrzehnte dominanten deutsch-französischen Gegensatz. In das Blickfeld unserer Sicherheitspolitik trat neu das Italien Mussolinis mit seinen schon bald zum Ausdruck kommenden Gelüsten auf die italienischsprechenden Gebiete der Schweiz.

Krise der Landesverteidigung

Die zwanziger Jahre waren für Armee und Landesverteidigung eine äusserst kritische Phase. War der Aktivdienst, der ohne Lohnersatz zu leisten war, schon Bewährungsprobe genug gewesen, so kamen bei Kriegsende innere soziale Spannungen hinzu. Diese heftigen Auseinandersetzungen waren eine direkte Folge des harten Wirtschaftskrieges, der die eigentlichen Kampfhandlungen der Kriegsmächte begleitete und unser Land beinahe vollständig unvorbereitet getroffen hatte. Da damals ein soziales Netz noch weitgehend fehlte, kam es soweit, dass es im Sommer 1918 im Lande 692 000 Notstandsberechtigte gab. Vor diesem Hintergrund und mit Blick auf revolutionäre Entwicklungen in Russland und im besiegten Deutschen Reich radikalisierte sich die Schweizer Arbeiterbewegung und ging zur Durchsetzung ihrer Forderungen zunehmend auf die Strasse. Zur Aufrechterhaltung von Ruhe und Ordnung hatte der Bundesrat anlässlich verschiedener Streiks, insbesondere auch während des Landesgeneralstreiks 1918, Truppen zum Ordnungsdienst eingesetzt. Diese Truppeneinsätze hatten mit dafür gesorgt, dass der Stellenwert der Landesverteidigung und das Ansehen der Armee und ihrer Führung nach dem Kriege vor allem in Arbeiterkreisen auf einen absoluten Tiefstand absanken. In der klassenkämpferisch angeheizten Atmosphäre erschien der Sozialdemokratie, der Vertreterin der notleidenden Arbeiterschaft, die Armee als Machtinstrument «der herrschenden Bourgeoisie». Man bekämpfte sie deshalb und versuchte, im Parlament das Budget für die Landesverteidigung zu kürzen, wo immer es nur ging. Teile des Bürgertums auf der anderen Seite hatten während des Generalstreiks aus Angst vor einem bolschewistischen Umsturzversuch und angesichts scheinbarer Unzuverlässigkeit der Armee in der Organisation von Bürgerwehren Zuflucht gesucht. Darüber hinaus war man im bürgerlichen Lager zerstritten und bekundete gegenüber der Landesverteidigung einen ausgeprägten Sparwillen. Schliesslich trugen auch die aus der Ferne miterlebten Kriegsgreuel auf den Schlachtfeldern Europas zu einem weitverbreiteten Pazifismus bei, dessen Ziele vor allem die Stärkung des Völkerbundes und die Abrüstung waren.

Die Folge war eine ausserordentliche Knappheit an Mitteln, die etwa dazu führte, dass der Rekrutenjahrgang 1899 erst 1920 zur Rekrutenschule aufgeboten wurde und alle Wiederholungskurse im Jahr 1919 gestrichen wurden. Jahrelang waren die Tauglichkeitsbestimmungen so verschärft, dass beispielsweise 1921 nur gerade 52,8 % aller Wehrpflichtigen ausgehoben werden konnten. Das hart umkämpfte Militärbudget liess auch nur die allernotwendigsten Anschaffungen und Neuerungen zu; die Truppenordnung 1924, seit 1911 die erste umfassende Reorganisation der Armee, konnte lediglich die dringendsten Konsequenzen aus den Kriegserfahrungen berücksichtigen[2].

Der Grenzschutz vor 1930

Der Landsturm als «cordon sanitaire»

Speziell mit Grenzschutzaufgaben betraut war vor und während des Ersten Weltkrieges der 1886 geschaffene Landsturm. Er umfasste zunächst alle wehrfähigen Schweizer vom zurückgelegten 17. bis zum vollendeten 50. Altersjahr, die nicht im Auszug oder in der Landwehr eingeteilt waren[3]. In einer bundesrätlichen Verordnung wurde sein Einsatz wie folgt umschrieben: «*Die aufgebotenen Landsturmcorps haben namentlich die Aufgabe, Unternehmungen der feindlichen Kavallerie durch Entwicklung der grössten Energie zu erschweren, damit die Mobilmachung der Feldarmee ungestört durchgeführt werden kann.*»

Diese Aufgabe oblag dem Landsturm, bis das gefährdete Grenzgebiet durch die Feldarmee besetzt war. Die Landstürmler unterstanden den «Divisions-Kreiskommandos» und hatten «*alle über die Grenze führenden Strassen, Wege, Pässe, Flussübergänge*», aber auch «*bedrohte Bahnhöfe, Eisenbahnlinien und Telegraphenstationen*» zu besetzten. Weiter war ihnen aufgetragen, «*jede Kommunikation aus dem eigenen Lande nach dem feindlichen zu verhindern, dagegen alle Nachrichten aus Feindesland zu sammeln*». Um seine Aufgabe rechtzeitig wahrnehmen zu können, konnte das Aufgebot des Landsturmes in dringenden Fällen mittels «*Sturmläuten, Alarmfeuer, Trompetensignale oder Trommelschlag*» erfolgen und vom Bundesrat an die kantonalen Militärbehörden oder die Divisionskommandanten delegiert werden. Alarm- und Sammelplätze der Mannschaft waren durch die Gemeinden bekanntzugeben[4].

Mit der neuen Militärorganisation von 1907 wurde der Landsturm umorganisiert, indem er neu die Wehrmänner vom 41. bis und mit dem 48. Altersjahr umfasste. Daneben konnten in ihm aber auch Freiwillige Dienst leisten[5]. Bei Kriegsausbruch 1914 hatte man den unmittelbaren Schutz der Grenzen getreu diesen Vorschriften den Landsturmkompanien übertragen, die auf zahlreiche kleine Grenzposten «*ohne jede innere Widerstandskraft*» aufgeteilt wurden[6]. Für diesen ersten dürftigen «*cordon sanitaire*» erachtete man die Ausscheidung von Reserven als unnötig, und die Landsturmsoldaten sahen ihren Dienst durch zahlreiche Reibereien und Kompetenzstreitigkeiten zwischen Truppe und Zollorganen erschwert.

Als mit Kriegsende die Gefahr eines Übergreifens revolutionärer Bewegungen zu befürchten war und sich zusätzlich Probleme mit Schmuggel und Flüchtlingsbewegungen abzeichneten, beschloss der Bundesrat im November 1918 für die Übergangszeit zum Frieden ein Freiwilligenkorps für Grenz- und Bewachungsdienste aufzustellen. Bereits Ende 1918 waren aus einer Flut von Anmeldungen 2374 Mann ausgewählt. Aufgeteilt in 22 Kompanien, zwölf Detachemente, drei Unteroffiziersposten, ein Sanitätsmannschaftsdepot und eine Reservekompanie beim Kommandoposten in Luzern, erreichte das Korps im August 1919 den Höchststand von 5756 Mann. Schwergewichtig waren die Kompanien an der Nordgrenze eingesetzt, entsprechend den vom durch Unruhen geschüttelten Deutschland ausgehenden potentiellen Gefahren.

Reste dieses zeitlich begrenzten Grenzschutzes, der den Bund insgesamt 48 Millionen Franken kostete, blieben bis gegen Ende 1920 im Dienst[7].

Talwehren und faschistische Bedrohung

Die Militärorganisation von 1907 sah im Alpenraum als ersten Schutz gegen Überfälle der befestigten Plätze die Bildung von *«Talwehren»* vor. Diese wurden aus Wehrmännern der Umgebung gebildet[8]. So waren für die Talwehr der Gotthardbefestigung Wehrmänner aller Heeresklassen und aller Waffengattungen des Bedrettotales, des oberen Rhone-, Rhein-, Tessin-, Reuss- und Haslitales vorgesehen. Generalstabschef Heinrich Roost beurteilte diese Talwehren 1930 in seiner Studie zu Fragen des Grenzschutzes als *«unorganisierte Masse ohne inneren Zusammenhang, kaum zu führen»*[9]. Der Bundesrat formierte deshalb bereits 1922 in einem geheimen Bundesratsbeschluss aus acht Gebirgsinfanterie-Kompanien, zwei Landsturminfanterie-Kompanien, einer Gebirgsschützen-Kompanie und aus der Besatzung des Forts Gondo, einer Festungsartillerie-Kompanie, die Talwehren Bovernier, Brig, Gondo, Bedretto, Bellinzona, Monte Ceneri, Gordola, Magadino und Andeer[10].

Fragen des Grenzschutzes wurden in den zwanziger Jahren vor allem durch die innenpolitische Entwicklung im Italien Mussolinis aktuell. Die faschistische Ideologie machte sich für unser Land insbesondere auch durch neue irredentistische Gelüste auf das Tessin bemerkbar. Das zwang die Generalstabsabteilung Mitte der zwanziger Jahre zum neuerlichen Überdenken der Grenzschutzfrage.

Massnahmen drängten sich auf, nachdem im April 1924 Soldaten des Gebirgs-Infanterieregimentes 30 beschuldigt worden waren, in Ponte Tresa Italien beschimpft zu haben. Der Vorfall hatte den diplomatischen Protest der italienischen Regierung hervorgerufen. Viel bedeutsamer als diese verbalen Proteste war aber die Reaktion von Faschisten aus der Region um Varese, die mit einer bewaffneten Expedition auf Schweizer Gebiet drohten. Energische Massnahmen der durch Carabinieri verstärkten italienischen Grenzposten hatten damals Schlimmeres verhütet. Auch das Grenzwachtkorps der Schweiz hatte sein Möglichstes zur Verhinderung eines solchen Einfalles von faschistischen Horden getan. Im Anschluss an jene Vorfälle hatte die Generalstabsabteilung, damals noch unter dem ehemaligen Kommandanten der Zürcher Ordnungsdiensttruppen, Oberstdivisionär Emil

Sonderegger (1868–1934), den Antrag gestellt, in den gefährdeten Ortschaften Bürgerwehren aufzustellen.

Vor allem von den faschistischen Schwarzhemdenbataillonen ging eine nicht zu unterschätzende Gefahr aus. Das deutsche Militärwochenblatt beschrieb diese Bataillone wie folgt: *«Die Schwarzhemdenbataillone sind am ersten Mobilmachungstag marschbereit. Diese Bataillone sind bestimmt, zu Kriegsbeginn sogleich zusammen mit den Alpini und der Grenzschutzmiliz, zur Deckung des Aufmarsches oder zusammen mit Gebirgstruppen, schnellen Truppen und Fliegern, zu überraschenden Vorstössen ins Feindesland verwendet zu werden.»*

Die Stärke eines solchen Bataillons betrug 20 Offiziere, 600 Mann, 18 leichte Maschinengewehre, Handgranaten und eine beachtliche Munitionsdotation. Anfang 1929 standen 20 solche Bataillone in Oberitalien[11]. Eine vorläufige Lösung der Frage beschloss der Bundesrat nach längeren Diskussionen aber erst 1926. Sie sollte zunächst nicht-militärischer Art sein und auf dem Grenzwachtkorps beruhen. Dieses unterstand dem Zolldepartement und hatte den Zoll- und Teile des Grenzpolizeidienstes zu besorgen. Auf Antrag des Zolldepartementes beschloss man, das Grenzwachtkorps zu verstärken und es zu ermächtigen, Verletzungen des schweizerischen Hoheitsgebietes nötigenfalls mit Waffengewalt entgegenzutreten. Dazu ermächtigte man das EMD, den Grenzwächtern die nötigen Waffen kostenlos abzugeben, und Generalstabschef Roost beabsichtigte, die Grenzwächter durch eine Schule in Airolo auf ihre erweiterte Aufgabe speziell vorzubereiten. *«Wir rechnen damit, ... nach und nach einen Stamm von Leuten zu erhalten, die die Grenze gründlich kennen und befähigt sind, einen ersten Widerstand zu leisten.»*[12]

Bis 1928 war dann bereits eine grössere Zahl von Grenzwachtposten, besonders im Tessin, mit leichten Maschinengewehren ausgerüstet worden[13].

Es ist klar, dass man sich damit nicht begnügen konnte. Im Sommer 1927 führte die Landesverteidigungskommission (LVK), der der Chef des Militärdepartementes, der Generalstabschef und alle Korpskommandanten angehörten, Erkundungen durch; bei diesem Anlass beauftragte man die Divisions- und Brigadekommandanten, folgende Fragen zu studieren:

1. Beurteilung der Bildung von Ortswehren zur sofortigen Unterstützung der Grenzwächter mit dem Ziel, durch Hindernisse und Widerstand das Vorankommen der gegnerischen Kolonnen zu verzögern.

2. Beurteilung der Bildung von *«Grenzdetachementen»* zur Verstärkung der Talwehren und Landsturminfanterie-Kompanien, die durch Sperren und Halten der Einmarschwege die Mobilisation der Feldtruppen gewährleisten sollten.

Alle eingegangenen Berichte hielten grundsätzlich italienische Handstreiche an der Südfront für möglich und beurteilten die bisherigen Massnahmen als ungenügend. Sehr befürwortet wurde die Neuschaffung von Grenzdetachementen. Sie sollten *«alle Wehrmänner der Grenzzone umfassen und unabhängig von der allgemeinen Kriegsmobilmachung aufgeboten werden können»*[14].

Eine Beurteilung der Lage, speziell im Hinblick auf die Südfront, nahm 1930 Generalstabschef Heinrich Roost (1872–1936) in einer breit angelegten Studie vor. In seinem Memorial ging Roost davon aus, dass die Grenzdetachemente ab Kriegsmobilmachung für drei bis sechs Tage auf sich alleine gestellt Widerstand zu leisten hatten. Er beantragte deshalb die Bildung der vier Detachemente «Unterwallis», «Simplon», «Bedretto» und «Graubünden», die unabhängig von der Mobilmachung der übrigen Truppen alarmiert werden und ohne Umweg über die Korpssammelplätze direkt in die Kampfstellungen einrücken konnten. Er schlug weiter vor, in diese Detachemente ohne Rücksicht auf Einteilung alle in der Grenzzone wohnhaften Wehrpflichtigen einzubeziehen.

«Er (der Wehrmann – der Verf.) muss sich ... der seinem Wohnort am nächsten gelegenen Kampfgruppe anschliessen und dort bei der Verteidigung unseres Bodens mithelfen, bis die Umstände es erlauben, ihn seiner Einteilungseinheit zuzusenden.»

In seiner Studie unterschied Roost generell zwei Einsatzbereiche für den Grenzschutz:

Einmal den Grenzschutz zur Handhabung der Neutralität, das heisst Massnahmen, die in erster Linie dazu dienten, eine Mobilmachung der übrigen Truppen zu decken, *«gleichzeitig eine Kundgebung unseres festen Willens, unsere internationalen Verpflichtungen einzuhalten».*

Unter die Aufgaben dieses normalen Grenzschutzes sollte auch die Bewachung der Eisenbahnen, Zeughäuser, Lagerhäuser, Fabriken und Kraftwerke fallen. Die Aufrechterhaltung von Ruhe und Ordnung im Inneren gehörte ebenfalls dazu.

Im weiteren sah Roost den «verstärkten Grenzschutz» für die Abwehr eines überfallartigen Angriffes vor, den er insbesondere von den Grenzdeckungstruppen Frankreichs und Italiens ausgehend sah. Diesen Deckungstruppen ordnete Roost offensive Aufgaben zu, indem er davon ausging, dass sie den Krieg überfallartig in die Tiefe des gegnerischen Raumes tragen würden: *«Die Deckungstruppen unserer Nachbarn bilden daher in Tat und Wahrheit eine eigentliche strategische Vorhut mit rein offensiver Aufgabe.»* Die Denkschrift Roost, deren Anhang einen Entwurf für den Ersatz der Vorschriften für den Grenzbewachungsdienst von 1912 enthielt, sollte, sobald ihre Leitgedanken von der Landesverteidigungskommission angenommen waren, die Ausarbeitung von regional vorbereiteten Aufgeboten, Befehlen und Weisungen an die Heereseinheitskommandanten und eine Umorganisation des damit zu betrauenden Landsturmes ermöglichen. Roost errechnete, dass von total 32 000 Gewehren der Landsturminfanterie für den Grenzwachtdienst etwa 14 000 Gewehre und für die Bahnbewachung etwa 9000 Gewehre zur Verfügung stehen würden[15].

Noch im selben Jahr verfügte das EMD die Bildung dieses «verstärkten Grenzschutzes» und realisierte so weitgehend Roosts Vorstellungen.

Im Aargau war für den «verstärkten Grenzschutz» die Infanteriebrigade 12 unter dem Kommando von Oberst Eugen Bircher zuständig. Ein Dokument aus dem Sommer 1934 zeigt uns, wie Bircher den Grenzschutz zu lösen gedachte. Er hatte im Hinblick darauf Rekognoszierungen zwischen Kaiserstuhl und Stein durchgeführt. Mit *«Bericht und Anträgen für den verstärkten Grenzschutz im Grenzgebiet des Kantons Aargau»* legte er dar, wie er mit der Brigade den ihm übertragenen «verstärkten Grenzschutz» anzupacken gedachte.

Einleitend analysierte Oberst Bircher die deutschen Aufmarschmöglichkeiten. Er schloss aus den für die Deutschen doch nicht unproblematischen verkehrstechnischen Begebenheiten, dass ein grossangelegter Angriff rechtzeitig erkannt werden könnte. Nach dem Überschreiten des Rheines eröffneten sich gemäss Birchers Bericht drei operative Möglichkeiten:

«1. Aus dem Übergang zwischen Kaiserstuhl und der Aareeinmündung gegen Baden–
Turgi–Brugg, ebenso gegen Zürich.
2. Aus dem Übergang zwischen Aareeinmündung und Laufenburg gegen den Bözberg
und Brugg.
3. Aus dem Übergang zwischen Laufenburg und Stein gegen Frick und von hier aus
gegen Bözberg–Brugg oder Staffelegg/Benkerjoch/Saalhöhe–Aarau.»

Bircher sah vor, sich in seinem etwa 40 Kilometer breiten Abschnitt mit den drei Regimentern der Brigade *«im allgemeinen an die Achsen zu halten»*. Im Abschnitt östlich der Aaremündung gedachte er, die Rheinlinie zu halten, im Abschnitt westlich der Aaremündung vor allem durch gestaffeltes Sperren der Vormarschachsen den gegnerischen Vormarsch zu verzögern. Diesen allgemeinen Betrachtungen liess Bircher im Detail die Organisation der Abschnitte der Regimenter und Bataillone und seine Vorschläge für die örtliche Anlage von Sperren und kleinen, in die Tiefe gestaffelten, permanenten Werken mit automatischen Waffen folgen. Er machte für insgesamt 31 solche bunkergeschützten MG und Lmg Vorschläge und beantragte die Erhöhung der Zuteilung von Lmg an die Zollposten von je einem auf drei. Auch für die Anlage von Munitionsdepots, die Erstellung von Telefonanschlüssen und die Stellung von Lastwagen zum Transport der Truppen vom Alarmplatz in den zugewiesenen Abschnitt stellte er Antrag. Weiter bemühte er sich um die Zuteilung von Gasmasken, die auf dem Korpssammelplatz Aarau nicht verfügbar waren. Die Sprengkompetenz für die Rheinbrücken wollte er den Bataillonskommandanten übertragen. Schliesslich regte Bircher noch den Bau der Festung Reuenthal an: *«Der Einbau einer Batterie (kleines Fort) in der Gegend Reuenthal–auf dem Strick sollte geprüft werden.»*[16]
Noch im Jahre 1934 erprobte der Aarauer Oberst mit der 12. Brigade mögliche Formen des Grenzschutzes. Ein Abschnitt der Limmat markierte ein Stück der Rheingrenze; ein Regiment hatte Grenzschutztruppen zu stellen und den Angriff des wesentlich verstärkten andern Regiments abzuwehren[17].

Eine neue Bedrohung: «Das offene Loch am Rhein»

Der Wandel der militärpolitischen Lage

Heinrich Roost hatte in seinem Memorial von 1930 auch die Situation an der Schweizer Nordfront in seine Lagebeurteilung einbezogen. Er hatte richtig erkannt, dass der Bau der Maginotlinie in Frankreich und die Option einer Koalition Belgiens mit Frankreich für die Schweiz die Gefahr bewirkten, zu einem Durchmarschland im Falle einer Umgehung der Maginotlinie zu werden. Für die zusätzlichen Grenzdetachemente an der Nordgrenze (wobei Roost nur die Westgrenze von Genf bis Basel, die zahlreiche Einmarschachsen aufweist, analysierte) errechnete er allerdings solch massive Kräftebedürfnisse, dass das Problem gar nicht unabhängig von der Gesamtmobilmachung der 1. und 2. Division zu bewältigen war. Entsprechend auch der internationalen Lage, die von der 100 000 Mann starken Reichswehr im Jahre 1930 noch keine Gefahr erwarten liess, verfolgte der Generalstabschef die Frage der West-, Nord- und Ostgrenzen nicht weiter.

Nach 1930 veränderte sich dann allerdings die militärpolitische Lage der Schweiz entsprechend der militärischen und politischen Entwicklung rapide. Zunächst sorgte einmal der Bau der französischen Maginotlinie für eine solche Veränderung. Schon nachdem Frankreich 1871 im «Frankfurter Frieden» gezwungen worden war, Elsass und Lothringen an das Deutsche Reich abzutreten, stand der französische Generalstab vor dem Problem, die neuen, wesentlich ungünstigeren Grenzen vor der übermächtigen preussisch-deutschen Armee schützen zu müssen. Das Comité supérieur de défence hatte sich schon damals für die Errichtung eines permanenten Befestigungsgürtels entschieden und die Projektierung dem General der Genietruppen Séré de Rivière übertragen. De Rivière entwarf in der Folge das Projekt eines gigantischen Festungsgürtels an Frankreichs Ostgrenze, der von Dünkirchen bis zum Mittelmeer reichte.

Langgezogene «Régions fortifiées», bestehend aus vorgelagerten einzelnen Forts, aus Linien von Sperrforts und von durch Festungsgürtel umgebenen Ortschaften wurden geplant und bis 1885 gebaut. Das fertiggestellte System umfasste 166 Forts und 43 kleinere Festungswerke (Ouvrages) mit mehr als 250 Batterien.

Zu Beginn des Ersten Weltkrieges wurde im französischen Oberkommando der Glaube an den Wert von Festungen und befestigten Plätzen stark erschüttert. Der rasche Fall der belgischen Maas-Festungen und der französischen Festungen Maubeuge und Manonviller hatte diesen Sinneswandel bewirkt. Der weitere Verlauf des Krieges, insbesondere die Behauptung der Festung Verdun 1916, machte jedoch diesen Sinneswandel wieder rückgängig. Die Grossfestung Verdun wurde zum Mythos[18].

Militärisch orientierte sich die französische Generalität in den zwanziger Jahren an den Erfahrungen des Weltkrieges. Die drei grossen Marschälle Frankreichs, Joffre – Pétain – Foch, hatten zwar durchaus unterschiedliche Vorstellungen, was die Verteidigung der französischen Ostgrenze anbelangte. Schliesslich wurde jedoch von einer unter dem Kriegsminister Painlevé (1924–1929) eingesetzten und von General L. Guillaumat präsidierten Kommission wiederum eine auf Befestigungsanlagen abgestützte statische Verteidigung favorisiert. Unter dem Kriegsminister André Maginot (1929–1932) stimmte das französische Parlament dem Bau zu, und unter der Leitung der Commission d'Organisation des Régions Fortifiées (CORF genannt) entstand nach 1930 die nach dem Minister benannte legendäre «Maginotlinie». Sie knüpfte an die Grundidee Séré de Rivières an und bildete ein kontinuierliches, aus Panzerhindernissen, Bunkern und kleineren und grösseren Festungswerken (Petites und Grosses Ouvrages) bestehendes, mehr oder weniger geschlossenes Befestigungssystem. Es erstreckte sich einerseits von Basel dem Rhein entlang bis Longwy und andererseits in den französischen Alpen von Genf bis Nizza. Aus Kostengründen blieben hingegen die französischen Grenzregionen von Belgien bis an den Ärmelkanal und entlang der Schweiz kaum befestigt.

Als 1933 in Deutschland die Nationalsozialisten die Macht ergriffen, begannen sich die französischen Befürchtungen, die schliesslich trotz den einschneidenden Bestimmungen des Versailler Vertrages immer mit einer Wiederherstellung der deutschen Militärmacht gerechnet hatten, zu bewahrheiten. Von 1930 bis 1934 wurde in einer ersten Etappe der grösste Teil der Maginotlinie realisiert. Der Fertigstellung der Linie bis 1934 kam insofern Bedeutung zu, als ab diesem Jahr die geburtenschwachen Jahrgänge der Jahre des Ersten Weltkrieges zur Armee eingezogen wurden.

Ab 1935 wurde in einer zweiten Etappe das Befestigungssystem verfeinert und weiter ausgebaut. Bis zum Kriegsausbruch 1939 hatte sich Frankreich mit einem Kostenaufwand von über fünf Milliarden Francs hinter einem Wall von 55 Grosswerken, 62 Infanteriewerken, über 300 Kasematten, zahlreichen Beobachtungsbunkern und unterirdischen Truppenunterkünften verschanzt. Die Maginotlinie galt als militärisch unüberwindbares Hindernis, hinter dem die französische Feldarmee ungestört mobilisieren konnte[19]. Wie stand es aber mit den beiden Schwachstellen im Raume Belgiens und der Schweiz?

In französischen Militärkreisen war man der Überzeugung, dass der Ardennenwald im Raume Sedan einen schnellen mechanisierten Vorstoss nicht erlauben werde. Man vertraute im übrigen auf die modernisierten Mosel-Befestigungen der neutralen Belgier und nicht zuletzt auf die eigene Stärke: «Il faut aller en Belgique!» meinte Kriegsminister Marschall Pétain (1934/35) an einer seiner ersten Sitzungen mit der Militärkommission des Senates[20]. Der Schutz des nordöstlichen französischen Territoriums sollte also erfolgen, indem man in Belgien einmarschieren und dort den Kampf gegen die Deutschen führen würde.

Wie verhielt es sich aber mit der Gefahr eines möglichen deutschen Angriffes durch die Schweiz?

Die Intervention von Oberst Eugen Bircher

Der Aarauer Chefarzt und Kommandant der Infanterie-Brigade 12, Dr. Eugen Bircher (1882–1956) gehörte in den zwanziger und dreissiger Jahren zu denjenigen Militärs, die unentwegt in Wort und Schrift für die Landesverteidigung eintraten. Dabei war Bircher als seinerzeitiger Gründer der Vaterländischen Verbände, die nichts anderes waren als staatlich sanktionierte Bürgerwehren, politisch ebenso exponiert wie umstritten. Durch seine militärhistorischen Studien war der Aarauer Oberst ein in Deutschland und Frankreich anerkannter und bekannter Militärwissenschafter. Er war schon in den zwanziger Jahren mit zahlreichen deutschen und französischen Offizieren in Kontakt gekommen. Diese Bekanntschaften trugen ihm jährlich Einladungen und Abkommandierungen zu Manövern der Reichswehr und der französischen Armee ein. Die Schweizerische Offiziersgesellschaft wählte Bircher 1931 zu ihrem Zentralpräsidenten, ab 1932 redigierte er die «Schweizerische Militärzeitschrift» und 1934 gab er seinen Posten als Chefarzt und Direktor des Aarauer Kantonsspitals auf, um das Kommando der 4. Division zu übernehmen[21].

Bircher, der im Mai 1933 in einem weitverbreiteten Zeitungsartikel die nationalsozialistische Machtübernahme plakativ positiv wertete, machte sich über die militärische Aggressivität des Dritten Reiches und die daraus für unser Land resultierenden Gefahren nie Illusionen. Bereits 1932 schrieb Bircher dem Luzerner Nationalrat L.F. Meyer: «...und wenn nun Deutschland aufrüstet, und es beginnt *aufzurüsten, so wird ja für uns die Situation in kurzer Zeit viel kritischer und gefährlicher werden, als sie jetzt schon ist.»*[22]

Im November 1933 wies Bircher anlässlich der Zentenarfeier der SOG in einem Artikel zur «geopolitischen Lage der Schweiz» auf die Bedeutung unseres Landes als Durchmarschland in einer künftigen Auseinandersetzung hin: *«Nachdem Frankreich und Belgien, letzteres unter Zustimmung der Sozialisten, an ihrer Nordost-Grenze einen starken, fast unüberwindlichen Festungsgürtel um ihren Leib gelegt haben, der exakt bis nach Basel reicht und in Genf wieder anfängt, um am Mittelmeer zu enden, muss diese Lücke geradezu einladen, wie 1814 dort an der Stelle des geringsten Widerstandes durchzustossen. Das insbesondere wenn eine italienisch-deutsche Kooperation zustandekommen sollte...»*[23]

Er leitete daraus die Notwendigkeit der Errichtung von Geländeverstärkungen zum Schutze der Grenzen ab. Im Ausland reagierte man auf diese Ausführungen. Der «Deutsche Offiziersbund» tat Birchers Durchmarscherörterungen als *«sacrificium intellectus»* ab, das der prominente Militär der Staatsräson zu bringen hatte[24]. Für Bircher waren seine Überlegungen allerdings mehr als nur Gedankenspielereien. Seine häufigen Besuche in Deutschland, insbesondere aus Anlass des alljährlich stattfindenden Chirurgenkongresses in Berlin, veranlassten ihn schliesslich zu bedeutsamen Schritten bezüglich des Schutzes der Schweizer Nordgrenze. Im März 1934 meldete er Generalstabschef Roost: *«Deutschland wird, und dafür habe ich positive und zuverlässige Grundlagen, aufrüsten, geschehe was da wolle. Es wird auch einem Präventivkrieg nicht ausweichen, der dann allerdings Europa vollkommen zugrunde richten wird, dazu ist man draussen entschlossen...»*[25]

Mit Argwohn beobachtete er den beginnenden Bau der Reichsautobahn und liess den Pressedienst «Argus» Zeitungsmeldungen zum Bau der Reichsautobahn und zum Strassenbau in Bayern allgemein sammeln[26]. Weiter trug er Pressemeldungen aus dem In- und Ausland zur Frage eines Durchmarsches deutscher Truppen durch die Schweiz zusammen. Im Herbst 1933 hatte sich beispielsweise die «Sunday Times» mit einer solchen Möglichkeit befasst: *«Some Swiss soldiers think they have good grounds for believing that, when Germany is ready for war, her offensive on the West will not pass through Belgium or Luxemburg, but will go through Northern and Western Switzerland, in the directions of Geneva, as the highway to Lyons and to the French arsenals at Creusot and St-Etienne. ... The German General Staff, they believe (gemeint the Swiss – der Verf.) look on the Swiss Army as contemptible, and easily to be driven back into Central Switzerland. Moreover, the chief Swiss arsenals lie in the north, within easy reach of swift German attack. ... A plan to invade France through Switzerland might have – in German eyes – the political advantage of enabling Great Britain to remain neutral...»*[27]

Solche Durchmarscherörterungen fanden 1933 auch in Schweizer Zeitungen ihr Echo[28]. Im Sommer 1934 flackerte die Diskussion darüber neuerdings auf. Besonders französische Blätter diskutierten die Durchmarschfrage wieder, was die «Berliner Börsenzeitung» zu folgendem bissigem Leitartikel veranlasste: *«Dabei (bei diesen Artikeln – der Verf.) kam es zu systematischen Verdächtigungen Deutschlands, ja sogar der deutsch-schweizerischen Bevölkerung. Man wollte der Schweiz die fixe Idee einimpfen, der Schweiz stehe in einer kommenden europäischen Verwicklung das Schicksal Belgiens im Weltkriege bevor. Bereitet natürlich von Deutschland!...»*

Die «Börsenzeitung», die Bircher gemäss einer Notiz vom ihm gut bekannten deutschen Generalstabsoffizier Wolfdietrich von Xylander erhalten hatte, drehte dann den Spiess um und erging sich in Verdächtigungen gegenüber Frankreich: *«Die Schweiz ist sich heute sehr wohl der Gefahr bewusst, die im Westen droht. Zu häufig haben sich französische Generalstäbler, französische militärische Fachzeitschriften und die französische Presse vor allem mit der Schweizer Armee und Verteidigungsfragen befasst, als dass man sich in der Schweiz nicht logischerweise vor die Frage gestellt sieht: Warum interessiert man sich in Frankreich so sehr für eine Angelegenheit, die wir allein zu regeln haben?»*

Abschliessend versicherte das Blatt: *«Die 367 Kilometer lange deutsch-schweizerische Grenze wird für Deutschland solange geschützt sein, als die Schweiz ihrem Neutralitätsprinzip treu bleibt.»*[29]

Generalleutnant a.D. Ernst Kabisch versuchte in einer anderen deutschen Zeitung darzulegen, wieso ein deutscher Einfall ins Elsass unter Benützung von Schweizer Territorium unsinnig sei, und wunderte sich, dass solche *«laienhafte Pläne»* von einem *«militärisch geschulten Volk»* überhaupt ernstgenommen würden[30]. Unter dem Titel *«die Sorgen der Schweiz»* fand die ganze Diskussion auch noch in der *Prager Presse* ihr Echo[31].

Anfang Juni 1934 weilte Eugen Bircher in Frankreich. General Loizeau, Unterstabschef der französischen Armee, sprach bei dieser Gelegenheit den Aarauer Obersten auf die Nordgrenze der Schweiz an. Zurückgekehrt setzte sich Bircher mit seinem Duzfreund Bundesrat Minger in Verbindung und meldete ihm, dass die Franzosen sich über dieses *«offene Loch»* Sorgen machten[32]. Wenige Tage später doppelte Bircher nach und legte in einem ausführlichen Schreiben die Schwäche unserer Nordgrenze am Rhein dar. Vor allem den Abschnitt von Waldshut bis Bodensee betrachtete er wegen der verkehrstechnisch günstigen deutschen Aufmarschmöglichkeiten und dem für den Verteidiger ungünstigen Schweizer Gelände als gefährdet. Die Möglichkeit eines deutschen strategischen Überfalles werde durch die lokalen SS- und SA-Formationen, die jederzeit verfügbar seien, begünstigt. Er forderte deshalb die Schaffung eines Grenzschutzes und die Errichtung von *«Sperranlagen»*[33].

Während seines Frankreichaufenthaltes hatte Bircher auf Einladung des französischen Generalstabes auch an Schiessübungen der französischen Artillerie in Mailly teilgenommen. Darüber lieferte Bircher der Generalstabsabteilung einen ausführlichen Bericht ab. Er räumte darin wiederum den Befürchtungen der Franzosen, dass die Deutschen die Maginotlinie südlich durch die Schweiz umgehen könnten, breiten Raum ein. Die Franzosen seien besorgt, dass die Rheinlinie noch *«offen stehe»;* er habe sogar den Eindruck, dass die Franzosen sowohl die Ajoie als auch das Birstal als mögliche deutsche Stossachsen bereits genauestens rekognosziert hätten[34].

Zu einer persönlichen Unterredung traf sich Bircher mit Minger Anfang Juli in Schuls[35]. Aus neutralitätspolitischen Gründen befürwortete Bircher auch, einen *«bescheidenen Beitrag für den Ausbau der Murtenlinie einzusetzen, damit gegen Westen etwas geschieht…, während der Hauptteil (eines zu bewilligenden Kredites – der Verf.) auf die unbedingte Verteidigung der Rheinlinie bis und mit Birs verwendet werden sollte…»*[36] Noch im August reichte Bircher dem EMD eine umfassende Studie *«über die militärpolitische Lage der Schweiz mit besonderer Berücksichtigung der Nordfront und deren Verteidigung»* ein[37].

Dass die Franzosen mit dieser Gefahr bereits 1934 ernsthaft rechneten, beweisen die Anfang September des Jahres mit dem 7. Armeekorps im Raume Besançon–Valdahon durchgeführten Manöver. Unter der Annahme eines deutschen Einfalles nach Frankreich über Schweizer Territorium liess General Hering seine Verbände *«facing the Belfort gap»*, wie die «Times» schilderte, aufmarschieren. Den Manövern wohnte auch Kriegsminister Marschall Henri Pétain bei[38].

Birchers Denkschrift 1934

Die Studie beginnt mit einer Analyse der deutschen Möglichkeiten und Vermutungen Birchers über die Absichten des Dritten Reiches. Dabei ging er davon aus, dass das Reich sich in den nächsten Jahren zu einer Militärdiktatur entwickeln und in 15 bis 20 Jahren über ein angriffsbereites Heer verfügen würde. Das Ziel, Frankreich nach Vollendung seiner Maginotlinie tödlich zu treffen, wäre nur noch auf dem Weg durch die Schweiz und anschliessend durch die Burgunder Pforte zu erreichen. Bircher zog, abstrahierend von *«temporären politischen Verstimmungen»*, bereits eine Koalition zwischen den sich damals noch mehr als reserviert gegenüberstehenden späteren Achsenmächten Deutschland und Italien in Betracht. Dadurch würde die Bedeutung der Schweiz noch wesentlich erhöht. Folgende Kerngedanken liessen ihn die Anlage von Befestigungen fordern:

1. Befestigungen verringern wegen ihres militärischen Verzögerungspotentials den Durchmarsch-Anreiz.
2. Sie erhöhen die Stärke des Feldheeres, die im Falle der Schweiz in keinem Verhältnis zur Länge der Landesgrenzen steht.
3. Die Neutralität schliesst eine *«kampfentscheidende Offensive»* aus – die strategische Defensive ist deshalb unter Zuhilfenahme von Geländeverstärkungen vorzubereiten.
4. Die Kleinheit des operativen Raumes der Schweiz gestattet keine Preisgabe von Landesteilen.
5. Befestigungen paralysieren die Möglichkeit des strategischen Überfalles, wie ihn die modernen Kriegsmittel möglich machten.
6. Befestigungen haben psychologisch eine beruhigende Wirkung auf das Sicherheitsgefühl von Armee und Bevölkerung.

Bircher entwarf dann das Szenario eines deutschen Schlages gegen die Schweiz und analysierte im Detail die deutschen Möglichkeiten, mit Bahn und Strasse gegen die Schweiz aufzumarschieren. Operativ am günstigsten für die Verteidigung des Landes wäre zwar die Linie Sargans–Walensee–Linth–Zürichsee–Limmat–Aare–Rhein Basel (also die Limmatstellung von 1939/40 – der Verf.), sie gäbe aber die wirtschaftlich wertvollsten Teile des Landes preis und gefährde die Abwicklung der Mobilisation im Grenzraum, da sie diesen mit der Rheinlinie preisgebe. Aus diesen Überlegungen folgerte Bircher die Notwendigkeit des Baus eines in die Tiefe gestaffelten Gürtels von Bunkern (Bircher rechnet mit etwa 300 Stück dieser «*Betonblockhäuser*»). Ziel dieses Bunkergürtels sollte das Verhindern eines ungestörten Rheinüberganges auf Brücken oder Geniemitteln und die Verzögerung des gegnerischen Vormarsches ins Landesinnere sein. Schwergewichtig wäre die Sperrung der Übergänge Bözberg, Staffelegg, Hauenstein, Passwang und Weissenstein und des Birstales vorzubereiten. Dazu entwarf er die Organisation eines von der Feldarmee unabhängigen, lokal rekrutierten und schnell einsatzbereiten Grenzschutzes: «*Die Feldarmee bedarf zu ihrer Mobilisation des Grenzschutzes und kann nicht dazu auch noch den Grenzschutz durchführen. Es muss daher eine Grenzschutzzone errichtet werden, aus welcher alle Angehörigen des Auszuges, der Landwehr, des Landsturmes und des Hilfsdienstes zur Grenzschutztruppe zusammengezogen und so organisiert werden, dass sie im Verlauf weniger Stunden an den Sperrlinien am Rhein in den ihnen zugewiesenen Abschnitten erscheinen können…*»

Rudolf Minger, der wenige Monate später Eugen Bircher zur Aufgabe seiner Karriere als erfolgreicher Mediziner bewegen und ihm das Kommando über die alte 4. Division übertragen konnte, war stark beeindruckt und verlangte von der Generalstabsabteilung eine Stellungnahme dazu. Der damalige Chef der «Sektion Nachrichten und Operation» und spätere Divisionär Gustav Combe verfasste eine solche zu Birchers Studie. Im weiteren konnte die Generalstabsabteilung Minger melden, dass ihrerseits Studien zum Problem im Gange seien. Über die Langsamkeit, mit der die zuständigen militärischen Planungsstellen arbeiteten, war man damals in Offizierskreisen vielfach erbost. Oberst Lecomte schrieb Bircher: «*Ich habe ihn ersucht (gemeint ist Combe – der Verf.), mir zu sagen, wer in Bern offiziell beauftragt sei, ein Befestigungsprogramm aufzustellen. Ich glaubte, er sei es selbst. Er hat mir geantwortet: er werde sich erkundigen! Es pfuschen nämlich viel zu viel Leute darin! Ich frage mich überhaupt, ob das EMD ein Programm vorlegen wird, oder bloss studieren (wird), bis es zu spät ist.*»[39]

Was war bis dahin in der Generalstabsabteilung geplant worden?

Die Grenzschutzplanung in der Generalstabsabteilung bis 1934

Anfang der dreissiger Jahre befand sich die Schweizer Armee nach wie vor in einer kritischen Phase. Immer noch lehnte die Sozialdemokratie die Landesverteidigung konsequent ab. Die sich auch in unserem Lande schnell bemerkbar machende Weltwirtschaftskrise führte zu politischem Druck für weitere Einsparungen im Bereiche des Militärwesens. Eine zu Beginn des Jahres 1932 in Genf eröffnete internationale Abrüstungskonferenz gab neuerdings pazifistischen Kreisen Gelegenheit, gegen die Landesverteidigung die Trommel zu rühren. Demgegenüber traten rechtsbürgerliche Kreise über die seit 1931 unter Eugen Birchers Präsidium stehende Schweizerische Offiziersgesellschaft und eine 1931 gegründete *Schweizerische Wehrvereinigung* unentwegt für die Reorganisation der Armee ein. Zwischen diesen Fronten hatten sich die Planungen des EMD zu bewegen. Ein vom Bundesrat genehmigtes Programm zur Reorganisation der Armee strebte folgendes Ziel an: «*Erhaltung der Wehrhaftigkeit unseres Landes und Verbesserung der Kriegstüchtigkeit der Armee, unter Berücksichtigung der Tragfähigkeit unserer Finanzkraft, das heisst mit*

Der politisch angefeindete und umstrittene Aarauer Arzt, Militär und Politiker Eugen Bircher (im Bild als Oberst und Kommandant der Inf Br 12 zusammen mit Div Rudolf Miescher und einem Adjutanten) war im militärischen Bereich einer der ersten, der vor dem deutschen Durchmarsch warnte und einen besser organisierten Grenzschutz forderte.

grösstem Sparwillen in allen Dingen, Beschränkungen auf das unter den heutigen und wahrscheinlichen zukünftigen Verhältnissen dringend notwendige.» [40]
Federführend bei diesen Planungen war der damalige Generalstabschef Oberstkorpskommandant Heinrich Roost. Dass die Grenzschutzproblematik dabei eine zentrale Rolle zu spielen hatte, darüber war man sich auch in der Generalstabsabteilung im klaren. Ein Bericht über «Reichsautobahn- und Motorbootpolitik in Deutschland» aus dem Jahre 1933 hielt folgendes fest:
«Das ausschliessliche Verfügungsrecht des Staates (gemeint des Dritten Reiches – der Verf.) über die beiden Bahnen (nämlich Eisen- und Autobahn – der Verf.) ermöglicht es, Truppen und Material in einer einzigen Nacht Tausende von Kilometern zu verschieben. ... Das bedeutet mit anderen Worten: Anlage, Bau und Führung richten sich nach den Erfordernissen der Landesverteidigung, sei diese offensiv oder defensiv.» [41]

Solche Beobachtungen liessen die Gefahr des strategischen Überfalles mit den entsprechenden Folgen für eine relativ schwerfällig zu mobilisierende Milizarmee deutlich vor die Augen der Verantwortlichen treten. In einem Vorschlag zu einer neuen Truppenordnung forderte Ulrich Wille (1877–1959) im November 1932 als Waffenchef der Infanterie, dass in Konsequenz der veränderten militärpolitischen Lage und des Wechsels *«des operativen und taktischen Verfahrens bei der Eröffnung eines Krieges»* eine Neuorganisation des Grenzschutzes zu erfolgen habe. Diese müsse auch in der *«Gliederung der Armee in Heereseinheiten vermehrt berücksichtigt sein.»* In der Ordre de Bataille, die dem Reorganisationsvorschlag Willes beigegeben war, sind als Folge dieser Auffassung den Divisionen 1, 2, 3, 4 und 6 Grenzbrigaden beigegeben, in die die Landwehr-Infanterie einbezogen wurde[42].

Im Mai 1933 legte Roost seinen Bericht zur Reorganisation der Armee vor. Darin hatte Roost jedoch keine besonderen organisatorischen Massnahmen im Bereiche des Grenzschutzes vorgesehen. Lediglich den Divisionen 7 (Divisionskreis von Willisau–Thun bis und mit deutschsprachiges Wallis), 8 (Zug bis und mit Tessin) und 9 (Graubünden) sollten Talwehrkompanien zugeteilt werden, und die Landwehr-Infanterie (gegliedert in ein erstes und ein zweites Aufgebot) war als Armeetruppe in 9 Regimenter (erstes Aufgebot) und 9 Bataillone (zweites Aufgebot) aufgeteilt[43].

In einer längeren Studie zeigte Roost 1934 die operativen Grundlagen seiner Reorganisationsideen auf. Die Südumgehung der Rheinfront beziehungsweise der Maginotlinie bedeute, so der Generalstabschef, auf *«alle Fälle eine Operation grossen Stiles»*, die im Gegensatz zu einem Stoss durch Belgien für die Deutschen *«immer einen Umweg»* darstelle.

Auch für den Fall, dass ein potentieller Angreifer nicht nur auf einen Durchmarsch aus sei, sondern die Schweiz eigentliches Ziel der Aggression bilde, erachtete Roost den *«strategischen Überfall»* als zu erwartende Angriffsform. Das eröffne für die Schweiz die unangenehme Perspektive, dass der Gegner allenfalls in der Lage wäre, die Absicht, von der Grenze weg Widerstand zu leisten, zu durchkreuzen. Dieser Bedrohung sei aber die Schweizer Grenzschutzorganisation mit dem Landsturm und den Grenzschutzsperrposten nicht gewachsen, insbesondere dann nicht, wenn es nicht gelinge, das Gros des verstärkten Grenzschutzes rechtzeitig heranzuführen. Es sei zu erwarten, dass die Grenzdetachemente an der Nord- und Westfront infolge des ungünstigeren Geländes viel weniger lange halten könnten als diejenigen der Südfront.

Roost trat für die Bildung von einzelnen Grenzschutzkompanien oder Bataillonen ein, die analog zu den Talwehren in dem Moment in die Divisionen reintegriert würden, in dem die betreffende Division als Deckungstruppe in ihren Grenzabschnitt einrückt. Die Division könnte aus ihrer Aufgabe als Grenzdeckungstruppe auch problemlos herausgelöst werden, ohne dass die Bedeckung der Grenze aufgegeben werden müsste, indem das aus der Division hervorgegangene Landwehrregiment, verstärkt durch Landwehreinheiten des zweiten Aufgebotes und Landsturmeinheiten, im bisherigen Abschnitt stehen bliebe. Gegen die Bildung *«unabhängiger Grenzschutzdetachemente mit stabilem Charakter»* führte Roost folgende Argumente ins Feld:

– Die Ausbildungsfrage ist nicht gelöst, da die den Grenzschutzdetachementen angehörenden Landwehr- und Landsturmeinheiten im Frieden nicht zu den Wiederholungskursen einzurücken hatten,
– die Aufstellung ausreichender Grenzschutzdetachemente hat eine Verminderung der Divisionen zur Folge,
– und schliesslich schafft man damit eine Spezialformation, die kaum anderweitig verwendbar ist[44].

Soweit Planungen und Vorstellungen zum Grenzschutz in der Generalstabsabteilung.
Die Räte bewilligten am 21. Dezember 1934 zur Grenzbefestigung einen ersten Kredit, der bis Ende 1937 auf 46 Millionen anwachsen sollte[45].
Da die Frage des permanenten Grenzschutzes wegen des in der Verfassung festgelegten Grundsatzes der Milizarmee scheinbar unlösbar war, suchte man weiter nach geeigneten Auswegen. Dabei stützte man sich vorläufig wieder auf das Grenzwachtkorps ab. Ende 1933 wurden folgenden Zollkreisen leichte Maschinengewehre zugeteilt: Zollkreis Basel 14 Lmg, Schaffhausen 42 Lmg und Lausanne 3 Lmg. Daneben waren zahlreiche Grenzposten an der Südgrenze bereits mit Lmg ausgerüstet. Im Februar 1934 teilte die Oberzolldirektion der Generalstabsabteilung folgendes mit: *«In den Zollkreisen Basel und Schaffhausen sind die Mannschaften (des Grenzwachtkorps – der Verf.) dahin instruiert worden, dass im Notfalle die Grenzübergänge sofort mit allen verfügbaren Materialien zu sperren seien, und zwar je nach den örtlichen Verhältnissen durch Barrikaden, Fahrzeuge aller Art, landwirtschaftliche Geräte, Holzstämme usw. Das Personal ist über das verfügbare Material unterrichtet.»*
Die Zolldirektion Basel (Kleinhüningen bis Schwaderloch) verfügte damals an der deutschen Grenze über 176 Mann[46]. 1935 bestand das Grenzwachtkorps insgesamt aus 2093 Mann[47].

Die Planungen 1935

Mit der Lossagung des Dritten Reiches von den Rüstungsbeschränkungen des Versailler Vertrages und der Wiedereinführung der allgemeinen Wehrpflicht im März 1935 begann Deutschland seine Wehrmacht von bisher 10 auf 36 Divisionen zu erhöhen. Im Oktober desselben Jahres fielen die Italiener in Äthiopien ein. Diese Aggression und die Reaktion des Völkerbundes darauf sollten Mussolini schliesslich an die Seite Hitlers treiben. Angesichts dieser und anderer Zeichen, die auf eine Verschärfung der internationalen Lage hindeuteten, ging man in der Schweiz endgültig daran, eine Neuorganisation des Heeres anzupacken. Nachdem aus den Ausbildungsvorschlägen der Generalstabsabteilung vom März 1934 die Gesetzesvorlage über die Verlängerung der Rekrutenschulen vom 28. September 1934 entstanden war und das Volk diese in der Referendumsabstimmung vom Februar 1935 deutlich angenommen hatte, war der Weg zur Bearbeitung einer neuen Truppenordnung frei. Dabei spielte der Gesichtspunkt eines *«sofort bereiten Grenzschutzes»* eine wichtige Rolle: *«Dabei (bei den Studien und Überlegungen der*

Generalstabsabteilung – der Verf.) spielte die Organisation des Grenzschutzes für sich allein und im Zusammenhang mit der Organisation der Deckungstruppen... überhaupt die grösste Rolle; sie lässt eine neue TO als besonders dringlich erscheinen. Denn genügender Grenzschutz ist eine der Voraussetzungen dafür, dass wir unser Land mit einiger Aussicht auf Erfolg verteidigen können.»

In einem Schreiben an Bundesrat Minger zuhanden der Landesverteidigungskommission schlug Heinrich Roost folgende Kriegsgliederung der Grenzschutztruppen vor:

– Westfront (Basel bis Nyon): 22 Grenzdetachemente mit Beständen von 100 bis 2600 Mann, wovon die Hälfte dem Auszug angehören sollte (total: 15 800 Mann).

– Nordfront (Bodensee bis Pratteln): 16 Grenzdetachemente mit 300 bis 2000 Mann Stärke, wovon wiederum die Hälfte Auszüger. Total sah Roost 13 700 Mann vor, im Bereiche des Kantons Aargau 600 (Det. Kaiserstuhl), 2000 (Det. Aaretal), 400 (Det. Laufenburg) und je 600 (Det. Fricktal und Rheinfelden).

– Ostfront: 5 Grenzdetachemente mit total 3400 Mann.

– Südfront: 29 Grenzdetachemente mit total 6250 Mann.

Der personelle Gesamtbedarf für diese Grenzschutzlösung betrug 39 150 Mann, wovon die Hälfte durch den Auszug zu stellen war[48].

Zu diesem Vorschlag der Generalstabsabteilung nahm der damalige Kommandant des 2. Armeekorps Oberstkorpskommandant Ulrich Wille wie folgt Stellung: Wille beurteilte die Möglichkeit des immer wieder in der Fachpresse und der Grenzschutzdiskussion angeführten *«strategischen Überfalles»* zurückhaltend.

«Meinerseits bleibe ich bei der Ansicht, die unsere Führer vor 1914 vertraten und nach dem Weltkrieg Bundesrat Scheurer: Eine Kriegsspannung zwischen unseren Nachbarn ist etwas, das wir wissen können und werden und das uns zwingt, die Armee zu mobilisieren auch auf die Gefahr hin einer verfrühten Mobilisation.»

Eine *«organisatorische enge Verbindung des Grenzschutzes mit den mobilisierenden Divisionen»* erachtete Wille als gefährlich. Die Grenzschutzkommandanten sollten gemäss seiner Auffassung alleine auf sich selbst gestellt sein und an der Nord- und Westfront direkt den Armeekorpskommandos unterstellt sein. Damit werde für die Korpskommandos eine wichtige Friedensaufgabe geschaffen[49]. In seiner Antwort auf Willes Eingabe hielt Roost allerdings an der Unterstellung der Brigadekommandanten unter die Divisionskommandanten fest, da diese die *«Nächstinteressierten»* seien[50].

Wenige Tage vor Weihnachten 1935 beriet die Landesverteidigungskommission über die Vorschläge der Generalstabsabteilung. Bundesrat Rudolf Minger führte aus, dass es um die Aufstellung von *«Richtlinien»* gehe, die im Kreise der Divisions- und Brigadekommandanten auch noch zu besprechen seien: *«Die neue Truppenordnung darf nicht den Charakter eines Diktates der LVK tragen, sonst werden wir die Partie verspielen.»*

Detailliert trug Roost noch einmal die Grundidee seines Reorganisationsvorschlages vor. Henri Guisan beurteilte diese als *«gut gelungen und richtig: Sie entspricht unseren Bedürfnissen und den Wünschen des Volkes, das den Schutz seiner Grenzen wünscht und nur ungern auf die Verteidigung eines gewissen Landesteils verzichten würde.»* Wille warf die Frage der Korpssammelplätze auf, die er gerne weiter ins Landesinnere verlegt hätte. Roost beklagte sich bezüglich der Vorwarnzeit im Falle eines Überfalles, dass es ausserordentlich schwer sei, aus Deutschland und Italien nachrichtendienstliches Material zu erhalten: *«Es hängt mit den Diktaturen zusammen. Die wertvollsten Nachrichten erhalten wir durch unser Zollpersonal.»*

Der Chef des Militärdepartementes und der Generalstabschef konnten mitteilen, dass die Befestigungsarbeiten im Süden bereits fortgeschritten, im Moment aber wegen Schneefalles unterbrochen seien. Auch sei die Frage offen, ob nicht zusätzlich eine *«kleine stehende Truppe zu gründen sei»*, die entsprechend den Bestimmungen der MO, welche pro Kanton eine stehende Truppe bis 200 Mann erlaube, aufzustellen wäre, aber sehr teuer käme[51]. Die Landesverteidigungskommission fasste am 18. Dezember ihre Beschlüsse wie folgt:

«1. Es wird ein von der Kriegsgliederung der Divisionen unabhängiger, aus allen drei Heeresklassen bestehender Grenzschutz in der von der Generalstabsabteilung vorgeschlagenen ungefähren Stärke gebildet.

2. Die im Grenzschutz eingeteilte Auszugsmannschaft wird in Kompanien, Bataillone und Schwadronen organisiert, zwecks Verwendung in den Wiederholungskursen im Rahmen einer Heereseinheit.

3. Das Gros der Armee wird in 8 Divisionen, eine Gotthardivision und 3 Gebirgsbrigaden gegliedert; dabei sollen je 3 Divisionen auf Nord- und Westfront, 2 Divisionen (mit Gebirgsausrüstung) in den Zentralraum zu liegen kommen. Gebirgsbrigaden im Unterwallis (Festung St-Maurice), im Oberwallis und in Graubünden. Gotthardivision mit eingegliederter Brigade Südtessin.

4. Es werden zirka 6 Brigadestäbe als Abschnittskommandos des Grenzschutzes gebildet; diese Brigadestäbe sind ferner bestimmt zur Lösung besonderer Aufgaben im Krieg (Fortifikationskommandos etc.) und Frieden (bei Übungsleitung, Führung und Schiedsrichterdienst).»[52]

In seinem Kommentar zu diesem Entscheid der Landesverteidigungskommission führte Roost unter anderem aus: *«Wenn man erkennen muss, dass trotz grosser Anstrengungen der Völkerbund zur Befriedung der Welt und Europas nur sehr wenig erreicht hat und unsere Nachbarn im Konfliktfall unter Umständen ein grosses militärisches Interesse an einem überfallartigen Einbruch in die Schweiz haben, und wenn man weiter alle die modernen Transport- und Kampfmittel, die der Motor in der Luft und auf der Erde geschaffen hat, in Rechnung stellt, so gewinnt für uns die Frage der Organisation der Armee im Hinblick auf die Abwehr (eines) strategischen Überfalls allergrösste Bedeutung.*

... Wir sprechen oft von unserem starken Grenzgelände. Militärisch gesprochen ist es aber nur stark, wenn wir es für den Abwehrkampf organisiert haben, und dabei ist die erste Voraussetzung selbstverständlich die, dass wir vor dem Angreifer drin stehen. Der Mangel eines stehenden, immer bereiten Grenzschutzes zwingt uns, sehr frühzeitig, wir möchten sagen vorzeitig zu mobilisieren.»

Daraus ergab sich für Roost einerseits, dass der Grenzschutz zur Deckung der Mobilmachung der Feldarmee als selbständige Truppe zu organisieren wäre und

Heinrich Roost (1872–1936)
Generalstabschef 1923–1936.

Eugen Bircher (1882–1956)
Divisionskommandant 1934–1942.

Rudolf Minger (1881–1955)
Vorsteher des EMD 1930–1940.

dass die Korpssammelplätze aus der Grenzsschutzzone ins Landesinnere verlegt werden mussten.

Interessant ist die Rolle des Brigadekommandanten. Die Generalstabsabteilung führte dazu folgendes aus: *«Immer müssen diese Detachemente aber unter einem bodenständigen Kommandanten stehen, der solange als die Deckungstruppen noch nicht aufmarschiert sind... selbständig, das heisst ausserhalb des Divisionsverbandes stehend, seine Aufgabe erfüllt. ... Die Aufgaben des Brigadekommandanten in der Führung, in der Leitung von Übungen und im Schiedsrichterdienst schaffen die notwendige Ausbildungsgelegenheit für die angehenden Divisionskommandanten.»* [53]

Noch Ende 1935 erarbeitete die Generalstabsabteilung Vorschläge für die *«Kriegs- und Friedensgliederung der Grenzschutztruppen».* Diesen Vorschlägen, die an die Divisionen gingen, lag bereits die Neugliederung der TO 38 zugrunde, so dass für den Aargauer Grenzabschnitt die neu zu bildende 5. Division zuständig sein würde. Der Aargauer Grenzabschnitt war in 6 Grenzdetachemente unterteilt, deren stärkstes (Aaretal) 1000 Mann Auszugstruppen erhalten sollte. Weiter war ein Reiter-, Radfahrer- und Motorradfahrerdetachement von etwa 700 Mann Stärke vorgesehen. Inklusive Landwehr und Landsturm sollte der zuständige Brigadekommandant über etwa 6000 Mann verfügen können. Die Organisation der Grenzabschnitte im einzelnen sollte dann Sache der Divisionskommandanten sein. Bezüglich Friedensgliederung teilte Roost den Heereseinheitskommandanten folgendes mit: Da die Landwehrbataillone alle zwei Jahre zum WK einzurücken hatten und aus vollen 8 Jahrgängen bestanden, biete sich aus Bestandesgründen der 4jährige WK-Turnus an. Den Landsturm könne man aufgrund der MO zu Grenzschutzübungen von 3 Tagen aufbieten. In den Zwischenjahren habe die Auszugsmannschaft in Bataillonen oder gar Regimentern formiert den WK im Divisionsverband zu bestehen. *«Zusammenfassung der Auszugsmannschaft aus dem Grenzschutz zu einem höheren Verband (Brigade, Division) ist schon deshalb ausgeschlossen, weil die hiefür nötige Artillerie fehlt»*[54].

Entsprechend den Vorstellungen Mingers führte das EMD noch im Januar 1936 eine breit abgestützte Vernehmlassung durch. Jeder Korpskommandant hatte zur Frage der neuen TO eine Konferenz durchzuführen. Miescher konnte im Kreise der Divisions- und Brigadekommandanten im 3. Armeekorps feststellen, dass *«das Echo auf die heutige Vorlage ... bedeutend reiner (sei), als dasjenige auf die frühere Vorlage (gemeint von 1933 – der Verf.)»*.

Der Kommandant des 2. Armeekorps, Fritz Prisi, fasste die durch die Bildung des Grenzschutzes zum Ausdruck kommende Abkehr von alten Doktrinen folgendermassen zusammen: *«Wir alle erinnern uns noch an die operativen Kurse und Generalstabsschulen, bei deren Übungsanlagen die Grenzen durch den Landsturm verteidigt wurden, um dann anschliessend in ausweichender Verteidigung die Aare/Saanelinie oder die berühmte Napflinie zu erreichen, die inzwischen durch Zehntausende von Landsturmpionieren und Hilfsdienstpflichtigen nach allen Regeln der Ingenieurkunst zu einer unüberwindlichen strategischen Barriere ausgebaut worden war. Mit dieser Auffassung muss radikal gebrochen werden. Heute gilt: Entschlossene Aufnahme des Kampfes unmittelbar an der Grenze mit so starken Kräften, dass sie auf kurze Zeit, unterstützt von Grenzdivisionen, halten, zum mindesten eine starke Verzögerung des feindlichen Einmarsches bewirken können.»*

Unter seinen Unterstellten war es vor allem der Aarauer Bircher, der Bedenken äusserte: *«Ich halte es für ganz ausgeschlossen, dass die Grenzschutztruppen genügend halten können. ... Einen genügend starken Grenzschutz sehe ich nur in einer stehenden Abwehrtruppe oder in einer erheblichen Verstärkung unseres Grenzschutzes.»*

Beim 1. Armeekorps brachte der Kommandant der 2. Division, De Diesbach, prinzipielle Vorbehalte gegen eine Reorganisation der Truppe an: ... *«il n'est aucun problème défensif que notre organisation actuelle ne nous permette de résoudre ...»*[55]

Bereits Ende Januar 1936 fand eine Konferenz aller Heereseinheitskommandanten mit Bundesrat Minger und den Abteilungschefs des EMD statt. Die internationale Situation hatte sich in der Zwischenzeit infolge des italienisch-abessinischen Konfliktes weiter verschärft. Auf die Androhungen von England und Frankreich, die Völkerbundssanktionen gegen Italien auf Öl und Petroleum auszudehnen, hatte Mussolini angekündigt, dass er sich jede Handlungsfreiheit gegen diesen feindlichen Akt vorbehalte. Bundesrat Minger meinte denn auch, dass der Konflikt sicher imstande wäre, *«einen europäischen Krieg auszulösen, wenn sich der Völkerbund auf Betreiben von England ungeschickt genug benimmt»*.

Italien wäre jedoch sicher die Lust an weiteren Kriegen vorläufig vergangen, so dass der Moment zur Revision der Truppenordnung günstig sei. Auch Deutschland, das zwar fieberhaft rüste, werde noch einige Jahre brauchen, bis es die nötige Überlegenheit für einen Angriffskrieg habe.

Eingehend wurde dann die vorgeschlagene Organisation des Grenzschutzes diskutiert. Oberstdivisionär De Diesbach machte dabei die bemerkenswerte Äusserung:

«Der Grenzschutz hat sich auf dem Platz zu opfern. Er kann nicht manövrieren.»
Eugen Birchers Vorschlag, den Grenzwächterbestand um das Vierfache zu erhöhen, um *«ständig etwas an der Grenze zu haben»*, musste aus finanziellen Gründen unterbleiben[56]. Trotzdem wurde die Zahl der Grenzwächter erhöht. Auch wurde ihre Mitarbeit beim militärischen Grenzschutz im Januar 1936 in einer Verfügung der Generalstabsabteilung geregelt. An der Zusammenarbeit zwischen Grenzwachtkorps und militärischem Grenzschutz änderten auch die freiwilligen Grenzschutzkompanien nichts, die in der Folge aufgestellt wurden und für die Bewachung der zahlreichen neu entstehenden Befestigungen und Hindernisse nicht ausreichten[57].

Die Bedeutung eines organisatorisch von der Feldarmee losgelösten Grenzschutzes wurde in der Schweiz schon früh erkannt. Mit dem Landsturm hatte man lange Zeit geglaubt, diese Aufgabe wahrnehmen zu können. Als die neue Bedrohungsform des strategischen Überfalles aufkam, ausgehend zuerst vom faschistischen Italien, dann vom nationalsozialistischen Deutschland, suchte man zuerst in der Verstärkung des Grenzwachtkorps eine Lösung. Vom Ungenügen dieser Massnahme musste man sich jedoch bald überzeugen. Die Idee, die Grenzbevölkerung in speziellen Verbänden zusammenzufassen, die eine schnelle Einsatzbereitschaft erlaubten, tauchte in Form der Talwehren ebenfalls relativ früh auf. In den Vorarbeiten zur Reorganisation der Armee, die weitgehend unter dem Aspekt der neuen Bedrohungen Anfang der dreissiger Jahre an die Hand genommen wurden, kristallisierte sich schon bald die Lösung der TO 38 mit den Grenzschutzbrigaden heraus. Der folgende Beitrag wird aufzeigen, wie die Planung und Diskussion weiter verlief und wie es im speziellen im aargauischen Grenzraum zur Aufstellung der Grenzbrigade 5 kam.

Daniel Heller

[1] Vgl. dazu: Hansrudolf Ehrbar: Schweizerische Militärpolitik im Ersten Weltkrieg, Bern 1976. Zur versuchten Absetzung des Generals: S. 285 ff.

[2] Heller Daniel/Greminger Thomas: Krise und neuer Konsens, die Armee im Anschluss an den Ersten Weltkrieg 1920–1925, in: ASMZ 11/1985. S. 625 ff. Auch: Etter Jann: Armee und öffentliche Meinung in der Zwischenkriegszeit 1918–1939, Bern 1972.

[3] Bundesgesetz betreffend den Landsturm der schweiz. Eidgenossenschaft vom 4. Dezember 1886.

[4] Verordnung über Organisation, Ausrüstung, Aufgebot, Kontrollführung und Verwendung des Landsturmes, vom 5. Dezember 1887.

[5] Bundesgesetz über die Militärorganisation der schweiz. Eidgenossenschaft, vom 12. April 1907.

[6] B Ar E 27: 13173: Memorial Roost betr. Grenzschutz zur Sicherung von Mobilmachung und Aufmarsch, 1930.

[7] Vgl. dazu neuerdings: Rapold Hans: Der Schweizerische Generalstab Bd. V: Zeit der Bewährung? Die Epoche um den Ersten Weltkrieg 1907–1924. Basel/Frankfurt am Main 1988. Besonders S. 376 ff.

[8] Vgl. Militärorganisation von 1907, Art. 47.

[9] B Ar E 27: 13173: Memorial Roost, 1930.

[10] Vgl. dazu Memorial Roost, 1930.

[11] Militär Wochenblatt Nr. 26, 11. Januar 1929. S. 1032 ff.

[12] Vgl. dazu: Bundesratsbeschluss vom 16. November 1926 und Akten B Ar E 27: 13170: Mithilfe des Grenzwachtkorps beim Grenzschutz in Notfällen.

[13] B Ar E 27: 13171: Eidg. Oberzolldirektion an Gst Abt, 27. März 1928.

[14] B Ar E 27: 13173: Memorial Roost, 1930.

[15] Alles nach Memorial Roost, 1930.

[16] B Ar E 27: 17359: Oberst Bircher: Bericht und Anträge für den verstärkten Grenzschutz (Fall B) des Kts. Aargau von Kaiserstuhl (einschl.) bis Stein (einschl.), Aarau 14. Juli 1934.

[17] Zschokke Rolf, Die Infanterie-Brigade 12, in: Festschrift Bircher, S. 310f. und AfZ TNL Bi: Manöverunterlagen 1934.

[18] Vgl. dazu etwa: Jasta: Défense des frontières de la France, Paris-Nancy 1896. Rebold J.: Die Festungskämpfe im Weltkrieg, Zürich 1938.

[19] Zur Maginotlinie: Roger Bruge: Faites sauter la Ligne Maginot, Paris 1973; ders.: On a livré la Ligne Maginot, Paris 1975. Allgemein zu Frankreich in der Zwischenkriegszeit: William L. Shirer: Aufstieg und Fall der Dritten Republik, bes. S. 188f.

[20] Maurice Gamelin: Servir, Bd. 1, S. 129.

[21] Vgl. zu Bircher: Daniel Heller: Eugen Bircher, Arzt, Militär, Politiker; ein Beitrag zur Zeitgeschichte, Zürich 1988. Zu seiner Rolle bezüglich Grenzschutz: ders., ASMZ 6/Juni 1987, S. 365ff.

[22] B Ar NL L. F. Meyer: 27: Oberst Bircher an L. F. Meyer, Aarau, 22. August 1932.

[23] «Berner Tagblatt» Nr. 551/552, 23./24. November 1933.

[24] «Deutscher Offiziersbund» Nr. 4, 3. Februar 1934, S. 115.

[25] B Ar NL Bircher: Bircher an Roost, 14. März 1934.

[26] Archiv für Zeitgeschichte ETH Zürich: Teilnachlass Bircher, Sammlung von Zeitungsmeldungen.

[27] «The Sunday Times», 24. September 1933.

[28] Durchmarscherörterungen etwa in der NZZ, Nr. 138, 16. Juni 1933 und 15. November 1933.

[29] «Berliner Börsenzeitung», Nr. 401, 28. August 1934 (mit Notiz: «Mit freundschaftlichem Gruss, von Xylander»).

[30] «Stuttgarter Neues Tagblatt», 12. Juni 1934.

[31] Prager Presse, 11. September 1934. Alle hier erwähnten ausländischen Pressekommentare stammen aus einer Sammlung in Birchers Nachlass, AfZ TNL Bi.

[32] B Ar E 27: 4882: Bircher an Minger, 2. Juni 1934.

[33] B Ar E 27: 4882: Bircher an Minger, 11. Juni 1934.

[34] B Ar E 27: 12265: Bericht Bircher vom 10. Juli 1934.

[35] B Ar E 27: 4882: Briefe Bircher an Minger, 30. Juni und 12. Juli 1934.

[36] ebenda

[37] B Ar E 27: 17300: «Vertraulich», Expl. I und III, 25 Seiten, datiert mit: 9. August 1934, «zu Handen EMD».

[38] «The Times Friday», 14. September 1934, «Prager Tagblatt», 12. September 1934 und «Le Temps», 14. September 1934.

[39] ETH-Bibliothek, Handschriften: Hs 771 Eugen Bircher: 64: Oberst H. Lecomte an Oberst Bircher, Visp 31. Juli 1934.

[40] B Ar E 27: 197:8/9: Mitteilung des Eidg. Militärdepartements an die Presse, 13. April 1931.

[41] B Ar E 27: 9612: Bericht M. über Reichsautobahn- und Motorbootpolitik in Deutschland – ihre militärische Bedeutung. Generalstabsabteilung 1933.

[42] B Ar E 27: 197:8/9: Vorschlag einer neuen Truppenordnung. Waffenchef der Infanterie, 7. November 1932.

[43] AfZ TNL Bi: (Heinrich Roost): Die Reorganisation der Armee. Mai 1933.

[44] B Ar E 27: 197:8/9: Reorganisation der Armee. Operative Grundlagen zur neuen Truppenordnung. Generalstabsabteilung 1934.

[45] Etter, Armee und öffentliche Meinung, S. 191 und «Nationalzeitung» Nr. 607, 30. Dezember 1937.

[46] B Ar E 27: 13171/72: Vgl. Schriftwechsel Oberzolldirektion-Gst Abt, Oktober, November, Dezember 1933 (mit 1 Karte) und 10. Februar 1934.

[47] B Ar E 27: 197:2: Zusammenstellung Revisoral Oberzolldirektion 1935.

[48] B Ar E 27: 197:1: Gst Abt an Chef EMD zu Handen LVK, 31. Oktober 1935.

[49] B Ar E 27: 197:1: Kdt 2. Armeekorps an den Chef der Generalstabsabteilung, Bern 11. Dezember 1935.

[50] ebenda, Bemerkungen Gst Abt zu der … Eingabe des OKKdt Wille, Bern 16. Dezember 1935.

[51] B Ar E 27: 197:1: Protokoll der Sitzung des LVK, 18. Dezember 1935.

[52] B Ar E 27: 197:1: Gst Abt an Heereseinheitskommandanten und andere Kommandostellen, 31. Dezember 1935.

[53] B Ar E 27: 197:1: Erläuterungen der von der LVK mit Beschluss vom 18. Dezember 1935 genehmigten Vorschläge der Gst Abt für eine neue Truppenordnung.

[54] ETH-Hauptbibliothek, Handschriften: Hs 770 Eugen Bircher: Gst Abt, Kriegs- und Friedensgliederung der Grenzschutztruppen, 28. Dezember 1935.

[55] Vgl. dazu die Protokolle dieser Vernehmlassungskonferenzen in: BAr E 27: 197:2.

[56] B Ar E 27: 197:2: Protokoll der Konferenz der Heereseinheitskommandanten, 29./30. Januar 1936.

[57] Vgl. dazu BAr E 27: 13172: Akten zur Mitwirkung des Gz-Wachtkorps beim Grenzschutz.

Eine Vorbemerkung

Zeitlich und gedanklich weit abgesetzt von der hier behandelten Zeitspanne schrieb Oberstkorpskommandant z. D. Alfred Ernst[1], der Grenzschutz habe in der Zwischenkriegszeit im Sinne eines vorbereiteten Kampfes in der Grenzzone zunehmend an Bedeutung gewonnen. Trotz dem Hinweis auf dessen Wichtigkeit im «Felddienst» 1927 sei es zwar bis in die letzten Jahre vor Ausbruch des Zweiten Weltkrieges bei improvisierten Massnahmen geblieben. «Erst die Truppen-Ordnung von 1936 (bzw. 1938 – der Verf.) sah besondere Grenzschutz-Verbände vor»; in den folgenden Jahren sei mit dem Ausbau von Grenzbefestigungen begonnen worden. Im Unterschied zu früheren Epochen sei nur «ein wirksamer» Grenzschutz weniger aus politisch-psychologischen als aus militärischen Gründen als notwendig erschienen. Die Gefahr eines strategischen Überfalls sei immer deutlicher in den Vordergrund getreten. Um dieser Bedrohung gewachsen zu sein, habe man starke Kräfte für den Grenzschutz ausgeschieden. Ihre wichtigste Aufgabe habe darin bestanden, die Mobilmachung und den Aufmarsch der Feldarmee zu decken und im übrigen dem Angreifer den Stoss durch die Grenzzone zu erschweren.

In gleichem Sinne äusserte sich Generalstabschef Jakob Huber in seinem Bericht über den Aktivdienst[2]. Eine Grenzsicherung sei die Voraussetzung dafür, dass die Heereseinheiten ihre erste Aufgabe, nämlich die Deckung des ihrem Mobilmachungsraum entsprechenden Grenzabschnittes, zu erfüllen vermöchten, wobei diese Grenzsicherung bis zur beendigten Mobilmachung und Versammlung der Heereseinheiten ausreichen müsse. Diese Fragen hätten in den Jahren zwischen den beiden Weltkriegen «eines der wichtigsten und dringendsten Probleme» gebildet. «Es wurde schrittweise gelöst, und die endgültige Organisation konnte am 26. 3. 39 vom Bundesrat genehmigt werden.»

In die Zukunft blickend stellt der Generalstabschef fest[3], «der Zweck des Grenzschutzes und der als Rückhalt für die Grenztruppen gebauten Befestigungen» sei die Sicherung der Mobilmachung und des Aufmarsches der Feldarmee. Diese Befestigungen hätten also nur verhältnismässig kurze Zeit zu halten; unter Berücksichtigung dieses Umstandes habe der Grenzschutz durch diese Befestigungen eine enorme Verstärkung erhalten, so dass es verantwortet werden dürfe, «die Bestände zu schwächen und die Aufgaben den mit dem Festungswachtkorps durchsetzten älteren Jahrgängen zu übertragen.»

Konsequenterweise empfiehlt der Generalstabschef[4], die Auszugstruppen aus den Grenzgebieten bei der Feldarmee zu verwenden. «Die heutige Organisation (des Grenzschutzes – der Verf.) zehrt allzusehr an den Beständen des Feldheeres. Was nicht beweglich gemacht werden kann, bleibt an den nicht bedrohten Fronten liegen und geht für den Kampf um die Existenz des Landes verloren…».

Sehen wir zu, wie der Grenzschutz, wie die Grenzbrigaden, wie die Grenzbrigade 5 vor dem Hintergrund dieser Aussagen aufgebaut und entwickelt und mit welchen Aufgaben sie betraut wurden.

Der Grenzschutz in den Jahren 1936 und 1937

Die Organisation

Oblt Heller hat auf die Vorschläge der Generalstabsabteilung vom 28. Dezember 1935 für die «Kriegs- und Friedensgliederung der Grenzschutztruppen» hingewiesen[5].

Danach werden die Grenzschutztruppen detachementsweise organisiert, die Detachemente eines Grenzabschnittes einem höheren Kommando (Divisionskommando) unterstellt. Pro Divisions-Grenzabschnitt wird ein Brigadekommandant als Grenzschutz-Kdt eingesetzt. Die Grenzdetachemente umfassen alle drei Heeresklassen. Rund die Hälfte des Bestandes werden Auszüger sein. Die Zusammenfassung aller drei Heeresklassen, wie sie für den «neuen» Grenzschutz gemäss Truppenordnung 1938 realisiert wurde, war bereits hier vorgezeichnet.

Man dachte schon damals an die Bildung von «Auszugs-Bataillonen des Grenzschutzes» (die späteren Stamm-Bataillone), die für den WK (soweit keine Grenzschutzübungen stattfänden) entweder einem Regiment (der Division) zugewiesen oder in einem Grenzschutzregiment zusammengefasst sein würden. (Nach Kriegsende wurde vorerst die erste Möglichkeit praktiziert und Füs Bat 59 dem Inf Rgt 23, Füs Bat 60 dem Inf Rgt 24 zugewiesen – ab etwa 1966 die zweite, die beiden Stammbataillone wurden zusammengefasst in einem Inf Rgt 105 ad hoc). Man war bereits damals der Auffassung, dadurch die Voraussetzung geschaffen zu haben «für eine Herausnahme der Auszugsmannschaft aus einer nicht bedrohten Grenzfront und ein Einsetzen an einer anderen Front, sei es im Sinne von Ersatz für abgekämpfte Bataillone, oder im Sinne von Verstärkung».

Das den erwähnten Vorschlägen für die «Kriegs- und Friedensgliederung der Grenzschutztruppen» beigegebene Verzeichnis der Grenzdetachemente sollte «nicht die Bedeutung einer Verfügung im Sinne eines Organisationsbeschlusses» haben, sondern «es sollte damit das Prinzip und seine Anwendung auf die verschiedenen Grenzabschnitte klar gemacht werden. Sache der Div Kdt wird es nun sein, die Organisation im einzelnen zu überprüfen und der Gst Abt ihre Vorschläge einzureichen.»

Daniel Heller hat darauf hingewiesen, dass sich das Verzeichnis für den Aargauer Grenzabschnitt bereits auf die neue 5. Division gemäss TO 38 bezog; indessen bloss formal. In der Sache war der angegebene Grenzabschnitt noch immer in Übereinstimmung mit demjenigen der alten 4. Division, reichte also bis Pratteln.

Kommandant des Grenzabschnittes der 5. (bzw. 4.) Division war der Kdt der Inf Brigade 12, Oberst Karl Renold, der spätere erste Kommandant der Grenzbrigade 5. Aufgrund aller vom Verfasser durchgeführten «Erinnerungsgespräche» ist als sicher anzunehmen, dass die genannten Grenzdetachemente mit etwelchen Modifikationen tatsächlich gebildet worden sind. Eine im übrigen festgelegte tiefergehende Gliederung im Sinne einer Ordre de bataille mit entsprechender Kommandoordnung hat indessen gefehlt und ist von Fall zu Fall für Grenzschutzübungen geschaffen worden. Weder das Aktenstudium im Bundesarchiv noch die vielen «Erinnerungsgespräche» haben feste Strukturen erkennen lassen. Zutreffend wird in der «Antwort auf die kleine Anfrage Stähli vom 17.12.36»[6] geschildert, welchen Organisationsgrad man sich vorstellen muss:

«Der heutige, sog. *verstärkte Grenzschutz* ist keine Truppe im engeren, im eigentlichen Sinne. Die bestehende Organisation basiert auf der gesamten wehrpflichtigen und wehrfähigen Grenzbevölkerung. Es handelt sich beim Alarm des heutigen Grenzschutzes um *eine militärisch organisierte Volkserhebung* gegen den eindringenden Feind. Man will damit die Sicherung der beschleunigt dahinter mobilisierenden Regimenter erreichen, nicht mehr.»

Hier, bei diesem «verstärkten» Grenzschutz setzt die vorliegende Arbeit ein. Materiell bildet diese für die Zeit der dreissiger Jahre bis zur Inkraftsetzung der Truppenordnung 38 und damit bis zum Einsatz der Grenzbrigaden mit derjenigen von Daniel Heller weitgehend eine Einheit.

Das von Heller bereits zitierte Memorial Roost[7] vom 6. März 1930 hat den Weg vom «normalen» zum «verstärkten» Grenzschutz gewiesen. Aufgrund eingehender Studien wurde bereits in den Jahren 1927 und 1928 erkannt, dass es notwendig wäre, das gegenwärtige Grenzschutzsystem (Talwehren und Lst J Kpn)[8] zu verstärken, indem «Grenzschutzdetachemente geschaffen werden, die alle Wehrmänner (Au, Lw, Lst) der Grenzzone umfassen und unabhängig von der allgemeinen Mobilmachung aufgeboten werden können.»
Roost ging bei seinen Vorschlägen von der Annahme aus, dass die Gefahr eines Einfalles in unser Gebiet «entweder verborgen und nur unmittelbar vorhanden sein oder aber plötzlich und unmittelbar auftreten könne.» Logischerweise seien zwei Fälle zu unterscheiden, die er als Fall A und Fall B bezeichnete. Der *Fall A* war gedacht als Grenzwachtdienst zur Handhabung der Neutralität, der *Fall B* als Grenzsicherung zur Abwehr eines Überfalles. Für den Fall A wurde eine Organisation von Vorposten an der Grenze und von Wachen im Landesinnern vorgeschlagen, «die sich ziemlich auf den ganzen Verlauf unserer Landesgrenze bzw. über das ganze Staatsgebiet oder einen Teil davon verteilen». Das war der *normale* Grenzschutz. Für den Fall B wurde eine Organisation von Verstärkungen vorgeschlagen, derart getroffen, «dass sie sogleich oder erst später den normalen Grenzschutz ergänzen können. Dies ist der *verstärkte* Grenzschutz». «Wesentliche *Aufgabe des normalen Grenzschutzes* ist die Überwachung der Grenze und gegebenenfalls ein erster Widerstand zum Zeitgewinn für die Mobilmachung des verstärkten Grenzschutzes. Wesentliche *Aufgabe des verstärkten Grenzschutzes* ist, den Gegner

im Grenzgebiet aufzuhalten, um Mobilmachung und Aufmarsch der Armee sicherzustellen.»

Hier sind namentlich Struktur und Aufgabe des verstärkten Grenzschutzes der Jahre 1936 und 1937 und gleichzeitig die Aufgabe des «neuen» Grenzschutzes ab 1938 skizziert.

Der normale Grenzschutz bestand aus Lst J Kpn, bestimmt für den Grenzdienst, die Bahnbewachung, den Platzdienst (gemeint Mobilmachungsplatz – der Verf.) und als Reserve der Ter Kdt, wobei von Kompanien und Detachementen die Rede war. Die Idee des verstärkten Grenzschutzes ging von der Feststellung aus, dass die Truppe des normalen Grenzschutzes nicht über diejenige Feuerkraft verfüge (für die Grenzschutzaufgabe wurden 14 000 Gewehre berechnet), welche notwendig sei, um einen strategischen Überfall abzuwehren und Kämpfe zu führen, welche die für die Mobilmachung und den Aufmarsch der Armee unerlässliche Zeit verschaffen würden. Daher müssten sie durch Truppenkörper und Einheiten verstärkt werden, die diese Feuerkraft besässen.

Für das bessere Verständnis der später zu behandelnden Übungen der Jahre 1936 und 1937 mag der Entwurf für Vorschriften behilflich sein, der dem Memorial Roost folgte[9]. Danach wird der *normale* Grenzschutz (Fall A) sichergestellt durch

a) die Landsturm-Jnfanterie
b) die Talwehren

Für die Lst J liegen die Vorbereitungen zum normalen Grenzschutz den Ter Kdt ob, in unserem Raum dem Ter Kdo 4 im Abschnitt Kaiserstuhl (einschl.) bis Rämel (ausschl.)[10].

Demgegenüber wird der *verstärkte* Grenzschutz (Fall B) sichergestellt durch

a) die Grenzdetachemente, bestehend aus
– Truppen des normalen Grenzschutzes, die demselben Abschnitt zugewiesen sind;
– Truppenkörpern und Einheiten des Auszuges und der Landwehr, die auf in der Grenzzone gelegenen Plätzen mobilisieren;
– allenfalls aus sämtlichen, in den betreffenden Grenzzonen wohnhaften Wehrmännern, ohne Rücksicht auf ihre Einteilung.

Für den verstärkten Grenzschutz liegen die Vorbereitungen den Divisionskommandanten ob, in unserem Raum dem Kommandanten der 4. Division, und zwar ebenfalls für den Abschnitt Kaiserstuhl bis Rämel.

Mit dieser Organisationsstruktur – sie ist der erste durchaus kraftvolle und zielbewusste Schritt hin zum «neuen» Grenzschutz, das heisst zu den Grenzbrigaden – waren vielfach Schwierigkeiten unausweichlich verbunden; insbesondere Unzulänglichkeiten und Unklarheiten in den Kommandobefugnissen. Den Ter Kdt «gehörten» ja die Lst Infanterie-Verbände, den Divisionskommandanten indessen der ganze verstärkte Grenzschutz, bestehend erstens aus eben dieser Lst Infanterie, zweitens aber auch aus Bataillonen und Kompanien des Auszuges und der Landwehr und schliesslich namentlich aus den Wehrpflichtigen der Grenzzone.

Ab 1930 standen dem Kdt Ter Kr 4 die Lst J Bat 39 bis 42 zur Verfügung, wobei für die Grenzbewachung vorgesehen waren:

die Stäbe der Lst J Bat 41 (Kdt Maj Senn Max, Aarau) und 42 (Kdt Maj Tschamper Jakob, Langenthal);
an Truppen zum Einsatz in den Abschnitten bzw. zur Sperrung der Brücken:
Lst J Kp III/40; Absch Kaiserstuhl–Mellikon, Brü Kaiserstuhl;
Lst J Kp II/41 und Lst Kp IV/41: Absch Mellikon–Schwaderloch, Brü Koblenz;
Lst J Kp I/42: Absch Schwaderloch–Sisseln, Brü Laufenburg
Lst J Kp I/41: Absch Sisseln–Möhlinbach, Brü Stein;
Lst J Kp II/42: Möhlinbach–Rheinfelden, Brü Rheinfelden;
an Reserven:
Lst J Kp IV/39: Stao Frick, Ei lk der Aare;
Lst J Kp II/40: Stao Döttingen, Ei rt der Aare;
Lst J Kp III/41: Stao Brugg.

Dem Kommandanten des verstärkten Grenzschutzes standen überdies zur Verfügung einerseits sämtliche Wehrpflichtigen des Grenzraumes und – zu schliessen aus mancherlei Indizien – das Inf Rgt 24 (minus die Wehrpflichtigen mit Wohnort im Grenzraum). Das Inf Rgt 24 wahrscheinlich nicht etwa deshalb, weil seine Bataillone «auf in der Grenzzone gelegenen Plätzen» mobilisiert hätten (verst. Grenzschutz, Fall B) – das Regiment 24 mobilisierte zu jener Zeit gesamthaft in Aarau –, sondern weil der zuständige Grenzschutz-Kommandant Renold als Kdt der Inf Brigade 12 über das Inf Rgt 24 sozusagen als Manövriertruppe verfügte. Dokumente über Organisation und Einsatz des verstärkten Grenzschutzes konnte der Verfasser nicht finden ausser den Hinweisen auf Seite 106. Das neue, am wenigsten organisierte und geführte Element bildeten die Wehrpflichtigen des Grenzraumes; zahlenmässig waren sie vorherrschend, so dass wohl sie dem verstärkten Grenzschutz den Charakter der «militärisch organisierten Volkserhebung» verliehen. Demgegenüber war dieses Element wegweisend für den «neuen» Grenzschutz, d.h. die neu zu bildenden Grenzbrigaden, bestanden diese doch eben aus den Wehrpflichtigen der drei Heeresklassen des Grenzraumes, in der nun bestehenden Grenzbrigade freilich wohlorganisiert nach vorgegebener Ordre de bataille in Truppenkörpern und Einheiten. Unklar bleibt dem Verfasser – abgesehen von der Zuständigkeit des Divisionskommandanten Bircher und des Kommandanten der Inf Br 12, Renold – die Kommandoordnung. In Akten und Gesprächen erscheinen die Kommandanten der Lst Bat und Kp ebenso wie einzelne Abschnittskommandanten des verstärkten Grenzschutzes und die Kdt von Trp Körpern und Einheiten des Inf Rgt 24.

Die Aufgabe

Authentische Aussagen darüber, welche Aufgaben dem Grenzschutz zuzuweisen seien – und welche Aufträge sich daraus ergeben werden! –, sind aus dieser Zeit der «militärisch organisierten Volkserhebung» rar. Die präziseste Vorstellung darüber hat der Verfasser in einem Papier der Generalstabsabteilung vom 15. April 1937 über «Besondere Übungen des Grenzschutzes»[11] gefunden, in welchem neben der Ausbildung an den Waffen als Ausbildungszweck das Ausexerzieren der besonderen Grenzschutzaufgabe zu nennen sei. Diese Aufgabe wurde wie folgt umschrieben:

«Aufgabe des Grenzschutzes ist es bekanntlich, unsere Mobilmachung und, soweit noch möglich, unsern Aufmarsch gegen feindlichen Überfall zu schützen. Man muss sich dabei Rechenschaft geben, dass ein solcher der Natur der Sache nach mit verhältnismässig beschränkten Kräften erfolgen wird, weil der Gegner in diesem Augenblick eben das Gros seiner Armee noch nicht mobilisiert hat. Diesen Nachteil wird der Angreifer durch hohe Beweglichkeit der Überfalltruppen, Erzielen lokaler Überlegenheit und überraschende, handstreichartige Auslösung auszugleichen versuchen. Der Grenzschutz hat seine Aufgabe gelöst, wenn es gelingt, derartige Überfälle zu verhindern und dadurch den Feind zur Vorbereitung eines planmässigen Grossangriffs zu zwingen, da die Vorbereitung eines solchen, der Aufmarsch der hiezu notwendigen Truppen und insbesondere der Artillerie, soviel Zeit beansprucht, dass inzwischen unsere Armee mobilisiert und die Deckungsdivisionen bereit sind, ja vielleicht das Gros aufmarschiert sein kann. Aus diesen Überlegungen ergibt sich das Kampfverfahren. Überall dort, wo permanente Anlagen erstellt werden, muss die Besatzung diese bis zur Aufopferung halten und müssen die ausserhalb davon kämpfenden Teile aus taktischen wie aus moralischen Gründen auf der Höhe dieser Befestigungen kämpfen. Dies gilt aber auch für die übrigen Abschnitte. Als Grenzschutzsperrstellungen werden im allgemeinen die solidesten Stellungen der Gegend ausgesucht. Daraus folgt, dass beim Ausweichen, abgesehen vom Geländeverlust, die Verhältnisse ungünstiger werden. Rückzugsmanöver könnten gegenüber einem gewandten und mit Panzerwagen und andern beweglichen Mitteln ausgerüsteten Gegner leicht zur Katastrophe führen. Der Grenzschutz ist sowohl wegen seiner zahlenmässigen Schwäche als auch wegen seiner Zusammensetzung aus zum Teil bejahrten, weniger beweglichen Leuten sowie mangels entsprechender Ausrüstung mit Transportmitteln zum Manövrieren nicht geeignet und hat daher zu *halten* und wenn nötig sich zu *opfern*. So, und nur so werden wir auf ihn mit einiger Sicherheit zählen können. Das schliesst natürlich nicht aus, dass einzelne schwache Teile, die aber selten einen höheren Bestand als den einer starken Patrouille haben werden, als bewegliche Detachemente etwa im Sinn von Jagdpatrouillen vor, zwischen oder hinter den eigentlichen Sperrstellen arbeiten.»

Lapidar, den Kern beleuchtend, ist die Äusserung des Oberstdivisionärs De Diesbach: «Der Grenzschutz hat sich auf dem Platz zu opfern. Er kann nicht manövrieren.»[12]

«Hat sich auf dem Platz zu opfern» – diese Auffassung war bestimmend bis weit in die Aktivdienstzeit, und sie kann erst mit den tiefgreifenden Veränderungen der sechziger und siebziger Jahre als überwunden gelten.

Ausbildung – Alarme

Man kann sich – aus heutiger Sicht – den Organisationsgrad und infolgedessen die Ausbildung eines einmal – durch Alarm – aufgebotenen «Volksaufstandes» nicht primitiv genug ausdenken. Die Vorstellungen der Generalstabsabteilung, projiziert auf die soeben dargelegte Aufgabe, waren zwar präzis: «Beim Einexerzieren der Grenzschutzaufgabe (handelt es sich) ausschliesslich um das Besetzen der zugewiesenen Stellungen, die Orientierung der Truppe über Gelände, Aufgabe und Mittel und die Einrichtung der Stellung und der Hindernisse, soweit letzteres friedensmässig überhaupt möglich ist.»[13]

Es wird erwogen, dass das Ausexerzieren der Stellungen verhältnismässig einfach sei und sich immer gleich bleibe. Übungen auf Gegenseitigkeit liessen sich mit diesen Besetzungsübungen nur schwer verbinden, einerseits weil die Stellungen zumeist nahe an der Grenze liegen, anderseits «weil die hohe Feuerkraft unserer Grenzschutzstellungen dabei nicht zum Ausdruck käme und weil der Angreifer in einer solchen Übung sich natürlich sofort versucht fühlen würde, durch die unbe-

setzten und nur durch Jagddetachemente überwachten Lücken durchzustossen. Dies sei ein Verfahren, das seitens eines Gegners im Ernstfalle mit Rücksicht auf die eigene Rückensicherung und den Nachschub gewiss nicht in grösserem Umfang angewendet würde, im Frieden aber leicht zu unbegründeter Erschütterung des Vertrauens in die Solidität des Grenzschutzes führen müsste.» Das sind Erwägungen, die aufzeigen, dass zwischen den Vorstellungen der Generalstabsabteilung und den tatsächlichen Verhältnissen wesentliche Unterschiede bestanden. Wir werden gleich darauf zurückkommen. Die massgebliche Meinung ging zudem dahin, dass nach der Besetzung der Stellung und deren Kontrolle die Übung beendigt werden müsse. Eine derartige Besetzungsübung sollte «vom frühen Nachmittag... bis allerspätestens am nächsten Morgen bis Tagesanbruch (dauern),... so dass nach Durchführung der Kontrolle die Übung im späteren Vormittag oder spätestens um die Mittagszeit abgebrochen werden könne.» Wir werden auf Seite 131 ff die Problematik dieser Vorstellung der Generalstabsabteilung darstellen.

Die Begebenheiten und Sachverhalte im aargauischen Grenzabschnitt lassen sich nur mühsam aufgrund von Gesprächen mit ehemaligen Kompaniekomman-

105

danten, Subalternoffizieren, Unteroffizieren und Soldaten zusammentragen und zusammenfügen. Es sind ihrer wenige, denen der Verfasser begegnet ist, welche über präzise Erinnerungen verfügen. Zumeist überdecken und verdrängen die Erlebnisse des Aktivdienstes diejenigen der Vorkriegszeit. Die massgeblichen Kommandanten sind längst verstorben, und Archivalien der 4. bzw. 5. Division und der Grenzbrigade 5 gibt es nicht[14]. So ist man für die Zeit von 1936 und 1937 weitgehend auf Vermutungen, Indizien und Schlussfolgerungen angewiesen.

Fest steht, dass der Kdt der Infanterie-Brigade 12 (bestehend aus den Infanterie-Regimentern 23 und 24), Oberst Karl Renold, für den Grenzabschnitt der künftigen 5. Division verantwortlich war. Das Inf Rgt 24, bestehend aus den Füsilier-Bataillonen 58, 59 und 60, stellte die Auszug-Bestände im Grenzraum. Dieser dürfte den Raum Kaiserstuhl–Rhein bis Pratteln–Schafmatt–Lauf der Aare bis Brugg–Lägern (Hochwacht) umfasst haben. Welchen Truppenkörpern und Einheiten die Mannschaften des Landsturms zugehörten, wurde auf S. 102 dargelegt. Ebenso aber auch das offenbare Fehlen einer präzisen Kommandoordnung.

Aufgeboten – *gemeindeweise alarmiert* – waren alle Wehrpflichtigen des zweifellos genau bezeichnet gewesenen Raumes. Sie wurden, einmal alarmiert, ebenfalls *gemeindeweise* von einem im voraus bestimmten Wehrmann, womöglich einem Unteroffizier, auf ebenfalls im voraus bestimmte Sammelplätze hingeführt und von hier ad hoc für ihre Sperraufgabe *eingesetzt*[15]. Wer die Entschlüsse für den Einsatz dieser Detachemente gefasst hatte und nach Massgabe welcher Kommando-Ordnung die entsprechenden Aufträge erteilt wurden, ist für den Verfasser nicht klar erkennbar. Wahrscheinlich haben der Brigade- und der Regimentskommandant 24 und in der Folge die Kommandanten der Füs Bat 58, 59 und 60 aufgrund eingehender Rekognoszierungen Entschlüsse gefasst und Befehle erteilt. Man wusste nämlich, dass im Spätherbst 1936 eine Grenzschutzübung stattfinden werde. Zu deren Vorbereitung fanden mehrmals Rekognoszierungen von Bat- und Kp Kdt des Auszuges in Zivil unter der Leitung des Kdt Inf Rgt 24, Oberst Wacker (des nachmaligen Kdt der 5. Division), statt. Es handelte sich darum, eingehende Geländekenntnis zu gewinnen und mögliche Stellungen zu erkunden.

Die erste Grenzschutzübung (in den Dienstbüchlein auch eingetragen als Grenzschutzalarm und als Grenzschutzalarm-Übung) fand in den Tagen 16./17. November 1936 statt. Der damalige Kdt Füs Kp III/59, Hptm Hans Roth, Zofingen, berichtet, er sei telegraphisch nach Brugg aufgeboten worden und von dort mit 10 Uof und 59 Mann ins Fricktal marschiert[16]. Dort habe er den Auftrag erhalten, bei Ittenthal zu sperren. Während der Nacht seien die Stellungen gebaut worden. Um 10 Uhr des nächsten Tages sei die Übung abgebrochen und mit dem Rückmarsch nach Brugg abgeschlossen worden.

Übereinstimmend wird weiter berichtet, dass in den Dörfern des Grenzraumes mit Kirchenglocken Alarm geläutet und mit Feuerhörnern geblasen wurde und dass die gesamte wehrpflichtige Mannschaft eingerückt sei. Man erinnert sich, dass auch Sappeure, Trainsoldaten und Kanoniere aufgeboten gewesen seien.

Die Mannschaft eines Dorfes oder eines Gebietes wurde zusammengefasst eingesetzt. Die Möglichkeiten des Einsatzes war u.a. vom Vorhandensein von Kader abhängig; zudem scheint es, dass die dergestalt gebildeten Detachemente räumlich gestaffelt in Richtung der Rheingrenze eingesetzt wurden; so beispielsweise die

Lauffohrer in Villigen, die Villiger in Leibstadt und jene aus Leuggern wohl im Raume Felsenau-Full; oder die Brugger auf Sennhütten und die Bözberger im Sulzertal. Der damalige Lt Fritz Stäuble, wohnhaft gewesen in Rümikon, eingeteilt in der Mitr Kp I/59, erstellte mit seinen Leuten in Kaiserstuhl bei der Brücke eine Sperre; Lt Alfred Regez aus Wislikofen, Füs Kp III/58, auf Schwarzwasserstelz eine Lmg-Stellung; der damalige Kpl August Huber, Rekingen, Füs Kp II/56, am Rheinbord nördl. der Station Zurzach ebenfalls eine Lmg-Stellung; Mitrailleur von Arx aus Lauffohr, Mitr Kp IV/59, sah sich mit seinen Dorfkameraden, geführt von einem Feldweibel, in einem Waldstück bei Leuggern («wir haben Patrouillen gemacht», berichtet er); Kpl Karl Keller aus Hottwil, Füs Kp III/59, sperrte auf dem Mettauerberg die Strasse, welche von Schwaderloch heranführt; Kpl Held, der Posthalter von Stalden auf dem Bözberg, hatte in Leidikon-Bütz (im Sulzertal) eine Sperre zu errichten.

Die Verpflegung wurde mitgebracht, oder man besorgte sie sich bei den ansässigen Bauern – denn Korpsmaterial gab es nicht; ebensowenig Sanitätsmaterial. Vereinzelt waren Leichte Maschinengewehre gefasst worden; wo, bleibt nicht erkennbar – eine weitgehend noch unvertraute Waffe. Angeliefert wurden die Kollektivwaffen, Mg und Lmg, vom Zeughaus Aarau. Die Disziplin war sehr unterschiedlich; es ist ebenso von ernsthafter Arbeit die Rede wie von «unorganisierten Haufen», «Freischarenzügli», vom «lustigen Grenzschutz», von Trinkereien, Herumsitzen in Bauernhäusern. Der im Abschnitt rechts der Aare teilweise zuständige Hptm Arthur Wirz verfügte über ein Automobil, Hptm Schüle im Mettauer- und Sulzertal war dieser Vorzug nicht zuteil; jener war deshalb imstande, an Ort und Stelle zu führen und Kontrollen auszuüben, dieser blieb demgegenüber immobil. Improvisation, Inkompetenz, Dilettantismus scheinen diese Dienstleistung geprägt zu haben. In der Erinnerung haften «die negativen Empfindungen stärker als die positiven». «Die Übung war für viele Leute eine eher deprimierende Sache.» Dies sind Aussagen eines rechtschaffenen Beteiligten. Von einem ernsthaften «Einexerzieren der Grenzschutzverbände», einem «Ausexerzieren der Stellungen», von sachkundiger Kontrolle – wie sich dies die Generalstabsabteilung vorstellte – kann keine Rede sein.

Bemerkenswert ist immerhin, dass ein dichtes Schiedsrichternetz ausgelegt war. Es bestand aus Offizieren der Auszugsbataillone der 4. Division. Man erinnert sich, dass sie nicht feldmarschmässig ausgerüstet waren, sondern den Säbel trugen. Offenbar eingehend instruiert, notierten sie eifrig ihre Beobachtungen (vgl. Beantwortung der Kleinen Anfrage Stähli, nachfolgend S. 113 ff).

Eine Kommandoordnung, welche die drei Elemente des die Übung bestreitenden «verstärkten» Grenzschutzes verbunden und zu einem Ganzen gefügt hätte, ist, wie bereits erwähnt, nicht erkennbar. Spärliche Hinweise lassen erkennen, dass tatsächlich Landsturmformationen an dieser Übung teilgenommen haben. Beispielsweise erinnert sich Alfred Regez, beobachtet zu haben, wie ein Detachement von etwa 150 Mann vom Waldrand südöstlich Mellstorf in geschlossener Formation gegen die Landstrasse herunter marschiert sei. Diese Formation sei in Marschkolonne derart gut geordnet gewesen, dass es sich unweigerlich um eine Truppe gehandelt haben müsse, deren Angehörige bereits während des 1. Weltkrieges Aktivdienst geleistet hatten. Es dürfte sich um die zur Demobilmachung geführte Lst

J Kp III/40 gehandelt haben. Hauptmann Graf, damals Kommandant der Füs Kp III/58 (vgl. Fussnote 19), eingesetzt im Raume Frick, berichtet, dass er «durch Hauptmann Heuberger abgelöst wurde» (Hauptmann Walter Heuberger, damals aargauischer Staatsschreiber, war Kommandant der Reserve Kompanie IV/39 mit Standort Frick). Schliesslich schrieb der ehemalige Generalstabschef, KKdt Hans Senn, dem Verfasser, dass er, als 18 jähriger, seinen Vater, Major Max Senn, Kommandant Lst J Bat 41, in den Grenzraum chauffiert habe. Ferner erklärte der Kommandant Jnf Br 12, bezogen auf die Alarmübung vom 26. bis 28. April 1937, dass «diesmal der Landsturm nicht aufgeboten wurde» (vgl. 111).

Dem vertieft Interessierten ist empfohlen, den äusserst aufschlussreichen Bericht des Kommandanten der 4. Division über diese Übung vom 16./17. November 1936 durchzuarbeiten[17]. In abschliessender Betrachtung schreibt hier Oberstdiv. Eugen Bircher u. a., der innere Halt der Truppe sei bei allem Eifer und aller Hingabe als gering zu bezeichnen. «Die Truppe hatte mehrfach ein deutlich freischarenähnliches Aussehen.» Die Anträge des Divisionskommandanten waren ebenso konsequent wie die von ihm veranlassten Massnahmen.

Die Grenzbevölkerung und die Wehrmänner des Grenzraumes verfolgten mit gespannter Aufmerksamkeit, was sich diesseits und jenseits der Grenze, ennet des Rheins, abspielte. Er herrschte weder Furcht noch Angst. Man registrierte die Veränderungen, man nahm sie zu Kenntnis, nicht anders übrigens als die Alarme während des Aktivdienstes. Man spürte zwar das Unheil, welches sich abzeichnete, aber «man war die Ruhe selber» - wie sich einer im Gespräch ausdrückte (und wie der Verfasser die Seelenlage der Grenzbevölkerung während des Aktivdienstes mehrmals in an sich kritischer Zeit erlebte). Ebenso selbstverständlich war die Pflichterfüllung der alarmierten Wehrmänner dieses Grenzraumes; jedenfalls dort, wo sie sich zuständiger Führung unterstellt sahen. Mit aller Selbstverständlichkeit sind sie dem Alarm gefolgt, willig, in der Überzeugung, militärisch sinnvolle Arbeit zu leisten.

Die Erlebnisse dieses ersten Grenzschutzalarms im Spätherbst 1936 waren aber für viele enttäuschend und desolat. Zweierlei zeichnete sich herausfordernd als notwendig ab, sollte dieser Grenzschutz glaubwürdig werden: einerseits eine gehörige Kraftanstrengung für eine erneute Alarmübung und anderseits die Neuordnung des Grenzschutzes, die Schaffung militärisch geordneter Verbände, einer festgefügten Ordre de bataille. Die Hinführung zu TO 38, zum schöpferischen Akt, mit welchem die Grenzbrigaden geschaffen wurden, war notwendig und reif.

Das Jahr 1937 ist gekennzeichnet einerseits durch eine erneute Alarmübung und anderseits durch intensive Vorbereitungsarbeiten im Hinblick auf die sich mit der Entstehung der Grenzbrigade 5 stellenden Aufgaben.

Am 26. April 1937, frühmorgens, war neuerdings Alarm. «Im kleinen Dorf nahe der Grenze, wo ich als Gesamtschullehrer tätig war, wurden die Sturmglocken geläutet, während im Nachbardorf, das keine Kirche und somit auch kein Geläute hatte, der Gemeindeweibel das Feuerwehrhorn blasend durch das Dorf eilte» – so beschreibt Alfred Regez diesen Alarm[18]. Nicht anders in Leuggern: Der im Weiler Schlatt wohnhafte Gemeindeammann erhielt den Befehl für den Alarm, begab sich nach Leuggern, liess die Kirchenglocken läuten und schickte den Weibel in die Teilgemeinden, wo sie, von Haus zu Haus eilend, die Wehrpflichtigen alarmierten.

Diese Übung war offensichtlich besser geführt als diejenige von 1936. Sie fand während des Wiederholungskurses des Inf Rgt 24 statt. Viele Wehrmänner des Regiments wohnten im Grenzraum und waren daher dem Alarm unterstellt. Für den Abschnitt rechts der Aare ist klar erkennbar die Zuständigkeit von Oberstlt Müller, dem damaligen Stadtammann von Laufenburg, des Hptm Arthur Wirz für den Abschnitt Kaiserstuhl–Rekingen; für den Abschnitt Zurzach–Koblenz sehen wir Hptm Hans Huber aus Zurzach.

Das Tagebuch der Füs Kp III/58[19] über den Wiederholungskurs 1937 meldet für den Dienstag, 20. April 1937: «Die in der Grenzschutzzone wohnenden Füs. und Korp. werden am Lmg. ausgebildet». Und der Eintrag von 25. April 1937 lautet: «0930 Feldgottesdienst des Rgt. 24 in Vindonissa. Hernach für 3 Tage Entlassung der im Grenzschutz-Rayon wohnenden Sold. und Of.» Das Gros – oder der Rest – der Verbände des Inf Rgt 24 wurde in dieser Alarm- und Besetzungsübung, offenbar im Sinne der Verstärkung des Grenzschutzes, eingesetzt. Das Tagebuch vermerkt: «Grenzschutz-Alarm, 26. April 1937, wie erwartet ertönte am Morgen um 0500 der Kdo Alarm, und die Kp marschierten im Eilmarsch (von Brugg – d. Verf.) ab Richtung Reuenthal ... Befehlsausgabe in Schmidberg. III/58 als Verstärkungstruppe der Grenzschutzdetachemente in der Gegend von Reuenthal–Felsenau–Gippingen.» Diese Kp III/58 (minus die Angehörigen des Grenzraums!) wurden in der Folge noch im Raum Freienwil (Hertenstein–Husen) eingesetzt. Offenbar wurden mit den verbliebenen Beständen des Regiments die Möglichkeiten der Verstärkung des Grenzschutzes ausexerziert.

Das Inf Rgt 24 – Rückgrat des Grenzschutzes im Abschnitt Kaiserstuhl–Rheinfelden – defilierte während jenes Wiederholungskurses vorerst in Baden vor dem Brigade-Kommandanten Renold und am Schluss des Wiederholungskurses in Aarau vor dem Divisionskommandanten Bircher. Es war dies die militärische Form des Abschiednehmens, stand doch das Regiment im Hinblick auf die Veränderungen im Zusammenhang mit der Gründung der Grenzbrigade 5 letztmals in dieser Zusammensetzung unter den Fahnen. Das Tagebuch der Füs Kp III/58 meldet für den Vorbeimarsch in Baden: «Der Inspektor (unser Br. Kdt. Renold) des Vorbeimarsches ist auf dem Bahnhofplatz, welcher von einer gewaltigen Menschenmenge eingerahmt ist. Durch die ganze Stadt bis zum alten Schulhaus ist die Strasse von vielen hundert Menschen eingerahmt. Sogar Blumen wurden geworfen.» Und «einen solchen Empfang haben die Aarauer den Truppen noch nie

Redaktor Lukas Bader im «Brugger Tagblatt» vom 26. April 1937.

Alarmübung an der Rheingrenze.

Bd. Das Kommando der J.-Br. 12 hatte die Freundlichkeit, am Montagnachmittag in Baden die aargauische Tagespresse zu einer gemeinsamen Orientierung über die Auslösung und den Verlauf der Grenzschutzübung vom 26./28. April einzuladen. Herr Oberst Renold begrüßte die Herren von der Presse und legte ihnen nahe, im Interesse der Landesverteidigung, in der Berichterstattung von Einzelheiten abzusehen. Wie allen Uebungen lag auch dieser eine kriegerische Annahme zugrunde. Der Befehl zur Alarmierung ging um 5 Uhr ab, obwohl die Bevölkerung dieselbe zum Teil schon in der Nacht erwartet hatte. Die Alarmierungstelegramme wurden um 5 Uhr 30 an die Sektionschefs aufgegeben. Dank der Lehren aus der letzten Uebung und dem Entgegenkommen des Chefs der Telephonverwaltung erreichten alle Meldungen innert kürzester Frist ihre Bestimmungsorte. Gleichzeitig wurden auch Motorradfahrer zur Sicherstellung des Alarmbefehles abgeschickt. In den rund 30 Gemeinden wurde sofort das Alarmplakat angeschlagen, die Glocken geläutet oder mit Trommeln und Trompeten aufgerufen. Die Leute waren sehr rasch zur Stelle, auch der Zoll, so daß kurz nach 6 Uhr alle Tankbarrikaden erstellt waren und bald nachher auch schon einzelne Truppenteile anmarschierten. Nach 7 Uhr war auch die Verstärkung durch schwere Maschinengewehre bereit. Da sich das Regiment 24 im Wiederholungskurs befand, mußte die Verbindung mit den Grenzdetachementen hergestellt werden. Der Abmarsch aus den Kantonnementen des W.K. erfolgte zwischen 6 und 7 Uhr und weil das Wetter zum Marschieren sehr günstig war, erreichten die Truppen nach einem sehr tüchtigen und raschen Marsch ihre Plätze schon zwischen 9 und 11 Uhr. Auch die am Sonntag entlassenen 170 Mann aus der Grenzzone hatten den Ernst der Situation erfaßt und waren am Montag prompt zur Stelle. Die Artillerie nahm zwischen 13 und 15 Uhr ihre Stellungen ein. Der Nachmittag wurde zum Eingraben benützt, ferner zum Ueben an den automatischen Waffen und Herstellung der Verbindungen. Neben der mitgebrachten Verpflegungsration für zwei Tage wurde den Grenztruppen Tee und Suppe verabreicht. In der Nacht vom Montag auf den Dienstag während der angeordneten Verdunkelung fanden Verschiebungen statt. Die Grenzschutzübung erstreckt sich auf eine Frontbreite von rund 20 Kilometer. — Der allgemeine Eindruck lautet: Im Vergleich zum letzten Alarm im Herbst sind bedeutende Fortschritte in bezug auf die Schnelligkeit und die Truppenverwendungen zu verzeichnen. Noch ist die Stärke der Truppen nicht genügend, weil diesmal der Landsturm nicht aufgeboten wurde. Ebenso müssen viele bisher den Spezialwaffen Zugeteilte in diesem Grenzgebiet zur Infanterie übergeführt werden. Nach der Neuordnung des Grenzschutzes wird es möglich sein, einen einfallenden Gegner zwei bis drei Tage zurückzuhalten, bis die Armee mobilisiert haben wird. — Der Grenzschutzübung vom 26./28. April folgen zur Inspektion der Chef der Generalstabsabteilung, Labhart und Oberstdivisionär Bircher sowie Oberst von Erlach, dem die Front des Grenzabschnittes unterstellt ist.

erwiesen.» Beteiligte an diesem Vorbeimarsch erinnern sich, nie zuvor bei gleichem Anlass ebensoviel Begeisterung festgestellt und Rückhalt bei der Bevölkerung gespürt zu haben.

Mit der gebotenen Zurückhaltung, aber doch der für angezeigt gehaltenen Publizität wurde über diese Grenzschutzübung durch die Presse orientiert.

Es ist zweifelsfrei zutreffend, was der Generalstabschef am 14. Mai 1937 dem Eidg. Militärdepartement meldet[20]:

«Mit den am Mittwoch dieser Woche zu Ende gegangenen Grenzschutzübungen sind die Übungen, die gemäss Beschluss der LVK in diesem Frühjahr durchzuführen waren, alle erledigt. Über deren Ergebnis können wir Ihnen kurz folgendes berichten:

1. Die Alarmorganisation spielt gut. Die dorf- oder gemeindweise Sammlung der Wehrmänner geht ruhig und geordnet vor sich. Auch bei den Sperrdetachementen, die direkt an der Grenze einzurücken haben, konnten wir das Gleiche feststellen.

2. Der Antransport der Maschinengewehre aus dem nächstgelegenen Zeughaus ist nun ebenfalls so organisiert, dass die Waffen innert nützlicher Frist zur Truppe gelangen. In der Mehrzahl der Fälle wurden sie schon vorher in die vorbereiteten, dezentralisiert und nahe bei den Sammelplätzen des Grenzschutzes gelegenen Depots verbracht, wodurch viel Zeit gewonnen wurde. Wir werden diese dezentralisierte Lagerung von Waffen und Munition bei drohender Kriegsgefahr allgemein anordnen.

3. Auch die technischen Vorbereitungen der Minengruppen zur Sprengung der verschiedenen Kunstbauten waren nach unseren Beobachtungen zweckentsprechend. Dagegen ist die Zusammenarbeit des Objektchefs mit dem zuständigen Kommandanten nicht überall sichergestellt.

4. In soldatischer Beziehung ist etwelche Besserung gegenüber den Übungen vom Herbst 1936 festzustellen. Fälle grober Indisziplin sind uns nicht gemeldet worden. Die Haltung von Kader und Mannschaften ist aber nicht so, dass mit voller Gefechts- und Abwehrbereitschaft gerechnet werden könnte, trotzdem der gute Wille bestimmt überall vorhanden ist.

Allgemein kann gesagt werden, dass die diesjährigen Übungen für Kader und Mannschaften mehr Sicherheit in der Organisation des heutigen, sog. verstärkten Grenzschutzes geschaffen und dass sie auch der Einführung der neuen Grenzschutzorganisation gut vorgearbeitet haben. Dass in deren Rahmen auch den entscheidenden soldatischen Anforderungen besser wird entsprochen werden können, halten wir für sicher. Wir werden in der Aufstellung des Arbeitsprogrammes für die nächstjährigen Einführungskurse hierauf ganz besonderes Gewicht legen.

Der Chef des Generalstabes: Labhart»

Der Vorstoss Baechi

Der Schritt von der Übung des Jahres 1936 zu derjenigen 1937 war wirklich überzeugend, einer gehörigen und notwendigen Anstrengung entsprechend. Ein offensichtlich nicht unzutreffendes Bild über die Alarmübung von 1936 hatte Dr. Walter Baechi, der damalige Redaktor der Landesring-Zeitung «Die Tat»[21] unter dem Titel «Skandalöse Zustände im schweizerischen Grenzschutz»[22] gezeichnet. Baechi nahm Bezug auf die Ausführungen Bundesrat Mingers vom 30. September 1936 im Ständerat, wonach «wir... in aller Stille in den letzten Jahren den Grenzschutz umorganisiert und ihn durch Zuteilung vieler Maschinengewehre auch stark bewaffnet» haben, und wonach in der letzten Zeit Alarmübungen durchgeführt worden seien. Die Erfahrung zeigte, «dass sicher noch nicht alles stimmt und dass noch verschiedenes verbessert werden muss. Sie zeigen uns aber auch, dass wir schon jetzt zuversichtlich sein dürfen». Baechi übte dann ganz massiv Kritik am «Schlendrian in der Berner Militärverwaltung» und führte als Beispiel folgendes zum Zustand des Grenzschutzes an:

1. Die Waffen und das übrige Material des Grenzschutzes seien weit hinter der Grenze gesamthaft magaziniert und müssten jeweils erst nach vorne gefahren werden. Am zweiten Tage der Übung sei Material, von welchem niemand gewusst habe, wohin es gehöre, von Posten zu Posten gefahren worden.
2. Das Material zur Brückensprengung liege etwa 40 km hinter der Grenze.
3. Die Mannschaft des Grenzschutzes sei nicht entsprechend ausgebildet, insbesondere hätten auf zahlreichen Posten am Mg und Lmg ausgebildete Leute gefehlt. Es sei für die Instruktion der Grenzschutzmannschaften bisher rein gar nichts geschehen, und als die Truppenoffiziere freiwillig und ausserdienstlich die Sache an die Hand genommen hätten, sie kein einziger Schuss Munition bewilligt worden.

Der Artikel hatte eine Kleine Anfrage Stähli zur Folge. Sie wurde am 28. Dezember 1936 schriftlich beantwortet[23]. In der Folge wird ein anschauliches Bild über die Durchführung dieser ersten Grenzschutzübung gegeben:

«Dass dieser Grenzschutzorganisation verschiedene Mängel anhaften, ist klar. Gerade um diese festzustellen und Abhilfe zu schaffen und um genaue Grundlagen für die künftige Neuorganisation zu gewinnen, wurden im Herbst in verschiedenen Grenzabschnitten Alarmübungen durchgeführt. Die Leitung derselben lag in der Hand der Divisionskommandanten. Diese waren ermächtigt, eine grössere Anzahl Schiedsrichter einzuberufen, die den Verlauf der Übung genau zu überwachen hatten. Tatsächlich wurde von diesen Offizieren jede Einzelheit, begonnen beim Alarm der kantonalen Militärdirektion bis zum In-Stellung-Gehen der einzelnen Sperrposten, überwacht. Sie hatten schriftlich über ihre Beobachtungen zu rapportieren. Im Divisionsstab wurden diese Beobachtungen zusammengestellt und nachher in einem speziellen Rapport den Unterführern zur Kenntnis gebracht. Wo Fehler vorkamen, wurde für Abhilfe gesorgt. Der heutige Grenzschutz kann unter den oben genannten Voraussetzungen seine beschränkte Aufgabe erfüllen. Der Bundesrat wird übrigens bei drohender Kriegsgefahr nicht zögern, sofort mit dem Aufgebot des Grenzschutzes auch die Armee zu mobilisieren.»

Zur Sache wird ausgeführt, dass Waffen und übriges Grenzschutzmaterial transport- und verwendungsbereit in den nächstgelegenen Zeughäusern (damals gab es noch keine Grenzzeughäuser; für den aargauischen Grenzraum waren es das Zeughaus Aarau, allenfalls noch Brugg) lagerten. Im übrigen ist die Antwort in einem Stil abgefasst, welcher die Verärgerung im Militärdepartement offenkundig werden lässt.

Dass aber Baechi in der Sache so unrecht nicht hatte, kann – beispielsweise – dem Gefechtsjournal des Kdt Füs Kp III/59, Hptm Hans Roth, vom 16./17. November 1936 über die Alarmübung (desjenigen, der mit seinen Leuten von Brugg nach Ittenthal marschiert war, um dort Sperren zu errichten) entnommen werden. Zwar wird um «ca 1500 Erhalt der Lmg» festgehalten, indessen lauten weitere Eintragungen:

2350 13 Mitr. ohne Gewehre eingetroffen
2400 Anfrage an Reg.[24], wo sich Mg. befinden
     Regiment weiss, dass Mg. nicht da
0135 nochmalige Anfrage nach Mg.
0535 Verbindung mit Reg. Mg. noch nicht gefunden
0550 Reg. weiss immer noch nichts von Mg.
0645 Mg. aus Sulz in Ittenthal eingetroffen

Der Bericht des Kdt der 4. Division (vgl. Fussnote 17) lautet sinngemäss: «Die Kp. Ittenthal verfügt während der ganzen Übung über kein Mg.; von einer Nachbar-Kp. wird ihr am Morgen des 17. 11. 1936 eines abgetreten.» (Das Detachement des Kdt Füs Kp III/59 dürfte in dieser Übung dieselbe Funktion innegehabt haben wie jenes des Kdt III/58, denn eine Eintragung geht dahin, dass mit Grenzschutz in Kaisten und Laufenburg Verbindung hergestellt sei.)

Hptm Roth hat im übrigen Mängel, wie sie von Baechi angeprangert worden sind, durchaus selber festgestellt und darüber dem Präsidenten der Aargauischen Offiziersgesellschaft und seinem Bat Kdt geschrieben. Er suchte zudem in einem von grosser Besorgtheit getragenen Brief Rat bei einem Kameraden, bei Hptm Hans Huber in Zurzach (Vater des heutigen Ständerates und ehemaligen Br Kdt Hans Jörg Huber). Er schreibt von bedenklichen Missständen im Grenzschutz, von Zweifeln an der Kriegsbereitschaft und davon, «dass wir unserer Aufgabe im überraschenden Ernstfall nicht gewachsen» seien. Hptm Roth fühlt sich mitverantwortlich, wenn er «den Mut nicht hätte, wenigstens das in meinen Kräften stehende, auf die Mängel aufmerksam zu machen, zu tun.» Hptm Huber stellt in ausführlichem Schreiben den Zusammenhang her. Besonnen wie er war und mit kühlem Kopf teilte er zwar die Besorgnis Roths, er wies indessen darauf hin, dass die Organisation des Grenzschutzes (von 1936!) «eine provisorische und ganz ungenügende» sei, zudem «ein vorübergehendes Behelfsmittel». Der Alarm habe bedenkliche Blössen gezeigt, aber man sei daran, die Mängel zu beheben. Zudem werde «der im nächsten Jahr in Kraft tretenden Neuordnung die Hauptaufmerksamkeit gewidmet. (Gemeint ist die Einführung der neuen Truppenordnung; der Brief Hubers wurde im Februar 1937 geschrieben.)

Damit hat der verantwortungsbewusste Hptm Huber das Wesentliche gesagt: Alle Kraft war nun auf die Neuorganisation des Grenzschutzes, der auf 1. Januar 1938 zu schaffenden Grenzbrigade 5, zu konzentrieren.

Dem neuen Grenzschutz entgegen

Die militärpolitische Lage...

Am 7. März 1936 erfolgte der Einmarsch der deutschen Truppen in das entmilitarisierte Rheinland. Fast gleichzeitig sprach sich der österreichische Bundestag für die allgemeine Dienstpflicht aus, und Italien erhöhte die Dienstzeit von 12 auf 18 Monate.

Am 17. April 1936 unterbreitete der Bundesrat der Bundesversammlung einen Beschluss betreffend die Verstärkung der Landesverteidigung. Bereits am 4. Juni wurde die Vorlage im Nationalrat behandelt, und schon am 19. Juni wurde sie vom Ständerat verabschiedet. Welch speditive Behandlung – ein Zeichen der Zeit!

Die stenographischen Protokolle jener Zeit sind für die Einschätzung der Lage aus damaliger Sicht ausserordentlich aufschlussreich; insbesondere auch darum, weil die Referate der Kommissionsberichterstatter mit grösster Sorgfalt ausgearbeitet waren.

Der Berichterstatter im Ständerat, Ochsner, wies in seinem Eintretensreferat[25] auf das damalige Wettrüsten hin; das englische Budget weise für 1935 und 1936 rund 6,5 Mrd. Schweizer Franken aus. In bezug auf Deutschland zitierte Ständerat Ochsner Winston Churchill, der dem englischen Unterhaus für die Zeitspanne von 1933 bis 1935 Mehrausgaben von 12 Mrd. und Kapitalinvestierungen von 24 Mrd. Mark vorgerechnet hatte. Im April 1936 seien vom holländischen Gesetzgeber rund 120 Mio Schweizer Franken für die Beschaffung von Waffen bewilligt worden. Der Referent wies schliesslich auf den weiteren Ausbau der französischen Grenzbefestigungen gegen Osten hin[26].

Treffend zitierte Ochsner den Genfer Professor Ferrero: «In Europa gilt weder Treu noch Glauben. Europa besteht nur noch aus einem System militärischer Kräfte, die sich beobachten und gegenseitig misstrauen und die nur durch die allgemeine Furcht in einem Zustand der Unbeweglichkeit und des scheinbaren Gleichgewichts gehalten werden. Was wird geschehen, wenn dieses Gleichgewicht auch nur an einem kleinen Punkt gestört wird?» Und er zitierte nochmals Churchill, der im Unterhaus visionär ausgerufen habe: «Europa geht der entscheidenden Stunde entgegen. Ich glaube, dass dieser Zeitpunkt noch in der Legislaturperiode des gegenwärtigen Parlamentes eintreten wird. Entweder werden sich die grossen Nationen die Hand reichen, ... oder es wird zu einer Explosion kommen, über deren Ausmass sich niemand ein Bild machen kann.» Der Vorsteher des eidgenössischen Militärdepartementes, Bundesrat Rudolf Minger, beurteilte die militärpolitische Lage unseres Landes so, «dass in einem künftigen europäischen Krieg die Versuchung der sich bekämpfenden Nachbarstaaten gross ist, von der Schweiz Besitz zu ergreifen. Wenn wir in diesem Moment nur über eine ungenügende Armee verfügen, dann wird die Schweiz vom ersten Tage an zum Kriegsschauplatz werden. Und wenn wir dieses Unglück von unserem Lande abwenden wollen, dann muss unsere Armee befähigt sein, zwei Aufgaben zu erfüllen: einmal muss sie jeden strategischen Überfall an der Grenze abstoppen können, so lange bis das Gros der Armee in den Grenzkampf eingreifen kann, und zweitens muss die Armee einem jeden Angriff, komme er woher er wolle, einen hartnäckigen Widerstand entgegensetzen können, so dass ein überraschender Durchstoss durch unser Land ausgeschlossen ist.»[27]

…und die Folgerungen für die Schweiz

Nach allen – innenpolitisch bedingten – Versäumnissen der zwanziger und der beginnenden dreissiger Jahre war angesichts der sich abzeichnenden militärpolitischen Lage Handeln dringend nötig. Die eidgenössischen Räte waren sich offenbar bewusst, dass rasches Handeln das Gebot sei, damit im Bereiche der militärischen Landesverteidigung nicht nur das Versäumte nachgeholt, sondern auch das militärtechnisch Erforderliche getan werde. So wurde aufgrund einer Botschaft vom 3. November 1933 bereits in der nachfolgenden Dezembersession 1933 (!) von den eidgenössischen Räten ein Beschaffungskredit von 82 Mio Franken beschlossen zur Ergänzung der erschöpften Kleider-, Ausrüstungs- und Materialreserven, zur vermehrten Zuteilung aber vor allem von leichten und schweren Maschinengewehren sowie von Minenwerfern und Infanteriekanonen an die Infanteriebataillone, zur Anschaffung neuer Gebirgsgeschütze und zur teilweisen Neubewaffnung der schweren Motorkanonenabteilungen. Ferner wurde die Herstellung von 40 neuen Flugzeugen beschlossen. Mit Bundesbeschluss vom 29. September 1934 wurde alsdann die Organisation des passiven Luftschutzes an die Hand genommen. Im Februar 1935 hiess das Volk, ausgehend von der Botschaft des Bundesrates vom 11. Juni 1934, eine Abänderung der Militärorganisation mit dem Ziel gut, militärische Kurse, vor allem die Rekrutenschulen, zu verlängern. Schliesslich wurde durch Bundesbeschluss vom 21. Dezember 1934 über Krisenbekämpfung und Arbeitsbeschaffung ein Kredit von 6 Mio Franken bewilligt, mit welchem als Rückhalt für den Grenzschutz kleine Befestigungsanlagen zu erstellen waren. Bemerkenswert in diesem Zusammenhang ist die Feststellung des Berichterstatters im Ständerat, Ochsner, wonach in der Junisession 1936 «an Nachtragskrediten… 600 000 Franken für Grenzschutzalarmübungen und 27 000 Franken für Bewachung der Sperrwerke durch verstärktes Grenzwachtkorps beschlossen» wurden[28]. Die hervorragendste Rüstungsanstrengung jener Zeit war freilich die Vorlage und der Beschluss über die Verstärkung der Landesverteidigung vom 17. April 1936[29]. «Grenzschutz einerseits, Luftschutz anderseits, das sind die beiden Losungen, in denen wir Sinn und Zweck dieser Botschaft zusammenfassen können» – schreibt der Bundesrat abschliessend. Mit dieser Vorlage wurde ein Kredit von 235 Mio Franken (nach heutigem Geldwert etwa 1,3 Milliarden Franken) beantragt. Für

116

den Grenzschutz waren 46 Mio Franken vorgesehen, 21 Mio für neue Waffen und zugehörige Munition, 25 Mio für Befestigungsanlagen. Es handelte sich darum – nicht zuletzt im Hinblick auf eine geordnete Strukturierung des Grenzschutzes mit einer neuen Truppenordnung, in welcher Grenzbrigaden vorgesehen waren –, den Grenzschutztruppen jene Waffen zu geben, «die sie bei einem feindlichen Angriff bis zum Aufmarsch der eigentlichen Feldarmee befähigen, die Einfallstore in unser Land zu sperren»[30]. Zu beschaffen waren vor allem leichte und schwere Maschinengewehre, Minenwerfer und Infanteriekanonen. Zudem sollten Befestigungsanlagen erstellt werden, vor allem Infanteriewerke, mit dem formulierten Ziel, «die Grenzschutztruppen in ihrer Aufgabe zu unterstützen und ihnen den erforderlichen Rückhalt zu geben». Man dachte zur Ergänzung dieser bombensicheren Anlagen auch an Massnahmen zur «Unterbrechung der ins Land führenden Brücken und Strassen, an die Anlage von Hindernissen aller Art, an Fallgruben, an die Errichtung von Barrikaden… Es ist keine Frage, dass mit Hilfe der Gemeinden und der Grenzbevölkerung hier mit verhältnismässig wenig Kosten viel zum Schutze unseres Landes getan werden kann.»[31]

Der Gedanke der Zusammengehörigkeit von Grenzschutztruppen und Grenzbevölkerung, der während des Aktivdienstes in oft so inniger Weise gelebt wurde, kommt hier, entwickelt vom Militärdirektor des Grenzkantons Aargau, geradezu schöpferisch zum Ausdruck. Ein Gedanke, welcher später sinnvolle Form und Funktion dadurch fand, dass der Kommandant der Grenzbrigade (5) gleichzeitig für den Territorialkreis (5) verantwortlich war.

Mit dieser Vorlage wurde in unserem Grenzabschnitt auch die formelle und finanzielle Grundlage für die Erstellung des Artilleriewerkes Reuenthal gelegt; sie diente im übrigen zur Beschaffung jener Waffen, die uns bei der Generalmobilmachung Ende August 1939 zur Verfügung standen.

Das Feindbild…

In der Rüstungsbotschaft vom 17. April 1936 wird anschaulich und recht realistisch beschrieben, wie man sich damals eine modern ausgerüstete Armee – unseren allfälligen Gegner – vorstellte. Man leitete daraus die zwingende Forderung ab, neben einem ausreichenden Luftschutz auch einen «widerstandsfähigen Grenzschutz zu schaffen», und dies in der Form einer neuen Truppenordnung.

Die Botschaft analysierte die gewaltige Entwicklung der (Kriegs-)Technik seit Ende des Weltkrieges, einer Technik, welche eine viel beweglichere Kampfführung erlaube, wodurch der Stellungskrieg überwunden sei. Dem Verteidiger solle gar nicht Gelegenheit gegeben werden, festen Fuss zu fassen; er werde auf der Erde und aus der Luft immer wieder angepackt und so desorganisiert. Durch die Luftstreitkräfte würde auch das Hinterland getroffen, nämlich die Verbindungen, die Wirtschaftszentren, die Moral der Bevölkerung. Wir müssten gleich zu Beginn des Krieges in gesteigertem Masse mit einem motorisierten und gepanzerten Angreifer rechnen. Bereits in den ersten Stunden nach Kriegsausbruch, der uns ganz unvermutet treffen könne, hätten wir den Einfall sehr beweglicher, glänzend bewaffneter, auch an Zahl bedeutender Kräfte zu gewärtigen. Gleichzeitig wäre mit

einem Überfall aus der Luft gegen Mobilmachungsplätze, Bahnhöfe, Elektrizitäts-
werke, Fabrikationsstätten usw. zu rechnen. Der strategische Überfall mit solchen
modernen, für den Angriff ausgerüsteten Verbänden sei die Form des Kriegsbe-
ginns, die von allen grossen Armeen vorbereitet werde. Wir hätten für unser Land
wegen seiner militärpolitischen Lage, seiner geringen Tiefe und wegen des Mangels an stehenden Truppen ganz besonders damit zu rechnen. «Die Gefahr des
strategischen Überfalls ist es vor allem, die uns zu neuen Massnahmen zwingt.»[32]
Die Berichterstatter der eidgenössischen Räte zeichneten bei der Behandlung der
grossen Rüstungsvorlage ein übereinstimmendes Feindbild. Auch sie mit der
zwingenden Forderung: Wir müssen rüsten, und wir müssen uns neu organisieren.

...und die Folgerungen daraus

Daniel Heller zitiert bereits aus Eugen Birchers Denkschrift von 1934, in welcher
dieser die Notwendigkeit und Struktur einer rasch abwehrbereiten Grenzschutztruppe entwirft[33]. Die Idee Birchers war richtungweisend. Die Botschaft des Bundesrates betreffend die Einführung einer neuen Truppenordnung (TO) vom
19. Juni 1936[34] fasst das Wesentliche wie folgt zusammen: «Wir müssen Mobilmachung und Aufmarsch an der Grenze sichern. Die blosse Grenzüberwachung,
für die bis vor wenigen Jahren die Landsturminfanterie allein verwendet wurde,
reicht nicht aus. Man hat sich so beholfen, dass man den Grenzschutz aus den Divisionen heraus verstärkt hat, indem man für die in der Grenzzone wohnenden
Wehrmänner eine eigene Alarmorganisation schuf; aber auch das ist keine ganz
befriedigende Lösung. Wir sehen im Rahmen der neuen Truppenordnung eine
eigens für die Sicherung an der Grenze organisierte Grenzschutztruppe vor. Ihre
Organisation muss bundesrätlicher Verordnung vorbehalten bleiben.» Vorgrei-
fend hatte bereits die Rüstungsbotschaft[35] festgestellt, dass aufgrund der Vorschriften von 1930 der normale Grenzschutz reorganisiert und ein verstärkter
Grenzschutz durch Einbezug von ortsansässigen Wehrmännern des Auszuges und
der Landwehr geschaffen worden sei. Aber diese Organisation des verstärkten
Grenzschutzes habe den Nachteil, dass dadurch die normalen Verbände zerrissen
werden[36]. Für den Grenzschutz, so fährt die Botschaft betreffend die neue Truppenordnung, wohl aus Geheimhaltungsgründen reichlich verschwommen, weiter,
werde der Soldat, «der nach beendigter Rekrutenschule einem Grenzdetachement[37] zugeteilt wird, in diesem Grenzdetachement bis zur Entlassung aus der
Wehrpflicht eingeteilt» bleiben, «ohne Rücksicht auf Alters- und Heeresklasse».
Deutlicher äusserte sich Bundesrat Rudolf Minger in den Räten anlässlich der Be-
ratungen der neuen Truppenordnung. So im Ständerat: Die Strassen und Brücken,
welche die motorisierten starken Detachemente des Angreifers an der Grenze be-
nützen müssten, seien unsere «hohlen Gassen», durch die ein motorisierter Angreifer kommen müsse, und das erleichtere uns die erste Verteidigung ganz wesentlich. «Für diese erste Verteidigung sieht die neue Truppenordnung *die Schaffung einer selbständigen Grenzschutztruppe vor mit eigener Einteilung.* Die Organisation dieser Truppe ist unabhängig von der Zusammensetzung der Division. Sie
ist somit zu *selbständigem Handeln befähigt und berufen. Diesem Grenzschutz werden*

alle wehrfähigen Männer der betreffenden Grenzzone zugeteilt: Auszug, Landwehr, Landsturm... *Der Grenzschutz kann unabhängig von der übrigen Armee mobilisiert werden... Die Grenze ist eingeteilt in Abschnitte, und zwar divisionsweise, so dass der* Grenzschutz dem Divisionskommandanten unterstellt ist. *Der Grenzschutz muss mit Waffen und Munition richtig dotiert sein...* dem *Grenzschutz stehen ferner die neuen Sperrforts zur Verfügung, die jetzt im Baue sind...»* Alles komme darauf an, dass die Besetzung der Grenze und ganz besonders dieser kleinen Werke rechtzeitig erfolge. Wenn der Grenzschutz einmal richtig eingespielt sei, so werde die Besetzung fast blitzartig erfolgen können. «...wenn wir neben dem ordentlichen Grenzschutz noch über einige ständige Kompanien verfügen, dann scheint mir wirklich die Garantie für einen genügend starken und jederzeit alarmbereiten Grenzschutz vorhanden zu sein, so dass feindliche strategische Überfälle an der Grenze abprallen und jedenfalls so lange aufgehalten werden können, bis die Divisionen zum Eingreifen bereit sind.»[38]

In ebenso eindringlicher Weise erklärte der Chef des EMD im Nationalrat[39], die an den Einfallsachsen befindlichen permanenten Werke könnten uns besonders im ersten Ansturm von ganz gewaltigem Nutzen sein. Sie müssten aber sofort unterstützt werden durch die bewegliche Landesverteidigung, und zu diesem Zweck bedürften die Grenzschutztruppen eines hohen Grades von Alarmbereitschaft: «Diese Männer müssen von einer Stunde auf die andere vom Feld, von der Werkstatt, von der Fabrik auf ihren Platz einrücken können.» Auch hier folgt der Hinweis auf die Notwendigkeit der zahlenmässigen Bestände und der Bewaffnung. «Der Ausbau und die Verstärkung unseres Grenzschutzes steht heute in vorderster Linie.»

Solche Zuversicht war damals nicht nur geboten, sondern auch durchaus ehrlich gemeint. Sie wurde, soweit ersichtlich, durch Erörterungen der Generalstabsabteilung genährt. Sie war zu jener Zeit auch durchaus dem verfügbaren Feindbild entsprechend. War es der Spanische Bürgerkrieg, welcher neue Lehren über die Wucht des Luftkrieges vermittelte? Über die Wucht von Angriffen durch Sturzkampfbomber, die Wucht vor allem im Angriff neuer Panzerverbände bestanden ausserhalb eines beschränkten Kreises Eingeweihter in Deutschland wohl kaum vollkommen zutreffende Vorstellungen. Dass es sich beim neuen Grenzschutz um fest organisierte, den herkömmlichen Gepflogenheiten entsprechende Verbände – Brigaden, Regimenter, Bataillone und Kompanien – handeln werde, zeichnete sich im damaligen Zeitpunkt erst ab und wurde auch aus Geheimhaltungsgründen verschwiegen; ebenso die Absicht, Verbände verschiedener Grösse, abgestimmt auf ihre Aufgabe, bezogen auf die Eigenheiten des Geländes im zugewiesenen Abschnitt, zu schaffen.

Im Beschluss der Bundesversammlung betreffend die Organisation des Heeres (Truppenordnung) vom 7. Oktober 1936[40] findet die Organisation des Grenzschutzes, die Bildung von Grenzbrigaden nämlich, auch nicht andeutungsweise irgendwelche Erwähnung. Man muss sich mit den erwähnten Erklärungen des Chefs des EMD im National- und im Ständerat bescheiden, wonach die neue Truppenordnung die Schaffung einer selbständigen Grenzschutztruppe mit eigener Einteilung vorsehe. Die Ordnung des Grenzschutzes war ja, wie erwähnt, durch Verordnung des Bundesrates zu schaffen.

Aus 6 alten Divisionen zu 3 Brigaden mit je 2 Regimentern wurden 9 Divisionen mit je 3 Regimentern gebildet. Die neue Division verfügte über die notwendigen Mittel, um den Kampf selbständig führen zu können. Mit der neuen Truppenordnung wurden Armeekoprs geschaffen. Sie übernahmen die Aufgaben des operativen Verbandes, welche bisher den Divisionen zugefallen war; diese wurden neu zu taktischen Heereseinheiten. Dementsprechend änderte sich die Stellung der Divisions- und der Armeekorpskommandanten. Während der Divisionskommandant bisher dem EMD direkt unterstellt gewesen war, wurde nun der Armeekorpskommandant zu seiner vorgesetzten Kommandostelle.

Zusammenfassend wird klar, dass beide Beschlüsse, der Rüstungsbeschluss und derjenige über die neue Truppenordnung, folgerichtige Konsequenz waren angesichts der vorherrschenden militärpolitischen Lage und der Vorstellungen über die von der Technik geprägte neue Bewaffnung und die entsprechenden Möglichkeiten eines in Frage kommenden Gegners. Die Beschlüsse waren überdies von höchster zeitlicher Dringlichkeit.

Abgesehen von der immensen administrativen Arbeit, welche von den Militärbehörden gefordert wurde, waren die führungsmässigen Schwierigkeiten der umfänglich neu aufgestellten Verbände zu meistern. Dazu musste die Truppe mit dem Gelände des für sie vorgesehenen Einsatzes vertraut werden und die neu zugeteilten Waffen beherrschen. Wer die ersten Monate des Aktivdienstes im Grenzschutz miterlebt hat, weiss um das dürftige Mass an Kriegsgenügen beim Ausbruch des Zweiten Weltkrieges, gemessen vor allem an der Stosskraft der deutschen Panzerverbände und Infanterie-Eliten. Ausnahmslos waltete zwar, jedenfalls bei der Grenzbrigade 5, guter Wille, zeigte sich rückhaltloses Pflichtbewusstsein und die Bereitschaft zu ausserdienstlicher, freiwilliger Dienstleistung. Die neue Zusammensetzung der Verbände, der vorerst noch fehlende Korpsgeist, der unzureichende Stand der Ausbildung des Gros der Truppe und einer grossen Zahl von Kommandanten und Subalternoffizieren – dies alles machte schwer zu schaffen. Wir werden darauf zurückkommen.

Die Aufgabe

des «neuen» Grenzschutzes, der neuen Grenzbrigaden ist offensichtlich: Sie müssen, rasch mobilisierend und abwehrbereit, «jeden strategischen Überfall an der Grenze abstoppen können» – wie sich Bundesrat Minger ausdrückte – «mit dem Ziel, den Divisionen auf den in der Nähe der Grenzzonen gelegenen Korpssammelplätzen die ungestörte Mobilmachung zu sichern und so lange zu halten, bis das Gros der Armee in den Grenzkampf eingreifen kann». Die allenfalls zeitlich vorgezogene Mobilmachung und deren rasche Durchführung, oder jedenfalls die Möglichkeit ihrer raschen Durchführung, sowie der rasche Einsatz der Verbände dank Geländekenntnis sollten gewährleisten, dass dieses Ziel erreichbar wäre.

Es galt in der Folge, sich für diese Aufgabe vorzubereiten: Die Verbände zu schaffen, auszurüsten, zu bewaffnen, zu schulen, die Einsatzräume und Stellungen zu rekognoszieren – kurz: möglichst rasch möglichst gut gerüstet zu sein.

Div Eugen Bircher mit dem ersten Kommandanten der Grenzbrigade 5, Oberst Karl Renold.

Vorbereitung des neuen Grenzschutzes

Der Bundesbeschluss vom 7. Oktober 1936 über die neue Truppenordnung gab den Weg dazu frei, jene durchaus schöpferische Arbeit zu leisten, welche in der Einsetzung der Grenzbrigaden auf 1. Januar 1938 mündeten. Aufschlussreich ist in dieser Hinsicht ein Bericht des Chefs der Generalstabsabteilung (Oberstkorpskdt Labhart) vom 3. Juli 1937 an die Landesverteidigungskommission (die heutige Kommission für militärische Landesverteidigung)[41]. Diesem umfassenden Bericht ist zu entnehmen, dass im Februar 1937 die Divisionskommandanten zusammen mit den zuständigen Grenzschutzkommandanten – für unseren Bereich also

Oberstdivisionär Bircher und Oberst Karl Renold – «zur Besprechung ihrer ersten Vorschläge auf die Generalstabsabteilung befohlen» worden waren. Hier wurde u. a. die Grundlage geschaffen sowohl für die organisatorische Detailarbeit als auch für entsprechende Weisungen an die Kantone.

Wer damals in einem Auszugsbataillon des Inf Rgt 24 eingeteilt war, erinnert sich der zahlreichen Umteilungen: es galt, die sogenannten Auszugs-Stammbataillone zu bilden, deren Mannschaften, auf dem Territorialprinzip basierend, so zusammengesetzt zu sein hatten, dass je eine Kompanie den Auszug eines neu zu schaffenden Grenzbataillons stellte. Überdies war die Zuteilung an leichten und schweren Maschinengewehren und an Infanteriekanonen (Ik) weit grösser als die Zahl der im Grenzraume niedergelassenen, an diesen Waffen ausgebildeten Unteroffiziere und Soldaten. Als vordringlich wurden deshalb u. a. folgende Massnahmen getroffen:

– Zur Umschulung an den schweren Infanteriewaffen wurden Kader und Mannschaften vom ordentlichen Wiederholungskurs dispensiert und in besonderen Kursen an Ik und Mw (Minenwerfer) ausgebildet.
  Im Wiederholungskurs 1937 war durch die Divisionen die Ausbildung von Wehrmännern der Grenzzone an Lmg (leichtes Maschinengewehr) und Mg durchzuführen.
– Die Divisionen und Militärbehörden hatten die in den Grenzräumen vorhandenen Zahlen an Dienstpflichtigen zu ermitteln und die Rekrutierungsräume festzulegen.
– Aufgrund dieser Rekrutierungsräume und des festgestellten minimalen Bedarfs an Mannschaften zur Bedienung der Kollektivwaffen mussten die Auszugs-Stammbataillone aufgestellt werden.

Die Verstärkung der Landwehr und des Landsturms einer Grenzzone durch den Auszug erwies sich als notwendig, weil die Bestände sonst nicht genügt hätten, um den Grenzschutz in der notwendigen Stärke aufzustellen und weil jene beiden Altersklassen «einer Aufgabe, wie sie im Falle eines Angriffs an sie heranträte, zufolge ihres Ausbildungsstandes wohl kaum gewachsen» gewesen wären. Man sah vor, rund die Hälfte der Mannschaft einer Grenzkompanie dem Auszug zu entnehmen. Weiter war vorgesehen, im Kriegsfalle die Angehörigen des Auszuges von Fronten, die nicht angegriffen sein würden, aus dem Grenzschutz herauszunehmen und für die Verwendung im Rahmen der Feldarmee bereitzustellen. «Deshalb ist die Doppelorganisation unvermeidlich. Sie dient gleichzeitig einem Friedensbedürfnis, indem sie es möglich macht, sowohl die Grenzschutzübungen als auch die Wiederholungskurse in festen Verbänden durchzuführen. Im Kriegsmobilmachungsfalle bestehen die Auszugsformationen des Grenzschutzes zunächst nicht, weil ihre Angehörigen mit den Stäben und Einheiten ihrer Grenztruppen einrücken.» Entsprechend dieser Ordnung lag auch das Korpsmaterial der Auszugsverbände von demjenigen der Grenztruppen gesondert zugeteilt und gelagert. Welcher Angehörige der Füs. Bat. 59 und 60 würde sich dieser Besonderheiten des «Grenzschutz-Auszuges» nicht erinnern. Und der Grenzschutzmann jener Zeit wird sich ebenfalls daran erinnern, dass die Funktionen des Trains mit «Personen-

und Lastwagen der zweiten und dritten, für die Feldarmee nicht verwendbaren Garnitur» erfüllt wurden und dass die schweren Infanteriewaffen mit requirierten Personenwagen zu den Einsatzstellen gefahren wurden. Der Verbindungsdienst basierte grundsätzlich auf dem Zivilnetz. Die – noch handbedienten – Telefonzentralen, beispielsweise jene in Etzgen durch die Tochter des Posthalters Zumsteg, stellten die Verbindungen her. Die Einteilung der für die Bedienung der schweren Kollektivwaffen notwendigen Mannschaften war die stete Sorge. Es wurde festgestellt, dass «Grenzformationen, die aus einem einzigen Stammbataillon hervorgehen, bis zu 12 Infanteriekanonen erhielten, während normalerweise für zwei Geschütze Auszugsbedienung vorhanden ist.» Daher die Notwendigkeit, über die Sollbestände der Stammbataillone hinauszugehen.

In bezug auf die *Mobilmachung* wurde bestimmt, dass die Grenztruppen bataillonsweise «auf festen Korpssammelplätzen» einrücken werden «und zwar gemäss Einteilung und nicht wie bisher durch lokales Aufgebot aller Dienstpflichtigen gewisser Bezirke.» Die Mobilmachung der Grenztruppen sollte, einen äusserst ungünstigen Fall vorausgesetzt, gesichert werden. «Zu diesem Zwecke werden besondere, örtlich ausgehobene Grenz-Sperr-Detachemente gebildete, welche die wichtigsten Einfallachsen sperren und statt auf dem Korpssammelplatz ihrer Einheit direkt an Ort und Stelle einrücken.» Es handelt sich dabei um die *Alarmdetachemente*. Dem selben Zweck hatte die Besetzung der Grenzbefestigungen durch die freiwilligen Grenzschutzkompanien zu dienen. Der Generalstabschef erkannte die Notwendigkeit der «Schaffung des soldatischen Haltes gleich bei der Mobilmachung». Schon aus diesem Grunde würde es sich verbieten, mehr als kleine Detachemente in Sperrstellungen einrücken zu lassen.

Diesem grundlegenden Papier des Generalstabschefs (dessen Inhalt offenbar von der Landesverteidigungskommission gebilligt worden war), folgte die Vorlage des eidgenössischen Militärdepartementes an den Bundesrat betreffend die neue Grenzschutzorganisation vom 16. Juli 1937[42]. Sie hatte die Verabschiedung der im Zusammenhang mit der neuen Truppenordnung genannten Verordnung über die Organisation der Grenztruppen zum Ziele. Verfasst ist sie – zu schliessen aus den Initialen – von Oberst i Gst Rudolf von Erlach (dem späteren Kommandanten der 5. Division).

In klarer Weise wird die zeitliche und funktionelle Staffelung Alarmdetachement/freiwilliger Grenzschutz – Grenzverbände – Grenzdivisionen aufgezeigt: Zu verhindern, «dass feindliche motorisierte Truppen und Fliegerstreitkräfte … in einem Sprung bis ins Zentrum des Landes vorstossen könnten … ist Zweck des Grenzschutzes». «Erste Voraussetzung der erfolgreichen Abwehr eines solchen Überfalls an der Grenze ist, dass unsere Grenztruppen die Sperrstellungen bezogen haben, bevor der feindliche Überfall erfolgt». «Eine erste Überwachung der Grenze und die Sperre der wichtigsten Einmarschwege wird mit lokal rekrutierten und mobilisierten Detachementen, deren Waffen und Munition in den Sperrstellungen magaziniert werden, organisiert» – eben den Alarmdetachementen. Man war sich darüber im klaren, dass diese schwachen Detachemente mehr als lokale Sperren nicht errichten konnten. Deshalb war es notwendig, «dass auch das Gros der Grenztruppen, die Brigaden, Regimenter und Bataillone, innert kürzestmöglicher Zeit mobilisiert wird». So verfügte man eine «möglichst enge regionale

Rekrutierung und Mobilmachung. Beides bedingt eine Zusammensetzung der Kompanien und Bataillone aus Wehrmännern aller drei Heeresklassen. Anders gesagt: die Wehrmänner eines in der Grenzzone gelegenen Dorfes sind alle, gleichgültig ob sie dem Auszug, der Landwehr oder dem Landsturm angehören, in der gleichen Grenzkompanie eingeteilt.»

Der Verfasser erinnert sich: Die Wehrmänner der Grenz-Füsilier-Kompanie II/ 254, eingesetzt im Raume Etzgen, kamen aus dem Mettauertal (Mettau, Oberhofen, Gansingen, Galten, Büren) sowie Ober- und Unterbözberg; jene der Gz Füs Kp III/254 zum überwiegenden Teil aus dem Raume Brugg.

Die nächste Stufe wird so beschrieben: Es ist möglich, «dass unser Grenzschutz schon in den allerersten Tagen durchstossen wird, wenn er nicht durch die Deckungsdivision gestützt wird» (Grenzbrigade 5 durch die 5. Division). «Von rechtzeitiger, möglichst frühzeitiger Mobilmachung der Deckungsdivision hängt für unsere Landesverteidigung alles ab.»

Die Meinung ging dahin, dass der Grenzschutz unter der Voraussetzung frühzeitiger Mobilmachung für unsere Landesverteidigung Entscheidendes leisten könne, indem er motorisierte Überfalltruppen an der Grenze aufzuhalten und dabei den Deckungsdivisionen die nötige Zeit für die Mobilmachung und den Aufmarsch zu verschaffen vermöge.

Erinnern wir uns der «militärisch organisierten Volkserhebung» (oben S. 100) und der Feststellung, dass sich durch die Übungen vor allem im Jahre 1936 das dringende und zwingende Erfordernis zeigte, für den Grenzschutz eine festgefügte Organisation zu schaffen. Der Wechsel vom «Volksaufstand» zur militärischen Organisation wird wie folgt formuliert: «Der neue Grenzschutz wird sich vom gegenwärtigen hauptsächlich dadurch unterscheiden, dass er in fest organisierte Truppenkörper und Einheiten gegliedert ist. Während heute mangels einer festen Organisation von Kompanien etc. ... die gesamte wehrpflichtige Bevölkerung der Grenzzone alarmiert, *dorf- oder gemeindeweise versammelt und ad hoc zu Kampfverbänden zusammengestellt wird*, werden nach neuer Organisation die den Grenztruppen angehörenden Kader und Mannschaften ihrer Einteilung gemäss einrücken.»

Auch hier wird mit aller Klarheit die Besonderheit der Auszugs-Stammbataillone beschrieben:

«Der Grund hierfür ist folgender: Im Moment, da ein Angriff gegen die eine oder andere unserer Landesfronten geführt wird, müssen wir alle verfügbaren Kräfte an diese Front führen, da wir nur dann mit Aussicht auf Erfolg halten können. Für die Grenzüberwachung an den durch Angriff nicht bedrohten Fronten genügt eine aus Landwehr und Landsturm zusammengesetzte Grenztruppe. Der Auszug kann dort entbehrt werden. Um ihn aber gesondert aus der Grenzschutzorganisation herausnehmen und in der Kampffront einsetzen zu können, ist es nötig, von vorneherein feste Verbände, Kompanien und Bataillone, zu bilden und diese im Frieden zu schulen. Die Auszugs-Kader und -Mannschaften des Grenzschutzes werden ihren ordentlichen Wiederholungskurs im Verbande der Auszugs-Kompanien und -Bataillone zu bestehen haben. Hier werden sie wie die übrigen Bataillone der Feldarmee in Verteidigung und Angriff geschult. Die Grenztruppen werden demgegenüber nur kurze, wenige Tage dauernde Übungen zu bestehen haben, die einzig den Zweck haben, die aus allen drei Heeresklassen gebildeten Kompanien und Bataillone soldatisch zu festigen und im Besetzen der genau festgelegten Sperrstellungen einzuexerzieren. Wesentlich für die Bereitschaft der Grenztruppen ist, dass auch die Auszugs-Kader und -Mannschaften an den Grenzschutzübungen teilnehmen und dass sie im Kriegsmobilmachungsfall mit der Grenzkompanie, der sie zugeteilt sind, einrücken. Der ins Dienstbüchlein eingeklebte Mobilmachungszettel lautet auch für die Auszüger auf den Korpssammelplatz der Grenztruppe. Die Auszugsstammbataillone treten bei Kriegsmobilmachung vorerst nicht in Erscheinung; alles rückt vorne bei den Grenztruppen ein.»

Mit dem Antrag, dem «Entwurf einer Verordnung über die Organisation der Grenztruppen die Genehmigung zu erteilen» und das EMD mit dem Vollzug zu beauftragen, schliesst die Studie.
Der Wortlaut der Verordnung ist in Anhang 1 auszugsweise wiedergegeben. Er wurde gemäss dem in Anhang 2 angeführten Protokollauszug der Sitzung des Bundesrates vom 23. Juli 1937 zum Beschluss erhoben.

Dieser Bundesratsbeschluss ist der Rechtsakt, mit welchem die Grenzbrigaden geschaffen wurden, die Grenzbrigade 5 also.

Zweierlei ist rückblickend bemerkenswert: Erstens wurde der Auszug nie aus der Grenzschutzorganisation herausgenommen und an einer eher gefährdeten Front eingesetzt. Vielmehr wurden, wie von anderer Seite zu berichten sein wird, während des Aktivdienstes zeitweise die Landwehr- und Landsturmmannen entlassen und die Angehörigen des Auszuges (grenzbataillonsweise) in sogenannte Grenz-Detachemente zusammenzogen (bis auf 1. Januar 1981 mit den Füs Bat 59 und 60 und dem Solothurner Füs Bat 90 das Inf Rgt 10, dem Kdo FAK 2 unterstellt, gebildet worden war). Zweitens hätte die Einteilung aller Wehrmänner eines Dorfes oder eines Grenzgebietes in der gleichen Grenzkompanie – zutreffend war die Anordnung angesichts des Erfordernisses rascher Bereitschaft – im Kriegsfalle verheerende, grausame Folgen menschlicher Art haben können.

Organisatorische Details

Die neue Truppenordnung auf 1. Januar 1938 in Kraft zu setzen, die grossen bisherigen Divisionsverbände aufzulösen und neue Verbände, wie die Grenzbrigaden, zu gruppieren, bedeutete eine heute kaum noch vorstellbare aufwendige Arbeit von Militärbehörden und künftigen Kommandanten aller Stufen. Es galt ja, nach Massgabe taktischer Überlegungen und verfügbarer Kader- und Mannschaftsbestände eines bestimmten Raumes die Verbände zu dotieren. Es galt vor allem aber auch, Kader aus der Landwehr oder sogar des Landsturms zu reaktivieren und auf einen akzeptablen Kenntnis- und Ausbildungsstand zu bringen. Dieser hatte einerseits demjenigen des Auszuges und anderseits einem Mindestmass an Kriegsgenügen zu entsprechen.

Mit Schreiben der Generalstabsabteilung vom 5. Februar 1937[43] wurde der Kdt der (alten) 4. Division zusammen mit den beiden künftigen Brigadekommandanten zu einer Konferenz aufgeboten, welche die Bearbeitung organisatorischer Fragen zum Zwecke hatte. Die Gegebenheiten wurden nüchtern beurteilt: Angesichts der begrenzten Aufgabe des Grenzschutzes und des Sachverhaltes, wonach «nicht alle Führer das im Auszug übliche Mass an Dienstgewohnheit besitzen werden», wurden durch eine vereinfachte Gliederung und eine gewisse Reduktion der Bestände Möglichkeiten gesucht, die Führung zu erleichtern. Als Normaltypen waren vorgesehen:

- die Füsilierkompanie zu drei Kampfzügen mit drei Lmg, einem Kdo-Zug ohne Lmg und einem Totalbestand von 150 Mann;
- das Bataillon zu drei oder vier Füs Kp und je einer Mitr Kp, Totalbestand: etwa 600 bis 800 Mann.
(In der Grenzbrigade 5 umfassten die Bataillone 252, 253 und 256 angesichts ihrer Aufgabe fünf Kompanien.)

Die organisatorischen Probleme wurden durch Fragen der Ausbildung kompliziert: Damit in den einzelnen Einsatzräumen die notwendigen Bedienungen der verschiedenen Waffen verfügbar waren, mussten die Wehrmänner namentlich bezeichnet werden, welche an Gewehr, Lmg, Mg, Ik oder Mw ausgebildet waren. Diese Auszugssoldaten wurden vom damaligen Wiederholungskurs dispensiert und zur Spezialausbildung den freiwilligen Grenzschutz-Kp überwiesen. Das bereits erwähnte Problem knapper Bestände an ausgebildeten Ik-Kanoniere der «Stabs-Stamm Kompanien» (also der Stabskp des Auszuges; beispielsweise der Kanonieren der Stabskp des Füs Bat 59 auf die Bataillone des Grenzregiments 51) wurde so gelöst: Man begnügte sich vorläufig mit drei Mann pro Waffe. Alsdann wurde die erforderliche Zahl von Dienstpflichtigen des Auszuges zu Ik-Kanonieren umgeschult.
Weil die Stammkompanien grundsätzlich die Hälfte der Mannschaften eines Grenzbataillons zu stellen hatten und weil ein Grenzbataillon nach Massgabe taktischer Erfordernisse anstatt drei Grenz-Füsilierkompanien zu 150 Mann deren vier umfassen konnte, gab es Stammkompanien mit Beständen von 300 Mann. Zudem war jeder Kommandant einer Stammkompanie oder eines Stammbataillons gleichzeitig Kommandant einer Grenz-Kompanie bzw. eines Grenz-Bataillons. So erinnert sich der Verfasser, dass er (bzw. seine Gattin!) in Personalunion als Kdt Füs Kp III/59 und Kdt Gz Füs Kp V/256 einen Korpskontrollbestand von gut 450 Mann zu administrieren hatte.

Das Füs Bat 58 – oder die Abschnittsgrenze links

Das Füs Bat 58 stellte hinsichtlich seiner Zusammensetzung und seines Einsatzes ein Problem besonderer Art, welches mit der Festlegung der Abschnittsgrenze im Fricktal in Zusammenhang stand. Dem Protokoll über eine Besprechung vom 20. Juli 1937 zwischen dem Kdt des 2. AK, Oberstkorpskdt Prisi, dem Generalstabschef, Oberstkorpskdt Labhart, dem Kdt der 4. Division, Oberstdiv Bircher, und dem Chef der Operationssektion, Oberst von Erlach[44] ist zu entnehmen, dass die Generalstabsabteilung die organisatorische Zuteilung des Abschnittes Mumpf-Rheinfelden zur Grenzbrigade 4 für richtig hielt. Zwar hatte man vorgesehen, das Stammbat 58 der neuen 5. Division zuzuteilen, weil es sich um ein kantonal-aargauisches Bataillon handelte. Es zeigte sich in der Folge, dass «das Grenzregiment Mumpf-Rheinfelden» nicht ausschliesslich aus Aargauern gebildet werden konnte, sondern dass etwa ein Drittel der Wehrmänner aus dem Kanton Baselland herangezogen und eingeteilt werden mussten. Demzufolge musste das Bat 58 ein eidgenössisches Bataillon sein. Zudem gehöre, so wurde ausgeführt, der Abschnitt Mumpf-Rheinfelden taktisch und operativ zur neuen 4. Division (und damit zur Grenzbrigade 4). Demgegenüber liege das taktisch-operative Schwergewicht der 5. Division im unteren Aaretal. Bircher, dem das gar nicht passte, focht zwar auch mit Überlegungen militärgeographischer Art; seine Überlegungen waren aber weniger überzeugend. Für ihn war denn auch – in Übereinstimmung mit der aargauischen Regierung – anderes massgeblich, nämlich «dass das (Fricktaler – der Verf.) Bataillon aus volkspsychologischen und föderalistisch-politischen Gründen der Aargauer (der neuen 5. – der Verf.) Division angehören sollte». Oberstdiv Bircher liess bis zum Schluss der Besprechung nicht locker. Zweifellos aufgrund seiner Hartnäckigkeit ist alsdann, in einer Besprechung vom 21. Januar 1937 mit einer Delegation des aargauischen Regierungsrates, eine gleichsam salomonische Lösung getroffen worden. Demnach sei die organisatorische Zuteilung des Auszugs-Bataillons 58, das den Stamm des Grenzregimentes im Abschnitt Mumpf-Rheinfelden stellte, zur neuen 4. Division nicht unbedingt notwendig. Das Bat blieb mit Korpssammelplatz Lenzburg der neuen 5. Division zugeteilt. Die Kader und Mannschaften des Bat 58 konnten demgemäss die Wiederholungskurse im Verband der 5. Division bestehen. Sie hatten aber «zu den Übungen des Grenzschutzes und bei Kriegsmobilmachung mit der Landwehr und dem Landsturm des Grenzregimentes zusammen auf dessen im Abschnitt Mumpf-Rheinfelden gelegenen Korpssammelplatz einzurücken»[45]. Die Antwort des aargauischen Regierungsrates ist auf Seite 129 wiedergegeben.

Es ergibt sich aus dieser Begebenheit einerseits *die Verkürzung des vorerst vorgesehen gewesenen Abschnittes der künftigen 5. Division bzw. Grenzbrigade 5* und anderseits die Bestätigung des Füs Bat 58 als aargauischer Truppenkörper, dessen Einsatz aber im Kriegsfall im Abschnitt der Nachbar-Brigade 4 vorgesehen war.

Zu Beginn des Jahres 1939 war nochmals eine Bereinigung notwendig. Es hatte sich nämlich gezeigt, dass das aargauische Fricktal den Bestand des Füs Bat 58 nicht zu stellen vermochte. In konsequenter Verfolgung des für den Grenzschutz geltenden Territorialprinzips wurde festgestellt, dass es aus taktischen und psychologischen Gründen nicht möglich wäre, das Bataillon 58 ganz aus Baslern zu organisieren. «Es ist ein wichtiger Grundsatz der Organisation der Grenztruppen (so heisst es in einem Brief der Gst Abt an die Militärdirektion des Kantons Aargau vom 1. Juni 1939), dass sie (die Wehrmänner – der Verf.) in den Grenzabschnitten eingesetzt werden, in dem die Angehörigen der betreffenden Kompanie wohnen.» «Es hängt davon die sehr wichtige rasche Bereitschaft der Grenztruppe wie auch ihre Moral und Kampfkraft wesentlich ab. Die Füsiliere des aargauischen

Grenzgebietes Mumpf-Möhlin-Rheinfelden müssen deshalb im Bat 58 bleiben.»
Die Füs Kp I/58 blieb also aargauisch bemannt und «baslerisch» eingesetzt. Der
Kriegsausbruch, die Mobilmachungszeit, hat die Schwergewichte der obwaltenden
Sorgen in der Folge anders gesetzt.

Rekognoszierungen

Die Aufgabe der Grenztruppen, ihr ortsgebundener, im voraus bis in jede Einzelheit festgelegter Einsatz erforderte eingehende Rekognoszierungen. Einer Instruktion des Generalstabschefs über Aufgabe und Verwendung der Grenztruppen nach
neuer Truppenordnung[46] und gleichzeitigem Befehl für die Rekognoszierung
vom 29. Juni 1937[47] ist zu entnehmen, dass Erkundungen mit dem Zwecke
durchzuführen seien, «die taktische Aufgabe bis ins Einzelne festzulegen, so dass in
den Einführungskursen des nächsten Jahres die Truppen einerxerziert werden
können.» Der Befehl richtete sich an die Divisionskommandanten. Sie hatten zur
Rekognoszierung die in Aussicht genommenen Kommandanten der Grenzbrigaden, der Grenzregimenter, der Bataillone und Kompanien zu befehlen. Die Rekognoszierungen waren durch die zuständigen Divisionskommandanten anzuordnen und zu leiten, im Abschnitt der Grenzbrigade 5 durch Oberstdiv Bircher,
Kdt der neuen 5. Division. Die Dauer der Rekognoszierung war nicht befohlen,
vielmehr war von den Div Kdt ein Rekognoszierungsprogramm einzureichen,
aus welchem die Zahl der Teilnehmer und die Dauer der Erkundungen ersichtlich
waren. Diese waren in Zivil durchzuführen. Für notwendige Fahrten im Grenzgebiet durften «zivile Motorfahrzeuge der rekognoszierenden Offiziere (25 cts.
pro km) oder andere zivile Motorfahrzeuge verwendet, bzw. zu möglichst mässi-
gen Bedingungen eingemietet werden.» Detaillierte Rekognoszierungsberichte mit
Karten und Kroki waren bis spätestens 20. Oktober 1937 dem vorgesetzten Ar-
meekorps-Kdt einzureichen; sie hatten den Sinn von Vorschlägen über den Einsatz des betreffenden Truppenkörpers bzw. der Einheit, und sie bildeten die
Grundlage für die Aufträge an die Grenzbrigaden. «Wir werden entweder im
Anschluss an stattgehabte Konferenzen, oder nach der schriftlichen Genehmigung
der Berichte unsererseits, die Aufträge an die Grenzbrigaden, in enger Anlehnung
an die Vorarbeiten, sowie die Ergebnisse der Rekognoszierungen und Besprechungen schriftlich fixieren» – heisst es in einem Papier «zur Bereinigung der
neuen Grenzschutzorganisation» des Chefs der Generalstabsabteilung vom 17. Dezember 1937[48]. Die Befehle der Grenzbrigade-Kommandanten mussten bis
31. Januar 1938 ausgegeben sein.
Es blieb – selbstverständlich – nicht bei diesen gleichsam «offiziellen» Erkundungen. Es gab kaum einen Offizier, schon gar keinen in einer Kommandanten-
Funktion, der nicht immer wieder in «seinem» Abschnitt wanderte, Stellungen
auslotend, Schussfelder und Geschossbahnen abschätzend, Arbeitszeiten für den
Stellungsbau berechnend, und alles dies mit seinen Unteroffizieren besprechend.
Hier wurde freiwillig – aus barem Pflichtgefühl, eingedenk der militärpolitischen
Situation, das gegenüberliegende Rheinufer und die dort herrschende aggressive
politische Lage vor Augen – notwendige Arbeit geleistet. Der Begriff des Vater-

Aarau, den 23. Juli 1937.

Der Regierungsrat des Kantons Aargau

an

No. 1488.

die Generalstabsabteilung des E.M.D.

B e r n .

Herr Oberstkorpskommandant.

Unter Bezugnahme auf die Besprechung zwischen Herrn Oberst von Erlach als Vertreter der Generalstabsabteilung mit den Herren Regierungsräten Keller und Zaugg am 21. ds.Mts. in Aarau und auf Ihr Schreiben vom 22. Juli beehren wir uns, Ihnen mitzuteilen, dass unsere Behörde nichts dagegen einzuwenden hat, wenn das im Verband der künftigen 5. Division verbleibende Bat.58 für die speziellen Aufgaben des Grenzschutzes dem in Betracht fallenden Grenzdetachement der künftigen 4. Division zugeteilt wird, sofern dies aus taktischen Gründen als zweckmässig erachtet wird. Wir danken Ihnen für die nunmehr vorgesehene Anordnung.

Beigeschlossen senden wir Ihnen das uns zur Einsichtnahme überlassene Protokoll einer Besprechung auf Ihrer Abteilung (vom 20. ds. Mts.) mit bestem Dank zurück.

Mit vorzüglicher Hochachtung.
Im Namen des Regierungsrates,
Der Landammann:
In Vertretung.

Der Staatsschreiber:

landes galt als etwas Wesentliches; in dessen Namen waltete hier in aller Stille, unaufgefordert, aus eigenem Antrieb und eigener Einsicht eine selbstverständliche Hingabe an die militärische Pflichterfüllung, wie man sie sich heute nur noch schwer vorzustellen vermag. Der Verfasser erinnert sich – als Beispiel – wie er mit seinem Kameraden Maestri an einem Samstag mit der Bahn nach Rheinsulz fuhr, von dort – bei vorgesehen gewesenem Einsatz in Etzgen bzw. Mettau – die Gegend Schwarzrain–Etzgen rekognoszierte und die Etzgerhalde abschritt um, über Mettauerberg–Mettau–Oberhofen–Gansingen–Bürensteig, nach Brugg zu marschieren. Oder wie er (als Zugführer) mit seinem Führer rechts, Wm Brändli, die Soldaten seines Zuges auf dem Bözberg, in Mönthal und im Mettauertal besuchte, alsdann seinen Stellungsraum in der Etzgerhalde, die Möglichkeiten des Stellungsbaues abwägend und berechnend abschritt.

Im ganzen Brigaderaum gingen Offiziere und Unteroffiziere, befohlen oder freiwillig, mit solcher Emsigkeit ans Werk; es wurde tüchtige Arbeit geleistet! Wie oft wurde dabei die Beziehung zur zivilen Bevölkerung geknüpft, vertieft, gepflegt. Das Gefühl, dass man dereinst aufeinander angewiesen sein könnte, war spürbar und bestimmend.

Ausbildung

Von grossem Ernst waren die Bemühungen getragen, den Stand der Ausbildung zu heben. Man stand vor schier unlösbaren Problemen (militär-)rechtlicher, politischer, psychologischer und ausbildungstechnischer Natur. Die Problematik wird sichtbar aus einem Schreiben der Generalstabsabteilung an das eidgenössische Militärdepartement vom 27. Februar 1937[49] sowie aus zwei höchst beachtenswerten Stellungnahmen des Kommandanten des 2. Armeekorps gegenüber dem EMD[50]. Die Generalstabsabteilung ging von der Feststellung aus, dass die wiederholungskurspflichtige Mannschaft der Stamm-Bataillone stets nur einen kleinen Teil ihrer Bestände ausmachten. Nutzbringende Übungen des Grenzschutzes konnten indessen nur mit vollen Beständen durchgeführt werden. Soweit nämlich diese Übungen dem Einexerzieren der eigentlichen Grenzschutzaufgabe zu dienen hatten, brauchte man dazu alle Leute. Sie mussten nicht nur Gelände und Aufgabe, sondern auch sich gegenseitig kennen lernen, wenn der Grenzschutz denjenigen inneren Zusammenhang haben sollte, dessen er bedurfte. Ferner sei es aber auch notwendig, dass alle Kader und Mannschaften des Grenzschutzes, gleichgültig welcher Heeresklasse sie angehörten, Gelegenheit erhalten, mit den Waffen zu arbeiten, die sie zu bedienen hätten. Es könne keine Rede davon sein, diese Ausbildung für Landwehr oder Landsturm etwa nur auf dem Wege der Freiwilligkeit in Abendkursen oder in Vereinen durchzuführen. Nur auf straffer soldatischer Grundlage durchgeführte Übungen böten hiefür die nötige Garantie. Die Erwägungen zeigen, dass man beim Grenzschutz, wenn er seine Aufgabe erfüllen sollte, nicht um regelmässige Übungen auch der nicht wiederholungspflichtigen Kader und Mannschaft herumkommen würde.

Eine wesentliche Aufgabe sei das Einexerzieren der besonderen Aufgaben der einzelnen Detachemente, das Vertrautmachen mit dem Kampfgelände und schliesslich die Überprüfung der getroffenen Massnahmen und ihres richtigen Funktionierens. Diese letzte Art der Ausbildung braucht – so steht im Papier vom 27. Februar 1937 – «weniger häufig durchgeführt zu werden. Auf die Dauer wirken solche sich immer gleich bleibende Besetzungsübungen ermüdend und das Interesse daran nimmt ab, auch bieten sie, zu oft wiederholt, der Spionage des Auslandes zuviel Anhaltspunkte. Bis die Grenzschutzorganisation eingelebt ist, wird man sie öfters durchführen müssen als später, wo sie vielleicht nur noch alle 3–4 Jahre nötig sind.»

In der Folge wird ein Ausbildungsprogramm für diese Zeitspanne entworfen in der Meinung, dass bei guter Organisation und straffem Betrieb es möglich sein sollte, in dieser Zeit die Sicherheit der Mannschaft in der Bedienung der Waffen wieder herzustellen («wieder»!; es galt ja, die neue Waffe Lmg vorerst überhaupt kennen und alsdann beherrschen zu lernen – der Verf.), «allenfalls sogar mit einem Teil der älteren Leute einige (!) Schüsse zu zeigen». «Von einer Verlängerung dieser Arbeitszeit versprechen wir uns nicht zu viel, weil bei der Beschränktheit des Programms die Sache leicht monoton würde und die Intensität der Arbeit leiden müsste.» Die Generalstabsabteilung kam zum Schluss, es sollten Grenzschutzübungen von 2 bis 3 Tagen durchgeführt werden, wobei die Zusammenlegung von Grenzschutzübungen mit Wiederholungskursen «keinesfalls in Frage kommen» würde. Die Reaktion des Kdt des 2. AK, Korpskommandant Prisi, war scharf und realistisch und von grossem Ernst geprägt. Sie verdient, aus dem Memorandum vom 12. April 1937 zitiert, weitgehend wiedergegeben zu werden:

«Die Frage der *Ausbildung der künftigen Grenzschutzbataillone* rührt an eine der grundlegenden *Voraussetzungen* für die Einführung einer neuen Truppenordnung. Denn die *territoriale Verteilung* der neuen Divisionen, ihre *Mobilmachungsplätze* und ihr *Aufmarsch* an der *strategischen Abwehrfront* (Landesgrenze im weiteren Sinne) beruhen nicht nur auf der *Organisation*, sondern in erster und letzter Linie auf dem *erfolgreichen, zeitgewinnenden Kampf* eines genügend starken, gut bewaffneten und *ausgebildeten Grenzschutzes. Fehlt* diese grundlegende Voraussetzung, so wird bei einem Durchbruchsversuch gegnerischer Heeresteile der ganze schön aufgebaute *Grenzkordon der Divisionen* zusammenstürzen wie ein Kartenhaus. Im gegenwärtigen Zeitpunkt sind nun Organisation und Materialzuteilung an die neuen Grenzschutzbataillone in die Wege geleitet. Es gilt nun aber, diesen neuen, mit grossen Aufgaben und Verantwortlichkeiten belasteten Neuformationen auch die für ihre *Ausbildung* notwendige *Minimalzeit* sicherzustellen und gesetzlich zu verankern. Gewissen allzu genügsamen Auffassungen in bezug auf die *Ausbildungsnotwendigkeit* der neuen Grenzschutzbataillone entgegenzutreten, ist der Zweck dieser Ausführungen…

Das Mass der von den Grenzschutztruppen zu fordernden Dienstleistungen richtet sich zwangsläufig nach dem *Grade der Ausbildung,* der für die Erfüllung der ihnen gestellten Kampfaufgaben unerlässlich erscheint. Dabei muss nachdrücklich darauf hingewiesen werden, *dass diese Aufgabe im Kriegsfall eine ausserordentlich schwere sein wird.* Darüber dürfen wir uns keinen Illusionen hingeben in dem Sinne: ‹Diese Truppen hätten ja nicht zu manövrieren, sondern einfach in den ihnen zugewiesenen Stellungen *zu halten.*›(!)

Ein zum *Einbruch* über unsere Landesgrenze *entschlossener* Gegner wird sicher nur mit *bester Vorbereitung* und *gewaltigen Kräften* den Stoss auf unsere strategische Abwehrfront, die Grenze, riskieren. Unser Grenzschutz, zunächst ganz auf sich selber angewiesen, muss imstande sein, einen auf breiter Front und mit grösster Wucht angesetzten feindlichen Angriff in sorgfältig vorbereiteten und rechtzeitig besetzten Stellungen der Grenzzone *aufzuhalten und zum Stehen zu bringen* so lange, bis die Grenzdivisionen heran sind und eingreifen können. Gelingt dies nicht, wird dieser Grenzschutzkordon an einer oder an mehreren Stellen aufgerissen und durchbrochen, so trifft uns die gegnerische Invasion im allerempfindlichsten Stadium der Unfertigkeit in bezug auf Mobilmachung und Aufmarsch der Grenzdivisionen und der Heeresreserve. *Das Ziel der strategischen Defensive*, den Gegner an der Landesgrenze, resp. an den dicht dahinter liegenden oder mit ihr zusammenfallenden operativen Verteidigungslinien aufzuhalten und abzuweisen, wäre dadurch zum vornherein jeder Verwirklichung entzogen. Der Krieg würde dadurch für uns mit einer *schweren Niederlage* eingeleitet. Neben den empfindlichen personellen, materiellen und territorialen Verlusten, neben der Schaffung einer für unsere Armee recht ungünstigen operativen Lage, wäre der damit zu erwartende *moralische Rückschlag auf Volk und Armee* von verhängnisvollster Auswirkung. Es ist deshalb unabweisbare *Pflicht*, den Grenzschutz in bezug auf *Organisation, Bewaffnung, Ausrüstung* und *Ausbildung* derart zu gestalten, dass alle Halbheiten und Unzulänglichkeiten im Bereich des Erreichbaren und Möglichen verschwinden. Die Grenzschutztruppe muss zu sich selber *Vertrauen* gewinnen, und dieses *Selbstvertrauen* muss sich auswirken auf *Armee* und *Volk*, nicht zuletzt auch auf die *fremden* Generalstäbe und Heeresleitungen.

Die Generalstabsabteilung macht nun den Vorschlag, die Grenzschutzbataillone seien *ausserhalb* ihrer normalen Wiederholungskurse alljährlich zu einer 2 bis 3 Tage dauernden Übung einzuberufen in dem Sinne, dass die *zweitägigen Kurse* für reine *Waffenübungen*, die dreitägigen Kurse ausserdem auch noch für die Durchführung und zum Einexerzieren der Stellungsbezüge im Grenzgebiet zu verwenden seien.

Ich erachte diese Lösung der Ausbildungsfrage der Grenzschutztruppen als vollständig unzulänglich, ungenügend und unrationell aus folgenden Gründen: *Ein Kurs von 2 Tagen*, wovon der eine der *Einrückungstag*, der andere der *Entlassungstag* ist, wird für die *Truppenausbildung* nicht nur direkt *wertlos*, sondern für die *Truppendisziplin* auch direkt *schädlich*. Die für die Abhaltung derartiger «Kurse» berechneten Kosten, (760 000 Franken für 2 Tage, 990 000 Franken für 3 Tage) würden sich nie lohnen. Sie wären weggeworfenes Geld!

Die kriegsstarken Grenzschutzbataillone umfassen 28 Jahrgänge, d.h. alle Wehrpflichtigen vom 21. bis 48. Altersjahr. Es ist gänzlich ausgeschlossen, dass bei diesen des Dienstes entwöhnten Landwehr- und Landsturmtruppen von einer Stunde auf die andere eine Diensteinstellung erreicht werden könnte, die als Voraussetzung für jede militärische Arbeit, die diesen Namen überhaupt verdient, gefordert werden muss. Wenn man sich dann im weitern vorstellt, welche Zeit für die *Versammlung* dieser Truppe, die *Personalkontrolle*, die *san. Eintrittsmusterung*, die *Inspektion* der persönlichen Bewaffnung und Ausrüstung (Ersatz der jährlichen Waffen- und Kleiderinspektionen), für die *Materialfassungen*, event. für den

132

Marsch auf die Schiessplätze, und schliesslich auch noch für die *Mittagsverpflegung* und *Mittagspause* der Truppe am Einrückungstag beansprucht wird, so kommt man an diesem *1. Diensttag* auf eine reine *Ausbildungszeit an den Waffen von höchstens 3 Stunden!* Der 2. Tag ist schon wieder *Entlassungstag,* kann somit in Anbetracht der notwendigen *Entlassungsarbeiten* materiell und *moralisch* auch nur wieder als halber Arbeitstag gewertet werden.

Diese zweitägigen Einberufungen wären eine Art ausgedehnter «*Waffen- und Kleiderinspektion*» nach bisherigem Muster, mit all den üblen und übelsten *Begleiterscheinungen* und *Schädigungen militärischer Zucht und Ordnung.* Nicht viel besser verhält es sich mit den von der Gst. Abt. vorgeschlagenen *dreitägigen Kursen,* die mit dem detachementsweisen *Einexerzieren der Stellungsbezüge im Grenzgebiet* verbunden werden sollen.

Man kann sich ohne viel Phantasie vorstellen, wie *oberflächlich* und *flüchtig* dann infolge *Zeitmangels* diese Stellungsbezüge ausfallen müssten. Für die sorgfältige *Plazierung der automatischen und schweren J. Waffen,* die Zuweisung der speziellen *Feueraufgaben,* die Aufstellung eines tauglichen *Feuerplanes,* die geschickte *Tarnung* der Stellungen und ihrer Zufahrtswege, den *Hindernisbau,* die Bezeichnung und Markierung der *Munitionsdepots,* das Einüben des *Munitions-* und *Verpflegungsnachschubes,* die Sicherstellung der *Wasserversorgung,* das Legen und die Kontrolle der *Verbindungen* usw., d.h. für alles das, was zum Bezug und zur Einrichtung einer Stellung gehört, wäre einfach *keine Zeit* vorhanden. Von einer gründlichen *Kontrolle* und *Besprechung* der von der Truppe zu treffenden Einrichtungen gar nicht zu reden!

Die Grenzschutzbataillone würden durch diese viel zu kurz bemessene Zeit zu ihrer eigenen Entrüstung zur *Leichtfertigkeit* und *Oberflächlichkeit* in der kriegswichtigen Vorbereitung des ihrer Verantwortung überbundenen Grenzschutzes *direkt gezwungen.* Statt Sicherheit und Vertrauen in die eigene Arbeit und das eigene Können, müssten *Unsicherheit, Misstrauen* und *Verdrossenheit* in der Truppe und damit auch im Volke Platz greifen. Die Überzeugung von der absoluten Unzulänglichkeit eines *solchen* Grenzschutzes müsste *gefährliche Spannungen* erzeugen. Im Zusammenhang damit muss auch darauf hingewiesen werden, dass man sich gewissenorts in bezug auf das *Kriegsgenügen in der Bedienung und Handhabung der Maschinenwaffen* trotz aller Warnungen kriegserfahrener Autoritäten immer noch ganz falsche Vorstellungen zu machen scheint. Sonst könnte nicht die Auffassung Platz greifen, die Grenzschutztruppen hätten ja nicht zu manövrieren, sondern ‹*ganz einfach*› in den Stellungen, die man ihnen anweise, *zu halten!* Man muss sich schon an den Kopf greifen, wenn weiterhin behauptet wird:

‹Dieser Dienst des Grenzschutzes sei eigentlich nicht Ausbildung, sondern bestehe lediglich darin, mit allen Leuten dahin zu gehen, wo sie ihre Aufgabe lösen müssen.› (!) Der Gipfel der Genügsamkeit aber wird erreicht dadurch, dass man sagt: ‹Die Leute kämen ja alle Jahre an den gleichen Ort hin. *Man warne vor zu vielen Diensttagen, da man dann nicht wüsste, was mit den Leuten anfangen.*› (!)

Die dringlichste Notwendigkeit, die Grenzschutztruppen an den ihnen zugeteilten *Waffen auszubilden,* wird einfach übergangen und ignoriert. Die immer wieder geforderte, und in ausländischen Heeren verwirklichte *allseitige Ausbildung des Infanteristen* in der Bedienung der automatischen Waffen ist für uns vorläufig noch

ein unerreichbares Ideal. Wir müssen aber in nicht zu ferner Zeit erreichen, *dass jeder Karabinerschütze auch das Lmg. handhaben und im Gefecht bedienen kann.* Der Begriff der ‹Einheitstruppe› drängt gebieterisch zu dieser Lösung. Das muss aber auch das Ausbildungsziel für die Infanterie der *Grenzschutzbataillone* sein. Ihre Aufgabe ist die *Verteidigung.* Das vornehmste *Kampfmittel* der Verteidigung ist aber das *Maschinengewehr.* Für dessen Bedienung müssen *ausreichende Reserven ausgebildeter Leute* vorhanden sein. Sonst besteht die grosse Gefahr, dass bei den unvermeidlichen *Abgängen,* verursacht durch *Märsche, Krankheiten* und *Gefechtsverluste* die wichtigsten Waffen unserer Infanterie mangels sachkundiger Bedienung in kritischen Momenten durch Ausfall versagen. Diese Gefahr ist nun ganz besonders gross bei den neuformierten Grenzschutzbataillonen. Ihr kann nur begegnet werden dadurch, dass man auch die Jahrgänge der *Landwehr* und des *Landsturms* an den automatischen Waffen der Infanterie *ausbildet und übt.* Diese *Ausbildung* ist aber nach meinem Dafürhalten *der wichtigste Teil der kriegsgemässen Ausgestaltung unseres Grenzschutzes überhaupt.* Wir dürfen unmöglich in den früher gemachten und mit vollem Recht scharf kritisierten Fehler zurückfallen dahingehend, dass man den mit einer schweren und grossen Aufgabe belasteten Grenzschutz gerade der unzuverlässigsten und *am schlechtesten ausgebildeten Truppe* anvertraut! Denn die *Kriegstauglichkeit* gerade der *Grenzschutzbataillone* hängt heute, neben den hochbedeutsamen *moralischen Faktoren,* zur Hauptsache ab vom Grade ihrer Ausbildung in der technischen Handhabung und fehlerlosen *Bedienung der automatischen Feuerwaffen der Infanterie.* Dass aber die moralischen Werte wiederum direkt abhängen vom Stande dieses technischen Könnens, wird kaum ernsthaft bestritten werden können. Es ist unsere erste Pflicht, durch die Schaffung der Möglichkeiten für *ausreichende Ausbildung der Grenzschutztruppen* Vertrauen zu schaffen und Sicherheit und Zutrauen in das eigene Können in diese Truppen hineinzubringen. Hier darf weder an Zeit, noch an Geld gespart werden. Aber die für eine *ungenügende* Ausbildung aufgewendeten Kosten wären eine völlig *unnütze Ausgabe.* Der Nutzen muss dem Aufwand entsprechen. Sonst ist die ganze Rechnung falsch!
Es ist ganz klar, dass gemäss der ihnen zugewiesenen wichtigen Aufgabe im Rahmen der Landesverteidigung die *Grenzschutzbataillone vermehrte Pflichten* in bezug auf *Dienstleistungen* übernehmen müssen. Um eine gewisse *Erhöhung der Zahl der Diensttage* der einzelnen Wehrpflichtigen wird man nicht herumkommen.»

Die Stellungnahme des Kdt des 2. AK wird hier deshalb in solcher Ausführlichkeit wiedergegeben, weil sie das Ringen um einen kriegsgenügenden Grenzschutz und die eindrückliche Wegweisung des Realisten und Praktikers aufzeigt. Er stemmt sich gegen Halbheiten, welche zu Schlamperei, zu Illusionen, zu mangelndem Vertrauen und Mangel an Glaubwürdigkeit hätte hinführen müssen. Er erkannte die Schwierigkeit, 28 Jahrgänge zu einer Einheit zusammenzuschweissen, er erkannte die Notwendigkeit, die Vertrautheit mit der Maschinenwaffe, die Bedienungssicherheit – später Waffendrill genannt – herbeizuführen; er erkannte vor allem auch das hohe Mass an Kriegsgenügen, welches die Stosskraft des möglichen Angreifers vom Grenzschutz erforderte.
Im Rückblick empfindet man es als Glücksfall, dass dieses Mass an Kriegsgenügen nicht hat unter Beweis gestellt werden müssen. Man halte sich etwa vor Augen,

dass es eine «Verfügung des EMD (vom 10. März 1938) betreffend Einführung der Kommandanten der Grenzeinheiten in die Organisation der Lmg- und Mg-Schiessen» gab[51]. Diese handelte von der Notwendigkeit, die der Landwehr oder dem Landsturm entstammenden Kdt der Grenz-Füsilier-Kompanien zur Instruktion in der Handhabung der automatischen Waffen für die Dauer von drei Tagen zu Schiessübungen der Auszugseinheiten einzuberufen.

Durchgehend war man sich des mangelhaften Ausbildungsstandes bewusst. Und man tat das Erforderliche; insbesondere im Auszug. Marschübungen verbunden mit taktischen Aufgaben, sog. Felddienstübungen, wurden durchgeführt, stets ausserdienstlich, willig – freiwillig. Es liegt ein Papier vor, welches von einer Felddienstübung der Offiziere Füs Bat 60 berichtet, die der Rekognoszierung und Besprechung eines Zugsstützpunktes mit entsprechenden Referaten gewidmet war. Diese Referate sind wiedergegeben entsprechend nachfolgendem Verzeichnis:

	Verfasst durch
Anordnungen bei der Organisation eines Zugsstützpunktes und Reihenfolge der entsprechenden Arbeiten	Hptm Matter Kdt Füs Kp I/60
Erläuterungen der verschiedenen Begriffe wie Gefechtsposten, Vorstellung, Vorpostierungen, Vortruppen, Abwehrfront, Verteidigungsstellung usw.	Hptm Laube Kdt Füs Kp II/60
Funktionen des Kommandozuges in der Verteidigung	Hptm Laube Kdt Füs Kp II/60
Der Feuerplan	Oblt Senn, Kdt ad int Füs Kp III/60
Die Gefechtsaufklärung	Oblt Senn, Kdt ad int Füs Kp III/60
Die richtige Beurteilung der Lage und der Befehl	Hptm Bruggisser Kdt Mitr Kp IV/60
Aufgaben des Mg Zuges in der Verteidigung und worüber der Mitr Zugführer den Kommandanten der Füs Kp orientieren und beraten muss	Hptm Bruggisser Kdt Mitr Kp IV/60
Gegenstoss, Gegenangriff, Hinterhangstellung	Oblt Bircher Füs Kp I/60
Die Bedeutung der Schiessvorschrift für die Organisation eines Zugsstützpunktes	Oblt Renold Adj Füs Bat 60
Organisation des San Dienstes in der Verteidigung	Hptm Ramel Bat Arzt Füs Bat 60
Nachrichtenorganisation in der Verteidigung	Oblt Seiler Nachr Of Füs Bat 60
Organisation der Truppenverpflegung in der Verteidigung	Lt Hauri QM Füs Bat 60

Verbürgt ist eine ausserdienstliche Übung des Füs Bat 60, welche dem Stellungsbau gewidmet war. Diesem kam ja beim Grenzschutz besondere Bedeutung zu. Nach Massgabe einer Broschüre der Offiziersgesellschaft Zürich – Reglemente fehlten – wurde im Brugger Schachen an einem Wochenende ein Lmg-Stand gebaut – also Stellungsbau betrieben.

Ganz und gar freiwillig suchten sich die Grenzschutzsoldaten an den Kollektivwaffen auszubilden. Die Söhne des Oblt Schölly in Zurzach berichteten dem Verfasser, dass im Keller ihres Hauses in einer Zeughauskiste ein Mg verpackt gewesen sei, an welchem ihr Vater regelmässig Leute aus dem Flecken Zurzach und dessen Umgebung ausgebildet und gedrillt habe. Das Dienstbüchlein des Oblt Schölly bestätigt den Sachverhalt durch den Eintrag im Jahre 1937: «Grenzschutz Det Tegerfelden, freiwilliger Ausbildungskurs am Mg». Und der damals junge Lehrer an der Oberschule in Rekingen, August Huber, damals Leutnant in der Füs Kp II/

Major Müller, der spätere Kdt Gz Rgt 50,
mit der Spitze des Füs Bat 60 bei einem
Marschhalt.

55, berichtet, dass er mit 25 bis 30 Rekingern – dies müssen sämtliche wehrpflichtigen Rekinger gewesen sein! –, für alle völlig freiwillig, in Zivil während
längerer Zeit Ausbildung am Lmg betrieben habe. Man sei abends nach der Arbeit
zusammengekommen zu gründlicher Schulung der Handhabung dieser neuen
Waffe. Das abschliessende Scharfschiessen sei vom Kdt Füs Bat 60, Major Kohler,
inspiziert worden. Was hier 1937 geschah, fand in dieser oder jener Form, zunehmend intensiver, «militärischer», eingedenk der wachsenden Bedrohung in der
Folgezeit hundertfache Fortsetzung.
In solcher Weise wurde *durchwegs* zielbewusst – und notwendigerweise! – innerhalb der sich bildenden Gemeinschaft der Grenzschutzverbände gearbeitet.

Geheimhaltung

Es kann nicht verwundern, dass die Übungen des Grenzschutzes, spektakulär und
lautstark eröffnet mit Glockengeläute und Feuerhorn, und insbesondere auch die

137

Aufstellung der Grenzbrigaden gleichsam als neue Schöpfung der Armeeorganisation grosses Interesse der betroffenen Dienstpflichtigen und der Bevölkerung wenigstens der Grenzräume auslösten. Die Erlebnisse, die neuen Einteilungen, der Bau von Bunkern und Sperren, der Einbau von Minenkammern waren an sich und angesichts der zunehmend sich verschärfenden militärischen und militärpolitischen Gegebenheiten im Ausland Gegenstand von Gesprächen, wo immer Dienstpflichtige und militärisch Interessierte im Erlebnisbereich zusammenkamen. Es liegt nahe, dass man dabei in der Regel nicht allzu zurückhaltend war und dass die Grenzen der Geheimhaltung noch recht weit gesteckt waren. Mitteilungsfreudige Presseleute nutzten solche Gesprächsbereitschaft aus.

Generalstabsabteilung und Militärdepartement sahen sich veranlasst, einzuschreiten. So enthält ein Schreiben des Generalstabschefs an die Heereseinheitskommandanten vom 1. Oktober 1937 das Gebot, wonach Fragen über Bestände, Bewaffnung, Einrückungsorte des Grenzschutzes nur mit den direkt interessierten Stellen erörtert werden dürfen; insbesondere, dass «die Namen der Kommandanten nicht unnötigerweise bekanntzugeben» sind.

Der Generalstabschef sah sich veranlasst, dem Militärdepartement zu beantragen, es sei eine Bekanntmachung zu erlassen, welche die geheimzuhaltenden Massnahmen umschreibt, zur Geheimhaltung auffordert und zugleich an die Folgen bei Verletzung der Geheimhaltungspflicht erinnert. Es habe nämlich bereits ein Rheintalerblatt die Nummern der im Rheintal mobilisierenden Grenzbataillone mit ihren Korpssammelplätzen veröffentlicht. Solche Veröffentlichungen würden in der Regel nicht aus bösem Willen erfolgen, sondern weil sich die Verfasser über deren Tragweite gar keine Rechenschaft abzugeben vermöchten. Eine entsprechende Mitteilung des Eidgenössischen Militärdepartementes über die «Wahrung des militärischen Geheimnisses» erging am 8. Dezember 1937. In ihr wird festgestellt, dass als militärisches Geheimnis besonders «die Organisation und Durchführung des Grenzschutzes» gilt, wobei namentlich aufgeführt werden u.a. die Ordre de bataille, die Grenzschutzzone, die Einrückungsorte, die Bezeichnung von Abschnitts-, Besatzungs- und Detachementskommandanten, die Durchführung und der Verlauf von Übungen der Grenztruppen u.a.m.

In der damaligen Zeit und gemäss der Bedeutung, die man allem Militärischen, auch dem Personellen, zumass, war die Bekanntgabe der Mutationen im Offizierskorps gang und gäbe. Dies galt ausgesprochen in bezug auf den grossen Mutationsschub, welcher mit der Formierung der neuen Grenzbrigaden verbunden war. Trotz aller genannten Mahnung des EMD lässt sich aus der Bekanntgabe der Mutationen beispielsweise im «Aargauer Tagblatt» vom 22. bis 24. Dezember 1937 folgendes erkennen: erstens, dass es den Stab einer Grenzbrigade 5 gab, zweitens, dass Grenzbataillone 251 bis 256 zu vier Kompanien bestanden, drittens, dass aber die Bataillone 252, 253 und 256 fünf Kompanien aufweisen, viertens, wie die Kommandanten dieser Truppenkörper und Einheiten hiessen und wo sie wohnten, fünftens, welche Subalternoffiziere des Auszuges in welchen Einheiten des Grenzschutzes und des Auszuges eingeteilt waren. So ergab sich nicht nur die doppelte Einteilung, sondern auch die Zugehörigkeit der Auszugseinheiten zu den entsprechenden Grenzbataillonen, beispielsweise der Füs Kp I/60 zum Gz Bat 251, II/60 zu 252 usw. Schliesslich war die bisherige Einteilung angegeben, so dass er-

Mutationen

per 31. Dezember 1937.

b) Grenzschutz:

Auszug:

Hptm. Kistler Ernst, Brugg, bisher Füs. Bat. 57 überz., neu Füs. Bat. 59 überz. Gz. Br. 5 Nof. Oblt. Heiniger Willi, Zürich, bisher Füs. Bat 59 Adj. bleibt, neu Gz. Bat. 256 Adj. Oblt. Schmid Josef, Bern, bisher Füs. Kp. II/60, neu Füs. Bat. 60 Gasof., Gz. Bat. 252 Gasof. Oblt. Dietschy Othmar, Interlaken, bisher Füs. Kp. I/59, neu Füs. Bat. 59 Nof., Gz. Bat. 256 Nof. Oblt. Fricker Arnold, Frick, bisher Füs. Kp. II/58, neu Füs. Kp. III/59, Gz. Füs. Kp. II/256. Oblt. Roth Gottfried, Aarau, bisher Füs. Kp. I/58, neu Füs. Kp. I/59, Gz. Füs. Kp. I/254. Oblt.-Billiger Oskar, Basel, bisher Füs. Kp. III/58, neu Füs. Kp. I/58, Gz. Füs. Kp. II/243. Oblt. Seiler Max, Basel, bisher Füs. Kp. III/60, neu Füs. Bat. 60 Nof., Gz. Füs. Bat. 252 Nof. — Oblt. Obrist Fritz, Mumpf, bisher Füs. Kp. I/59, neu Füs. Kp. I/58, Gz. Füs. Kp. IV/243. Oblt. Härdi Paul, Buchs, bisher Füs. Kp. III/59 bleibt, neu Gz. Füs. Kp. V/256. Oblt. Ronchetti Karl, Aarau, bisher Füs. Kp. II/55, neu Füs. Kp. I/59, Gz. Füs. Kp. III/254. Oblt. Bischoff Karl, Rheinfelden, bisher Füs. Kp. I/58 bleibt, neu Gz. Füs. Kp. I/243. Oblt. Merkli Oswald, Baden, bisher Füs. Kp. II/55, neu Füs. Kp. I/59, Gz. Füs. Kp. III/254. Oblt. Häuptli Willi, Baden, bisher Füs. Kp. III/56, neu Füs. Kp. II/60, Gz. Füs. Kp. II/252. — Oblt. Nies Hermann, Basel, bisher Füs. Kp. III/55, neu Füs. Kp. II/58, Gz. Füs. Kp. III/244. Oblt. Klemm Otto, Rheinfelden, bisher S.Kp. I/4, neu Füs. Kp. II/58, Gz. Füs. Kp. I/244. Oblt. Brunner Hans, Gränichen, bisher Füs.

III. Neueinteilungen.

Auszug:

Lt. Dürst Alexander, Effingen, bisher Füs. Kp. I/66, neu Füs. Kp. II/59, Gz. Füs. Kp. II/255. Lt. Sacher Emil, Bözen, bisher Füs. Kp. III/46, neu Füs. Kp. II/59, Gz. Füs. Kp. III/255. Lt. Gürtler Hans, Basel, bisher Füs. Kp. III/59, neu Füs. Kp. II/58, Gz. Füs. Kp. III/244. Lt. Hafner Fritz, Ennetbaden, bisher Füs. Kp. II/59, neu Füs. Kp. I/60, Gz. Füs. Kp. III/251. Lt. Huber Aug., Nekingen, bisher Füs. Kp. II/55, neu Füs. Kp. I/60, Gz. Füs. Kp. II/251. Lt. Renold Ernst, Dättwil, bisher Füs. Kp. II/59, neu Füs. Kp. I/60, Gz. Füs. Kp. I/252. Lt. Müller Hans, Baden, bisher

Kp. III/55, neu Füs. Kp. I/59, Gz. Füs. Kp. I/254. Oblt. Steiner Paul, Magden, bisher Füs. Kp. III/50, neu Füs. Kp. I/58, Gz. Füs. Kp. VI/243. Oblt. Greule Alfred, Unterkulm, bisher Füs. Kp. III/60 bleibt, neu Gz. Füs. Kp. V/253. Oblt. Häny Werner, Sissach, bisher Füs. Kp. II/58 bleibt, neu Gz. Füs. Kp. II/244. Oblt. Muth Robert, Aarau, bisher Füs. Kp. II/60, neu Füs. Kp. III/60, Gz. Füs. Kp. I/253. Oblt. Negez Alfred, Wislikofen, bisher Füs. Kp. III/58, neu Füs. Kp. I/60, Gz. Füs. Kp. III/251. Oblt. Haller Otto, Brugg, bish. Füs. Kp. II/59, neu Füs. Kp. I/59, Gz. Füs. Kp. II/254. Oblt. Merki Eugen, Baden, bisher Füs. Kp. II/56, neu Füs. Kp. I/60, Gz. Füs. Kp. III/252. Oblt. Moser Hans, Rheinfelden, bisher Füs. Kp. II/59, neu Füs. Kp. II/58, Gz. Füs. Kp. II/244. Oblt. Steiner Alfr., Zürich, bisher Füs. Kp. I/60 bleibt, neu Gz. Füs. Kp. I/251. Oblt. Renold Henri, Aarau, bisher Füs. Bat. 60 Adj. bleibt, neu Gz. Bat. 252 Adj. Oblt. Wacker Silvan, Aarau, bish. Füs. Kp. III/59 bleibt, neu Gz. Füs. Kp. I/256. — Lt. Zent Werner, Basel, bish. Füs. Kp. III/59, neu Füs. Kp. I/58, Gz. Füs. Kp. II/243. Lt. Brogle Othmar, Säckingen, bisher Füs. Kp. II/60, neu Füs. Kp. I/58, Gz. Füs. Kp. VI/243. Lt. Salathin Hubert, Basel, bisher Füs. Kp. III/56, neu Füs. Kp. II/58, Gz. Füs. Kp. III/244. Lt. Belart Werner, Brugg, bisher Füs. Kp. I/60, neu Füs. Kp. III/60, Gz. Füs. Kp. II/253. Lt. Ott Joh., Herznach, bisher Füs. Kp. III/58, neu Füs. Kp. III/59, Gz. Füs. Kp. III/256. Lt. Merkli Werner, Aarau, bish. Füs. Kp. III/60 bleibt, neu Gz. Füs. Kp. I/253. Lt. Windisch Ernst, Densbüren, bisher Füs. Kp. I/58, neu Füs. Kp. III/59, Gz. Füs. Kp. III/256. Lt. Häny Kp. III/56, neu Füs. Kp. III/60, Gz. Füs. Kp. III/258. Lt. Maestri Bruno, Aarau, bisher Füs. Kp. I/60, neu Füs. Kp. I/60, Gz. Füs. Kp. III/254. Lt. Reimann Alfons, Oberhof, bisher Füs. Kp. I/57, neu Füs. Kp. III/59, Gz. Füs. Kp. III/256. Lt. Witzig Hs., Erlinsbach, bisher Füs. Kp. I/55, neu Füs. Kp. III/59, Gz. Füs. Kp. V/256. Lt. Burkart Josef, Biberstein, bisher Füs. Kp. II/59, neu Füs. Kp. II/59, Gz. Füs. Kp. I/255. Lt. Semmeler Hs., Aarau, bisher Füs. Kp. II/58, neu Füs. Kp. I/59, Gz. Füs. Kp. II/254. Lt. Bächli Josef, Würenlingen, bisher Füs. Kp. II/59, neu Füs. Kp. II/60, Gz. Füs. Kp. V/252. Lt. Frey Robert, Baden, bisher Füs. Kp. III/60, bleibt, neu Gz. Füs. Kp. V/253.

sichtlich wurde, dass die Grenzbataillone aus verschiedenen Altersklassen zusammengesetzt sein mussten. Der Auszug aus den Mutationen per 31. Dezember 1937 mag zeigen, wie ergiebig die Publikation dieser Mutationen für einen ausländischen Nachrichtendienst, der sich für unseren neuen militärischen Grenzschutz interessierte, sein konnte...

Dem Krieg entgegen

Vor 50 Jahren, auf den 1. Januar 1938, wurde die Verordnung des Bundesrates über die Organisation der Grenztruppen vom 23. Juli 1937 in Kraft gesetzt. Damit waren die Grenzbrigaden geschaffen und eingesetzt. Der Befehl des Kommandanten der 4. Division vom 21. Dezember 1937 (Anhang 3) handelt davon. Im Hinblick auf die neue Funktion der Füs Bat 58, 59 und 60 als Stammbataillone wurde das Inf Rgt 24 aufgelöst und neu gebildet.
In aufwendiger Kleinarbeit der Militärbehörden wurden die Grenzeinheiten und die Stammbataillone nach Massgabe des Territorialprinzips zusammengesetzt. Oberst Hans Müller, der ehemalige Kommandant des Füs Bat 60, beschreibt den Vorgang, bezogen auf dieses Bataillon, eindrücklich wie folgt:
Das alte Füs Bat 60 – bis dahin auch «Badener Bataillon» genannt – rekrutierte sich im Verbande des alten Inf Rgt 24 bis zum 31. Dezember 1938 im Raum des unteren Limmat- bzw. Reusstales. Dieses Bataillon hatte eine alte Tradition und einen ausgezeichneten Korpsgeist. Leider konnte dieses Bataillon auf den 1. Januar 1938 nur vollständig umorganisiert in den Grenzschutz genommen werden; dies mit Rücksicht auf die Notwendigkeit der Änderung des Rekrutierungskreises im Hinblick auf die Aufgabe im Grenzschutz. So wurde das neue Rekrutierungsgebiet in die Gegend nördlich von Baden verlegt und umfasste ab 1. Januar 1938 den Raum beidseits des unteren Aaretales. Rund vier Fünftel des Bestandes per 1. Januar 1938 waren 1937 nicht im Füs Bat 60 eingeteilt. Dabei handelte es sich in der Hauptsache um Zugewanderte aus allen Kantonen der Schweiz, die in der zum Teil industriereichen Gegend des neuen Rekrutierungsgebietes ihren Arbeitsplatz und ihre neue Heimat gefunden hatten. Diese 80% Neu-Eingeteilten waren vorher in 41 verschiedenen Inf Bat, drei Rgt-Stäben einer Geb Mitr Kp, einer Fahr-Mitr Kp und in fünf verschiedenen schw Inf Kp eingeteilt. Wohl wurde das Füs Bat 60 als solches in das Gz Rgt 50 übernommen. Die Mannschaft war aber eine andere, neue, und von einem Korpsgeist oder einer Einheitlichkeit in der Ausbildung oder einer Tradition konnte keine Rede sein. Wenn es sich schon in bezug auf den «Stamm» des neuen Grenzregimentes so verhielt, kann man sich über die personelle Zusammensetzung des neuen Truppenkörpers nach Eingliederung der zwei weiteren Altersklassen, Landwehr und Landsturm, ein ungefähres Bild machen[52].
In den Einheiten und Stäben der Grenzformationen waren alle drei Altersklassen – Auszug, Landwehr und Landsturm – vertreten; ebenso mehrere Waffengattungen. Massgeblich war eine Weisung des EMD vom 21. August 1937 (Anhang 4). So kam es, dass neben Infanteristen auch Kavalleristen und Trainsoldaten eingeteilt waren; jeder mit der in seiner Rekrutenschule seinerzeit gefassten Ausrüstung.

Deshalb hatte es an den Waffenröcken grüne, gelbe, rote und braune Patten, bestanden die Stichwaffen aus verschiedenen Arten von Bajonetten, aus Kavalleriesäbeln und Faschinenmessern, gab es Langgewehre, Kavallerie- und Infanteriekarabiner, trug der eine Stiefel mit Sporen, der andere Marschschuhe und der dritte Ledergamaschen – eben je nach militärischem Herkommen. Vielfache Familienangehörige konnten in ein und derselben Einheit vertreten sein, Vater und Sohn, Brüder und Verschwägerte. Neben den jungen Auszügern standen die «Alten», jenen überlegen durch ihre reiche Erfahrung im Dienstbetrieb und dank gereifter Dienstauffassung. Die Mischung der Altersklassen musste auch zu Spannungen führen. Die Persönlichkeit des Kp Kdt indessen entschied darüber, welche Kräfte die Oberhand gewannen.

Das Korpsmaterial war ausgerichtet auf den ortsgebundenen Einsatz, d.h. die Ausstattung war bescheiden, eher dürftig. Grosses Schanzwerkzeug musste requiriert werden, viel Sanitätsmaterial brachte der Bataillonsarzt von zu Hause mit, an Verbindungsmitteln standen das Ziviltelefon, der Läufer und requirierte Fahrräder zur Verfügung; Küchen wurden in Scheunen und Schöpfen behelfsmässig eingerichtet.

Die Grenzbrigade 5 bestand aus den Grenzregimentern 50 und 51 sowie der Mot Ik Kp 25, der Mot Mitr Kp 5 und der Rdf Kp 25, zudem der Besatzung der Festung Reuenthal[53], des Fest Art Det 253 (andere Grenzbrigaden verfügten über mehr oder aber über weniger Truppenkörper, je nach Auftrag).

Die Regimenter waren wie folgt zusammengesetzt:

Grenz-Regiment 50 (Aare)

Stab gebildet aus Stab Füs Bat 60

- Grenz-Füs Bat 251 (Siglistorf)

1 Det Sch Inf Waffen:	1 Ik Zug zu 2 Ik, 1 Mw Zug zu 2 Mw
3 Grenz-Füs Kp, normal	(Stamm aus Füs Kp I/60)
1 Grenz-Mitr Kp zu 9 Mg	(Stamm aus Mitr Kp IV/60)

Grenzbefestigungsbesatzung:

32 Mitr (davon 8 Uof oder Gefr)

- Grenz-Füs Bat 252 (Zurzach)

1 Det Sch Inf Waffen:	1 Ik Zug zu 4 Ik, 1 Mw Zug zu 2 Mw
4 Grenz-Füs Kp, normal	(Stamm aus Füs Kp II/60)
1 Grenz-Mitr Kp zu 12 Mg	(Stamm aus Mitr Kp IV/ 60)

Grenzbefestigungsbesatzung:

5 Ik Uof	24 Mitr Uof oder Gefr
26 Ik Kanoniere	100 Mitr
2 Inf Werk Of (1 mit Ik Ausbildung, 1 mit Mg Ausbildung)	
1–2 überzählige Mitr Of	

– Grenz-Füs Bat 253 (Reuenthal)

1 Det Sch Inf Waffen:	1 Ik Zug zu 2 Ik, 1 Mw Zug zu 2 Mw
4 Grenz-Füs Kp, normal	(Stamm aus Füs Kp III/60)
1 Grenz-Mitr Kp zu 12 Mg	(Stamm aus Mitr Kp IV/60)

Grenzbefestigungsbesatzung:

19 Mitr Uof oder Gefr	1–2 überzählige Mitr Of
57 Mitr	

Fest Art Det 253: 40 Mann (Artilleristen und Mitrailleure)

Grenz-Regiment 51 (Bözberg)

Stab gebildet aus Stab Füs Bat 59

– Grenz-Füs Bat 254 (Schwaderloch)

1 Zug Mw zu 2 Mw	
3 Grenz-Füs Kp, normal	(Stamm aus Füs Kp I/59)
1 Grenz-Mitr Kp zu 9 Mg	(Stamm aus Mitr Kp IV/59)

– Grenz-Füs Bat 255 (Laufenburg)

1 Det Sch Inf Waffen:	1 Ik Zug zu 2 Ik, 1 Mw Zug zu 2 Mw
3 Grenz-Füs Kp, normal	(Stamm aus Füs Kp II/59)
1 Grenz-Mitr Kp zu 9 Mg	(Stamm aus Mitr Kp IV/59)

– Grenz-Füs Bat 256 (Frick)

1 Det Sch Inf Waffen:	1 Ik Zug zu 2 Ik, 1 Ik Zug zu 4 Ik
	1 Mw Zug zu 2 Mw
4 Grenz-Füs Kp, normal	(Stamm aus Füs Kp III/59)
1 Grenz-Mitr Kp zu 12 Mg	(Stamm aus Mitr Kp IV/59)

Grenzbefestigungsbesatzung:

3 Ik Uof	4 Mitr Uof oder Gefr
12 Ik Kanoniere	12 Mitr

Für den *Einsatz* massgeblich waren Vorschriften für den Dienst der Grenztruppen. Sie erschienen im Frühjahr 1938. Die wesentlichen Kapitel wurden den Kommandanten der Heereseinheiten bereits am 10. Januar 1938 als Provisorium zugestellt, um es den Grenztruppen zu ermöglichen, ihre taktischen Dispositionen bereits definitiv zu treffen[54].

In diesem Papier wird «der Schutz der Mobilmachung und des Aufmarsches gegen Überfälle» als Aufgabe der Grenztruppen definiert. Die Grenztruppen müssten sich im Falle des feindlichen Angriffes opfern. Sie hätten sich auf die reine Verteidigung einzurichten. «Ohne ausdrücklich anderslautenden Befehl hat jedermann den ihm anvertrauten Posten bis zur eigenen Vernichtung zu halten, gleichgültig, ob Nachbarorgane überwältigt sind und der Feind im Rücken steht». Daher sei bewegliche Kampfführung ausgeschlossen, und Aufträge, welche Ausweichen oder angriffsweises Verhalten vorschrieben, könnten sich immer nur auf einzelne schwache Posten, Patrouillen und dergleichen, nie aber auf ganze Züge oder gar Einheiten beziehen. Angesichts der schwachen Bestände seien die Fronten bedeutend grösser, als sie in der Verteidigung normalerweise zugewiesen würden. Dieser Nachteil werde aber einigermassen ausgeglichen dadurch, dass die Grenztruppen das Gelände genau kennen, dass es sich gegebenenfalls um einen Widerstand von nur einigen Tagen handle, die Stellungen der Grenztruppen besonders gut ausgesucht seien und dass sie, durch Tanksperren und Zerstörungen ergänzt, in den wichtigen Abschnitten auch durch permanente Befestigungen gestützt werden. Eingehend werden die Gliederung, die Kampfstellung und die Kampfverfahren vorgeschrieben. Immerhin dürften sich die Grenztruppen nicht nur passiv verteidigen, der angreifende Gegner müsse vielmehr durch Feuerüberfälle, kleine Handstreiche und Patrouillen-Unternehmungen dauernd beunruhigt, über unsere Gliederung getäuscht und zu umfangreichen und umständlichen Sicherungsmassnahmen gezwungen werden. Die Gliederung bedürfe einer gewissen Tiefe. Abschliessend werden die Friedensvorbereitungen umschrieben, nämlich, wer welche mündlichen oder schriftlichen Befehle auszugeben habe, welche Geheimakten zu führen seien, was bei Auslandabwesenheit eines Kommandanten zu geschehen habe, welche periodischen Meldungen wem zu erstatten seien, wie die Aktenübergabe und die Rekognoszierung bei Kommandantenwechsel zu erfolgen habe und anderes mehr.

Mit dem neuen Grenzschutz wurde, operativ gesehen, ein rasch mobilisierbarer Cordon sanitaire geschaffen. Dessen erste Aufgabe war zeitlich begrenzt, die Tiefengliederung minimal. Waffen und Mannschaft waren schwergewichtig an den Hauptachsen eingesetzt. Die Truppe kannte das Gelände in allen Einzelheiten, auch die Aufgabe bis zur Gruppe. Sie konnte auf die kraftvolle Unterstützung der Bevölkerung zählen.

Die Abwehrkraft wurde verstärkt durch *Befestigungen* aller Art: Tankbarrikaden, Infanteriewerke, im Raume der Gz Br 5 überdies durch das Artilleriewerk Reuenthal. Betreut wurden diese Werke durch freiwillige Grenzschutztruppen[55]. Für die Grenzbefestigungen in unserem Abschnitt war die freiwillige Grenzschutzkompanie 5 (Kdt: Hptm Matter) mit Standort Brugg zuständig. Die Angehörigen dieser Kompanien bildeten während Jahren den Kern der Werkbesatzungen, und sie dienten als Ausbildner der Grenzbefestigungsbesatzungen der Truppe.

Die erste Aufstellung der Grenzbrigade 5 ist aus dem wiedergegebenen Kartenausschnitt ersichtlich.

Ausbildung

Die neu zusammengesetzten Verbände – die Einheiten vor allem – mussten zu kampffähigen und kampfkräftigen und im Kriegsfalle einsatzbereiten Lebensgemeinschaften erzogen und geschult werden. Das Zusammengehörigkeitsgefühl musste geweckt und gepflegt, neuer Korpsgeist musste geschaffen werden. Das Bewusstsein, dass politische und militärische Bedrohung im Anzug sind und dass hingebungsvolle, ernsthafte Arbeit zu leisten sei, wollte man die Bereitschaft zeitgerecht erstellen, bestimmte den Geist und das Streben der neu geschaffenen Grenztruppe.

Die ergangenen Aufträge – Einsatzbefehle genannt – mussten auf die Probe gestellt, die neuen Kollektivwaffen, vor allem die Maschinenwaffen, mussten beherrscht werden.

Durch Bundesgesetz vom 24. Juni 1938[56] wurde die Möglichkeit geschaffen, die Verbände der Grenztruppe jedes zweite Jahr zu Kursen in der Dauer von 6 Tagen aufzubieten, wobei dem Bundesrat die Möglichkeit zugestanden wurde, «wenn die Verhältnisse es erfordern, in der Zwischenzeit die jährliche Durchführung derartiger Kurse von höchstens 6 Tagen für die Verbände der Grenztruppen als solche oder deren Kader anzuordnen».

Die Verhältnisse erforderten es in der Tat! Ohne Hinweise auf die sich rasch zuspitzende militärpolitische Situation und die damit verbundene Bedrohung beantragte der Bundesrat mit seiner Botschaft vom 30. Januar 1939 «um eine den Umständen in allen Fällen entsprechende Grenzsicherung durchführen zu können … kann es auch aus Ausbildungsgründen zweckmässig werden, Grenztruppen zu länger dauernden Kursen einzuberufen… Dabei wird es wichtig sein, dass den jeweiligen Bedürfnissen entsprechend rasch gehandelt werden kann…» Das Bedürfnis, auf diesem Weg Grenztruppen gleichsam zu aktivem Dienst aufbieten zu können, ist erkennbar. Der Bundesrat schöpfte seine Kompetenz insoweit aus, als er durch Beschluss vom 27. März 1939[57] die für das Jahr 1939 angeordneten Kurse der Grenztruppen auf 13 Tage verlängerte, wobei die Offiziere vorgängig einen Kurs von 5 und einen Kadervorkurs mit Unteroffizieren von 2 Tagen zu bestehen hatten. Die Grenzbrigade 5 hatte zu diesem Zeitpunkt ihren Grenzkurs bereits absolviert, nämlich vom 6. bis 18. März 1939.

Dem Auszug aus dem Protokoll über die Bundesratssitzung vom 27. Juli 1939[58] ist zu entnehmen, dass die Verlängerung der Kurse dringend notwendig war; in der Kenntnis und Handhabung der Waffen sei eine ordentliche Sicherheit erreicht worden. Des Vorteils der längeren Dienstzeit seien nun aber die beiden Grenzbrigaden 4 und 5 nicht teilhaftig geworden. Deshalb beschloss der Bundesrat, diese beiden Brigaden im Jahre 1939 nochmals zu einem Kurs in der Dauer von 6 Tagen einzuberufen[59]. Die beiden Brigaden wurden in der Tat nochmals einberufen – allerdings nicht zu einem Grenzkurs, sondern, am 29. August, durch die Generalmobilmachung zur Aktivdienstleistung…

144

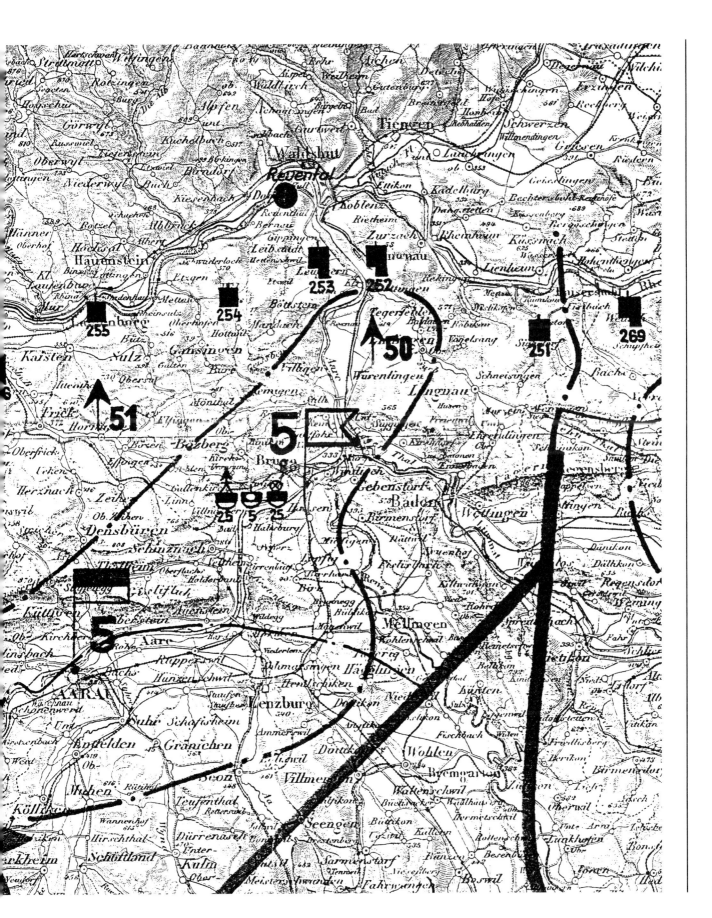

Die Grenzbrigade 5 leistete im Jahre 1938 ihren ersten Einführungskurs vom 21. bis 26. März, für den Auszug im Zusammenhang mit dem ordentlichen Wiederholungskurs. Das Ausmass der Unterschiede im Zupacken und in der Fähigkeit der Einheitskommandanten, jenen Gemeinschaftssinn, den Korpsgeist, zu schaffen, aber auch mit neuzeitlichen Methoden die Ausbildungsprogramme und den Dienstbetrieb zu gestalten, kann man sich heute kaum vorstellen. Der Ausbildungsstand vieler Kompaniekommandanten und Subalternoffiziere war äusserst mangelhaft, die Diensterfahrung stammte aus dem Aktivdienst des Ersten Weltkrieges und der ersten Nachkriegszeit. Es waren ja teilweise im Landsturm eingeteilte Oberleutnants, die auf 1. Januar 1938 unter Beförderung zu Hauptleuten als Kompaniekommandanten eingesetzt worden waren. Ganz und gar kein Unterschied indessen bestand in der Dienstauffassung! Man suchte seinen Ausbildungsstand zu verbessern, man wurde zu Kursen aufgeboten oder tat das Notwendige freiwillig. In diesen Zusammenhang gehören die schon früher genannte Verfügung des EMD vom 10. März 1938[60] «betreffend Einführung der Kommandanten der Grenzeinheiten in die Organisation der Lmg- und Mg-Schiessen» oder der Bundesratsbeschluss vom 10. März 1939 mit der Anordnung, dass zur Ausbildung der als Besatzung der Grenzbefestigungen erforderlichen Kader und Mannschaften im Jahre 1939 Einführungskurse in der Dauer von 6 bis 7 Tagen durchzuführen seien.

Der Einführungskurs 1938 diente der Organisation, dem Sichkennenlernen, alsdann der Detailausbildung mit dem Ziel eines einheitlichen Ausbildungsstandes (ein Ziel, das angesichts des völlig ungenügenden Ausbildungsstandes der Angehörigen des Landsturmes und auch der Landwehr schlechterdings nicht zu erreichen war), der Arbeit am Lmg, dem Erstellen behelfsmässiger Sperren. In einer ungefähr zwölfstündigen Einsatzübung wurde die Truppe mit der für sie vorgesehenen Stellung vertraut gemacht. Der organisatorisch erfahrene und begabte Kompaniekommandant führte zudem mit seinen Unteroffizieren Unteroffiziersausbildung und Rekognoszierungen durch.

Der Kursbericht des Kommandanten der Grenz Füs Kp I/256, Hptm Hans Roth in Zofingen, vom 5. April 1938 ist von tiefer Besorgnis getragen. «Die Leute haben den besten Willen gezeigt, sie können aber vieles einfach nicht», heisst es da. Die Unteroffiziere mit Ausnahme vereinzelter älterer Leute, die aus dem Zivilleben oder aus den Grenzbesetzungsdiensten Autorität, Sicherheit und Organisationstalent mitbringen, seien ungenügend ausgebildet, insbesondere für unsere Aufgabe. Der Bestand von 150 Mann einer Grenzkompanie sei deshalb ungenügend, weil er infolge der Abgänge auf 100 Kämpfer zusammenschmelze. Hptm Roth schreibt voller Besorgnis: «Unsere Soldaten, angeregt durch die Übungen an der Grenze und die Schilderungen aus den jüngsten Kriegen, beginnen sich den Ernstfall vorzustellen. Selbst positiv eingestellte Soldaten äussern Bedenken über das Genügen unseres Könnens und zweifeln an einem erfolgreichen Widerstand.»

Als dringende Verbesserung schlägt Hptm Roth u. a. vor:

– die bessere Ausbildung der Offiziere und Unteroffiziere in bezug auf die Grenzaufgabe (wurde 1939 realisiert);

– das Üben des raschen Einrichtens zur Verteidigung (war Gegenstand der Ausbildung im WK des Auszuges 1938 und 1939);
– Übungen im Handgranatenwerfen;
– Abwehrübungen, Hindernisbau usw.

Es zeigte sich als notwendig, dass ins nächste Jahr ein gehöriger Schritt vorwärts getan werden musste. Im übrigen hing Wesentliches vom Ausmass, der Ernsthaftigkeit und Intensität der ausserdienstlichen Tätigkeit ab. In diesem Jahr 1938 wurde namentlich viel marschiert. Aus der richtigen Überzeugung, wie wichtig die Kenntnis seiner Stellung, seines Abschnittes, der Verbindungswege, der Ein- und Ausbuchtungen des Rheinufers, allfälliger Schussfelder, des Hinterlandes usw. sei; wie wichtig aber auch die menschliche Beziehung sei – dies alles verpflichtete die Kader zum Marschieren. Der Verfasser erinnert sich, wie an einem Sonntag im Spätsommer 1938 sämtliche Offiziere des Grenzregiments 51, vom legendären Regimentskommandanten Oberstlt Victor Rey befohlen, jeder für sich, aus allen Gegenden des Regimentsraumes auf den Schynberg zu marschieren hatten; er z. B. vom Geissberg über die Bürersteig, den Cheisacher – Ampferenhöhe – Marchwald zum Ziel.

Der Kurs für Grenztruppen *des Jahres 1939* dauerte vom 6. bis 18. März, vorerst als bataillonsweise durchgeführter Offizierskurs und kompanieweise als Unteroffizierskurs, hernach im Truppenverband. Arbeit an den Kollektivwaffen, vor allem am Lmg, auch mit scharfem Schuss, improvisierter Hindernisbau, Verlegen von Minen, Einsetzen von Tankbarrikaden, Werfen der (wenigen verfügbaren) Handgranaten gehörten zur Arbeit. Im allgemeinen wurde mit grossem Eifer und einsatzfreudig gearbeitet, nach wie vor – je nach den Fähigkeiten der Kommandanten – unterschiedlich zweckmässig. Im Rückblick erscheint das Kaderproblem das schwerwiegendste gewesen zu sein; im materiellen Bereich die viel zu knappe Zuteilung an scharfer Munition, insbesondere an scharfen Handgranaten.

Das Feindbild, die Vorstellung eines Kampfes, der Angriffsweise und der Angriffswucht eines neuzeitlich ausgerüsteten und ausgebildeten Gegners waren noch immer mangelhaft und teilweise unzutreffend. Die eigene Möglichkeit wurde weder in Frage gestellt noch abgewogen. Man war von uneingeschränktem, unbändigem, gleichsam vertrauendem Kampfwillen beseelt – und dabei blieb es (mit Ausnahmen, selbstverständlich!). Im unteren Kader und bei der Truppe wiegte man sich in Illusionen, teils herrschte sträfliche Unwissenheit, teils aber auch sorgenvolle Beunruhigung. Die Wirklichkeit wurde geradezu schockartig wahrgenommen, als die deutschen Truppen im Westfeldzug 1940 die entscheidenden Durchbrüche erzielten. Einer Katastrophe waren wir schicksalhaft entgangen.

Auch die Generalstabsabteilung erkannte das Kaderproblem in einem Bericht des EMD über die Übungen der Grenztruppen im Jahre 1938 vom 8. September 1938[61]. Hier wird festgestellt, dass ganz besonders für die Grenztruppen die Kaderfrage entscheidend sei. Es habe sich gezeigt, dass hier oder dort Kommandanten vom Standpunkt des soldatischen Persönlichkeitswertes aus nicht genügen. Diese seien unverzüglich zu ersetzen.

Der Bericht erwähnt auch ein weiteres, damals dringliches Problem: die Zuteilung der Waffen entspreche zwar den Bedürfnissen, dagegen sei die Bedienungsmann-

schaft nicht überall in genügender Zahl vorhanden. In freiwilligen Kursen die
fehlende Ausbildung zu vermitteln würde nicht genügen. Es sei zu prüfen, ob
nicht der Bestand einzelner Mitr Kp des Feldheeres vorübergehend zugunsten der
Grenztruppen herabzusetzen wäre.

Der Bericht setzt sich in realistischer Weise mit der Aufgabe und den Möglichkeiten der Grenztruppen auseinander – jener brennenden Frage nämlich, die sich gar
mancher Verantwortliche nicht nur zu jener Zeit stellte, sondern immer wieder
sich stellen wird. Die Grenztruppen «können und sie müssen, während die Mobilmachung des Feldheeres im Gange ist, die Grenze sichern», wird ausgeführt.
«Das tun sie… in offenen Abschnitten am Rhein usw. durch Festhalten wichtiger
Punkte in Anlehnung an die Grenzbefestigungen, die der Notwendigkeit entsprechend an der Nordfront allgemein… im Sinne einer durchgehenden Maschinen-
gewehrfeuerlinie errichtet werden (wir erinnern uns an die Verdichtung der
Bunkerlinie längs des Rheins in den ersten Aktivdienstjahren 1939 und 1940). …
*Die Grenztruppen sind nichts anderes als Vorposten und ihre Aufgabe ist auch keine
andere als diejenige von Vorposten.* Von ihnen mehr zu verlangen wäre Illusion».
Solcher in die operative Dimension eingestuften Aufgabenstellung hätte der
Grenzschutz von 1939 denn doch gerecht zu werden vermocht; freilich unter In-
kaufnahme fürchterlicher, unausdenkbarer Verluste.

Wirklich dem Krieg entgegen

Zwei Begebenheiten, welche auf die Möglichkeit hindeuteten, dass der Krieg in
Europa bevorstand, veranlasste unser Land zu wehrpolitischer Aktivität: 1938 die
Ansprüche Deutschlands auf das Sudetenland, ausmündend in die Konferenz von
München, und 1939 die Zerschlagung der Tschechoslowakei durch Deutschland
und die Errichtung des Reichsprotektorates Böhmen und Mähren.
Jener erste Schritt bestand darin, dass Hitler drohte, in militärischer Aktion Hand
auf jene an Deutschland grenzenden Randgebiete der Tschechoslowakei zu legen,
welche mehrheitlich von Sudetendeutschen bewohnt waren. Englands Premier-
minister, Neville Chamberlain, wähnte, indem er Deutschland die sudetendeutschen Gebiete zugestand, den Frieden retten zu können. Hitler steigerte in der
Folge seine Forderungen. Der Ausbruch des Krieges schien unvermeidlich zu sein.
Durch Vermittlung Mussolinis, von Chamberlain darum gebeten, kamen diese
mit Hitler und Daladier am 29. und 30. September 1938 in München zusammen.
Das Ergebnis der Konferenz bestand darin, dass die Tschechoslowakei das Sudetenland sofort an das Deutsche Reich abtreten musste. Es war offensichtlich militärisches Ungenügen, welches England und Frankreich zu solchem Zugeständnis –
ja zu solcher Kapitulation – gezwungen hat. Die Unruhe um die Tschechoslowakei währte indessen weiter. Sie steigerte sich bis zu jener dramatischen Begebenheit, die in der Nötigung des tschechoslowakischen Staatspräsidenten Hacha durch
Hitler in der Nacht vom 14. auf den 15. März 1939 gipfelte, ein Abkommen zu
unterzeichnen, durch das die Tschechoslowakei in ein Reichsprotektorat Böhmen
und Mähren umgewandelt wurde. Am folgenden Tag vollzog Hitler die Anne-
xion[62].

Telegramm – Télégramme – Telegramma

von – de – da	Nᵒ	Wörter Mots Parole	Aufgegeben den Consigné le Consegnato il	Stunde Heure Ora
Aarau	350	24/23	23/1v 31	15.05

Erhalten – Reçu – Ricevuto			Befördert – Transmis – Trasmesso		
von – de – da	Stunde-Heure-Ora	Name-Nom-Nome	nach – à – a	Stunde-Heure-Ora	Name – Nom – Nome
Aarau cop.	15.10	Schilling			

Lt. Hummeler T./59
Aarau

Einrücken: 24. 9. 31, 1200 Brücke Schwaderloch
Dienstdauer ca. 1 Woche Meldung und Instruktion
durch Oblt. Brunner dort.

Kommando 5. Division

München…

Militärisch wurden in unserem Land am 12. September zwei Massnahmen ergriffen:

1. die Ladung der Minen an der Grenze,
2. die Besetzung der einstweilen kampffähigen Grenzwerke durch die freiwilligen Grenzschutzkompanien.

Die Ladung der Minen an den Grenzübergängen wurde vom Bundesrat im Sinne einer vorsorglichen Massnahme beschlossen, um den Bereitschaftsgrad des vorbe-

149

reiteten Zerstörungsnetzes im Grenzgebiet zu erhöhen. Zu diesem Zwecke wurden bestimmte Objekte geladen. Die Divisionen hatten in ihrem Befehlsbereich die Ladung der Objekte zu befehlen und zu leiten. Besondere Weisungen ergingen hinsichtlich der Kraftwerke Laufenburg und Albbruck-Dogern. Zu laden waren nach dieser Anordnung des EMD dem Grundsatz nach «die Objekte in vorderer Linie». Die Generalstabsabteilung gelangte am 11. September 1938 an die Heereseinheitskommandanten mit der Weisung, diese hätten in Verbindung mit den Kommandanten der Grenzbrigaden für jedes Objekt einen Offizier als Objektkommandanten und einen Stellvertreter zu bestimmen, welche beide in der Nähe wohnen sollten «und in Ausführung ihres Berufes wenn möglich bodenständig sind» (!). Der Verfasser verfügte offenbar über diese Qualifikation, denn er wurde am 23. September 1938 telegrafisch zur Brücke Schwaderloch aufgeboten, wo er vom 24. September bis 2. Oktober seinen ersten Aktivdienst absolvierte.

Wie nahe ein Aufgebot an die Grenztruppen lag, vermag der Auszug aus dem Protokoll der Bundesratssitzung vom 29. September 1938 zu bezeugen: «Die Hauptsache ist, dass wir nun ruhig bleiben und keine überstürzten Massnahmen treffen. Anderseits aber darf auch nichts versäumt werden, um im entscheidenden Momente die notwendigen militärischen Sicherheiten zu besitzen. Es wird daher beschlossen, unverzüglich die Grenztruppen zu alarmieren, sobald sich die leisesten Anzeichen ergeben, dass die Konferenz in München schlecht ausgehen sollte. Hierauf würde der Bundesrat sogleich die Vorbereitung zur Wahl des Generals treffen und je nach Umständen weitere Truppen aufbieten. Einer Pikettstellung bedürfen wir nicht, da diese für die Grenztruppen tatsächlich bereits besteht.»

…und die Tschechoslowakei

Diese Krisis verlief hinsichtlich der militärischen Massnahmen in unserem Lande insofern spektakulärer, als diesmal die Alarmdetachemente aufgeboten wurden. Im Anschluss an den Kurs der Grenztruppen absolvierten die Stammbataillone 59 und 60 ihren 14tägigen WK, das Füs Bat 59 im Seetal, das Füs Bat 60 im Raume Baden. Nicht eben gut geführt, benützten die Auszüger, welche Alarmdetachementen angehörten und infolgedessen aufgeboten worden waren, die nächste Transportmöglichkeit, um an ihre Einsatzorte am Rhein zu gelangen. Hier hatten die Detachemente einen 13 Tage dauernden Dienst zu absolvieren. Es war praktisch reiner Bewachungsdienst, ermüdender, sinnlos erscheinender, vielfach schlecht geführter Bewachungsdienst. Karl Spuhler von Wislikofen beschrieb in dem mit ihm geführten Erinnerungsgespräch die Langweiligkeit dieser Dienstleistung. Sie sei in Rekingen mit einer sanitarischen Austrittsmusterung abgeschlossen worden. Hier habe wenig militärische Zucht und Disziplin geherrscht. Das war ein wenig gutes Ende eines ersten Truppenaufgebotes zu aktivem Dienst, das bei Truppe und Bevölkerung hätte Sicherheit schaffen sollen.

Rückblickend erscheint das Aufgebot der Alarmdetachemente als eine militärisch fragwürdige Massnahme, eine Massnahme, die kaum gut hat ausgehen können, waren diese rasch mobilisierbaren, kleinen Detachemente doch als erste Sicherung, als Alarmglocke, als Behelf und Notmassnahme gedacht und dementsprechend nicht nach einem hierarchischen Prinzip, sondern nach Massgabe der personellen, oft eben unzulänglichen Möglichkeiten zusammengesetzt.

Wurde schon 1938 da und dort, jedenfalls in der Generalstabsabteilung, die Meinung vertreten, es hätte sich ein Truppenaufgebot sowohl aus militärischen als auch aus politischen Gründen aufgedrängt, so wäre wohl 1939 das Aufgebot von Grenztruppen zu begründen, ja gegeben gewesen (was hintennach leichter zu erkennen sein dürfte als damals!).

Die Kriegsmobilmachung des Grenzschutzes

Der Auszug aus dem Protokoll über die Sitzung des schweizerischen Bundesrates vom Montag, 28. August 1939, anlässlich welcher das Aufgebot des Grenzschutzes auf 29. August beschlossen worden ist, wird im vollen Wortlaut wiedergegeben. Das Protokoll der Konferenz der Generalstabsabteilung vom 28. August 1939, 17.45 Uhr[63] lautet lakonisch: «Oberstkorpskommandant Labhart teilt mit, dass der Bundesrat beschlossen hat, auf morgen Dienstag, den 29. August 1939, den Grenzschutz aufzubieten. Die Aufgebotsplakate werden etwa um 5 Uhr angeschlagen werden.» Damit erfährt die Geschichte der Grenzbrigade 5 eine Wende. Mit ihr in der Folge diejenige der ganzen Armee, des Schweizer Volkes, unseres ganzen Landes.

Zusammenfassung und Ergänzung

Der Truppenordnung 1936/38 lag die Auffassung zugrunde, mit der politischen Neutralität sei der strategische Nachteil verbunden, dass mit Mobilmachung und Aufmarsch zugewartet wäre, bis eine gegnerische Absicht offensichtlich sein werde. Der Leitgedanke, welcher für die neue Truppenordnung massgeblich war, ging dahin, erstens Heereseinheiten auf verhältnismässig engem Raum mobilisieren und versammeln zu können und zweitens, die Mobilmachung und Versammlung an der Grenze zu sichern. Diese Sicherung wurde zur Aufgabe eines neu zu bildenden Grenzschutzes, nämlich der Grenzbrigaden. Die Notwendigkeit, insbesondere an der Nordgrenze einen kraftvollen Grenzschutz aufzubauen, ist beharrlich und nachrichtendienstlich fundiert von Eugen Bircher erkannt, dargelegt und vom damaligen Chef des EMD, Bundesrat Rudolf Minger, übernommen und politisch durchgesetzt worden.

«Typisch Bircher», das Thema Grenzschutz einer Manöverübung der Infanteriebrigade 12 in deren Wiederholungskurs 1934 zugrunde zu legen: Die Rheingrenze wurde «auf den entsprechenden Limmatabschnitt zurückprojiziert; das eine Regiment hatte die Grenzschutz-Truppen zu stellen – entsprechend der bereits erwogenen Organisation –, während das andere, wesentlich verstärkte Regiment die Aufgabe des mutmasslichen Angreifers zu bearbeiten hatte.»[64]

Die Entwicklung zu diesem modernen, dem «neuen» Grenzschutz ist indessen schrittweise vor sich gegangen. Seit dem Ersten Weltkrieg hatte man zur Grenzsicherung Landsturmverbände vorgesehen. Anfang der dreissiger Jahre wurde er-

151

kannt, dass dieser «normale» Grenzschutz für die sich stellende Aufgabe nicht ausreichen würde. Man schuf in der Folge einen «verstärkten» Grenzschutz dadurch,
dass bei plötzlich auftretender Gefahr die gesamte wehrpflichtige Bevölkerung des
Grenzraumes alarmiert, ad hoc zu Detachementen zusammengefasst und ebenso
ad hoc eingesetzt worden wäre. Eine Kommando-Ordnung hat insofern bestanden, als ein Divisionskommandant und ein Infanterie-Brigade-Kommandant
seiner Division (als «Grenzschutz-Br. Kdt.») und allenfalls noch Abschnitts-
Kommandanten Verantwortungen getragen hätten und – in den Übungen der
Jahre 1936 und 1937 – getragen haben. Diese Übungen hatten aufgezeigt, dass solche Improvisationen niemals ausreichen könnten. Ein «neuer», ein voll organisier-
ter Grenzschutz musste geschaffen werden. Er hat darin bestanden, dass die
Wehrpflichtigen aller Altersklassen, die in einem bestimmten Grenzraum wohnten, in Einheiten aufgeteilt wurden, mit denen, wie in der Feldarmee, Truppenkörper gebildet wurden. Man schuf also Kompanien, Bataillone, Regimenter,
zusammengefasst im Verband einer Grenzschutzbrigade und eingesetzt nach
Massgabe längst erarbeiteter Einsatzbefehle in einem Gelände, welches durch Permanenzen zu verstärken war.

Der normale Landsturm-Grenzschutz, verstärkt durch die Wehrpflichtigen des
Grenzraumes, wurde für die Übung 1936 aufgeboten; die Wehrpflichtigen des
Grenzraumes unter Beteiligung des Infanterie-Regiments 24, das sich teilweise aus
wehrpflichtigen Auszügern des Grenzraumes rekrutierte, wurde für die Übung
1937 aufgeboten. Der neue Grenzschutz, geschaffen durch Bundesratsbeschluss
vom 23. Juli 1937, wurde am 29. August 1939 mobilisiert.

Diese Entwicklung ist auch aus dem Bericht des Generalstabschefs über den Aktivdienst 1939–1945 S.71 ff. erkennbar, wo der Generalstabschef zudem die viel-
fältige Problematik des damaligen Grenzschutzes aufzeigt.

Auf den Seiten 116 und 117 wird auf die grossen Anstrengungen im Bereich der
materiellen Aufrüstung durch wiederholte Beschlüsse der eidgenössischen Räte
hingewiesen, wobei die grosse Rüstungsvorlage vom 17. April 1937 hervorzuhe-
ben ist. Doch dies war zu spät! Alfred Ernst stellt fest[65], dass die bewilligten finanziellen Mittel bis zum Kriegsausbruch «nicht mehr in vollem Umfang in Material
umgesetzt werden» konnten. Von den bis 1939 beschlossenen «816 Millionen
konnten nur 300 Millionen Franken ausgegeben werden, so dass der Generalstabschef in seinem Bericht über den Aktivdienst feststellen musste, ‹die Bewaffnung
unseres Heeres sei im allgemeinen ungenügend und rückständig› gewesen.»

Die Zeitgerechtigkeit wehrpolitischer Massnahmen ist entscheidend für unsere
Abwehrbereitschaft; dies insbesondere angesichts der sehr begrenzten rüstungs-
industriellen Möglichkeit unseres Landes. Dies ist eine der wesentlichen Lehren
der schweizerischen Landesverteidigungspolitik zwischen den beiden Weltkriegen.

Hans Hemmeler

SITZUNG DES SCHWEIZERISCHEN BUNDESRATES
AUSZUG AUS DEM PROTOKOLL
SÉANCE DU CONSEIL FÉDÉRAL SUISSE
EXTRAIT DU PROCÈS-VERBAL
SEDUTA DEL CONSIGLIO FEDERALE SVIZZERO
ESTRATTO DEL PROCESSO VERBALE

Montag, 28. August 1939.

Internationale Lage.

M ü n d l i c h.

Herr Bundespräsident Etter orientiert über die
Feststellungen hinsichtlich der internationalen Lage, die
seit gestern Sonntag gemacht worden sind. Es steht fest,
dass Deutschland vollständig mobilisiert hat; Frankreich
hat die Mobilisation zu 6/8 durchgeführt; Holland hat heute morgen das gesamte Heer und die Flotte vollständig mobilisiert; in Italien stehen 1,7 Millionen Mann unter den Waffen. Morgen Dienstag dürfte der kritische Zeitpunkt sein. Was
Italien tun wird, ist noch nicht abgeklärt. Jedenfalls ist
die Lage äusserst heikel,wie wir aus Berichten unserer Ge-
sandtschaften in Paris, London und den Niederlanden folgern.
Es dürfte überraschend sein, dass z.B. Holland die Generalmobilmachung beschlossen hat. Es stellt sich an die Schweiz
die Frage, ob sie diesem Beispiel folgen und ebenfalls zur
Generalmobilmachung schreiten soll.

In der Beratung werden hinsichtlich des Ernstes der
Lage verschiedene Ansichten geäussert. Einzelne Mitglieder halten die Friedenschancen heute für grösser als gestern und haben
bestimmte Hoffnung auf Verhinderung des Kriegsausbruches. Andere Mitglieder sind der Auffassung, dass sich die Lage eher ver-
schlimmert habe und dass nunmehr mit der Möglichkeit eines
Krieges gerechnet werden müsse. Deshalb sei es namentlich auch
militärisch nicht zu verantworten, noch länger Gewehr bei Fuss
zu stehen . Je nach der Antwort aus England, die noch heute abend
oder in der Nacht dem deutschen Reichskanzler übergeben werden
soll, wäre mit einer militärischen Aktion Deutschlands gegen

153

Danzig und Polen schon innert wenigen Stunden zu rechnen.
Der Vorsteher des Militärdepartements stellt daher den Antrag auf sofortige Aufbietung des ganzen Grenzschutzes. Er
bemerkt dabei, dass dies das Minimalbegehren des Generalstabs
sei, der sogar die Pikettstellung der ganzen übrigen Armee
für geboten erachte. So weit möchte aber der Vorsteher des
Militärdepartements vorläufig noch nicht gehen. Der Rat hält
angesichts der Ausführungen des Vorstehers des Militärdepartements und namentlich einer soeben eingetroffenen Meldung aus
Paris die Aufbietung des Grenzschutzes für dringend geboten.
Die Frage ist nur, ob das Aufgebotsplakat jetzt schon angeschlagen und der Grenzschutz unverzüglich, d.h. zum Einrücken
noch im Verlaufe dieser Nacht, aufgefordert werden soll, oder
ob es genügt, wenn das Plakat morgen bei Tagesgrauen angeschlagen wird und so die Grenzschutztruppen erst im Verlaufe des
Vormittags ihre Stellungen beziehen. - Es wird sodann auch noch
über die Einberufung der Bundesversammlung sowie über die Er-
greifung von Massnahmen zur Einschränkung des Benzinverbrauches
und zur Verhinderung von Hamsterei beraten.

Hierauf wird

b e s c h l o s s e n :

1. Der Grenzschutz wird auf morgen früh aufgeboten, in der Meinung, dass das Aufgebotsplakat spätestens um 5 Uhr in den
   Gemeinden angeschlagen sein soll und die Mannschaften sofort
   einzurücken haben. Bekanntmachung auch durch das Radio.

2. Die Bundesversammlung wird auf Mittwoch einberufen und zwar
   in der Meinung, dass die Kommissionen schon um 10 Uhr zusam-
   mentreten würden, dass um 14 1/2 Uhr eine Präsidentenkonfe-
   renz und um 15 1/2 Uhr die Fraktionssitzungen stattfinden
   sollen, während die vereinigte Bundesversammlung am Abend
   Sitzung hätte, zur Wahl des Generals, nachdem die beiden

Kammern um 17 Uhr getrennt getagt haben werden zur Beschluss-
fassung über die ausserordentlichen Vollmachten. Traktanden
wären für die vereinigte Bundesversammlung, die Wahl des Generals; für die beiden getrennten Sitzungen der Kammern, die
Erteilung der ausserordentlichen Vollmachten an den Bundesrat.

3. Das Volkswirtschaftsdepartement hat mit sofortiger Wirkung
(noch in dieser Nacht vom Montag zum Dienstag ab 00 Uhr)
Massnahmen zur Einschränkung des Benzinverbrauches zu erlassen.

4. Ferner lässt das Volkswirtschaftsdepartement sofort (ebenfalls
mit Wirkung von 00 Uhr an in dieser Nacht von Montag auf Dienstag)
die Vorschriften über die Einstellung der Abgabe bestimmter Le-
bensmittel, ausgenommen an Bedürftige im Besitze blauer Lebens-
mittelkarten, in Kraft treten.

5. Der Herr Bundespräsident wird heute um 19.30 Uhr durch das Radio
eine Ansprache an das Volk richten.

     Protokollauszug an sämtliche Departemente sowie an
die Bundeskanzlei.

     Für getreuen Auszug,
     Der Protokollführer:

GENERALSTABSABTEILUNG.   Entwurf.   2

———————————
vE/schw

Geheim.

V E R O R D N U N G

über die

O R G A N I S A T I O N   D E R   G R E N Z T R U P P E N.

(Bundesratsbeschluss vom 23.7 1937.)

———————

DER SCHWEIZERISCHE BUNDESRAT,

gestützt auf Art.53 der Militärorganisation

und

in Vollziehung von Art.5 des Beschlusses der Bundesversammlung vom
7. Oktober 1936 betreffend die Organisation des Heeres (Truppenordnung),
unter Vorbehalt der Genehmigung der Ergänzungen und Aenderungen der
Truppenordnung durch die Bundesversammlung,

b e s c h l i e s s t :

Art. 1.

Die Grenztruppen gliedern sich in :

Brigaden,

Regimenter,

Bataillone,

Kompagnien,

Detachemente.

Die Zusammensetzung der Stäbe und Einheiten der Grenztruppen ist durch
die Tabellen im Anhang geregelt, soweit es sich nicht um Einheiten und Detachemente handelt, deren Zusammensetzung durch die Truppenordnung bestimmt ist.

Für die Grenzbefestigungswerke gilt der Bundesratsbeschluss vom 29.
Dezember 1936 betreffend die Neuordnung des Festungswesens. Im Kriege sind
die Werke mit ihren Besatzungen den Kommandanten der Grenztruppen unterstellt;
für Friedensübungen können sie ihnen unterstellt werden.

- 2 -

<u>Art. 2.</u>

. . . .

<u>Art. 3.</u>

Die Stäbe und Einheiten der Grenztruppen werden aus Kadern und Mannschaften aller Heeresklassen gebildet.

Die Einteilung bei den Grenztruppen erfolgt in der Regel aber erst
beim Uebertritt in die Landwehr; sie bleibt nachher bis zum Austritt aus
der Wehrpflicht bestehen.

Versetzungen infolge Wohnsitzwechsel oder aus andern dringenden
Gründen bleiben vorbehalten.

<u>Art. 4.</u>

Kader und Mannschaften der Auszugs-Infanterie bilden die Auszugs-
Stammbataillone und werden dort eingeteilt.

Die Zuteilung dieser Dienstpflichtigen zu den Grenztruppen wird
sowohl in den Dienstbüchlein, als auch in den Korpskontrollen vermerkt.
Das gleiche gilt für die den Grenztruppen zugeteilten Auszugs-Kader und -
Mannschaften der Spezialtruppen.

<u>Art. 5.</u>

Für die Auszugs-Stammbataillone gelten die Sollbestandstabellen der
Infanterie-Bataillone der Armee. Dasselbe gilt sinngemäss für die den Grenztruppen zugeteilten Verbände anderer Truppengattungen.

Die Anzahl der Ueberzähligen bemisst sich nach dem Bedarf der Stäbe
und Einheiten der Grenztruppen. Der Bedarf an Mitrailleuren und Infanterie-
Kanonieren kann auch aus den leichten Truppen des Grenzschutzes gedeckt
werden.

Art. 6.

Zur Verstärkung der Grenzsicherung können auch **Territorialverbände**
den Grenztruppen organisatorisch zugeteilt werden. Das Militärdepartement
bezeichnet die zu solcher Verwendung gelangenden Territorial-**Regimenter,**
– Bataillone und – Kompagnien.

Art. 7.

Die Grenztruppen werden bataillons- oder einheitsweise in der Grenzzone rekrutiert. Alle dort wohnenden Dienstpflichtigen sind grundsätzlich
den Grenztruppen zuzuteilen. Ausnahmen dürfen nur gemacht werden, sofern
die Rekrutierung für gewisse Spezialtruppen es erfordert.

Je nach Bedarf ist das Rekrutierungsgebiet für die Grenztruppen mehr
oder weniger gegen das Landesinnere auszudehnen. Das gilt namentlich für die
den Grenztruppen angehörenden Verbände anderer Truppengattungen.

Art. 8.

Die Kontrollführung erfolgt für Kader und Mannschaften des Auszuges
in den Stammbataillonen und – einheiten, für Kader und Mannschaften der Landwehr und des Landsturms in den Stäben und Einheiten der Grenztruppen.

Für die Kader und Mannschaften des Auszuges werden den Kommandanten
der Grenztruppen Auszüge aus den Korpskontrollen in Form von Mannschafts-
kontrollen durch die kontrollführenden Behörden zugestellt.

Für die eidg. Stäbe und Einheiten gilt der Bundesratsbeschluss betreffend Kontrollführung und Verwaltung der Füsilier- und Schützen- Stabskompag-
nien vom 22. April 1937 (vgl. Art.7 dieser Verordnung).

– 4 –

Art. 9.

Die Grenztruppen werden, wie die Truppen der Feldarmee, durch Mobilmachungsplakat aufgeboten.

Sie rücken gemäss ihrer Einteilung auf besondern, in der Grenzzone liegenden Korpssammelplätzen ein. Direkt in den Stellungen rücken nur bestimmte Grenzsperrdetachemente und die erste Besatzung der Grenzbefestigungswerke ein; diese können durch persönliches Aufgebot auch vorgängig der Mobilmachung aufgeboten werden.

Art. 10.

Die Zahl der schweren Infanteriewaffen der Grenzbataillone ist je nach deren Aufgabe verschieden. Das Militärdepartement setzt für jedes Bataillon die Zahl dieser Waffen fest. In besonderen Fällen kann auch organisatorische Zuteilung an einzelne Kompagnien erfolgen. Ebenso bleibt die organisatorische Eingliederung von Mitrailleur-Zügen in einzelne Füsilier- oder Schützenkompagnien durch das Militärdepartement vorbehalten.

Die Zuteilung von Personal und Material für den Melde- und Verbindungsdienst, sowie für den Nach- und Rückschub, verfügt das Militärdepartement. Dieses ist auch ermächtigt, Aenderungen in der Zuteilung von Motorfahrzeugen vorzunehmen.

Art. 11.

Diese Verordnung tritt auf 1. Januar 1938 in Kraft.

———————————

Bern, den   1937.   Im Namen des schweiz. Bundesrates:

Der Bundespräsident:

Vita

Der Bundeskanzler:

15.7.37.

SITZUNG DES SCHWEIZERISCHEN BUNDESRATES
AUSZUG AUS DEM PROTOKOLL
SÉANCE DU CONSEIL FÉDÉRAL SUISSE
EXTRAIT DU PROCÈS-VERBAL
SEDUTA DEL CONSIGLIO FEDERALE SVIZZERO
ESTRATTO DEL PROCESSO VERBALE

- 2 - AUG. 1937

5/1

Freitag 23. Juli 1937.

Grenzschutz.

Militärdepartement. Bericht und Antrag vom 22.Juli 1937.

Das Militärdepartement legt den Entwurf zu einer Verordnung über die Organisation der Grenztruppen zur Genehmigung vor. Diese Verordnung soll indessen nicht publiziert werden.

Die Entwicklung der Kriegstechnik seit dem Weltkrieg hat Möglichkeiten geschaffen für einen überfallartigen Kriegsbeginn, wie er vorher nicht bestanden hat.

Um einem solchen Ueberfall begegnen zu können ist es notwendig, dass wir in einer möglichst kurzen Zeit Truppen an der Grenze haben, die die Sperrstellungen besetzen.

Dies wird in erster Linie durch die freiwilligen Grenzschutz-Kompagnien und besondere Sperrdetachemente erfolgen, bis eine stärkere Truppe zur Stelle ist.

Für diese besondere Aufgabe ist vorgesehen, eine Grenzschutzorganisation zu schaffen, die durch sehr rasche Mobilmachung in der Lage sein wird, die Mobilmachung der im Landesinnern mobilisierenden Truppen zu decken.

Unter der Voraussetzung frühzeitiger Mobilmachung kann der Grenzschutz für unsere Landesverteidigung Entscheidendes leisten, indem er motorisierte Ueberfalltruppen an der Grenze aufzuhalten und damit den Deckungsdivisionen die nötige Zeit für die Mobilmachung und den Aufmarsch zu verschaffen vermag. Aber eben nur unter der Voraussetzung, dass auch die Mobilmachung der Armee frühzeitig, d.h. in der Regel gleichzeitig mit dem Aufgebot des Grenzschutzes angeordnet werde. Denn einem organisierten Angriff gegenüber kann der Grenzschutz, abgesehen von Gebirgsstellungen, nicht standhalten.

Nun sind aber noch Fälle denkbar, in denen eine Grenzsicherung nötig wird, ohne dass ein Krieg droht. Für diese Fälle kann der Grenzschutz für sich allein aufgeboten werden, wenn man dann nicht vorzieht, Teilmobilmachungen von Divi-

sionen oder auch nur Regimentern zu befehlen. Was am zweckmäs-
sigsten ist, wird in jedem einzelnen Fall zu prüfen und zu entscheiden sein.

Diese Grenztruppen werden aus allen in den Grenzzonen
wohnenden Angehörigen der 3 Heeresklassen gebildet. Ihre Gliederung und Zusammenstellung ist aus dem vorgelegtem Entwurfe zu
einer Verordnung über die Organisation der Grenztruppen ersichtlich.

Der Bundesrat

b e s c h l i e s s t :

Dem Antrag des Militärdepartements wird zugestimmt und der
vorgelegte Verordnungsentwurf wird genehmigt. Von einer Publikation der Verordnung wird Umgang genommen.

Protokollauszug an das Militärdepartement (3 Exempl.) zum
Vollzug.

Für getreuen Auszug,
Der Protokollführer:

Leimgruber

Kommando 4.Division

Nr. 14770.   Aarau, den 21.Dezember 1937.

G r e n z s c h u t z .
Neuordnung auf 31.12.37.

Am 1.Januar 1938 tritt die neue Grenzschutzorganisation
in Kraft. Alle bisher für den verstärkten Grenzschutz getroffenen Massnahmen werden mit dem 31.Dezember 1937 hinfällig.
Sämtliche den alten Grenzschutz betreffenden Befehle, Zutei-
lungen usw. sind von diesem Zeitpunkt an nichtig.

Alle Kommandanten des bisherigen verst.Grenzschutzes und
die Mobilmachungsfunktionäre senden bis 31.Dezember 1937 alle
Akten, welche auf den verstärkten Grenzschutz Bezug haben,
direkt ohne Einhaltung des Dienstweges, ein:

Grenzschutz Br.11 (bish.) an Oberst Strüby,neu,Kdt.Gz.Br.4,
                           Bern, Effingerstr.21.

Grenzschutz Br.12 (bish.) an Oberst Renold,neu Kdt.Gz.Br.5,
                           Aarau.

Die Kdten der neuen Gz.Br.4 & 5 entscheiden, welche Akten
noch Gültigkeit haben. Die übrigen, nicht mehr gültigen Akten
werden von ihnen bis 15.Januar 1938 an das Bureau der (neuen)
5.Division,Aarau, gesandt und, soweit sie nicht zu archivieren
sind, vernichtet.

                    Kommandant der 4. Division:

                         B i r c h e r .

Zur Ausführung:

An alle Kdten des verst.
   Grenzschutzes (bis zum
   Det.,Sperrposten).
An die beteiligten Mob.Funkt.

Zur Kenntnis an:

Kdt.2.A.K.
Gst.Abt.
Kant.Militärbehörden,Basolland &
 Baselstadt.

Eidg. Militärdepartement.   Bern, den 21. August 1937.

No. 5/1.

An die Militärbehörden der Kantone.
    "   "   Dienstabteilungen des E.M.D. mit Truppen.

Betrifft:
Neuer Grenzschutz.

Für die Zuteilung der Wehrmänner der Grenzzone zu den Stäben und Einheiten des neuen Grenzschutzes sind folgende Richtlinien massgebend:

1. Auszug. Die gesamte Infanterie ist in die Stamm-Bataillone einzuteilen und infolgedessen den Stäben und Einheiten der Grenztruppen zuzuweisen, mit Ausnahme der Führer der Stabs- und der Mitrailleur-Kompagnien (weil die Führer nicht zum Grenzschutz gehören).

Die Einteilung der übrigen Wehrmänner zu den Grenztruppen darf nur im Einvernehmen mit den betreffenden Dienstabteilungen erfolgen.

2. Landwehr und Landsturm. Die gesamte Infanterie, einschliesslich die Führer der Mitrailleur-Kompagnien, ist in die Stäbe und Einheiten der Grenztruppen einzuteilen.

Das gleiche gilt grundsätzlich für die Angehörigen der übrigen Waffen. Ohne Einverständnis der Dienstabteilungen darf jedoch nicht verfügt werden über:

- ganz allgemein die Offiziere der Spezialwaffen,
- die Angehörigen der leichten Truppen der Landwehr,
- die zwei jüngsten Landwehrjahrgänge der Artillerie im allgemeinen und die gesamten Angehörigen der Motor- und Beobachtungsartillerie der Landwehr im besondern,
- die Angehörigen der Genietruppen der Landwehr,
- die Landsturm-Sappeure,
- die Fliegerpioniere,
- die Angehörigen der Sanitätstruppe,
- die Angehörigen der Verpflegungstruppe im Oberwallis, im Tessin und in Graubünden,
- die Angehörigen der Motortransporttruppe,
- die Angehörigen des Brieftaubendienstes,
- die Wehrmänner mit Spezialaufgaben (Fliegerbeobachtungs- & Meldedienst etc.).

Von den Landwehr-Dragonern und den Landsturm-Fliegerpionieren werden nur einzelne bestimmte Wehrmänner für andere Zwecke benötigt, sodass die Dienstabteilungen den Grossteil dieser Leute für den Grenzschutz frei geben können. Demgegenüber kann es sich bei den übrigen, oben erwähnten Gruppen - mit Ausnahme der Sanität, wo die Verhältnisse noch andere sind - nur darum handeln, dass in einzelnen, besonderen Fällen Wehrmänner für den Grenzschutz freigegeben werden.

Eidg. Militärdepartement:

[1] Alfred Ernst, Oberstkkdt z.D., Die Konzeption der schweizerischen Landesverteidigung 1815–1966, Verlag Huber 1971, S. 100.

[2] Bericht des Chefs des Generalstabs der Armee an den Oberbefehlshaber der Armee über den Aktivdienst 1939–1945, S. 71.

[3] a. a. O. S. 209.

[4] a. a. O. S. 420.

[5] vgl. Heller, Fussnote 54. Es handelte sich offenbar nur um Vorschläge für eine Verfügung des EMD im Sinne eines Organisationsbeschlusses.

[6] Antwort auf die kleine Anfrage Stähli-Bern vom 17. Dezember 1936, B Ar E 27–13175; vgl. Fussnote 23

[7] Memorial des Chefs der Generalstabsabteilung, Roost, betreffend den «Grenzschutz» zur Sicherung von Mobilmachung und Aufmarsch vom 6. März 1930, B Ar E 27 – 13137; vgl. Heller, Fussnote 14.

[8] Der Verfasser übernimmt die Schreibweise und Abkürzungen, die damals gebräuchlich waren.

[9] Entwurf des EMD für den Ersatz der «Vorschriften betr. Vorbereitung des Grenzbewachungsdienstes» vom 9.2.1912, mit dem Titel: Vorschriften betreffend die Vorbereitung zum Grenzschutz, für die Bahnbewachung und die Bewachung der wichtigen Anlagen und Plätze, 1930; B Ar E 27 – 13172.

[10] Höhenzug NNW Kleinlützel.

[11] B Ar E 27–13256.

[12] Heller, S. 96.

[13] Zit. aus dem Papier «Besondere Übungen ...» B Ar E 27–13256, s. oben, Fussnote 11.

[14] Die aufschlussreichsten Mitteilungen aus jener Zeit erhielt der Verfasser vom damaligen Lehrer in Wislikofen, Lt Alfred Regez, eingeteilt gewesen in der Füs Kp III/58.

[15] Sammelplätze gab es in Siglistorf, Lengnau, Tegerfelden, Klingnau, Leuggern, Villigen, Mettau, Kaisten, Mönthal und Eiken.

[16] Wahrscheinlich setzte sich das Detachement aus Angehörigen seiner Kp zusammen, die *nicht* im Grenzraum wohnten.

[17] Kommando 4. Division: Bericht über die Grenzschutzalarmübung im Abschnitt Kaiserstuhl–Stein (I Br 12) 1936 (vom 29. Dezember 1936); B Ar E 27–13256, Bd. 2.

[18] «Aargauer Tagblatt», 2. April 1988

[19] Deren Kdt war Hptm Werner Graf, der nachmalige Kdt der Füs Kp I/59 und der Gz Füs Kp I/254.

[20] Gst Abt an Eidg. Militärdepartement betr. Grenzschutz vom 14. Mai 1937, B Ar E 27, 13175.

[21] «Die Tat» Nummer 58 vom 16. Dezember 1936.

[22] Abgedruckt und kommentiert im «Freien Aargauer» vom 18. Dezember 1936.

[23] B Ar E 27: 13175.

[24] Es handelt sich zweifellos um Inf Rgt 24.

[25] Sten. Bull. SR vom 11. Juni 1936, S. 328.

[26] Vgl. Heller, S. 84 oben.

[27] Sten. Bull. NR, 5. Juni 1936, S. 918.

[28] Sten. Bull. SR, 11. Juni 1936, S. 330.

[29] Botschaft des Bundesrates betreffend die Verstärkung der Landesverteidigung vom 17. April 1936 (die sog. Rüstungsbotschaft).

[30] Botschaft S. 733.

[31] Berichterstatter im NR, Emil Keller (aargauischer Finanz- und Militärdirektor), Sten. Bull. NR, 4. Juni 1936, S. 956.

[32] Botschaft, S. 720, 721.

[33] Heller S. 87.

[34] BBl, 88. Jg., Bd. II, S. 17.

[35] Botschaft vom 17. April 1936, S. 733, oben.

[36] Wir stellten diesen Sachverhalt im Beizug und Einsatz des Inf Rgt 24 während der Alarmübungen in den Jahren 1936 und 1937 fest.

[37] In der Regel einer Grenz*kompanie*.

[38] Sten. Bull. SR, 3. September 1936, S. 409 ff.

[39] Sten. Bull. NR, 5. Juni 1937, S. 998.

[40] Eidg. Gesetzessammlung Bd. 52, S. 881.

[41] B Ar E 27 – 13249; Bericht an die Landesverteidigungskommission über die neue Grenzschutzorganisation.

[42] B Ar E 27 – 13249: Eidgenössisches Militärdepartement an den Bundesrat betr. Neue Grenzschutzorganisation vom 16. Juli 1937.

[43] Gest Abt an Kdo 4. Div betr. Neuer Grenzschutz

[44] B Ar E 27 – 13249.

[45] Brief Gst Chef an die Aarg. Militärdirektion vom 22. Juli 1937, B Ar E 27 – 13249.

[46] siehe oben S. 120, Die Aufgabe des neuen Grenzschutzes.

[47] B Ar E 27 – 13249: Generalstabsabteilung: Instruktion über Aufgabe und Verwendung der Grenztruppen nach neuer Truppenordnung und Befehl für die Rekognoszierung vom 29. Juli 1937.

[48] B Ar E 27 – 13249.

[49] B Ar E 27 – 13249.

[50] Brief des Kdt 2. AK an das EMD betreffend Ausbildung der Grenzschutzformationen vom 16. März 1937; Memorandum des Kdt 2. AK betreffend Ausbildung der Grenzschutzbataillone vom 12. April 1937. B Ar E 27 – 13249.

[51] B Ar E 27 – 7745.

[52] Gedenkschrift Grenz-Regiment 50, 1947, Selbstverlag der Redaktionskommission (Leitung Oblt Drack, Nof Gz Rgt 50).

[53] Der Bau des Art Werkes Reuenthal ging auf eine Anregung Oberstdiv Eugen Birchers zurück (Heller, S. 88) und erfolgte in den Jahren 1937/39; s. S. 222, Robert Vögeli: Die Festung Reuenthal.

[54] B Ar E 27-13359.

[55] Die freiwilligen Grenzschutzkompanien wurden vom Jahre 1936 an geschaffen; die erste durch BRB vom 10. 11. 1936. Bundesrat Minger berichtete den eidg. Räten bei Verhandlung der neuen Truppenordnung recht ausführlich: Sten Bull. Ständerat vom 30. 9. 1936, Seite 410; NR vom 6. 10. 1936, Seite 1376. Abgelöst wurden die freiwilligen Grenzschutzkompanien am 1. April 1942 durch das Festungswachtkorps (BRB vom 25. Juni 1941). Einen guten Einblick in die Geschichte des Festungswachtkorps bildet der Artikel «25 Jahre Festungswachtkorps», Neue Zürcher Zeitung vom 30. März 1967 Morgenausgabe Blatt 4, Nr. 1344.

[56] B Bl 1938 II, Seite 148.

[57] A S 1939, 54, Seite 342.

[58] B Ar E 27-13267, Band 9.

[59] BRB vom 27. Juli 1939, A S 1939, 55, Seite 659.

[60] B Ar E 27-7745, vergl. Fussnote 51.

[61] B Ar E 27-7745, Fasc. Grenzschutzübungen.

[62] Quelle dieser zusammenfassenden Darstellung ist eine Sonderbeilage der «Basler Nachrichten» vom Montag, 24. August 1959.

[63] B Ar E 27 – 14231.

[64] Rolf Zschokke: Die Infanterie-Brigade 12 in: Festschrift Eugen Bircher, Aarau, 1952, S. 310.

[65] Alfred Ernst, s. Fussnote 1, S. 164.

Armée suisse   Schweizerische Armee   Esercito svizzero

KRIEGSMOBILMACHUNG
AUFGEBOT DER GRENZTRUPPEN

MOBILISATION DE GUERRE   MOBILITAZIONE DI GUERRA
MISE SUR PIED DES TROUPES FRONTIÈRES   CHIAMATA ALLE ARMI DELLE TRUPPE DI FRONTIERA

1. Die Grenztruppen werden hiemit aufgeboten.
  a) **Alle Wehrpflichtigen**, deren Dienstbüchlein einen **roten** Mobilmachungszettel enthält, haben **sofort** an den im Mobilmachungszettel angegebenen Orten einzurücken.
  b) **Pferdestellung:** Die für die Stellung von Pferden und Maultieren an die Grenztruppen bestimmten Gemeinden haben diesen Befehl **sofort** auszuführen.
  c) **Stellung der Motorfahrzeuge:** Alle Motorfahrzeuge (Personenwagen, Lastwagen, Motorräder etc.), deren Fahrzeugausweis mit einem **roten** Aufgebotszettel versehen ist, sind **sofort** an dem im Aufgebotszettel angegebenen Orte zu stellen.

2. Es sind ferner ebenfalls aufgeboten und haben sofort einzurücken:
  a) Die Territorialkommandostäbe 1–12, die Mobilmachungsfunktionäre, das Personal des Munitionsdienstes;
  b) Die Organe des Flieger-Beobachtungs- und Meldedienstes;
  c) Die Organe des passiven Luftschutzes;
  d) Die Mineurdetachemente.   **Eidgenössisches Militärdepartement.**

1. Les troupes frontières sont mises sur pied.
  a) **Tous les militaires** dont le livret de service est muni de la fiche **rouge** de mobilisation entrent **immédiatement** au service aux endroits prescrits par la fiche de mobilisation.
  b) **Fourniture des chevaux:** Les communes ayant été désignées pour fournir des chevaux et mulets aux troupes frontières exécutent **immédiatement** l'ordre de fourniture.
  c) **Fourniture des véhicules à moteur:** Tous les véhicules à moteur (voitures, camions, motocyclettes, etc.) dont le permis de circulation est muni d'un ordre de marche **rouge** sont à remettre **immédiatement** à la troupe à l'endroit indiqué par l'ordre de marche.

2. Sont également mis sur pied et entrent au service immédiatement:
  a) Les états-majors territoriaux 1–12, les fonctionnaires de la mobilisation, le personnel du service des munitions;
  b) Les organes de repérage et de signalisation d'avions;
  c) Les organes de la défense aérienne passive;
  d) Les détachements de mineurs.   **Département militaire fédéral.**

1. Le truppe di frontiera sono chiamate alle armi.
  a) **Tutti i militari**, il cui libretto di servizio è munito dell'avviso di mobilitazione di color **rosso**, devono entrare **immediatamente** in servizio giusta le istruzioni contenute in detto avviso.
  b) **Consegna dei cavalli:** I comuni che sono stati designati per la consegna dei cavalli o muli alle truppe di frontiera devono eseguire **subito** questo ordine.
  c) **Consegna degli autoveicoli:** Tutti gli autoveicoli (autovetture, autocarri, motociclette, ecc.), la cui licenza di circolazione è munita di un ordine di marcia di color **rosso**, devono essere presentati **subito** giusta le istruzioni contenute in detto ordine.

2. Sono parimente chiamate alle armi e entrano in servizio immediatamente:
  a) Gli stati maggiori territoriali 1–12, i funzionari della mobilitazione, e il personale del servizio delle munizioni;
  b) Gli organi del servizio d'avvisamento e di segnalazione antiaereo;
  c) Gli organi della protezione antiaerea;
  d) I distaccamenti minatori.   **Il Dipartimento militare federale.**

166

Kurz nach ihrer Gründung musste unsere Brigade eine Prüfung bestehen, nicht die schlimmstmögliche, doch eine schwierige Prüfung, sechs Jahre Aktivdienst am Rande des Krieges. Am 17. April 1940 steht in einem Bataillonstagebuch der Satz, es «herrscht bei uns Soldaten Ruhe und Besonnenheit und Vertrauen, Vertrauen in unsere Führung und Vertrauen in uns selbst.»

Es gab damals noch keine Meinungsumfragen heutiger Art. Hätte es sie gegeben, es wäre bis zum Kriegsende das Vorherrschen dieses Gefühls festgestellt worden. Das bezeugen die meisten, die damals als junge Leute den Aktivdienst erlebt haben. Und es liest sich aus den über dreissig Tagebüchern, oft über fünf Bände stark, die uns die Höhen und Tiefen des Lebens unseres Grossverbandes spüren lassen.

Diese Tagebücher sind – mit den mündlichen Erzählungen der damaligen Soldaten – eine notwendige Ergänzung der Monats- und Quartalsberichte der Truppenkommandanten. Ich bin dem jungen Historiker Stefan Räber dankbar, dass er mit Sinn für das Wesentliche und Ausdauer geholfen hat, diese umfangreichen Quellen auszuschöpfen. Und wir beide danken den Beamten des Schweizerischen Bundesarchivs für ihre Hilfe.

Die Dienstleistungen

Der erste Aktivdienst, 29. August bis 9. Dezember 1939

Die Nacht vom Montag, den 28., auf den 29. August war sehr kurz für uns Grenzsoldaten. Wir mussten mit unserer zivilen Tätigkeit in Eile abschliessen. Dann packten wir, machten die persönliche Waffe schussbereit, verstauten die Taschenmunition und – nahmen Abschied; für wie lange? fürs Leben? Der Brigadekommandant wie alle andern; er verliess sein Haus morgens fünf Uhr.

Die Truppe rückte mit selbstverständlicher Ruhe ein, die Bataillone auf ihren Organisationsplätzen, die «Alarm-Detachemente» auf ihren Posten an der Grenze, die Werkbesatzungen in ihren Bunkern. Die Verantwortlichen schlossen die Grenzzeughäuser, gemietete Lagerräume, auf und begannen mit dem Verteilen der Arbeitsuniformen und des übrigen Materials. Die Kollektivwaffen wurden gefasst mit den dazugehörenden Mengen von Munition, die Gasmasken wurden verpasst.

167

Zur Vereidigung traten die Bataillone am frühen Nachmittag an, die Auszugs-Kompanien im Amphitheater von Vindonissa um 15.30 Uhr; sie wurde durch höhere Truppenkommandanten geleitet. Wie schon vormittags fiel die Ruhe und Sicherheit der Truppe auf. Dann marschierte man in die Einsatzräume; Truppen mit weitem Weg und schweren Lasten wurden hingefahren, so dass die Stellungen um etwa 16 Uhr besetzt waren. Unsere Alarmdetachemente waren schon am frühen Vormittag auf ihren Posten, auch der Kern der Werkbesatzungen. Die Tankbarrikaden an den Rheinbrücken waren schon während der Nacht eingesetzt worden. Im Laufe des Abends begab sich der Bataillonskommandant von Posten zu Posten, um auch diese Besatzungen zu vereidigen.

«Stellungen besetzt», das war ein erster Anfang. Ich erinnere mich, wie ich als Leutnant dann mit den Unteroffizieren Stellungen und Wechselstellungen absteckte, während die Soldaten in Deckung die Zelte bauten und der Wachtmeister mit Gehilfen in den Baugeschäften Pickel, Schaufeln und Beile requirierte. Abends und während der ganzen Nacht wurden Löcher für Waffen und Schützen gegraben, in der ganzen Brigade, durch ein Drittel der Leute, während das zweite Drittel patrouillierte und wachte, das dritte ruhte; nach vier Stunden Wechsel. Morgens waren die Rücken steif von der ungewohnten Arbeit und dem Liegen auf hartem Boden, und man sah, dass die nächtliche Graberei nicht restlos gelungen war.

In den folgenden Tagen und Nächten blieb uns viel Bauarbeit; davon wird später die Rede sein. Aber es galt auch, durch Einzelprüfungen den Ausbildungsstand festzustellen und ihn durch Training zu verbessern. Täglich fand ein kurzes Zugsexerzieren statt. Die Verpflegung wurde in Kochkisten gebracht, selten in Gamellen gekocht.

Schnell vergingen diese ersten Tage, während deren die internationale Spannung wuchs. Am 1. September griff Hitler Polen an. Samstag, den 2. September: Generalmobilmachung, Grenztruppen kampfbereit in den Stellungen. Dann hatten sie ihre erste Aufgabe, Sicherung der Mobilmachung, erfüllt. Nun konnten die inzwischen vorbereiteten Unterkünfte in den nahen Dörfern bezogen werden.

Am Sonntag wurde der erste Feldgottesdienst gefeiert. Und das grosse Reinemachen, das schon am Samstag begonnen hatte, wurde abgeschlossen. Ab vier Uhr war Ausgang im Ortsrayon. In Scharen kamen Frauen und Kinder, um ihre Gatten, Väter, Söhne, Freunde und Brüder kurz wiederzusehen.

Es war «selbstverständlich, dass die Grenzbrigade mit den ihr unterstellten Werken am Rhein auch nach erfolgtem Aufmarsch der 5. Division ihre Sicherungsaufgabe an der Grenze beibehielt. Als neue Aufgabe ergab sich, in den vorbereiteten Stellungen als vorgeschobenes Element der Division zu kämpfen» (Br-Bericht).

Das Vorbereiten der Stellungen und Unterstände gab zu tun bis zum Wintereinbruch. Die drei Auszüger-Kompanien betraf das wenig. Sie mussten, neben der täglichen Ausbildung und Bewachungsaufgaben, durch viele Übungen den Brigaderaum kennen lernen und ihre Manövrier- und Kampffähigkeit steigern. Schon am zweiten Aktivdiensttag sauste die Radfahrer-Kompanie von Brugg in den Raum Leuggern, um den «Strick» zu sperren, und die Motorisierte Infanteriekanonen-Kompanie führte einen ähnlichen Auftrag bei Kaiserstuhl durch.

Wesentlich für die Sicherungsaufgabe war das Beschaffen von Nachrichten über Vorgänge jenseits der Grenze. Dazu dienten Kontakte mit Grenzwacht- und Zollorganen, aber auch das Beobachten durch Rheinposten und Beobachtungsposten hoch über dem Fluss, die tiefe Einblicke nach Deutschland ermöglichten. Schon während der ersten Woche inspizierte der Kommandant die Posten «Nebelspalter» und «Naziblick».

Der Kommandant entschied je nach Lage, wieviel Zeit dem Stellungsbau, wieviel der Ausbildung zu widmen sei. Das waren die wesentlichen Tätigkeiten der Truppe. Sie wurden durch den «Novemberalarm» unterbrochen, als man in Frankreich und bei uns einen deutschen Angriff befürchtete und die Brigade am 10. November kurz nach Mitternacht nach Armeebefehl «Erhöhte Bereitschaft» anordnete. Alle Urlauber wurden zurückgerufen. Nach drei Tagen wieder normale Bereitschaft.

Am 17. November wurde die Grenze in grosser Höhe durch mehrere Flugzeuge unbekannter Herkunft verletzt, am Nachmittag überflog ein deutscher Bomber 100 m über Grund Brugg und verliess unser Land bei Koblenz. «Bei allem Staunen vergisst man zu schiessen», steht im Brigade-TB. Die 5. Division befahl die Schussbereitschaft automatischer Waffen bei Stellungen und Kantonnementen, und das Feuer sei auf fremde Flugzeuge sofort zu eröffnen. «Dieser Befehl wird von der Truppe mit Befriedigung aufgenommen, denn dass auf die frechen Eindringlinge am gestrigen Tag nirgends geschossen worden ist, hat sowohl bei der Truppe wie auch bei der Bevölkerung allgemein Unmut erregt» (Rgt-TB 18. November 1939).

Die Division befahl der Brigade selten. Wohl war diese jener unterstellt, aber ihr wurde als einem Grossverband eine gewisse Selbständigkeit zuerkannt. Kontakte nahm vor allem die Aufklärungsabteilung der Division auf, die auf unseren Nachrichtendienst zählte. Und in der Planung der Divisionsartillerie spielten Verteidigungsdispositiv der Brigade und Einsatz ihrer Festungsartillerie eine bedeutende Rolle.

Am 27. November wurde der Stab mündlich orientiert, dass «Beurlaubung auf Pikett» am 9. Dezember geplant sei. Am 6. Dezember wurde die Sicherheitsaufgabe direkt an die Division übergeben, am 9. Dezember wurden die Stäbe und alle Landwehr- und Landsturmleute entlassen. Die Auszüger bildeten die Stamm-Bataillone, die nun, zusammen mit einzelnen Bataillonen der 5. Division, die Grenzsicherung oder im Landesinnern andere Aufgaben übernahmen.

Der zweite Aktivdienst, 6. März bis 6. Juli 1940

Am 6. März 1940 Remobilmachung der Brigade. Sie war neu dem 2. Armeekorps direkt unterstellt und übernahm die alte Sicherungsaufgabe. Daneben beanspruchte der Stellungsbau erneut die meiste Zeit.

Der deutsche Überfall auf Dänemark und Norwegen am 9. April spornte zu intensiver Arbeit und Wachsamkeit an. Am 1. Mai, 3 Uhr löste die Brigade einen Übungsalarm aus; die Stellungen waren um 5 Uhr alle besetzt. Als der Angriff auf die Niederlande und Belgien erfolgte, musste die Brigade am 11. Mai ein zweites

Mai 1940: Erhöhte Bereitschaft wird
befohlen. Die Mannschaft bestattet
feierlich den Urlaub.

Mal eine Generalmobilmachung der Armee decken; am Vortag hatte sie die Bereitschaft erhöht.

Die Woche nach Pfingsten (12. Mai) wurde eine Zeit höchster Spannung: Wird
Frankreich auch durch die Schweiz hindurch angegriffen? Alle Wegweiser und
Ortsbezeichnungen wurden entfernt. Das Journal des Nachrichtenoffiziers (Hptm
Siegwart, später BrKdt) meldet eingehend über die angestrengte Bereitschaft, die
bis zum 20. Mai dauerte. Die Grenzverletzungen durch fremde Flieger mehrten
sich, allein am 10. Mai deren 91 im Brigaderaum. Die wenigsten konnten beschossen werden, und ohne Erfolg.

Als klar wurde, dass wir in naher Zukunft nicht angegriffen würden, nahm die
Spannung ab, aber der Überdruss am Dienst meldete sich, der «Grenzkoller». Mit
dem deutschen Stoss Richtung Schweizer Grenze wuchs die Spannung wieder.

Im Spätsommer 1940 erhielten die Grenz-
kompanien in der Brigade eigene
Standarten. Am Ende eines
Ablösungsdienstes wird hier mit der
Standarte in Klingnau defiliert.

Am 16. Juni sogar Alarmbereitschaft. Doch kam durch den Waffenstillstand am
22. Juni Entlastung in Sicht. Am 16. Juli wurden Landwehr und Landsturm auf
Pikett entlassen. Dazu der Tagesbefehl des Brigadekommandanten, Oberst Renold, mit den Schlusssätzen: «Noch ist unser Land nicht ausser Gefahr. Möge uns
das Schicksal auch in Zukunft gnädig sein. Gott schütze unsere Heimat!»

Ablösungsdienste und Abschluss

Von der Niederlage Frankreichs bis zum deutschen Angriff auf Russland am
22. Juni 1941 herrschte Ungewissheit über die Entwicklung des Krieges, wir mussten auf alles gefasst sein. Nachher bestand keine unmittelbare Gefährdung unseres

Blumenmädchen und Kommandanten:
von links nach rechts: OKKdt Prisi,
Oberst Renold, General Guisan.

Landes. Aber 1944 bis 1945 hätten die Operationen der Alliierten in Frankreich und Italien zu uns hereinbranden können.

Die Armeeleitung passte sich der Lage an durch Ablösungsdienste; die Brigade war also nur zeitweise im Dienst, selten als Ganzes. Um sie nicht zu sehr zu belasten, übernahmen manchmal andere Truppen ihren Abschnitt. Auch in dieser Zeit leisteten die Auszüger bedeutend mehr Dienst als die älteren Kameraden. Selten kam es vor, dass die Grenzbataillone ohne Auszüger arbeiteten.

In der zweiten Hälfte 1940 wurden Abschnittskommandos gebildet; die Auszüger sicherten die Grenze. Am 8. September wurden den Grenz-Kompanien feierlich Standarten übergeben.

Die Brigade rückte 1941 wieder ein, im Februar mit den Auszügern, im März mit den höheren Altersklassen. Angaben über die Moral der Truppe werden zusammengefasst; aber zu diesem Dienst sei erwähnt, dass die Ungewissheit über Weltlage und Dauer des Dienstes die Stimmung der Soldaten senkte. Ein Einheits-

172

Vorbeimarsch vor dem General am
14. November 1942 bei der Kaserne
Aarau.

kommandant schrieb Ende April: «Es fiel mir auf, dass die Truppe nicht mehr sang wie früher... Die Blicke fragten, es nimmt mich wunder, was ihr mit uns anfangen werdet. Die Arbeit wird recht getan, aber man spürt nicht mehr den gleichen Elan.»

Das änderte ab zweiter Jahreshälfte. Die Bataillone wurden nun befristet aufgeboten, meistens für einen Monat, und zwischen den Diensten gab es längere Pausen, zwei Monate und bedeutend mehr. Jetzt wussten die Soldaten über die Dauer Bescheid und konnten ihr ziviles Leben organisieren.

Bewachung beansprucht viel Zeit, für Ausbildung blieb wenig übrig; denn die hohen Urlaubsquoten liessen die Bestände auf ein Minimum sinken. Die Kommandanten machten sich Sorgen über abnehmende Kriegstüchtigkeit und verlangten immer wieder Ausbildungsdienste ohne Bewachung. Dem wurde endlich Ende 1942 entsprochen. Freitag, den 30. Oktober, machte die Brigade kriegsmässig mobil. Sie war durch die beiden Territorialregimenter, die ihr im Kriegsfall unterstanden, verstärkt. Es waren Kaderkurse vorausgegangen; solche Vorbereitung hatte bisher gefehlt. Vom Freitag bis Sonntag war die Truppe kampfbereit in den Kriegsstellungen, Markeure erprobten ihre Bereitschaft. Während der nächsten Woche Waffendrill, am Wochenende Bilden der Stammbataillone. Während diese vom 8. bis 11. November an Manövern gegen die Terr Rgt teilnahmen, hatten Landwehr und Landsturm neben Ausbildung viel Marschtraining, um sie auf den Ehrentag der Brigade am 14. November vorzubereiten.

In generalstäblich glänzend vorbereiteten Märschen erreichten die Bataillone am 13. November aus vielen Richtungen den Raum Aarau, wo die Auszüger wieder integriert wurden. Samstag, den 14. November, nahm die ganze Brigade im Schachen Aarau Inspektionsaufstellung. Der General, gefolgt durch die Kommandanten des Armeekorps und der Brigade, ritt die Front ab. Um 11.30 Uhr begann der Vorbeimarsch der Kompanien durch die Laurenzenvorstadt unter dem Jubel der aus grosser Umgebung herbeigeströmten Bevölkerung. Der General lobte.

Während die Aargauer Regierung ihm zu Ehren einen grossen Empfang gab – der Brigadestab war dabei – marschierten die Bataillone in die Zwischenunterkunft zurück, von wo sie bis Montag abend in den Grossen Urlaub entlassen wurden. Dienstag marschierten sie in neue Übungsräume. Dort wurden sie nochmal trainiert, so dass sie, als sie am 2. Dezember entlassen wurden, einen ausgezeichneten Ausbildungsstand erreicht hatten. Besonders das Gemeinschaftserlebnis in Aarau hatte «das Selbstbewusstsein der Truppe gewaltig gesteigert» (Br-Bericht).

1943 war das ruhigste Jahr des Aktivdienstes. Die Bataillone leisteten dreimal je einen Monat Sicherungsdienst, die Stammbataillone zusätzlich Dienst in der Innerschweiz. Im Mai eine Mobilmachungsübung der ganzen Brigade.

1944 wurden die Ablösungsdienste fortgesetzt. Aber als die alliierte Landung in Nordfrankreich gelang und rasch Operationen nach Süden wahrscheinlich wurden, befahl der General auf den 15. Juni die Kriegsmobilmachung der Grenzbrigaden. Die unsere besetzte während drei Tagen die Grenze. Dann wurden einzelne Einheiten der Bataillone als Wachtkompanien bestimmt, während das Gros Ausbildung betrieb. Schon nach zwei Wochen wurde ein Teil entlassen, ein einziges Regiment übernahm den ganzen Abschnitt. Es wurde bald durch ein anderes abgelöst. Und während November und Dezember waren nur noch Auszüger an der Grenze.

Man liest im Tagebuch der Brigade unter dem 1. Dezember: «Jenseits der Grenze beginnt es lebendig zu werden: Man schanzt, man beginnt zu evakuieren, man bietet den Volkssturm auf, man verbreitet Schauermären, man bewacht durch die S.S., man bereitet die Übergänge zur Sprengung vor – denn Hüningen ist gefallen, bei Basel ist der Rhein wieder Deutschlands Grenze geworden.» Man spürt, die Brigade glaubt nicht mehr an Gefahr.

So auch das Armeekommando. 1945 wurde die Sicherung des Brigadeabschnittes durch ein einziges Bataillon angeordnet, das jeweilen nach einem Monat abgelöst wurde. Es bildete ab April nur einen kleinen Bestandteil der Divisionen, die wegen des französischen Vormarsches im Schwarzwald am Rhein eingesetzt wurden. Von deutscher Seite wurde geplant, die Stauwehre zu sprengen. Unter dem 25. April meldet das Brigade-TB: «Auf gütliche Intervention unseres Grenz-Detachementes konnte die Sprengung... des Kraftwerkes Rekingen verhindert werden, wo der Sprengstoff den schweizerischen Grenzsicherungsorganen ausgeliefert wurde. Übertritte der deutschen Postenmannschaft in die Schweiz.» – Im Zuge der Kapitulation der Wehrmacht wurden die letzten Truppen der Grenzbrigade 5 am 5. Juni 1945 entlassen.

Das Leben in der Brigade

Das Besondere der Grenztruppen

Wir kennen das Einzigartige der Grenztruppen: Notwendige Mischung der Altersklassen. Waren die älteren Soldaten Bremsklötze der jüngeren? Es stimmt, dass bei Märschen und Läufen die älteren teilweise Mühe hatten. Wie mancher Landsturmmann mit Schmerbauch konnte bei Verlegungen seine Vollpackung und sich selber fast nicht mehr weiterschleppen. Aber die Kameraden halfen ihm, und – der Kampf der Grenztruppen war ortsgebunden; grössere Beweglichkeit war nur für die Reserven, die man aus Jungen bilden konnte, nötig.
An den Waffen zeigten Junge und Ältere das gleiche Können. Ein Regimentskommandant schrieb darum im April 1941: «Mit den Bataillonskommandanten zusammen vertrete ich die Auffassung, dass bei der Ausbildung auf den Altersunterschied in keiner Weise Rücksicht zu nehmen ist.» Die jungen Kader und Soldaten brachten aus den Rekrutenschulen die neuesten Ausbildungstricks und wirkten damit anregend für die älteren. Das erlebte die Brigade eindrücklich, als ihr Territorialtruppen unterstellt wurden. Diese bestanden aus älteren Jahrgängen; die erwähnte Anregung (auch die öftere Dienstleistung) fehlte, das Können war entsprechend weniger hoch.
Die Grenzbataillone verfügten über Stäbe von weit über 100 Mann: Kanoniere, Nachrichtenleute, Sanitäter usw., auch 30 Hilfsdienstpflichtige, dabei 6 Angehörige des Frauenhilfsdienstes. Nie wurde daraus eine Stabskompanie gebildet. Ein ähnlicher Mangel charakterisiert die Organisation der Werkbesatzungen. Deren Leben und Ausbildung unterschied sie derart von den anderen Grenztruppen, dass ihre Zusammenfassung in Werkkompanien sich aufdrängte; sie fand nie statt und musste improvisiert werden. Die Brigade stellte oft das Gesuch, ihre drei «gelben» Kompanien, reine Auszugstruppen, in eine leichte Abteilung zusammenzufassen. Es wurde nie bewilligt; also wurde es improvisiert.

Die Organisation des Kampfes

Ein System von Beobachtungsposten gab Sicht über die Grenze. Die wichtigsten waren telefonisch direkt mit der Brigade verbunden. Bei schlechter Sicht waren stets Patrouillen zwischen den Rheinposten und Werken unterwegs. Sie hielten sich an das Rheinhindernis, das in den ersten Monaten durchgehend und in bedeutender Tiefe ausgebaut wurde.
Auf diesen Grenzstreifen konnten die Maschinengewehre der Werke lückenlos Feuer legen. Aussenbeobachter und die Panoramen ermöglichten den Kampf auch

dann, wenn die Bunker vernebelt oder durch Artilleriefeuer eingedeckt waren.
Hinter dieser vordersten Kampflinie hielten die Grenzbataillone Stützpunkte, die
vor allem die Einbruchsachsen sperrten und sich oft um permanente Werke legten, bereit zur Rundum-Verteidigung. Besonders wichtige Räume profitierten
vom Feuer der Festungsartillerie.
Die Leichten Kompanien bildeten eine kleine Reserve der Brigade. Die Radfahrer
waren für Aufklärung und hinhaltenden Kampf geschult. Die motorisierten Mi-
trailleur- und Infanteriekanonen-Kompanien konnten rasch eine Front verstärken oder neu bilden. Die Granaten der Infanteriekanonen (auch die Bataillone
besassen welche) durchschlugen die Front- oder doch die seitlichen und Heck-
panzerungen der damaligen Tanks. Trotzdem war die aktive Panzerabwehrfähig-
keit gering, weil zu wenig dicht. Immerhin stützte sie sich auf Minenfelder und
viele Tanksperren und -barrikaden, welche unser ohnehin panzerabweisendes Gelände noch verstärkten.

Stellungsbau

Kaum hatte die Truppe nach der Kriegsmobilmachung die Kampfräume erreicht, wurden offene Stellungen für Kollektivwaffen und Schützenlöcher für jeden Mann gegraben; es wurde schon erwähnt, dass dabei manches missriet. Ich erinnere mich, wie der Genieoffizier des Regimentes am 31. August inspizierte und alles eindecken liess, was nicht dem Reglement «Elemente der Feldbefestigung» entsprach. Während des ganzen ersten Aktivdienstes wurde die meiste Arbeitszeit dem Stellungsbau entsprechend dieser Vorschrift gewidmet. Meistens stiess man nach einer dünnen Humuschicht auf Kalkstein, der manchmal nur durch Sprengung abzutragen war. Aber mit der Zeit entwickelten die Soldaten, nach Möglichkeit angeleitet durch Spezialisten, erstaunliche handwerkliche Fähigkeiten.

Wir brauchten Unmengen von Holz, um Wände und Decken abzustützen, auch Tausende von Pfählen für den Hindernisbau. Nach anfänglicher Wildnutzung bezeichneten die Förster die Bäume, die man fällen durfte. Manche, die Schussschneisen zu sehr beschränkten, sollten erst im Kriegsfall umgelegt werden.

Als Ende November die baldige Entlassung bekannt war, wurde im Endspurt viel Angefangenes abgeschlossen. Ein Bataillonskommandant bezeichnete es als Ehrensache, das Rheinhindernis zu vollenden; weil auf dem Nachschubweg nicht genügend Stacheldraht zu beschaffen war, schickte er einen Lastwagen nach Baden und liess im Spezialgeschäft die fehlenden 1215 kg zu Fr. 104.– die 100 kg einkaufen.

Der zweite Aktivdienst brachte den Ausbau der Stellungen zweiter Linie und das Fertigstellen der Kehlhindernisse der Bunker. Werkzeuge durften nicht mehr requiriert werden, Genieparks lieferten sie. Die Holzbeschaffung wurde schwierig; ein Bataillon westlich der Aaremündung fällte zum Beispiel 240 Tannen im weit entfernten Endingen. Man begann auch offene Waffenstellungen zu betonieren. Manchmal wurden Privatfirmen eingesetzt. Ein Tagebuch meldet am 31. Mai 1940: «Tankhindernis abgesteckt... Fa. Losinger kann nun beginnen.» Die Brigade erhielt auch Hilfskräfte. So wurde am 18. Juni 1940 ein Bau-Detachement von 126 Hilfsdienstpflichtigen zugeführt. Es leistete zum ersten Mal Dienst, aber «die Leute scheinen ihr Métier zu kennen» (Bat-Tagebuch).

Nach Abschluss des zweiten Aktivdienstes waren auch die Stellungsbauten beendet. Während der Ablösungsdienste beschränkte man sich auf kleine Ergänzungen, Kontrolle und Unterhalt.

Waffen und Material

Der Erneuerung von Waffen und Material waren Grenzen gesetzt, schon weil anfänglich der Stellungsbau Priorität hatte und viel kostete. Und die Schweiz war bei sehr dürftiger Einfuhr von Rohstoffen in der Produktion eingeengt. So kam es nicht zu wichtigen Neubewaffnungen. Sogar der Ersatz der unhandlichen Langgewehre durch Karabiner zog sich hin bis 1945.

Schlimm war es, wenn wegen Materialmangel die Ausbildung an angestammten Waffen litt. Noch im zweiten Aktivdienst konnte man den Einsatz von Handgranaten und Streuminen nicht richtig schulen, weil Wurfkörper und Exerzier-

minen fehlten. Endlich, am 29. Mai, begann in einem Bataillon der erste Hand-
granaten-Kurs. Ein Offizier und fünf Unteroffiziere und Soldaten je Kompanie
konnten daran teilnehmen; sie sollten das Erlernte an die Truppe weitergeben.
Aber noch immer musste die Armee mit der Freigabe von scharfen Handgranaten
knausern, um genügend Vorrat für einen Krieg zu haben. Das gilt auch für Granaten der Artillerie und der Infanteriekanonen. Diese Geschütze wurden ergänzt
durch die weit gestaffelte Einführung von Tankbüchsen.
Bei der herrschenden Materialknappheit erstaunt es nicht, dass erst Ende 1944 unsere letzten Wehrmänner ein zweites Paar Marschschuhe (für Fr. 10.–) beschaffen
durften.

Die Ausbildung

Eine Binsenwahrheit: Unsere Milizarmee hat ausser ihren grossen Vorteilen eine
Schwierigkeit, mit der sie fertig werden muss: Kürze der Ausbildungszeit. Parado-
xerweise blieb es dabei im Aktivdienst, trotz der langen Dauer der Dienste, weil
die Soldaten Stellungen bauen und später, nach Abzug der Dispensierten und Urlauber, überwiegend für den Sicherungsdienst eingesetzt werden mussten.
«Ausbildung» ist eines der wichtigsten Themen der Berichte und Tagebücher.
Danach war in der Periode des Stellungsbaus die Kernfrage, wieviel Zeit man für
sie erübrigen könne. Alle Varianten wurden versucht und von oben geregelt: Wenigstens eine Viertelstunde Zugsexerzieren, damit der Mann nicht vergesse, dass er
Soldat sei; eine Stunde Einzelausbildung jeden Tag, ein Ausbildungstag pro Woche; sehr selten eine Ausbildungswoche.
In dieser Zeit auch mussten sich die Kommandanten besonders anstrengen, die
Eintönigkeit der langen Dienste zu unterbrechen, nicht nur durch Sonderausbildung. Aus einem Bataillons-Tagebuch: 8. November Marsch der Kompanien zu
zentralem Schiessplatz, wo Demonstration der Geschosswirkung aller Infanteriewaffen. 20. November Praga-Panzer demonstrieren Beweglichkeit der Tanks
(«Eindruck… in unserem coupierten Gelände nicht in Massen einzusetzen»).
21. November Filmtrupp des Armeekorps zeigt Unterhaltungsfilm. 23. November
Vortrag Dr. Carl Günther (Aarau): «Eusi Heimet».
Während der Ablösungsdienste war zwar nicht viel mehr Zeit für Ausbildung
freizumachen, aber man konnte sie freier auswählen; und geschickte Organisation

machte es auch möglich, Verbandsgefechtsausbildung mit scharfer Munition oder
auf Gegenseitigkeit zu treiben. Ein Bataillon berichtet, es habe sich für den Sep-
temberdienst 1941 auf Einzel- und Gruppenausbildung konzentriert. Alle Einheiten seien am Rhein eingesetzt, so dass kleine Abschnitte mit wenigen, dafür über-
dotierten Posten gebildet werden konnten. «Die Schildwachen hatten 4-fache
Ablösung. So konnte je vormittags und nachmittags die Hälfte der Mannschaften»
ausgebildet werden. Ein anderes Bataillon wählte Zugs- und Kompaniegefechts-
ausbildung; für je eine Woche war eine Einheit frei von jeder Sicherungsaufgabe,
damit frei für Verbandsschulung. Ein Regiment nahm je für 10 Tage ein Bataillon in hintere Linie, ermöglichte ihm so grössere Übungen, z.B. Angriff mit
scharfer Munition, Stosstrupps, unterstützt durch 8 Maschinengewehre, 2 Minenwerfer und 3 Tankbüchsen.

Um Kommandanten und Truppe zu schulen und zu prüfen, fanden auch Ver-
bandsübungen auf Gegenseitigkeit statt; es würde zu weit führen, auf sie einzutre-
ten. Die Leichten Kompanien fanden dabei besonders interessante Aufgaben.

Die Beherrschung der Waffen war nun im allgemeinen perfekt. Länger trainiert
wurde hauptsächlich, wer die Einzelprüfungen zu Beginn des Dienstes nicht ganz
bestanden hatte. Aber gewisse Spezialausbildung wurde nun für alle nachgeholt.
So kam für ein paar Tage ein Panzerattrappen-Detachement zu den Bataillonen,
und die Truppe übte den Kontakt mit Panzern, vom Beschuss bis zum Überrollt-
werden.

Natürlich hatten auch die Leute auf Posten täglich kurze Trainings. Von Zeit zu
Zeit trugen sie z.B. stundenlang die Gasmaske. Eine Spezialität der Gas-Offiziere:
Gasüberfall auf Postenbesatzung.

Die Werkbesatzungen, es wurde schon angedeutet, brauchten Sonderausbildung.
Ab 1940 wurden aus Bunkern hinterer Linie, die über gute Kugelfänge verfügten,
Scharfschiessen durchgeführt. Die Besatzungen übten, eingeschlossen zu kämpfen
und zu leben. Um die Ausbildung zu fördern, zog man die Hälfte der Besatzungen zu wöchigen Werkkursen zusammen.

Überhaupt blühte in der Brigade das Kurswesen. Die Kurse vertieften nicht nur
das Wissen und Können, sie bewirkten auch Entlastung von der Routine und damit seelische Erfrischung der Teilnehmer. Es gab einwöchige Kurse für Einheitskommandanten und für Subalternoffiziere. 1941 besuchten die Unteroffiziere ab-
lösungsweise dreiwöchige Schulungskurse. Es wird berichtet über Kurse für Werk-

kommandanten, Grenadierkurse für Offiziere und Unteroffiziere, Sportkurse für Zugführer usw. Andere Kurse förderten das technische Können der Soldaten, Panzerbekämpfungs-, Nahkampf-, Spreng-, Nachrichten-, Sanitäts-, Gaskurse.

Die Ausbildungsanstrengungen trugen gute Früchte. Ein besonders kritischer Bataillonskommandant berichtete 1945 nach einem Gefechtsschiessen wie folgt: «Ich konnte... einen bemerkenswerten Stand der Sicherheit in der Handhabung der Waffen... auch des gegenseitigen Vertrauens in das schiesstechnische Können feststellen.»

Urlaub, Soziales

Die Kriegstüchtigkeit wurde gegen viele Schwierigkeiten erkämpft. Eine bestand darin, dass meistens viele Leute im Urlaub waren; wie sollte man ihre Ausbildung nachholen? Und durch Urlaub sank der verfügbare Bestand manchmal so sehr, dass er nicht reichte für Verbandsgefechtsausbildung.

Jedermann sah die Notwendigkeit von Urlaub ein. Die Maximalquoten wurden durch die Armee bestimmt, der internationalen Lage angepasst. Die Kommandanten waren zuständig für Urlaubserteilung, nach Anhören des Gesuchstellers, oft auch seines Gemeindeammanns, Parteisekretärs usw., eine schwierige Aufgabe. Natürlich war mancher Wehrmann auf den andern, der mehr Urlaub erhielt, eifersüchtig. Aber die notwendige Beurlaubung landwirtschaftlicher Arbeitskräfte wurde von den Gewerbetreibenden und Fabrikarbeitern, die kaum einmal während des ganzen Dienstes daheim waren, wohl verstanden... «Einsicht... dass heute in erster Linie die Versorgung des Landes mit Nahrungsmitteln sichergestellt werden muss» (Bat-TB). Diese Einsicht war nicht selbstverständlich, und vielerlei Einflüsse minderten sie. Im Quartalsbericht der Brigade vom Oktober 1943 wird auf Presseangaben hingewiesen, wonach «der Mann pro Ablösungsdienst 10 Tage Urlaub ‹zu gut› habe», eine Fehlinformation, die viele begehrlich machte.

Nicht nur die Begehrlichkeit nahm zu, auch die Notwendigkeit. Der Kommandant einer Auszügerkompanie: «Immer mehr Leute verlangen Urlaub, um zu arbeiten und damit zu verdienen, da die erhöhten Lebenskosten durch den Lohnausgleich nicht mehr kompensiert werden können und die privaten Geldreserven aufgebraucht sind» (Dezember 1944). Der Lohnausgleich, eingeführt zu Beginn des Aktivdienstes, konnte Härtefälle nicht ausschliessen. Da wussten die Hauptleute Hilfswerke einzusetzen, «Christlicher Verein junger Männer», «Frauen-Fürsorgedienst» des Territorialkreises 5, schweizerische «Zentralstelle für Soldatenfürsorge», auch Hilfskassen der Bataillone.

Härtefälle sind besonders starke Hinweise auf die Tatsache, dass alle Soldaten und ihre Familien dem Lande grosse materielle Opfer brachten. Ein Kompaniekommandant berichtete im Juli 1944: «Die soziale und wirtschaftliche Lage hat sich im allgemeinen entschieden verschärft, doch wurden die vorhandenen Unterstützungsmittel... nicht in dem Masse beansprucht, wie dies im fünften Kriegsjahr erwartet werden könnte. In den wenigsten Fällen ist eine wirklich greifbare Notlage vorhanden. Es ist eher eine sich steigernde Verarmung infolge häufiger Dienst-

leistung und allgemeiner Teuerung festzustellen, der nicht mit einer einmaligen individuellen Hilfe gesteuert werden kann.»

Der dienstliche Alltag

Hauptaufgabe war Sicherung. An der Grenze, bei Brücken, Wehren und Fährstellen waren Posten eingerichtet, je nach Bedeutung des Objektes Offiziersposten zu etwa 30 Mann oder Unteroffiziersposten zu 5 bis 10 Mann. Sie bewachten Sprengobjekte, schützten die Mineure, stellten die Sprengung sicher und waren bereit, augenblicklich den Übergang zu sperren. Die grösseren Posten überwachten durch Patrouillen das Zwischengelände, nahmen Kontakt mit den Bunkerbesatzungen. Die Schildwachen nahm man erst wahr, wenn sie zischten: «Halt!

Oder ich schiesse.» Ausgang war die Ausnahme; wer nicht eingesetzt war, schlief oder putzte, hörte Radio, las oder fand sich mit Kameraden zu Gesprächen oder Spielen. Eigentlichen Ausgang abends gab es nur bei abseits der Grenze stationierten Truppen, je nach Lage im Bataillons- oder Kompanierayon – oder auch keinen.

Eintönig war dieser Dienst. Um ihn zuverlässig zu versehen, brauchte es eine gute Motivation und Disziplin. Eine gewisse Abwechslung brachte die Periode der Ablösungsdienste, als die Bataillone meistens einen ganzen Regimentsabschnitt übernahmen, die Soldaten also in einem ganz oder doch teilweise wenig bekannten Gebiet dienten. Da lösten sie sich auch leichter von zuhause und lebten intensiver im Dienst, im Kreis der Kameraden.

In der Eintönigkeit war sogar das tägliche kurze Waffentraining nicht unwillkommen und besonders das tägliche Turnen. Zum Vorturner, so stellten die Kommandanten fest, waren die Unteroffiziere im allgemeinen nicht genügend ausgebildet. Also radelte ein Offizier – nach Möglichkeit der Sportoffizier – zu den Unteroffiziersposten und Werken, um nach Stundenplan das tägliche Training zu leiten.

Körper und Geist

In der Brigade wurde viel Sport getrieben, und der Leistungsstand war gut. Vor dem Frühstück machten alle, der Hauptmann meistens an der Spitze, den Morgenlauf. Die ausgezeichnete Vorschrift «Das Turnen in der Armee» diente als Grundlage für die nach Möglichkeit tägliche Sportstunde. Die Brigade organisierte Sportwettkämpfe, z. B. am Wochenende 8. und 9. Juli 1941 in Brugg, auch Fussballmatchs, gegen Ende des Aktivdienstes sogar Skikurse.

Es fanden Leistungsprüfungen statt, besonders für Kader, z. B. für Offiziere Pistolenschiessen, Handgranatenwerfen, Hindernis- und Langlauf. Die Sportoffiziere der Einheiten und Truppenkörper wurden in besonderen Kursen geschult und mussten das Schweizerische Sportabzeichen erwerben.

So wurde in der Brigade für die physische Leistungsfähigkeit, Basis des Soldatenhandwerks, gesorgt. Man sorgte sich noch intensiver um Seele und Geist des Soldaten, Grundlage seines Einsatzes für die Heimat. Vergiss die Seele des Soldaten nicht, war ein Spruch des Divisionärs Bircher, dem man nachlebte.

Die Eintönigkeit des Sicherungsdienstes legte nahe, den Soldaten zu unterhalten. Und man musste ihn überzeugen. Beidem galt der Besuch der Landesausstellung im September 1939. In zwei Schüben – die Hälfte der Soldaten blieb jeweilen als Grenzbewachung – reisten die Verbände nach Zürich und erlebten einen Tag lang diese grossartige Schau der Schweiz, die «Landi».

Bald nach der ersten Generalmobilmachung wurden Soldatenstuben eingerichtet. Da konnte der Soldat sich entspannen, fand er Zeitungen, geschenkt durch die Basler Organisation «Lies Soldat», aber auch durch Zeitungsverwaltungen.

Das Radio wurde intensiv gehört: zur Zeit der Nachrichten oder wenn Professor von Salis seine Kommentare zur Lage vortrug, wurden die wenigen Apparate belagert. – Die meisten Soldaten schätzten Vorträge, die in den Einheiten gehalten

wurden. Carl Günther wurde erwähnt; andere Beispiele: O. Bosshard, Leiter der Tellspiele Altdorf, trug aus dem Schauspiel Schillers vor, «Vetter Hans» erzählte vom Heldenkampf der Finnen.

Als Samstag, dem 8. Juni 1940, am frühen Nachmittag Oberst Frick seinen Vortrag «Der Geist von St. Jakob an der Birs» hielt, unterbrach unser Bataillon die Arbeit, die Kompanien waren in den Unterkünften um ein Radiogerät versammelt und hörten an, wie sich 1500 Schweizer für das Ganze opferten. Wir waren tief beeindruckt. Wir glaubten, dass die Schweiz auch in einem Krieg bestehen bliebe, aber wir wussten, dass die Brigade sich dafür zu opfern habe.

In dieser Zeit, da die Niederlage Frankreichs als sicher angesehen wurde, dachte man vermehrt an die Seele des Soldaten. Am Sonntag, den 9. Juni, wurde das Bataillon auf einer Waldwiese zu den Gottesdiensten versammelt. Der Kommandant las den berühmten Befehl unseres Generals vor: «...Nicht die materielle Wirkung der Waffen ist es in erster Linie, die dem Gegner den Erfolg bringt, sondern der Zusammenbruch des Kampfwillens bei denen, die noch kämpfen könnten...»

Die andern Verbände erlebten diesen Tag auf ähnliche Weise. Aber trotz dem Wort des Generals, trotz dem Einsatz aller Vorgesetzten blieben manchen Soldaten Zweifel am Nutzen unserer Anstrengungen. Die schwanden, als mit dem Beginn der Ablösungsdienste die Dienstmüdigkeit abnahm und wegen des Krieges in Russland ein Angriff auf die Schweiz unwahrscheinlich wurde. Die geistigen Anregungen wurden durch die Kommandanten und andere Geeignete fortgesetzt: regelmässig Orientierungen über die Kriegslage, Besprechen wirtschaftlicher Fragen usw. Die Brigade lieferte dazu Unterlagen. Der Erfolg war gut. Der neue Kommandant der Brigade, Oberst Mäder, schrieb in seinem letzten Bericht, er habe «eine gute soldatische Haltung, eine gesunde Denkweise und einen flotten Geist konstatiert».

Die Kader

Als die Brigade 1939 einrückte, waren die älteren Subalternoffiziere und Unteroffiziere wenig dienstgewohnt. Auf diese Grade aber musste man zählen, um den Willen der Kommandanten zu verwirklichen. Besorgt schrieb ein Bataillonskommandant im Oktober 1939 seinen Offizieren: «Gestalten Sie einen anregenden, vielfältigen und unterhaltsamen Dienst.» Sie möchten alle Energie aufwenden, um sich vorzubereiten. Doch war in diesem Jahr derart alle Kraft auf die Feldbefestigung konzentriert, dass für diese Vorbereitung wenig Zeit blieb. Die Hauptleute besprachen mit ihrem Kader die Arbeit und gaben Anregungen, die höheren Kommandanten versammelten gelegentlich ihr Offizierskorps zu Besprechungen, Vorträgen und Meinungsaustausch.

Ab 1940 wurde die Einflussnahme systematisch. Die Subalternoffiziere wurden im taktisch Denken und Befehlen geschult durch Übungen, die man anregend gestaltete. Ein Bataillonskommandant alarmierte z.B. seine Offiziere, als die Truppe eben eingerückt war, gab ihnen Lage und Auftrag – und unterbrach Befehlen, Diskutieren und Skizzieren plötzlich durch ein Pistolenschiessen. Der Brigadekommandant besuchte oft solche taktischen Übungen, um die Offiziere zu beeinflussen und näher kennenzulernen. Er nahm überhaupt Einfluss auf die Ausbildung. Eine seiner Ideen: Mehr Phantasie bei den Besetzungsübungen; da – im konkreten Fall – sei eine besonders günstige Gelegenheit, die Truppe gefechtstechnisch zu schulen.

«Sehr gute Resultate» (Brigadebericht) ergaben Weiterbildungskurse für Subalternoffiziere ab 1940. Erfolg war auch den dreiwöchigen Unteroffizierskursen beschieden, welche jeder einmal zu besuchen hatte. Die Wachtmeister und Korporale seien anschliessend «frisch im Auftreten, bestimmt im Befehlen, rasch im Erfassen eines Auftrags» gewesen, schreibt die Brigade im April 1941. Sehr wertvoll waren tägliche Kaderstunden, sie förderten den Vorgesetztengeist, das Können und das Verbundensein mit dem Kommandanten. Gefreite und Soldaten, die wegen Kadermangels als Postenchef eingesetzt werden mussten, nahmen daran teil.

«Sie haben sich», wie im Augustbericht 1941 der Brigade zu lesen, «bei ihren Ka-

Oberst Karl Renold kommandierte seit ihrer Bildung die Grenzbrigade 5. Im Aktivdienst befehligte er auch die «Gruppe Brugg» und war vorgesehen für die Führung der «Division Hallwil», welche gemäss den Befehlen des Generals 1940 nach Auslösung des «Falles W A» gebildet werden und als Armeereserve dienen sollte.

meraden durch ruhiges und sicheres Auftreten und Können durchgesetzt und als Unterführer bewährt.»

Für die Kommandanten waren die abwechslungsreich gestalteten Brigaderapporte wertvoll. Und ab 1942 wurden die Taktischen Kurse, die sich während der Friedenszeit bewährt hatten, wieder eingeführt. Bald gingen den Ablösungsdiensten auch wieder Kadervorkurse voraus, dank denen der Start mit der Truppe fruchtbar vor sich ging.

Umwelt

Kontakt mit zuhause

Bei streng regionaler Rekrutierung ist der Kontakt mit zuhause erleichtert, wir haben gesehen, wie er z.B. am ersten Dienstsonntag blühte. Ähnlich war es am 31. Mai 1940. Ein Bataillons-TB berichtet: «Trotz des durch Radio verbreiteten

Armeebefehls, wonach die Angehörigen die Wehrmänner nicht in der Unterkunft besuchen dürfen, haben sich ganze Völkerscharen eingefunden.» Das hinderte nicht, dass der Postverkehr gewaltig war. Im April 1941 brachte die Feldpost der Brigade den Soldaten 117 880 Briefe und Zeitungen und beförderte 94 815 Briefe der Soldaten. Sie transportierte 28 560 Pakete und Wäschesäcke zur Truppe und 21 879 Wäschesäcke nach Hause.

Die Beziehungen zu den Gemeinden, in denen man «wohnte», waren gut. Spannungen, die etwa wegen besonders langer Belegung von Schulzimmern und Turnhallen für die Strohlager der Soldaten entstanden, verflogen rasch. Die Truppe war ja nicht nur eine Last. Sie brachte dem Gewerbe Verdienst, und sie half den Bauern: Schon im September 1939 wurden gelegentlich ein paar Mann abgegeben zur Hilfe an Betriebe, die wegen dienstlicher Abwesenheit von Herr oder Knecht in Not geraten waren. Ab 1940 gab es regelmässig Grosseinsätze von Soldaten beim Heuen, Ernten, Kirschenpflücken. Und in Zwischenzeiten waren die Männer der Bataillonsspiele zu Aushilfen bereit.

Gelegentlich wurden wir an Bürgerpflichten erinnert. Am 28. Oktober 1943 trugen zwei Bataillone nicht nur während vier Stunden die Gasmaske, die Männer füllten auch, zusammen mit den Radfahrern und den Kameraden von der Festungsartillerie für die eidgenössischen Wahlen die Stimmzettel aus, die schon mittags den verschiedenen Staatskanzleien zugestellt wurden.

Splitter des Krieges

Vom Krieg sah man vorerst wenig, im September 1939 seltene militärische Motor- und Eisenbahntransporte längs dem nördlichen Rheinufer. Über erste Grenzverletzungen durch Flieger im November wurde schon berichtet. Im Frühjahr 1940 mehrten sie sich. Selten flogen die Apparate so tief, dass unser Maschinengewehrfeuer sie erreichen konnte. Am 10. Mai wurden der Brigade 91 solcher Grenzverletzungen gemeldet. Auch während der folgenden, spannungsreichen Tage wurde unser Luftraum oft verletzt; am 14. Mai wurde ein deutscher Doppeldecker mehrmals beschossen, ohne sichtbaren Erfolg.

Bis Ende 1944 sah die Brigade den Krieg nicht mehr aus der Nähe. Der 25. Dezember wurde dann zu einem schrecklichen Weihnachtstag für eine amerikanische Bomberbesatzung. Ihr viermotoriges Flugzeug (Liberator) wurde durch eines unserer Fliegerabwehrregimenter unter Feuer genommen, als es von Norden kommend westlich Rekingen unsere Grenze überflog. Ein Volltreffer zwang den Piloten zur Notlandung bei Würenlingen. Dabei überschlug sich die Maschine. Drei Mann fanden den Tod, sieben konnten rechtzeitig abspringen und wurden durch die Brigade interniert.

1945, als die Engländer das deutsche Rheinufer bombardierten, kam es vom 12. bis 15. Februar zu 25 Fliegeralarmen im nördlichen Brigaderaum. Bei zehn dieser Grenzverletzungen schoss die Fliegerabwehr. Am 16. Februar waren Eisenbahn- und Strassenbrücke Koblenz das Ziel eines englischen Fliegerangriffs. Auf Schweizer Seite wurden viele Häuser schwer beschädigt, eines zerstört. Knapp neben der Unterkunftsbaracke des Offizierspostens fielen drei Bomben, die Krater

mit bis zu zwölf Meter Durchmesser schlugen. In der Baracke befand sich niemand, verletzt wurde auf Schweizer Gebiet niemand. Die Handwerker des Abschnittbataillons trafen rasch ein, um zu helfen.

Zusammenarbeit mit Grenzwacht- und Zollbeamten

Für direkt an der Landesgrenze eingesetzte Truppen war die Zusammenarbeit mit dem Grenzwachtkorps und den Zollbeamten wesentlich. Wie sie zu erfolgen habe

189

Zollbeamter und Soldat kontrollieren die Grenze.

bei offener, teilweise oder ganz geschlossener Grenze, war durch Vorschriften ge-regelt. Wichtiger war das gegenseitige Vertrauen, das zum spontanen Austausch von Beobachtungen und Erfahrungen führte. In manchen Fällen hatte der Zollbe-amte eine einfache Erklärung für etwas, das dem Chef eines Rheinpostens ver-dächtig erschien. Im Falle von Kampfhandlungen sind die Grenzwächter der Truppe unterstellt; konkrete Fälle der Zusammenarbeit wurden gelegentlich in Übungen von Bataillonen und Kompanien erprobt, z.B. am 9. August 1943. In höherem Rahmen wurden die Probleme in Stabsübungen studiert. Aus einem Quartalsbericht unserer Brigade: «Am 23./24. August 1944 fand in Verbindung mit Territorialkommando 5 und den Kommandanten der Zollkreise I und II unter Leitung des Brigadekommandanten eine Flüchtlingsübung statt, die wertvolle Erfahrungen brachte.»

Gegen Ende des Krieges waren die Flüchtlinge Hauptthema der Zusammenarbeit. Am 24. Januar 1944 wurden die Soldaten eindringlich daran gemahnt: Zwischen Full und Leibstadt landeten am südlichen Rheinufer auf einem gebastelten Floss 20 Holländer, die aus ihrer fast 1000 km entfernten besetzten Heimat geflohen waren; sie wurden vorerst in Böttstein interniert. Im Lauf der Zeit nahmen Zahl und Arten der Flüchtlinge zu. Tagebuch der Brigade 30. April 1945: «In der Schützenturnhalle sind gestern etwa 200 Russen einquartiert worden, interessante, flotte Kerle.»

In den Brigadeberichten ist auch die Rede von den Erfahrungen der zeitweise unterstellten Territorialtruppen, die weit mehr als die Grenztruppen das Flüchtlingswesen kennen lernten; es führte zu weit, darauf einzugehen. Es ist bewegend mitzuerleben, wie das Elend der anderen die Soldaten milde stimmte, trotz der Last der langen Dienste, auch gegenüber den deutschen Nachbarn, die man seit Hitlers Machtübernahme immer weniger gemocht hatte. Eine Notiz im Tagebuch der Radfahrerkompanie zeugt davon. Diese war um die Jahreswende 1944/45 am Rhein eingesetzt. Am Vortag von Weihnachten liest man: «Die einzelnen Rheinposten gedachten dabei auch unserer nördlichen Nachbarn… durch Überreichung einiger Kleinigkeiten, welche mit allseitigem Dank entgegengenommen wurden.»

Wir haben begonnen mit der Aussage eines Soldaten: «Vertrauen in unsere Führung und Vertrauen in uns selbst.» War sie berechtigt? Davon bin ich überzeugt. 1939/40 wurde der gemeinsame Kampf der 5. Division mit unserer Brigade vorbereitet. Damals wäre die Nordfront mit Erfolg verteidigt worden, auch gegen Umgehungen. Als ab 1941 die Division einen Reduitabschnitt bezog, war die Brigade allein; auf die Dauer hätte sie einen massiven Angriff nicht abwehren können. Aber sie hätte ihre Aufgabe, Sicherung von Mobilmachung und Aufmarsch der Armee, erfüllt. Wie es ihr nachher ergangen wäre, weiss niemand. Vielleicht hätte sie in einem kleineren Raum widerstehen können, bis Entlastung gekommen wäre.

Sie hatte zwei Schwächen: fast keine Fliegerabwehr und ungenügend aktive Panzerabwehr. Aber Fliegerangriffe richten sich vor allem gegen Truppenbewegungen, und solche waren für die Brigade unwesentlich. Die Panzerabwehr war dank dem Gelände doch beachtlich.

In der Brigade war die ganze Kampfkraft der Heimat zusammengefasst: Soldaten aller Altersstufen, bei den Sanitäts- und Übermittlungsdiensten auch Frauen, viele Hilfsdienstpflichtige, Ortswehren wirkten in ihr zusammen. Sie war während dieser Jahre eine Verkörperung des Widerstandswillens unseres Landes.

Karl J. Walde

Wer könnte die langen Jahre des Aktivdienstes besser schildern als jene, die dabei waren. Einige von ihnen kommen im folgenden Kapitel zu Wort: Während zwei Tagen unterhielt sich eine Arbeitsgruppe, bestehend aus Oberstlt Richard Humm, Maj Hansruedi Höchli, Kpl Heiner Halder und Pi Peter Schmid, mit Veteranen aller Grade, vom einfachen Soldaten bis zum Brigadier. Was sie an Episoden und Reminiszenzen zu erzählen wussten, soll illustrieren, wie die Grenzsoldaten zwischen Stein und Kaiserstuhl die gefahrvolle Zeit erlebt haben. Die Arbeitsgruppe ist folgenden ehemaligen Angehörigen der Grenzbrigade 5 für ihre Mithilfe zu Dank verpflichtet: Josef Bächli, Turgi, Max Bolliger, Seltisberg, Karl Bumbacher, Ennetbaden, Max Diethelm, Dornach, Walter Drack, Uitikon-Waldegg, Hans Egli, Zurzach, Heinrich Frey, Aarau, Arthur Gauch, Würenlingen, Werner Graf, Menziken, Max Hartmann, Villnachern, Walter Hegnauer, Villigen, Arthur Heiz, Rheinfelden, Hans Hemmeler, Aarau, Fridolin Herzog, Gipf-Oberfrick, Oskar Hintermann, Wettingen, Ernst Meier, Würenlingen, Walter Merker, Baden, Oswald Merkli, Nussbaumen, Jakob Ott, Auenstein, Alfred Regez, Unterentfelden, Hans Roth, Zofingen, Walter Schmid, Biberist, Robert Vögeli, Wohlen, Kurt Weibel, Endingen, Karl Wülser, Brunegg.

Die Kriegsmobilmachung am 2. September 1939 traf die Bevölkerung nicht unvorbereitet, die dunklen Wolken, welche sich am nördlichen Horizont zusammengezogen hatten, drohten sich jeden Moment in einem stählernen Gewitter über die Grenze zu entladen. Man rechnete schon Jahre früher mit einem Überfall, der darauf abzielen musste, die Mobilmachung zu verhindern oder massiv zu stören. Die Schweizer Grenze wollte man darum nicht ungeschützt lassen und stellte einen bewaffneten Grenzschutz auf. Alle wehrfähigen Männer im Grenzgebiet wurden in einer Einheit zusammengefasst; bis man genau wusste, wie sich das organisieren liess, wurden Übungen durchgeführt.

«Gemischte Gesellschaft» an der Grenze

Alfred Regez erinnert sich, wie er im Frühling 1937 mitten aus einem WK heraus als Zugführer an die Grenze beordert und einem Detachement zugeteilt wurde, in dem alle Dienstpflichtigen der Region nördlich des Surbtals eingeteilt waren. «Ich staunte, was für Wehrmänner sich da unter meinem Kommando zusammenfanden», berichtet Regez: Nicht nur Infanteristen und Kanoniere, sondern auch Sappeure und ein feldmarschmässig ausgerüsteter Kavallerist standen zur Verfügung. Nur keiner war da, der ein Lmg bedienen konnte. Regez organisierte deshalb sofort die Lmg-Ausbildung, während andere Schanzwerkzeug requirieren mussten. 1938 wurden die dann gebildeten Grenzkompanien einberufen, zusammengefasst in Bataillone und Regimenter und schliesslich in der Grenzbrigade 5. Die «gemischte Gesellschaft» einer solchen Grenzkompanie funktionierte leidlich, erinnert sich Regez: «Was den Alten an körperlichem Einsatz abging, ersetzten sie durch Zuverlässigkeit und einwandfreie Dienstauffassung.» Im März 1938 befanden sich Regez und seine Kameraden im WK, als Hitler in Österreich einmarschierte. Ein solches Schicksal wollten sich die Schweizer ersparen, das Volk stand geschlossen und abwehrbereit da. Das, so erzählt Regez, zeigte sich demonstrativ, als sein (Badener) Bataillon 60 im Frühling 1939 durch die Stadt Baden marschierte: «Noch nie habe ich einen solchen Empfang erlebt wie damals, und nie seither habe ich eine derart beflaggte Stadt gesehen mit so viel Volk am Strassenrand.»

Die freiwillige Grenzschutztruppe, welche die Baustellen entlang des Rheins vor Spionage und Sabotage zu schützen hatte, rekrutierte sich unter anderem aus dem Heer der Arbeitslosen aus allen Regionen und Berufen. Nicht nur Arbeitslose und Abenteurer, zum grössten Teil Patrioten hatten sich gemeldet; ihr Dienst bestand aus Drill, Waffenausbildung und Wachtdienst. «Der Dienst war streng und die Strafen auch. Aus diesen Soldaten, die ja aus verschiedenen Waffengattungen und Einheiten stammten, wurde eine Elitetruppe herangebildet, die an Härte und soldatischem Können nicht zu überbieten war», heisst es im «Schweizer Soldat» vom Oktober 1987.

Ende August 1939, noch vor der eigentlichen Kriegsmobilmachung, gab es für die «Freiwilligen» Alarm; es galt, die Werke zu besetzen und zu halten. So begann für diese Soldaten der Aktivdienst. Der freiwillige Grenzschutz wurde erst am 1. April 1942 aufgelöst, und die Festungswerke wurden den in der Nähe stationierten Truppen übergeben.

Die Schweiz macht mobil

Die Wehrmänner wurden in den verschiedensten persönlichen Situationen vom Mobilmachungsbefehl erreicht. Seinen Offizierskoffer hatte Hans Roth schon längst vorsorglich gepackt, als am Abend des 28. August 1939 am Radio der Befehl des Bundesrates durchgegeben wurde, die Grenztruppen seien auf den 29. August «beim Morgengrauen» aufgeboten. So war der Stab des Bat 256 schon am 28. August um 22 Uhr in Frick besammelt, um das Einrücken des Grenzschutzes für den andern Morgen zu organisieren. Alfred Regez war zu jener Zeit stellvertretender Übungsleiter des UOV Lenzburg und hatte für den 26./27. August eine Übung über den Pragelpass vorbereitet. Weil die Lage immer brenzliger wurde, hatte er zuvor «in Bern» angefragt, ob er sich für zwei Tage von zuhause weggeben dürfe. Das wurde bewilligt, und kaum zurückgekehrt, hatte er seine Koffer zu packen. Auf dem Mobilmachungsplatz im Schladholz bei Schneisingen traf er als erster Offizier ein und organisierte sofort die Wache. Die Mobilmachung ging ihren ordentlichen Lauf. Der Bat Kdt nahm den Fahneneid ab, und dann begann der Marsch an die Grenze, nach Mellikon. «Die Bevölkerung war nicht wenig überrascht, als wir plötzlich sozusagen aus dem Nichts auftauchten», erinnert sich Regez. Sofort begann er, Mellikon zur Verteidigung einzurichten: Lmg-Stellungen wurden gebaut, Drahtwalzen zum Verlegen bereitgestellt und die Verbindungen organisiert. Am darauffolgenden Samstag wurde dann die ganze Armee mobilisiert, und auch etliche Soldaten aus Mellikon hatten einzurücken. «Wir konnten rührende Abschiedsszenen beobachten, dort, wo ein Familienvater seine weinenden Angehörigen verliess», berichtet Regez.

Allerdings: Der Abschied von den Familien war in den Grenzräumen nicht gar dramatisch; schliesslich war man «mit der Nase dran», rückte oft nur ins Nachbardorf oder in die alte Heimat ein, betont der damalige Leutnant Hans Hemmeler. Er selber war zu jener Zeit allerdings in Grenoble in einem Französischkurs und wurde mit einem Telegramm heim an die Grenze geholt. Der Götti fuhr ihn mit dem Auto nach Etzgen, der Fahneneid wurde ihm mit andern Verspäteten hinter dem «Sternen» in Mettau abgenommen. Walter Hegnauer stellt rückblickend fest, dass es bei den Patrioten geradezu ein «Aufatmen» gegeben habe, als man an die Grenze gehen und «endlich etwas tun» konnte. Auch sei es damals keinem Wehrmann eingefallen, Befehle von oben in Frage zu stellen: «Was befohlen wurde, wurde befolgt.» Kurt Weibel war gerade am Abverdienen des Leutnants in der Kaserne Aarau, als er an die Grenze gerufen wurde; just zuvor hatte er bei Rietheim Stellungen rekognosziert und deren Organisation vorbereitet. Weil auch er verspätet zu seiner Einheit kam, wurde Weibel als einzelner vereidigt – «im Anblick des Deutschen Reiches auf dem Rappenschnabel», erinnert er sich an den historischen Moment.

Fast unglaublich tönt die Geschichte von Max Bolliger, welcher den Fahneneid gar nie abgelegt hat und trotzdem Hunderte von Tagen Aktivdienst leistete und es zum hohen Offizier gebracht hat. Weil er als einziger Fachmann für schwere Waffen von der ersten Minute der Grenzbesetzung an für Rekognoszierungen eingesetzt war, kam er zu den offiziellen Vereidigungen immer zu spät. «Ich habe den Krieg gleichwohl gut überstanden», schmunzelt er heute.

Ernst Meier erlebte die Mobilmachung als Rekrut in der Infanteriekaserne in Aarau. Am Vorabend mussten sie überraschend die Kaserne räumen, und auf einem Nachtmarsch ging es nach Brittnau, wo die Mannschaft im Schulhaus und in Scheunen einquartiert wurde. Am folgenden Tag wurden die Rekruten vereidigt, und die Ausbildung nahm ihren normalen Fortgang. Mitten aus dem Abverdienen des Uof hinaus musste Meier am 27. April 1940 direkt zu seiner Einheit an die Grenze einrücken. «In diesen ersten Aktivdienst bin ich mit einer wilden Entschlossenheit eingerückt, auf unserem Boden bis zum Letzten zu kämpfen. Angst kannte ich nicht, und ich stellte die gleiche Einstellung bei meinen Kameraden fest, die grösstenteils aus meinem Heimatdorf stammten. Wir wussten, was wir zu verlieren hatten!» meint Meier im Rückblick.

Für Fridolin Herzog endete am 27. April 1940 eine strenge, urlaubs- und ausgangsarme Aarauer Rekrutenschule – nicht aber der Militärdienst. Der Weg führte nämlich nicht heim zu Muttern oder in die Arme der Päckchenfee, sondern schnurstracks zum Bahnhof, wo die Jungsoldaten mit Sack und Pack in Güterwagen verfrachtet wurden. In Kaisten wurden die Kriegsartikel verlesen. «Die

Hinweise auf Todesstrafe bei Feigheit vor dem Feinde und bei Fahnenflucht wirkten wie Peitschenhiebe auf nackte Körper», erinnert sich Herzog, und zum Fahneneid notiert er in seinen humorvollen «Laufenburger Stacheldraht-Histörchen»: «In den Herzen wetteiferten Stolz gegen Unsicherheit, Abenteuerlust gegen Verzagtheit, und über die Rücken liefen kalte Schauer.»

Schanzen, ruhen, Wache schieben

Die kommenden Tage, Wochen und Monate standen ganz im Zeichen der Erstellung der Abwehrbereitschaft: Ausbildung, Aufbau einer Abwehrlinie, Beobachtung. Schon während der ganzen ersten Nacht wurde gearbeitet. Im Schichtbetrieb konnte jeweils ein Drittel der Mannschaft ruhen, ein Drittel schanzte, ein Drittel ging auf Patrouille oder schob Wache. Regez schildert, wie die Schanzarbeiten zu makabrer «Begleitmusik» vor sich gingen: «Vom Lautsprecher im nächsten Dorf ennet dem Rhein herüber ertönte eine Rede Hitlers. ‹Gewalt gegen Gewalt!› vernahmen wir, was nichts Gutes bedeutete.» Die deutschen Armeen fielen in Polen ein, der Zweite Weltkrieg war Tatsache geworden. «Wir schliffen die Bajonette, und ich liess auch meinen Säbel schleifen; dazu wurde nicht viel gesprochen, jeder hing seinen Gedanken nach», notierte Regez. Aber auch: «Ich habe nie einen Mann gesehen, der Angst hatte, im Gegenteil, alle waren entschlossen, ihre Pflicht zu tun.» Dass «alles in einem Zustand gespannter Bereitschaft» vor sich ging, beschreibt auch Werner Graf, «denn die Streitkräfte der gleichen Wehrmacht, die Polen überfallen hatte, standen auch am Rhein.»
Josef Bächli, als Bauoffizier zum Abschnittsstab kommandiert, schildert die Bauaufgaben so: «Beim Einrücken Ende August 1939 standen am Rhein nur die nackten Bunker. Nach kurzer Ausbildung wurde befohlen, im ganzen Abschnitt dem Rhein entlang ein breites Stacheldrahthindernis zu erstellen, um so die vorderste Abwehrlinie zu schliessen.» Das Holz für die Hindernispfähle wurde von den Forstämtern Döttingen und Würenlingen zur Verfügung gestellt, wobei aber nicht wahllos geholzt worden sei. Das Werkzeug wurde, soweit vorhanden, von den Forstämtern ausgeborgt. «Den Restbedarf haben unsere in Döttingen und Würenlingen wohnhaften Soldaten beigebracht.» An ganz steilen Hängen, in Gestrüpp und Dornen war der Hindernisbau «eine schwere Arbeit», hält Bächli fest, doch: «Ich glaube, dort hätte auch der Feind Schwerarbeit leisten müssen zum Durchkommen.»
In den Jahren 1940 und 1941 wurde kräftig weitergebaut. Einige grössere Bauprojekte waren der Bat-Gefechtsstand «Hönger», die Strasse Schlagen-Achenberg, der Aussenbunker zum Werk Koblenz-Berg, der Unterstand Koblenz-Laufen, die Mg-Stände «Peterlibuck» und «Brühlhalde». Darnach wurden alle Bunker der Surb entlang von Döttingen bis Tegerfelden mit Stacheldrahthindernissen umgeben. Erwähnenswert ist auch der Ausbau des alten Kirchturms an der Hauptstrasse in Döttingen in eine kleine Festung. «Eines weiss ich sicher noch, dass unsere Soldaten im Aktivdienst ihre Arbeit mit grossem Einsatz, treu und pflichtbewusst getan haben. Speziell im Bausektor wurde unermüdlich, fleissig und zuverlässig gearbeitet», gibt Bächli zu Protokoll. Die Soldaten stammten grösstenteils

aus den umliegenden ländlichen Gemeinden und aus kleinbäuerlichen Verhältnissen. «Sie waren daher an harte körperliche Arbeit gewöhnt. Jedenfalls waren Kameradschaft und Moral – im Gegensatz zur heutigen Einstellung – vorbildlich und unvergesslich», schliesst Bächli seinen Bericht.

Eine ganz besondere Gemeinschaft

Zweifellos musste kein Wehrmann in jenen Tagen zum Militärdienst besonders motiviert werden. Jeder wusste, worum es ging: «den eigenen Boden zu verteidigen». Es war «eine ganz besondere Gemeinschaft», erinnert sich Walter Hegnauer, und weil die Vorgesetzten im Dienst grossenteils auch die Vorgesetzten im Zivil waren, ging die ganze Organisation der doch sehr zusammengewürfelten Gesellschaft reibungslos vor sich. «Die Älteren nahmen die Jüngeren unter die Fittiche», schildert Hegnauer. Ein Beispiel dafür aus den Aufzeichnungen von Alfred Regez: «Einmal ist es vorgekommen, dass ein altgedienter greiser Wachtmeister, als er Wachtkommandant war, seinen eigenen Sohn in die ‹Kiste› abführen musste.»
Gerade umgekehrt erlebte Fridolin Herzog den Generationenunterschied. Der Jungsoldat erhielt in den ersten Grenzdiensttagen den Auftrag, mit dem wesentlich älteren Wachtmeister Fritz auf die allnächtliche Wirtschaftsrunde durch Laufenburg zu gehen. «Diese muss vom Wachtkommandanten persönlich und einem Begleiter mit kriminalistischem Gespür durchgeführt werden. Es gilt, dem Ausgehverbot für Wehrmänner nach dem Abendverlesen strikte Nachachtung zu verschaffen, ausserdem sind spionageverdächtige Subjekte aufzustöbern», zitiert Herzog humorvoll die Aufgabe. Die Wirtsleute empfingen das dienstliche Duo mit ausgesuchter Höflichkeit. Hier wurde ein Becher offeriert, dort ein Zweier. «Diese offensichtlichen Beweise wahrer Vaterlandsliebe mahnten den Jungsoldaten allmählich zur Vorsicht. Gar schnell führte der Genuss des flüssigen Patriotismus auf Abwege und ins Dickicht des Stacheldrahtgewirrs.» Jedenfalls kam es nach Abklopfen der elf Laufenburger Gaststätten so, «dass ein Grünschnabel den kaum mehr standfesten Wachtkommandanten aus der Endstation ‹Schützen› in das Turnhallen-Wachtlokal schleppen musste».
Die Wirtschaften, so erzählt Walter Hegnauer, waren für die mit Sold allerdings nicht verwöhnten Soldaten eigentliche «Réduits»; es gab im Grenzraum zahlreiche «Gilbertes», welche nicht nur galante Gastgeberinnen, sondern sogar psycho-

Militärische Bauarbeiten und Hilfe bei der
Kirschenernte liefen hier parallel.

logische Betreuerinnen waren. Hans Hemmeler allerdings relativiert mit der Bemerkung, dass hin und wieder auch zuerst vom Militär Ordnung in das «Wirt-
schaftsleben» einzelner Dörfer gebracht werden musste. Mit der einheimischen
Bevölkerung bestanden jedenfalls beste Kontakte, denn viele Wehrmänner hatten
familiäre und freundschaftliche Beziehungen zu ihrem «Besatzungsgebiet», und
wenn Bande noch nicht bestanden hatten, wurden sie in der Folge oft geknüpft.
So wurde man gegenseitig betreut, «gehegt, gepflegt und verpflegt». «Die Bevölkerung an der Grenze war froh, als die Soldaten kamen, das Militär war will-

198

kommen, denn man fühlte sich bedroht», schildert Hans Roth die damalige Situation im Fricktal.

Ganz gegensätzlich zur zuversichtlichen Stimmung im Grenzgebiet war die Lage im aargauischen Hinterland: Gerüchte führten dort rasch zu Panik, und nicht wenige seien auf den gepackten Koffern gesessen, einige hätten sich gar Richtung Innerschweiz abgesetzt, erinnern sich die Wehrmänner. Symptomatisch für die Situation in den Städten ist das Telefon, das Oswald Merklis Braut mit ihrem fernen Verlobten führte: «Soll ich das Silber verstecken?»

Sorgen um Familie und Beruf

Mit der Zeit wurde jedem klar, dass man sich auf einen langen Aktivdienst vorsehen musste. Damit wuchsen die Sorgen um Familie und Beruf. «Der spärliche Urlaub, der hie und da erkämpft und gewährt werden konnte, war ja auch nur ein Tropfen auf einen heissen Stein», blickt Werner Graf zurück. Und Hans Roth ergänzt: «Bei aller Einsatzbereitschaft gab es doch schon im Herbst 1939, aber vor allem bei der ununterbrochenen Dienstleistung bis November 1940, viele Schwierigkeiten, namentlich bei Landwirten, Selbständigerwerbenden und Gewerbetreibenden. Dabei wirkten Vergleiche mit anderen Truppen im oberen Fricktal, die viel Sport trieben und die Pferde spazieren führten, sehr negativ, weil die Frauen unserer Bauern und Gewerbetreibenden sich abrackerten und oft keine Hilfe bekamen.»

Ein beeindruckendes Zeugnis der Lage zuhause ist ein Brief, den Alfred Regez heute noch in hohen Ehren hält. Er stammt von seiner Mutter aus Busslingen, datiert vom 4. September 1939. «Ja, Du kannst Dir ungefähr vorstellen, wie es war, als der schwere Bericht kam. Wir wollten grad essen, es war aber niemandem mehr recht drum. Doch Deine Brüder waren alle recht gefasst und blieben ruhig, und gingen eilig ans Packen.» So schildert die Bauersfrau die Mobilmachung. Und fährt fort: «Ach, es ist an so vielen Orten, dass sie sich schier nicht zu helfen wissen. Und jetzt hat man keine Hoffnung, dass es nur vorübergehend ist, ach wie lange wird es dauern und was wird noch alles kommen. ... Es ist schwer, sehr schwer und ein schrecklich leeres Haus. Man muss eben alle darunter leiden und Opfer bringen, dem Vaterland zu liebe, wenns nur nicht auch für die Schweiz Krieg gibt.»

Festlicher Glanz im feldgrauen Alltag

Das Wechselbad von Spannung und Entspannung in der Grosswetterlage der Weltgeschichte widerspiegelt sich auch in den Berichten der Wehrmänner von der Grenzbrigade 5. Nach der Generalmobilmachung am 2. September 1939, welche sämtliche Wehrpflichtigen unter die Fahnen rief, konnten am 9. Dezember 1939 Landwehr und Landsturm entlassen werden. Nur der Auszug blieb an der Grenze, in den einzelnen Orten waren Detachemente zurückgeblieben. Sie trieben vermehrt Ausbildung, und die Bauarbeiten am Rhein wurden beendigt. «Es war

ein kalter, eisiger Winter», erinnert sich Werner Graf. Und nicht nur ihm blieb die erste Soldaten-Weihnacht in lebhafter Erinnerung. «Es war ein besonderes Erlebnis. Wir feierten im ‹Löwen› zu Stein, es gab ein Nachtessen und Päckli von gemeinnützigen Organisationen», berichtet Hans Roth. Regez ergänzt, dass Schulkinder jedem Wehrmann einen Brief an die Grenze schickten und ein Geschenklein dazulegten. Selbstverständlich wurde den Kindern zurückgeschrieben, und daraus entstanden oft längerdauernde Kontakte über die Generationen hinweg. Auch Erinnerungslöffeli «vom General» mit eingeprägtem Tannenzweig und Jahrzahl wurden verteilt. Andere Wehrmänner erinnern sich, dass an Weihnachten 1939 «Generalsnastücher», grosse, blau-rot karierte Taschentücher, verschenkt wurden.

Eine ganz besondere Weihnachtsfeier erlebte Hans Egli, welcher beim im Bau befindlichen Kraftwerk Rekingen Dienst tat. Österreichische Soldaten, die sich in der Nähe vom Polenfeldzug erholten, kamen zur Brückenmitte, wo ein Weih-

nachtsbaum aufgestellt wurde. Mit «Liebfrauenmilch» aus Feindesland und Nuss-
gipfeln aus Schweizerhand wurde Weihnacht gefeiert, und dabei kam es vorübergehend sogar zum Helm-Austausch.

Ein ähnliches Erlebnis am selben Ort bleibt Oskar Hintermann unvergesslich: Der
1. August-Tanz in der Rheinmitte. Am Sonntagnachmittag, 1. August 1940,
spielte Kanonier Wehrli vor dem Bunker am Schweizer Ufer Handharmonika,
ein paar Kameraden räkelten sich an der Sonne. Hintermann stand mit dem Karabiner im Arm auf der Kraftwerkbrücke und genoss es, zu musikalischer Begleitung Wache zu schieben. Von der andern Seite näherten sich deutsche Zivilisten,
um das neue Kraftwerk zu besichtigen und die flotten Weisen mitanzuhören.
Schliesslich verlagerte der Musikant seinen Standort auf die Brückenmitte, und er
fand immer mehr Zuhörer, darunter auch deutsche Mädchen «im besten Alter».
Die dienstfreie Mannschaft aus der Schweiz rückte nach, und plötzlich war der
«Spanische Reiter», der sie von den «Feinden» trennte, auf die Seite gerückt. Hu-
ser Sigi, genannt «Tango-Huser», drängte sich durch die Bresche vor eine der
Holden und lud sie mit einer salonfähigen Verbeugung zum Tanz ein. Sie war
nicht spröde, und schon bald begann ein Tänzchen nach dem andern. «Wäre
schon nett, statt des harten Gewehrs eine zarte Maid in die Arme zu drücken»,
dachte Wachtsoldat Hintermann. Doch in diesem Augenblick donnerte eine bar-
sche Stimme: «Raus mit de Ziviliste!» Wie ein Spuk verschwanden die Holden,
und «wir standen da wie die Ölgötzen», schliesst Hintermann seine Reminiszenz
– eine deutsche Patrouille hatte ihnen den harmlosen Spass vergällt.

Ein eindrückliches Erlebnis war natürlich auch der Besuch der Landesausstellung
1939, welcher den Wehrmännern der 5. Division ermöglicht wurde. «Das trug
zur Hebung der Moral bei, sofern das nötig gewesen wäre», meint Alfred Regez
im Rückblick. In jener Zeit war es auch leichter möglich, Urlaub zu bekommen,
um die privaten und wirtschaftlichen Angelegenheiten zuhause regeln zu können.
Doch am 6. März 1940 war das Tauwetter vorbei, Landwehr und Landsturm
mussten wieder an die Grenze einrücken.

Der 10. Mai 1940

Dieses Datum ist fast noch unauslöschlicher ins Gedächtnis der Grenzschutzsoldaten eingegraben als die erste Kriegsmobilmachung. In jener Nacht fiel die deutsche
Wehrmacht mit einer Bomberflotte, gepanzerten Divisionen und motorisierter
Infanterie über Holland und Belgien her. Die zweite Generalmobilmachung der
Schweizer Armee wurde befohlen, die Urlauber zurückgerufen. «Wir waren
während Tagen in Alarmbereitschaft in den Stellungen, Tage grosser Spannung,
wie sie später nie mehr vorgekommen sind», beschreibt Werner Graf die Situation. «Jetzt erst ist der eigentliche Schock ausgebrochen, denn nun war klar geworden, wie die Deutsche Armee wirklich ist», schildert Hans Hemmeler die kritischen Maitage. Für die Offiziere sass der Schrecken tief, denn sie erkannten, «dass
eine völlig neue, uns noch unbekannte Kriegsmaschinerie in Gang gesetzt wurde».
Max Hartmann weilte gerade auf Arbeitsurlaub im Geschäft, als er von der zweiten Generalmobilmachung erfuhr. Er rückte ein in der festen Überzeugung «Jetz

gosch in Chrieg». Jetzt, so hatte er das Gefühl, ging das Weltgeschehen auch ihn ganz persönlich etwas an. Der Weltkrieg war vorher etwas gewesen, was trotz Grenznähe gefühlsmässig doch weit weg war.

«Man hatte schon Angst, aber man fühlte sich auch gewappnet», beschreibt Kurt Weibel die Situation an der Grenze. Den Soldaten wurde Zeit und Gelegenheit gegeben, nach Hause zu telefonieren. «Das war der eigentliche Abschied», viel emotionsgeladener als beim ersten Einrücken anno 1939. Die Selbstsicherheit der Schweizer Soldaten beruhte in der gut eingeübten Vorbereitung, der Kriegsalarm war in der langen Wartezeit immer wieder durchgespielt worden. Am Abend des 10. Mai wurden die Offiziere in den KP im «Ochsen»-Keller zu Zurzach gerufen. «Heute nacht geht der Krieg los!» wurde ihnen vom Hauptmann erklärt. Man wisse, dass ennet dem Rhein 30 Divisionen deutscher Truppen stehen. Weibel zitiert eine Mitrailleur-Mannschaft, die mit dem Ausspruch reagierte: «Die Saucheibe sölle nume cho – jede Schuss wird usegloo!» Als anderntags ein Bomber über ihre Stellung flog, glaubten Weibels Wehrmänner, jetzt gehe es wahrhaftig los. Allerdings war es vermutlich ein französischer Aufklärer gewesen. Los ging's dann schon, aber in die andere Richtung. Die Schweiz, so weiss Weibel jetzt, war besser vorbereitet als die Franzosen.

Der Ernst der Lage wurde durch die Befehle offenbar: «Keiner geht nur einen Schritt zurück», lautete die Devise, «Halten bis keiner mehr da ist», hiess die Losung der Grenzbrigade, erinnert sich Walter Hegnauer. Bei den älteren Soldaten war die Stimmung doch eher gedrückt, sie wussten noch besser als die Jungen, was Krieg bedeutet. «Fürs Zurückschiessen sind wir ja gekommen», meinten diese zu Fridolin Herzog. Er war damals überzeugt, er «hätte die deutsche Armee meistern mögen.» Arthur Heiz bestätigt, dass ältere Kameraden so nervös waren, dass man sie für die Wache nicht mehr brauchen konnte. Davon kann auch Hans Egli ein Liedlein singen. Er hatte den Auftrag, als Meldefahrer eine Nachricht vom KP im Zurzacher «Ochsen» zum Bunker zu bringen. Zu seinem Pech versagten jedoch die Bremsen seines «Drahtesels», und er fuhr ungebremst beim Bunker in den «Spanischen Reiter» hinein. Damit nicht genug, wurde er auch noch von der verschreckten Wache beschossen…

Beobachtungen nach vorn über den Rhein hinweg und Gerüchte von hinten liessen die Hochspannung an der Grenze über Wochen anhalten. Wenn etwa beobachtet wurde, dass auf der gegenüberliegenden Seite des Rheins die Deutschen vermehrt und mit Helmen auf dem Kopf patrouillierten, statt wie üblich nur mit Mütze, war Alarmstimmung gegeben, erinnert sich Ernst Meier. Max Hartmann berichtet, wie Auspuff-Explosionen eines deutschen Lastkraftwagens die Wachtposten entlang der Grenzlinie in höchste Aufregung versetzten. Ein Posten hatte vermeintlich verdächtige Motorengeräusche und Schüsse in der Gegend von Badisch Laufenburg gehört und glaubte an einen Panzeraufmarsch. Vorsichtshalber wurden auch die Rheinübergänge informiert, doch glücklicherweise war alles nur Täuschung.

Für Karl Wülser war die Stunde der Wahrheit gekommen, als der Befehl erteilt wurde, im Bunker sei der Eisenschrank mit der Kriegsmunition zu öffnen. Bunker-Erlebnisse haben viele Wehrmänner zu erzählen. Heinrich Frey erinnert sich, wie Kompaniekommandant Heiri Bircher die ganze Mannschaft vor dem Werk auf ein Glied antreten liess und in einer kleinen Ansprache erklärte: «Die Lage ist ernst. Wenn sie heute nicht kommen, kommen sie nicht mehr.» Recht hat er gehabt. Die Pointe: Der Kommandant musste die Mannschaft trotz grösster Kriegsgefahr aus dem Bunker herausholen, weil er trotz seinem Range aus Geheimhaltungsgründen keinen Zutritt zu diesen Anlagen hatte.

Kontakte über die Grenze

Besonders grimmig zur Verteidigung seines Bunkers war Werksoldat Oskar Hintermann entschlossen. «Diese ‹Stifelibuben› werden uns kennenlernen!» schwor er sich, als er am Montag nach Pfingsten 1940 vor dem Werk Tägerbach mit Handgranaten im Ceinturon und dem Karabiner im Anschlag im Gebüsch hockte. Der Ruf «Kriegsalarm!» hatte ihn im Bunker aus tiefem Schlaf geweckt, und im ersten Schreck schlug er den Kopf an der Kante eines Munitionstanks derart an, dass er das Feuer im Elsass sah. Doch nicht allein das böse Erwachen war der Grund seines Grimms. Kurz zuvor hatte eine deutsche Doppelpatrouille hämisch über den Rhein gerufen: «Eure Hundehäuschen holen wir mal mit der Berliner Feuerwehr!» Hintermann heute dazu: «Helden waren wir sicher nicht, aber erstens steckte uns noch die Wut im Leibe wegen der ‹Berliner Feuerwehr› und zweitens hatten wir gar keine Zeit nachzudenken. Auch klöpfte es noch nicht.» – «Glaubt ihr, das sei ein Hindernis für uns?» lachte ein deutscher Soldat Max Hartmann eines Abends auf der Brücke aus, als er am Stacheldrahtverhau Wache schob. «Hinter uns hat's noch mehr», lautete die trockene Antwort des Schweizers. Dazu schrieb die deutsche Presse: «Die Schweizer spielen Grenzschutz.» Das «kleine Stachelschwein», wir wissen es heute, hat das grosse Deutschland überlebt.

Umgekehrt war aber auch gefahren. Darüber erzählt Hans Roth ein Histörchen: Dezember 1939 war's, ein nebliger Morgen. Am Rhein sind die Baustellen der Bunker mit Sacktuchwänden gegen Sicht abgeschirmt. Ein Meldefahrer kommt angesaust und ruft: «Si chöme, si chöme!» Alles rennt in die Stellungen. Drüben bei Murg fahren zwei mit Uniformierten besetzte Boote in den Rhein hinaus. Der Mitrailleur am MG hat den Finger am Abzug. «Wenn sie in der Mitte sind, so chlöpft's.» Doch «halt, die deutschen Offiziere tragen ja Mütze und fotografieren Richtung Baustelle». Einer kurbelt an einem Filmaufnahmegerät. Von einer Flussbiegung aus können die Schweizer Soldaten sehen, dass ein roter Tierkopf auf die Packleinwand gemalt ist: Ein riesiger Eselskopf mit einer Hitlerlocke in der Stirn, sehr gekonnt mit Menning gemalt. Der Gegenstand deutschen Interesses wird sofort beschlagnahmt und verbrannt. Einige Wochen darnach kommt von Bern, via Brigadekommando, die Meldung, bei einer Baustelle sei der Führer verhöhnt worden, genauer Bericht wurde verlangt. Weil schweizerseits niemand etwas wissen will, kommt später der Befehl aus Bern, es sei eine genaue Untersuchung durchzuführen, die Deutschen beharrten auf «Führerbeleidigung». Oblt Hüssy, Vizekonsul des Landes Baden mit Wohnort in Säckingen, den er wegen dauernder Bespitzelung jedoch verlassen hat, tut bei der inkriminierten Truppe Dienst. Er wird aufs Bezirksamt Säckingen beordert, wo ihm ein ganzes Dossier von Bildern, Meldungen und angeblichen Schikanen an der Brücke und nächtlichen Schiessereien vorgelegt wird mit der Bemerkung, der Provokationen seien es nun genug, das werde alles einmal abgerechnet. Nach einigem Hin und Her erklärte Hüssy: «Aber meine Herren, Sie wollen doch nicht behaupten, dass dieser Eselskopf dem Führer gleicht.» Das Lachen wird von den umstehenden Beamten unterdrückt. Darauf der Bezirksamtmann: «Sie Lauskerl, machen Sie, dass Sie über die Brücke zurückkommen!» Keine «diplomatischen Verwicklungen» gab ein anderer Zwischenfall, von dem Kurt Weibel weiss: An Weihnachten 1939 stellten Deutsche einen Kübel voll Kuhdreck «für die Kuhschweizer» auf die Zurzacher Brückenmitte. Diese revanchierten sich mit einem Kübel voll Butter mit der Widmung: «Unseren deutschen Freunden – jeder gibt, was er hat.»

Es gab aber auch angenehmere Kontakte über den Rhein hinweg, und dies nicht nur während der Weihnachtstage. So erinnert sich Fridolin Herzog heute noch gern an die «schönen blonden Dinger», die er als Brückenwache jeweils im andern Laufenburg am Fenster des Schlosses gesehen. Der «Bund deutscher Mädchen» hatte dort ein Ferienheim eingerichtet. Deutsche Mädchen hatten es auch einigen Kameraden von Oskar Hintermann angetan, welche sie beim Werk Chrüzlibach zwischen Mellikon und Rekingen beim Bade beobachteten. Die Holden riefen den feldstecherbewehrten Soldaten zu, sie sollten sie sich doch einmal aus der Nähe betrachten kommen. Das liessen sich zwei Werksoldaten nicht zweimal sagen, und kurzentschlossen schwammen sie über zum «Feind», kehrten aber aus Furcht vor einer deutschen Patrouille sofort wieder zurück.

Beziehungen mit dem nördlichen Nachbarn waren nicht grundsätzlich untersagt, lautete doch ein Geheimbefehl, auf unauffällige Weise Nachrichten zu beschaffen. Mit zunehmender Dauer des Krieges wurden die Kontaktpersonen von drüben wortkarger, und die ursprünglich noch einheimischen Zöllner und Soldaten auf den Brücken wurden durch auswärtige ersetzt. Gespräche von Mann zu Mann ergaben sich oft bei der Nachtwache auf den Brücken. «Sie wurden mit Zigaretten gesprächig gemacht», gesteht Max Hartmann. Manch ein deutscher Wehrmann erzählte dem Schweizer «Kollegen» sein Schicksal. Doch kam ein zweiter Patrouilleur dazu, wechselte das Thema jeweils schnell zum Wetter. Hans Egli ergänzt, dass man auf der Zurzacher Brücke noch recht lange Arbeitskollegen von früher getroffen habe. Auch die Zöllner und Wachtposten kannte man persönlich. So erfuhren die Schweizer vieles, zum Beispiel, dass auf der Küssaburg eine Flakstellung eingerichtet sei: «Wenn der Franzmann kommt, holen wir ihn runter.» Ähnlich vertrauliche Verhältnisse herrschten auf der Rheinbrücke Stein-Säckingen. Hier kam ein deutscher Grenzwachtmeister sogar, als wäre kein Kriegszustand, fast täglich zum Feierabend-Schöppli oder zum Kaffee-Einkauf in die Schweiz. Ein anderer besuchte das Schweizer Ufer mit dem Vorwand, sein verlorenes Fahrrad suchen zu müssen. Zur Rede gestellt erklärte er: «Mein Fahrrad habe ich schon lange wieder, aber i muss wieder mal schnaufe!»

Spion und Deserteur

Einem heissen Spionagefall schien E. Meier auf der Spur. Ende Mai 1940 wurde er mit seinen Leuten zur Bewachung der zivilen Telefonzentrale am Bahnhofplatz

Döttingen befohlen. Ein Anwohner gab Meier den Tip, dass der in der Nähe wohnende Coiffeur ein selbstbewusster Deutscher und überzeugter Nazianhänger sei. Der Coiffeur wurde fortan rund um die Uhr beobachtet, jedes Weggehen und Kommen schriftlich festgehalten. Am ersten Sonntagmorgen früh verliess er das Haus mit einem Fotoapparat, was er laut Auskunftsperson schon öfters getan habe. Die Fotos konnten nur in einer Drogerie in Klingnau entwickelt werden. Meier erkundigte sich am Montagmorgen dort, ob der Coiffeur Filme zum Entwickeln gebracht habe, was bestätigt wurde. Meier konnte den Drogisten dazu bewegen, ihm die Fotos vor der Ablieferung an den Kunden zur Besichtigung zu überlassen. Tatsächlich ergaben die Bilder aneinander gereiht eine lückenlose Geländeaufnahme der rechten Aaretalseite von Koblenz bis Döttingen. Im Vordergrund war aber immer der Kopf der Coiffeurs-Gattin oder seines Kindes zu sehen. Immerhin war der nötige Raum vorhanden, um bestehende Feldstellungen zu markieren. Als anderntags der Coiffeur mit dem Bildmaterial aus der Drogerie zurückkam, wurde er beim Passieren des Postens von Meier gestellt und ihm das gesamte Material abgenommen. Er übergab die Bilder mit entsprechendem Rapport an die höhere Instanz. Jedenfalls verliess der Coiffeur einige Wochen später unser Land mit Familie und gesamtem Hausrat.

Über einen anderen «Wegzug» berichtet Oswald Merkli. Ein Soldat war mit drei Wochen Verspätung in der Kompanie aufgetaucht, Sohn eines deutschen Vaters und einer schweizerischen Mutter, aufgezogen bei Bauern in Remigen. Nach einem dreimonatigen Aufenthalt in Österreich schien er unseren Dialekt nicht mehr zu kennen. Bis ihm der Fourier erklärte, er werde keinen Sold bekommen, wenn er nicht mehr Schweizerdeutsch könne. Auch sonst war er kein vorbildlicher Soldat, musste im Spital entlaust werden, besorgte den Wachtdienst liederlich und versah den Kontrollgang am Rhein entgegen der Vorschrift ohne geladenes Gewehr. An einem frühen Morgen kam ein deutscher Grenzwächter von drüben über die Brücke und erklärte, dass ein Schweizer Wachtmeister herübergekommen sei. Tatsächlich war der Posten nicht mehr besetzt, und es bestand kein Zweifel, dass die Wache desertiert war. Den Kittel mit dem Abzeichen musste er dem Wachtmeister gestohlen haben. Der verlassene Posten wurde wieder besetzt, und bei der nächsten Kontrolle erklärte der neue Wachsoldat Merkli mit bebender Stimme, dass er den Deserteur wie seinen eigenen Sohn auferzogen habe.

Die lange Wacht am Rhein

Nach dem 10. Mai 1940 folgten lange Jahre der Wacht am Rhein: Stellungen bauen und ausbauen, Ausbildung betreiben, nach Verdächtigem auf der andern Seite des Rheins Ausschau halten, irgendwie die Zeit totschlagen. Verständlich, dass sich eine gewisse Müdigkeit und Verdrossenheit ausbreitete. Dass es dennoch erträglich war, schreibt Max Diethelm dem «Kameradschaftsgeist zu, der sich erstaunlich schnell entwickelte». Das habe mitgeholfen, Unterkunft und Verpflegung erheblich zu verbessern. Die Verpflegung sei sogar oft besser gewesen als daheim oder in den Städten, meint Diethelm. Bei aller Distanz, die damals noch zwischen Offizieren und Soldaten herrschte, wurde darauf geachtet, dass Offiziere

bei der Verpflegung nicht bevorteilt wurden. Fridolin Herzog erzählt, dass der nachmalige Divisionär Karl Walde, damals noch Kompaniekommandant, beim Frühstück kontrollierte, ob Offiziere und Mannschaften eine gleich grosse Portion Käse bekamen. «Und wehe dem Küchenchef, der Offiziere mit grösseren Stücken zu bestechen versuchte.»

Nicht zu vergessen ist, dass die Zivilbevölkerung, obwohl vom Militär beinahe «überfremdet», mit den Soldaten teilte, was sie selber hatte. Und besonders glücklich konnte sich eine Gruppe wie die Bunkerbesatzung schätzen, in der Heinrich Frey eingeteilt war. Mit in der Gruppe war ein Wirt vom Bözberg, dessen Frau regelmässig Koteletten brachte, die jeweils für die ganze Bunkerbesatzung reichten, natürlich nur vor der im Sommer 1940 eingeführten Fleischrationierung. Zudem war man noch nicht so verwöhnt wie heute. «1943 gab's Kartoffelbrot, das Fäden zog – wir assen es trotzdem», erzählt Karl Wülser ohne Grausen. Umgekehrt half das Militär auch der Zivilbevölkerung, die ja vorwiegend nur noch aus Frauen, Kindern und Alten bestand. Also packten die Soldaten mit an. «Bei schönem Wetter Hilfe in der Landwirtschaft», hiess es wochenlang auf den Tagesbefehlen, sodass die Arbeit auf den männerlosen Bauernhöfen trotzdem gemacht wurde. Das Militär half aber auch anderweitig, wie Robert Vögeli mit einer Episode illustriert. Eine Einheit beobachtete einen Buben, der selbst im Winter barfuss gehen musste. Trotz dem kargen Sold veranstalteten die Soldaten eine Sammlung, um dem Kleinen die notwendigsten warmen Kleider kaufen zu können. Arme Leute bekamen oft warme Mahlzeiten aus den Militärküchen.

Kontakte mit der Bevölkerung, die Kitt schafften, ergaben sich durch gemeinsame Feste. Robert Vögeli erinnert sich, dass Bundesfeier, Weihnachten und andere Anlässe oft gemeinsam mit der Dorfgemeinschaft gefeiert wurden. Hin und wieder stellte eine Truppe ein Fest um des Festes willen auf die Beine und lud dazu die Bevölkerung ein. Nebst der dauernden Bedrohung, die trotz den Niederlagen der Hitler-Armeen nicht geringer wurde, trugen gemeinsame Feste und gegenseitige Hilfe dazu bei, dass bis zuletzt das Einvernehmen zwischen den Truppen und der Fricktaler Bevölkerung gut oder sogar herzlich war. Manchem Wehrmann ist ja «sein» Fricktaler Dorf geradezu zur zweiten Heimat geworden, die er immer wieder besuchte.

Bunkerkoller und persönliche Probleme

«Erfolgt der Angriff im Morgengrauen, entfällt der Kakao», erinnert sich Max Diethelm an einen Bunkerbefehl und illustriert damit die Fähigkeit des Menschen, Angst zu übertünchen und psychische Probleme mit Galgenhumor zu entspannen. Anders hätten die Wehrmänner wohl kaum den nerventötenden Dienst überstehen können, den Oskar Hintermann so beschreibt: «In einem kleinen Werk zählte die volle Besatzung 10 Mann. Bei normalem Bereitschaftsgrad hatte nur die halbe Mannschaft Dienst im Bunker; die andere Hälfte war bei der Kompanie im Dorf. In einwöchigem Turnus lösten sich die beiden Hälften ab. Bei erhöhter Bereitschaft war die volle Besatzung im Werk, aber die Wachen wurden verdoppelt. Ein Soldat musste jeweils mit vierstündigem Unterbruch zwei Stunden Aussenwache stehen. Man konnte nie mehr als dreieinhalb Stunden ohne Unterbruch schlafen, denn mehr Zeit blieb nicht zwischen ID, Essen fassen, Wache stehen und Werk-Ausbildung.» Es gab denn auch Fälle von Bunkerkoller, bei denen ein Kamerad «durchdrehte» und von der Truppe entfernt werden musste. «Nach einer Woche wurde man nervös, weil es einfach an Schlaf mangelte», schildert Hintermann weiter. Vor allem im ersten Winter sei es schlimm gewesen, denn da habe man keinen Strom gehabt, sondern nur sauerstofffressende und stinkende Petrolfunzeln. Das Wasser lief von den Betonwänden, die Matratzen wurden feucht und gar grau. Nur jeden zweiten Tag hatten die Bunkerbesatzungen gestaffelt zwei Stunden Ausgang, die benützt wurden, um in der nächsten Beiz einen Römer zu trinken. In den grossen Festungen sei es nicht gar so arg gewesen, ergänzt Robert Vögeli, denn dort standen die üblichen Einrichtungen, wenn auch einfach gestaltet, zur Verfügung. In den Mini-Bunkern aber, die etwa 10 Mann Besatzung hatten, traten ungewohnte Probleme auf. Oskar Hintermann erzählt: «Im Bunker kratzte sich ein Kamerad dauernd, bis er endlich ins Lazarett geschickt wurde. Informationen, woran er gelitten hatte, bekamen wir nie. Plötzlich begann es auch mich und andere zu jucken, bis sich schliesslich die ganze Bunkerbesatzung dauernd kratzte. Alle wurden hernach zur Untersuchung in die Dermatologische Klinik nach Zürich geschickt. Die Diagnose: Alle hatten Krätze. Die gesamte Bunkerbesatzung musste sich hernach einer Rosskur mit Bürste und Schmierseife unterziehen, und zum Abschluss wurden alle von Kopf bis Fuss mit schwefliger Creme eingestrichen. Die Ärzte gaben die Anweisung, dass wir uns 14 Tage nicht mehr waschen dürften.» Klar, dass die Wehrmänner nach dem ungewollten Ausflug nach Zürich nicht direkt in den Bunker zurückkehrten: Sie gingen zuerst ins Kino. Kein Rätsel war, weshalb sich alle mit der Zeit angesteckt hatten. Man kroch einfach unter die Wolldecke, unter der vorher ein Kamerad versucht hatte, ein bisschen Schlaf zu bekommen. Ein Dauerproblem war die schlechte Luft, worüber ebenfalls Hintermann eine Episode zu schildern weiss: «Wir hatten in unserem Werk noch keinen Strom. Für Wärme sorgte ein Petrolofen, und Licht spendete uns die Colemanlampe (eine Petrollampe). Eines Abends spielte ich mit dem Wachkommandanten Schach. Ohne dass wir es vorerst merkten, wurde das Licht schwächer und schwächer, bis wir schliesslich in völliger Dunkelheit sassen. Im Schein einer Taschenlampe begannen wir zuerst an der Colemanlampe zu pumpen, die wir allerdings kurz zuvor frisch aufgefüllt hatten. Es fehlte auch nicht am Pariser, wie der Seidenstrumpf am Docht genannt wurde. Auch der Kamerad von der Freiwilligen-Grenzschutz Kp 5 (jedem Werk war anfänglich ein Soldat dieser vor dem Krieg gebildeten Freiwilligentruppe zugeteilt, aus der später das Festungswachtkorps wurde) wusste keinen Rat. Dem Wachtkommandanten ging schliesslich buchstäblich das Licht auf. Die Lampe leide doch unter Sauerstoffmangel, meinte er. Ich öffnete hierauf die Panzertüre und liess frische Luft hereinströmen. Und mit einem einzigen Streichholz ging der totgeglaubten Lampe wieder das Licht auf. Der Bunkerbesatzung wurde nach diesem Vorfall bewusst, weshalb sie in letzter Zeit so oft an Kopfweh und Übelkeit gelitten hatte.» Künftig sei niemand mehr zu bequem gewesen, an der Kurbel des Ventilators im Schlafraum zu drehen, schliesst Hintermanns Episode.

Ansonsten begann man sich zu arrangieren. Man erzählt von Bunkern, neben denen ein gedeckter Sitzplatz erstellt und gar ein Gärtchen angelegt wurde. Es sei auch mehr und mehr der Fall gewesen, dass die Unteroffiziere die zwei Stunden Ausbildung zu einer verkürzt hätten, so dass eine Stunde zum Jassen geblieben sei. Die Schildwachen hätten in solchen Momenten den Auftrag gehabt, besonders lautstark und deutlich zu melden, wenn ein Offizier in Sicht gekommen sei. «Wir mussten nach hinten ebenso wie nach vorne aufpassen», ergänzt Karl Wülser. Man habe sogar Signaldrähte und Stolperfallen gebaut, um nicht erwischt zu werden.

Wenig Geld und trotzdem keine Not

In unserer Wohlstandsgesellschaft mag besonders interessieren, wie damals finanzielle Probleme gemeistert wurden. Das Sozialnetz hatte damals ja noch mehr Löcher als Knoten. Es ist erstaunlich: Von so grosser finanzieller Not, dass selbst die elementarsten Bedürfnisse nicht mehr befriedigt werden konnten, weiss niemand zu berichten. Man schränkte sich einfach ein. Wenn ein Wehrmann pro Tag einen Franken Sold hatte und ein Becher Bier 30 Rappen kostete, gab's einfach keinen bierschweren Kopf – ausser man löste das Problem wie jener Freiämter Bauer, der mit einem Fässchen Most einrückte.

Doch wie schlugen sich die Familien zuhause durch? Der grosse Segen war die auf den 1. Januar 1940 eingeführte Lohnausfallentschädigung, die zu je einem Drittel vom Arbeitgeber, Arbeitnehmer und vom Staat finanziert wurde. Karl Wülser ist überzeugt: «Das war ein wesentlicher Punkt, dass in unserem Lande auch der soziale Frieden erhalten geblieben ist.» Nebst der staatlichen Institution, aus der wenige Jahre später die AHV entstand, gab es die Soldatenfürsorge und zuletzt noch die Hilfsfonds der Einheiten. «Geldsorgen konnten in den weitaus meisten Fällen mit diesen Einrichtungen behoben werden», zieht Karl Wülser das Fazit. Zudem war das Verantwortungsbewusstsein eines Familienvaters offensichtlich noch grösser als heutzutage. Jedenfalls erinnert sich Max Hartmann an einen Soldaten, der den grössten Teil des kargen Soldes auf die Seite legte. Regelmässig sei dann sein kleiner Bub gekommen, um das Geld abzuholen und nach Hause zu bringen.

Finanzielle Probleme waren irgendwie lösbar, doch wie stand es mit persönlichen Problemen wegen der langen Trennung von der Familie? Ab 1940 bestanden zwar klare Urlaubsregelungen, trotzdem war die Zeit der Abwesenheit vom Zuhause stets länger. Arthur Heiz beschwört wiederum den Kameradschaftsgeist von damals herauf, der oft nach dem Motto des bekannten Soldatenliedes «Drücken dich die Sorgen, leg sie auf die Schultern mir» gewirkt und auch geholfen habe. Arthur Gauch erzählt dazu den Fall eines Füsiliers, der nach einem 24-Stunden-Urlaub zu seiner Einheit zurückkehrte. «Er setzte sich im Wachtlokal auf die Abschrankung des Strohlagers, vornübergebeugt, den gesenkten Kopf mit beiden Händen haltend, nicht ansprechbar.» Als Tagesoffizier sei er vom Unteroffizier gerufen worden. Er habe bei der Heimkehr seine Frau mit einem andern im Bett getroffen, brachte der Füsilier stockend hervor. Nach 30jähriger Ehe sehe er nur noch den Tod als Ausweg. «Was macht ein 21jähriger Leutnant mit einem 55jährigen in einer solchen Lage?» formuliert Gauch die Frage, die sich ihm damals stellte. Arzt und Feldprediger seien unauffindbar gewesen. Also habe man den Karabiner des Füsiliers entladen und die Munition eingezogen. Während der Nacht im Wachtlokal wurde er keinen Moment aus den Augen gelassen. Seine Wachrunden wurden von andern freiwillig übernommen. Anderntags habe sich der Füsilier wieder gefasst gehabt, schliesst Gauchs Geschichte, die wohl in unzähligen Varianten passiert ist, die aber alle eine Parallele haben: Erst halfen die Kameraden, dann die Offiziere und zuletzt die Feldprediger, denen häufig die Funktion von Sozialarbeitern zukam. Geradezu soziale Funktion hatte auch das Soldatenlied. Viele Lieder, die heute noch jedermann kennt und gerne singt, entstanden damals im Felde und im Bunker und wurden gesungen, wenn der Alltag der Wacht am Rhein wieder einmal gar arg aufs Gemüt zu schlagen drohte.

«Die Feuft het Sunntig»

Von Problemen mögen die Wehrmänner von damals aber gar nicht so gern reden. Viel lieber erzählen sie von fröhlichen Stunden in den Dorfwirtschaften und Soldatenstuben, die eingerichtet wurden, weil die Dorfwirtschaften zu klein und die Getränke zu teuer waren. Besondere Höhepunkte waren die Unterhaltungsabende, die von der Truppe einstudiert und in regelrechten Tourneen dargeboten wurden – meist mit dem Zweck, Geld für den Hilfsfonds zu sammeln. Heinrich Frey weiss von zwei Unterhaltungsprogrammen der 5. Division mit den Titeln «Die Feuft het Sunntig» und «500 Tag im Dienscht». Davon liessen sich die Wehrmänner so begeistern, dass sie sogar ausserhalb der Dienstzeit mitmachten. Zur Belohnung dafür durften beispielsweise die 255er an einem Skikurs in den Fideriser Bergen teilnehmen. Es müssen in der Tat grandiose Spektakel gewesen sein, die einstudiert wurden. Auf die Bühne des Saalbaus in Aarau wurde beispielsweise eine Rampe gebaut, dank der eine ausgewachsene Infanteriekanone auf die Bretter, die die Soldatenwelt bedeuteten, gehievt werden konnte. Während des hollywoodreifen Schlussbilds purzelte ein Maschinengewehr in den Orchestergraben. Jede Einheit fand irgendeinen Weg, um den Hilfsfonds zu äufnen. Besonders beliebt war die Produktion von Briefmarken, die solche Ausmasse annahm, dass sogar einschränkende Bestimmungen erlassen werden mussten – und zwar in verschiedener Hinsicht. Eine Briefmarke beispielsweise, im besten Willen als Beitrag für die Landesverteidigung kreiert, trug den Slogan «D'Schnörre halte – au im Hinterland». Das war den Begutachtern offensichtlich allzu schnoddrig. Der Slogan musste abgeändert werden und lautete dann ganz brav: «Schweige – auch im Hinterland». Grosser Beliebtheit erfreuten sich im weiteren Sportfeste. Karl Wülser erinnert sich an eine «Chilbi» in Laufenburg, die einzig zu dem Zwecke veranstaltet wurde, Abzeichen für die Sieger eines sportlichen Wettkampfes kaufen zu können.

Über die Lage im Bild gewesen

Wie lange dauert der Krieg noch? Wann können wir nach Hause? Das waren die Fragen, die in all den Jahren am Rhein wohl die meistdiskutierten waren. Entsprechend gross war das Interesse an Informationen über die aktuelle Lage, über die – so meinen die Wehrmänner im nachhinein – man erstaunlich gut im Bild gewesen sei. Die Informationen lieferte vor allem das Radio, und hier wiederum die legendären Sendungen von J. R. von Salis. Aber auch die Zeitungen, die in

«500 Tag im Dienscht»
Vorführung des offiziellen Armee-
Turnprogramms durch Auszüger des
Gz Bat 255. Aufführungen dieses
Soldatenspiels gab es im Saalbau Aarau
und im Basler Küchlin.

Soldatenstuben und Wirtschaften auflagen, hätten überraschend viel zu berichten gewusst, erzählen die Veteranen. Eine eigene Divisionszeitung habe allerdings nach wenigen Nummern auf Druck der andern Zeitungen aufgegeben werden müssen. Am Rhein wurden häufig deutsche Sender abgehört, deren anfängliche Siegesmeldungen über den unaufhaltsam scheinenden Vormarsch der deutschen Kriegsmaschinerie mit einer Mischung aus Furcht und Bewunderung zur Kenntnis genommen wurden und vielleicht auch Zweifel aufkommen liessen, ob man einem solchen Ansturm etwas entgegenzusetzen hätte. Walter Schmid meint dazu, man sei sich wohl bewusst gewesen, dass die Ausrüstung nicht optimal gewesen sei, doch dafür habe man sie im Laufe der Zeit perfekt beherrscht und so das Gefühl bekommen, «man sei jemand». Die Radios waren schon damals allgegenwärtig. Bunkerbesatzungen konnten gar Apparate mieten. Die andern hörten in den überfüllten Wirtschaften und Soldatenstuben zu, wobei das Gerät auf volle

Lautstärke aufgedreht wurde, damit auch jene vor dem Fenster etwas hören konnten, die drinnen keinen Platz mehr gefunden hatten. Wie sehr man auf das Radio angewiesen war, illustriert Walter Drack, der erzählte, im Stab habe man aufgrund der Radionachrichten den jeweiligen Verlauf der Ostfront abgesteckt.

Immer wieder drohte Gefahr

Nachdem der Kelch am 10. Mai 1940 an unserem Land vorbeigegangen war, durfte die Aufmerksamkeit dennoch nicht erlahmen, auch dann nicht, als die deutsche Kriegsmaschinerie zum Stoppen gebracht werden konnte. Besonders nach dem Zusammenbruch Italiens 1943 und der Landung in der Normandie im Juni 1944 musste die Truppe in Alarmbereitschaft versetzt werden, war doch zu befürchten, dass die Deutschen versuchen könnten, die direkte Verbindung in den Süden zu erzwingen. Wie der Wehrwille auch nach den langen Jahren am Rhein in Momenten der Gefahr noch immer vorhanden war, illustrieren zwei Geschichten, die von Arthur Gauch erzählt wurden. Im März 1943, nach dem Zusammenbruch Italiens, bedeutete eine erneute Mobilmachung das Ende der Träume vom Rückweg ins Zivilleben. Das Füs Bat 60, zurück aus dem Flugplatz-Bewachungsdienst in Emmen, retablierte in Lenzburg, gab das Material ab und sollte anderntags entlassen werden. Mitte Nachmittag wurden die Entlassungsarbeiten jedoch plötzlich gestoppt: «Halt, wieder fassen!» Das Bataillon marschierte sofort in die angestammte Grenzzone von Leibstadt bis Kaiserstuhl. Gauch erhielt den Befehl, im Bahnhof Turgi die einrückenden Landwehrsoldaten in Empfang zu nehmen und für den Fall eines Überfalls kompanieweise zu ordnen. Das Kommando: «Helm auf, Karabiner laden!» hallte durch die Bahnhofhallen. Im bereitstehenden Zug wurde pro Abteil ein Unteroffizier als Kommandant bestimmt mit dem Auftrag, bei Störung oder bei einem Angriff auf den Zug die Soldaten geschlossen, wenn nötig kämpfend, auf die Sammelplätze zu führen. «Da und dort ein versteckter Fluch, ein trockener Witz. Aber die Befehle wurden widerspruchslos ausgeführt, obwohl man keine Zeit zur Orientierung gehabt hatte. Die Informationen konnten erst nachgeliefert werden. Die Truppe war gewohnt, Befehle auszuführen, ohne den Grund zu kennen. Ein Zeichen des Vertrauens in die Vorgesetzten», schliesst Gauch seine Schilderung. Er erlebte auch eine bezeichnende Episode an einem späteren kritischen Tag. Gauch berichtet: «Am Tag nach

der Landung in der Normandie am 6. Juni 1944 wurde eine Teilmobilmachung für die West- und Nordgrenze erlassen. Die Regimenter der Gz Br 5 bezogen ihre Kampfstellungen und wurden voll aufmunitioniert. Nach zwei oder drei kalten und unfreundlichen Nächten im Freien wurde der Alarm abgebrochen, und es kam die Weisung, die scharfe Munition sei wieder einzuziehen. Als Feldweibel Toni Buck bei der Gz Kp III/252 diesen Befehl beim Zimmerverlesen gab, kam er bös an. Im Kantonnement hob ein Gemurmel an, das zu lautem Fluchen und schliesslich zu offenem Aufruhr eskalierte. Nun sei man wegen Kriegsgefahr eingerückt, und jetzt sollte man die Munition abgeben, monierten die Wehrmänner. Das komme nicht in Frage. Alle Aufrufe zur Vernunft verhallten vorerst ungehört, bis der Kommandant eine Stunde später die Leute beruhigen konnte. Die Stimmung sei allerdings gereizt geblieben. Trotz der strengen Disziplinarbestimmungen wurde auf eine Ahndung dieses besonderen Falles von Befehlsverweigerung verzichtet.»

Wachsamkeit war nicht nur in Zeiten besonderer Gefahr, sondern dauernd geboten. Von Wachtposten aus wurde alles, was ennet dem Rhein auf Schiene und Strasse rollte, beobachtet und notiert, um Hinweise auf allfällige Truppenverschiebungen zu bekommen. Mit welcher Akribie alles vermeintlich Verdächtige unter die Lupe genommen wurde, zeigt ein Fall, an den sich Fridolin Herzog erinnert. Eine Grenzpatrouille hörte in der Nähe von Laufenburg mehrmals seltsame Geräusche, was im Journal mit der Bemerkung «Vermutlich Grabarbeiten im jenseitigen Uferbereich, unweit der badischen Badeanstalt» einen Niederschlag fand. Das erschien so aufsehenerregend, dass eines Nachts mehrere hochdotierte Leute vom Divisionsstab mit optischen Geräten anrückten und sich auf die Lauer legten. In der Tat hob zwischen 3 und 4 Uhr ein seltsames Klopfen an. Dank dem hellen Mondschein konnte das Rätsel gelöst werden: Zwei deutsche Patrouilleure pflegten jeweils auf einer Sitzbank des Verschönerungsvereins zu rasten und schlugen dabei die Absätze ihrer Stiefel gegeneinander, um die in den kühlen Nächten klamm gewordenen Füsse aufzuwärmen.

Der strenge Wachtdienst verursachte mit der Zeit Ermüdungserscheinungen, und das physische und psychische Unbehagen führte zu Erscheinungen von Grenzkoller und Aggressivität. «Wachtsoldaten entglitt im Dämmerzustand die scharfgeladene Waffe. Ein hartes Aufprallgeklirr schreckte die Füsiliere wieder in die Wirklichkeit zurück. Schlafenden Schildwachen drohten empfindliche Strafen. Verzweifelt wehrten sich die Männer gegen das Schlafgespenst. Mit lebensgefährlichen

213

Manipulationen an den Handgranaten verscheuchten sie selige Träume.» So schildert Fridolin Herzog den Alltag der Wacht am Rhein. Die Überbelastung hätte durchaus schlimme Folgen haben können, wie das Beispiel der Laufenburger Rheinbrücke zeigt. Im Zollgebäude hatte im Mai 1940 der Wachtkommandant, ein Leutnant, die Nerven verloren und unterschrieb den Befehl zur Sprengung der Brücke. Die Meldung eines Wachtsoldaten, ein Zug der deutschen Bahn sei in den Tunnel östlich des Bahnhofs eingefahren, aber nicht mehr herausgekommen, hatte beim Leutnant die Sicherungen durchbrennen lassen. Glücklicherweise reagierte der Wachtkommandant-Stellvertreter blitzschnell: Er entriss dem wie Espenlaub zitternden Offizier das schicksalsschwere Papier und vernichtete es sofort. So wurde die Sprengung der Brücke verhindert.

Der Bomber-Abschuss in Würenlingen

Unter den scharfen Schüssen, die während der Kriegsjahre fielen, ist der Bomber-Abschuss in Würenlingen am Weihnachtstag 1944 bis heute in Erinnerung geblieben, vielleicht deshalb, weil es wahrlich keine Heldentat war. Eine Schweizer Flabbatterie schoss einen bereits lahmgeschossenen amerikanischen Bomber ab. Damals war das allerdings noch nicht bekannt, wie der «Augenzeugenbericht» im «Aargauer Tagblatt» vom 27. Dezember 1944 zeigt: «Eine Auswirkung des Luftkrieges, die leicht hätte schlimmste Folgen haben können, erlebte am Weihnachtstage die Bevölkerung von Würenlingen. Kurz vor 1 Uhr nachmittags ertönte schärfstes Flabfeuer. Aus der Gegend von Waldshut kommend, steuerten Flugzeuge das Aaretal hinauf. Ein Bomber schien getroffen, flog nach einer Kehre nach Norden wieder nach Süden und erhielt wahrscheinlich einen zweiten Schuss. Nun erschienen plötzlich am Himmel 7 Seifenblasen, die Fallschirme der abspringenden Besatzung, und man hatte die Gewissheit, dass ein Flugzeugunglück bevorstand. Bei der Station Würenlingen flog der Koloss nochmals eine Kehre, verlor rapid an Höhe und man glaubte, er werde im nächsten Moment auf das Dorf niedersausen. Der Pilot schien die Gefahr erkannt zu haben, denn plötzlich heulten die Motoren, wallendes Feuer an Bord, nochmals auf, und das Flugzeug, ein Liberator, stürzte eine Viertelstunde nördlich des Dorfes bei der Firsthalde, kaum 100 Meter vor der Starkstromleitung des Kraftwerks Beznau ab. Schwarze Rauchwolken stiegen auf, Bordmunition krachte fortwährend. Innerhalb einer Stunde war alles verbrannt, ein wirrer Trümmerhaufen.» Im Zeitungsbericht steht weiter, dass zwei Mann der Besatzung verstümmelt etwa 10 Meter vom Flugzeug entfernt lagen. Fünf Mann seien heil in der Gegend der Station Würenlingen gelandet, ein sechster ebenfalls heil beim Kumetbach am Aareufer. Der siebte Mann aber ging auf die Aare nieder. «Leider versank er in den Fluten, ehe ihm die sofort ausfahrenden Fischer Hilfe bringen konnten», schliesst der Augenzeugenbericht. Den Fliegern, insbesondere dem tapferen Piloten, wurde nachher ein Gedenkstein errichtet. Aber nicht nur auf ausländische Bomber feuerten die Schweizer, sondern auch auf eigene Apparate. Es war um Pfingsten 1940, als die Bewohner von Kaisten in aller Herrgottsfrühe durch Maschinengewehrgeknatter aus dem Schlaf gerissen wurden. Zwei Mg-Schützen ballerten aus vollen Rohren auf ein Aufklä-

rungsflugzeug, das über Kaisten einige Runden drehte. Die Mitrailleure konnten die Maschine zwar nicht herunterholen, getroffen hatten sie dennoch nicht schlecht, denn das Flugzeug wies nach der Landung 23 Einschüsse auf. Das konnte deshalb so genau festgestellt werden, weil es sich um ein eigenes Flugzeug gehandelt hatte. Um die aufgeschreckte Bevölkerung zu beruhigen, soll der Kompaniekommandant nachher singend durch das Dorf marschiert sein – so wenigstens erzählt die Legende der 255er.

Die Franzosen kommen...

In den letzten Kriegstagen stieg am Rhein die Spannung nochmals auf Siedehitze. «Die Franzosen kommen», erging der Ruf von KP zu KP. Einerseits war das für die Grenzsoldaten eine Erlösung, denn nun wusste man, dass der Tag der Entlassung nicht mehr fern sein konnte, anderseits machte sich Angst und Unsicherheit breit, ob die letzten Fanatiker des zusammenbrechenden Tausendjährigen Reichs, die sogenannten Werwölfe, nicht noch im letzten Moment zu zerstören versuchten, was man nunmehr jahrelang geschützt hatte. Aus dieser Furcht heraus wurde in den letzten Kriegstagen ein Stosstruppunternehmen auf deutsches Gebiet riskiert, und zwar über das Stauwehr von Bernau. Der deutsche Zollposten war verwaist, niemand mehr hätte auf deutscher Seite die Werwölfe an der Sprengung des Kraftwerks hindern können. Also wurde beschlossen, den deutschen Zollposten mit einem etwa 12 Mann starken Stosstrupp zu besetzen. Walter Schmid schildert die dramatische Situation: «Als erste Massnahme wurden die mit Schussrichtung auf den Stauwehrübergang eingerichteten Waffen in den Bunkern durch die Werkbesatzungen erneut gefechtsklar gemacht. Wer hätte so etwas einige Stunden zuvor überhaupt noch in Erwägung gezogen? Dann kam die Frage, wer in den Stosstrupp eingeteilt werden soll. Sich jetzt noch, fünf Minuten vor Kriegsende, einer solchen Gefahr aussetzen? Überhaupt keine Diskussion: Die Unverheirateten meldeten sich spontan freiwillig – ohne Euphorie, aber ruhig, selbstsicher und im Bewusstsein, damit vermutlich ein letztes Mal in diesem scheusslichen Ringen die Pflicht als Schweizer Soldat voll zu erfüllen.» Gefechtsmässig, mit schussbereitem Karabiner, ging es über den Grenzstrich, der mit einer Schweizer Fahne markiert war, auf deutsches Gebiet. In der Nähe des unbesetzten Zollhäuschens wurde ein leichtes Maschinengewehr in Stellung gebracht. Schmid fährt weiter: «Die Nacht brach herein, eine Nacht, die nicht enden will und eine unheimliche Stimmung verbreitet. Nichts rührt sich, nur das Gurgeln des Wassers im Rhein durchbricht die Stille. Bei Tagesanbruch ist aus Richtung Hauenstein kurz Gefechtslärm hörbar. Im Feldstecher wird sichtbar, dass zwei Jeeps ins Dorf Dogern einfahren. Kurz darauf folgte das für unsere Ohren ungewohnte Geräusch anrollender Panzer – es sind die Franzosen.» Der Stosstrupp konnte sich zurückziehen.

Weitaus dramatischer noch war die Verhinderung der Sprengung des Kraftwerks in Rekingen, die in einem vertraulichen Bericht ausführlich beschrieben ist. Die Aktion in Rekingen verlief im Rahmen eines Massnahmenpakets, das in den letzten Kriegswochen ausgearbeitet worden war, um eine Zerstörung aller Rheinkraftwerke in letzter Minute zu verhindern. Erster Ansatzpunkt war das Gespräch mit den deutschen Besatzungen, denen trotz totaler Grenzsperre versprochen wurde, sie könnten in die Schweiz kommen, falls sie die Sprengungsbefehle nicht ausführten. Es waren vor allem Kraftwerksangestellte, die diese Gespräche führten. Die Armee befand sich bei all diesen Bemühungen in einer schwierigen Situation, bedeutete doch jedes Eingreifen auf deutschem Boden eine Neutralitätsverletzung. Man deichselte die Sache dann so, dass offiziell kein Befehl gegeben, Subalternoffizieren jedoch bedeutet wurde, man könnte ihnen nicht verdenken, wenn sie alle geeigneten Massnahmen zum Schutz von Einrichtungen anordnen würden. Schweizerischerseits konnte man in Gesprächen mit deutschen Kraftwerksangestellten herausfinden, was allenfalls geplant war. Im Falle von Rekingen war es so, dass in einer Holzhütte am Waldrand, etwa 900 Meter vom Kraftwerk entfernt, eine Sprengladung von über einer Tonne Gewicht gelagert war, welche ausreichte, um das rechte Widerlager in die Luft zu jagen. Ein Trupp Hilfsgrenzaufseher (Higas) war dazu bestimmt und ausgebildet worden, die Ladung anzubringen und auf Befehl zu zünden. Die Higas, keine Einheimischen, sondern zu allem entschlossene Leute aus Ostpreussen, waren bereit, den Auftrag auszuführen, denn schliesslich habe man in ihrer Heimat ja auch alles kaputtgemacht. Allerdings war die Befehlslage im Wirrwarr des Zusammenbruchs unklar, was die Lagebeurteilung schweizerischerseits schwierig machte. Die Kraftwerksleute jedenfalls trauten der Sache nicht und forderten von der Armee, es sei ein zuverlässiger Zugführer

mit einer ebenso zuverlässigen Mannschaft bereitzustellen. In der Person von Lt Amsler wurde dieser Zugführer gefunden, der sich begeistert der Sache annahm, obwohl ihm kein offizieller Befehl gegeben werden konnte. Man war mittlerweile überzeugt, dass der zuständige SS-Major einen Sprengbefehl ausführen würde. Im persönlichen Gespräch «und unter Anwendung eines gehörigen Quantums Schweizerstumpen», wie es im Bericht heisst, wurde die ganze Sprengmannschaft so weit gebracht, dass sie sich bereit erklärte, nicht zu sprengen und allenfalls auf Schweizer Boden überzutreten. Einzig der Sprengchef machte noch Schwierigkeiten und äusserte Bedenken, die mit der Übergabe einer 50-Franken-Note zerstreut wurden. Am 25. April wurde tatsächlich der Befehl zur Sprengung des Wehrs erteilt. Ein paar Schweizer stürmten übers Wehr und hielten dem Sprengchef eine Maschinenpistole vor die Nase. Dieser fand ein solches Argument überzeugend und erklärte, er werde nicht sprengen. Nun wurden die Zündkabel durchschnitten. Den Sprengstoff lud man auf einen Handkarren, auf einem zweiten wurde die Habe von 12 Higas und 4 Polizisten verstaut. Die seltsame Kara-

217

wane passierte die Grenze, worauf die Deutschen per Autocar zur Internierung abtransportiert wurden.

Tags darauf traf General Guisan beim Kraftwerk Rekingen ein und erkundigte sich eingehend über den gelungenen Handstreich, «von dem er offenbar befriedigt war, obschon er am Schluss erklärte, er habe nichts gesehen! (Der begangenen Neutralitätsverletzung durfte er ja nicht offiziell zustimmen.)» So heisst es im wenige Wochen danach erstellten Bericht über die Aktion, die übrigens noch weiterging, machten doch plötzlich deutsche Beamte nochmals Schwierigkeiten wegen der weissen Fahne, die gehisst worden war. Sie riskierten, deswegen erschossen zu werden, machten sie den Schweizern klar. Es gelang aber bis zum Eintreffen der Franzosen, das Stauwehr vor der Zerstörung zu bewahren.

Die Angst der Besiegten

Die letzten Tage im April 1945 bescherten aber auch in anderer Hinsicht den Grenzsoldaten nochmals hektische Tage, aber auch groteske Bilder, von denen Walter Schmid eines beschreibt: «Die ausgedehnte Gesprächsrunde im Offiziersposten Leibstadt über das bevorstehende Kriegsende wird eines Morgens plötzlich durch den schrillen Ton der Alarmglocke von unserem vordersten Wachtposten am weissmarkierten Grenzstrich auf der Stauwehrbrücke unterbrochen. Am deutschen Ufer bietet sich von dort aus ein seltsames Bild: Die deutschen, bisher so zackigen Zollbeamten ziehen sich um und kleiden sich zivil. Uniformen, Stiefel, Mützen, aber auch Waffen und Panzerfäuste samt der Hakenkreuzfahne und dem Bild des Führers verschwinden unterhalb des kleinen Zollgebäudes im Rhein.» Der Krieg sei für sie aus, meinten die mit Kirschwasser reichlich vollgepumpten Zöllner zu den Schweizer Soldaten, wobei es laut Schmid keineswegs befreiend tönte. Vielmehr sei den Deutschen die Angst über die bevorstehende Abrechnung durch die Sieger im Gesicht geschrieben gestanden. Wenige Stunden später, die französischen Panzer wurden jeden Moment erwartet, tauchte aus den Nebelschwaden eine ganze Kolonne auf. Es waren Frauen und Kinder, die vollbeladene Leiterwagen mit Decken, Matratzen, Kissen und allem möglichen Hausrat mit sich schleppten. Sogar eine Kuh wurde mitgeführt. Vor der Grenzsperre trat ein älterer Mann vor, der sich als Bürgermeister von Dogern entpuppte. Er bat, die Kolonne als Flüchtlinge in die Schweiz einzulassen. Bei einer direkten Telefonanfrage in Bern wurde bestätigt, dass die verängstigte Menschenmenge zurückzuweisen sei, weil grundsätzlich nur im Falle akuter Verfolgung oder Lebensgefahr Flüchtlinge aufgenommen werden dürften. Enttäuscht und in gedrückter Stimmung bewegte sich daraufhin der Zug zurück ins Dorf. Wiederum wenige Stunden später: Die französischen Panzer rollen auf Dogern zu. Da nähern sich zwei deutsche Soldaten im Laufschritt dem Stauwehr. Mit erhobenen Händen ergeben sich die deutschen Wehrmachtssoldaten dem schweizerischen Grenzposten und begehrten, als Überläufer aufgenommen zu werden. Die beiden hatten seit 1939 an fast allen Fronten als Artilleristen gekämpft, ehe sie im Schwarzwald ihre Geschütze sprengen mussten. Trotzdem: Akute Lebensgefahr bestand für den Oberleutnant und den Feldweibel nicht, so dass sie nicht aufgenommen werden konnten. Da drehte der Offizier durch und wollte sich selbst ein Leid antun. Er wurde daran gehindert, und die beiden wurden vorsorglicherweise in einem Schacht auf dem weissen Grenzstrich sicher untergebracht. Wie sie dann endgültig gerettet wurden, ist fast unglaublich: Vom verwaisten deutschen Zollposten aus versuchten Schweizer Soldaten, mit den in Dogern einmarschierten Franzosen Kontakt aufzunehmen. Nach einer Viertelstunde gelang es. Den Franzosen wurde mitgeteilt, beim Stauwehr hielten sich noch deutsche Soldaten auf. Kurz darauf rollte ein französischer Jeep auf das Stauwehr zu. Nun, so entschieden die wackeren Schweizer, befanden sich die beiden Deutschen in akuter Lebensgefahr. Die Waffen wurden ihnen abgenommen, und sie durften in die Schweiz übertreten. Der Führer der französischen Patrouille wurde über die Geschichte ins Bild gesetzt, der daraufhin erklärte, er sei froh, nicht noch mehr Gefangene betreuen zu müssen.

Auf noch ungewöhnlichere und mutigere Weise hat Füsilier Losenegger etliche Menschenleben gerettet. Es war am 25. April, als drei französische Panzer als Vorhut rheinaufwärts ratterten. Gegenüber von Koblenz führt die deutsche Strasse direkt auf die Rheinbrücke zu und biegt erst unmittelbar davor ostwärts ab. Das wussten die Panzerbesatzungen natürlich nicht. Sie begannen sofort zu schiessen, als sie am Ende der Strasse eine Sperre erblickten, vor der sich eine Menschengruppe angesammelt hatte. Es handelte sich um 14 deutsche Baupioniere, die in die Schweiz wollten, aber die Erlaubnis dazu noch nicht erhalten hatten. Eine Schweizer Fahne hängt in der Windstille schlaff am Mast und kann deshalb von den Franzosen ebenfalls nicht erkannt werden. So pfeifen die Schüsse, die meisten glücklicherweise wegen der Wölbung der Brücke über die Menschengruppe hinweg in die Häuserfronten von Koblenz. Alles wirft sich auf den Boden und versucht, in einen toten Winkel zu kriechen. Einzig Füsilier Losenegger fasst sich ein Herz und den einzig richtigen Entschluss: Er springt auf, reisst die Schweizer Fahne aus der Halterung und schwenkt sie. Die Männer in den Panzern begreifen sofort und stellen das Feuer ein. Ein deutscher Pionier fand dennoch den Tod; zwei weitere wurden verletzt. Der Tote wurde noch am gleichen Abend in Koblenz beerdigt. Losenegger wurde vom Brigadekommandanten ausgezeichnet.

Die letzten Tage

Tagtäglich wurden Schweizer Soldaten Zeugen von Tragödien, die auf sie um so schlimmer wirkten, als sie keine Gelegenheit zum Eingreifen hatten. Gemeint sind die Flüchtlinge, die sich in den Rhein stürzten, um ins rettende Boot der Schweiz zu gelangen. Sie setzten sich damit nicht nur den reissenden Strudeln des Stromes aus, sondern auch den Kugeln der deutschen Wachmannschaften. Arthur Gauch wird es unauslöschlich im Gedächtnis bleiben, dass er untätig Flüchtlinge beobachten musste, die um ihr Leben schwammen, während die Deutschen auf sie schossen. Mit Argusaugen wachte er darüber, ob ein Verzweifelter die Mitte des Rheins erreichte. Gelang ihm dies, schrie Gauch über den Rhein: «Jetzt gehört er mir». Es waren Kriegsgefangene und sonstige Verschleppte, die auch im süddeutschen Raum in der Industrie und in der Landwirtschaft eingesetzt wurden und die versuchten, unter Todesgefahr in die Freiheit zu gelangen. Walter Merker er-

innert sich: «Manche ertranken, andere erlagen Schussverletzungen, aber einige kamen, wenn auch total erschöpft, bis an das schweizerische Stacheldrahtverhau, welches dem ganzen Rhein entlang bis zum Wasserspiegel reichte und dadurch die Landung am Ufer der Freiheit sehr erschwerte. Manch ein Soldat oder Zöllner hat einen armen Kerl gerettet oder auch tot aus den Fluten ziehen müssen». Allein zwischen dem 14. und 20. April 1945 seien in Koblenz und Laufenburg vier Russen und zwei Polen tot geländet worden. Kurz vor dem Zusammenbruch hätten die Deutschen von sich aus gemeldet, dass diverse Grenzübertritte von Flüchtlingen bevorstünden. Das traf tatsächlich ein: Allein am 21. April drängten sich auf der Laufenburger Rheinbrücke gegen 200 Personen. Alle wurden hereingelassen und auf einer Wiese zuerst einmal verpflegt und registriert. Walter Merker weiss zu berichten, dass sich 54 junge Holländer darunter befanden, ebenso 16 alte Ukrainer-Russen, in deren Gesichtern zu lesen war, was sie schon alles durchgemacht hatten. In der 200köpfigen Gruppe waren Menschen aus 14 Nationen vertreten. Sie alle mussten gemeinsam zum Bahnhof marschieren, um zuerst einmal im Quarantänelager Rheinfelden untergebracht zu werden. Die Schweizer halfen aber nicht nur den Opfern der Deutschen, sondern auch den Deutschen selber. Walter Schmid kann dazu eine wahrhaft rührende Geschichte berichten: «Nach dem Einzug der Franzosen in Dogern herrschten dort offensichtlich schreckliche Zustände. Eines Tages tauchte wieder einmal unvermutet der Bürgermeister am Zollposten auf. Er erzählte, dass Nacht für Nacht die Frauen von den dunkelhäutigen Franzosen belästigt und auf ärgste Weise missbraucht würden. Ob es nicht möglich wäre, die Frauen während den Nächten auf sicheres Schweizer Gebiet zu evakuieren, fragte der Bürgermeister. Die zuständigen Stellen zeigten Verständnis: Jeden Abend durften die gefährdeten Frauen die Grenze passieren. Sie wurden in leerstehende Militärunterkünfte einquartiert und am Morgen jeweils wieder nach Deutschland zurückgeleitet.» Es sei ein bedauernswerter Haufen gewesen, der da jeden Abend die Grenze überquert hätte, ergänzt Schmid, doch habe sich das Mitleid der Schweizer Soldaten in Grenzen gehalten, hätten doch die gleichen Frauen einige Zeit zuvor die Schweizer noch verspottet.
Und dann kam der 8. Mai 1945: Kriegsende. Im ganzen Land läuteten die Glocken; die Zivilbevölkerung feierte. Das Militär hingegen feierte kaum grosse Feste: Es begann aufzuräumen und wurde kurz darauf entlassen.

Hans Rudolf Höchli, Heiner Halder, Richard Humm, Peter Schmid

Die Festung Reuenthal nahm innerhalb der Grenzbrigade 5 eine Sonderstellung ein: eine Artillerieeinheit als massive Verstärkung der Abwehrkraft, anfänglich der Infanterie unterstellt, aber doch selbständig bis selbstbewusst! Der Faktor Reuenthal konnte im Zweiten Weltkrieg nicht ignoriert werden!

Idee und Planung

Der spätere Divisionär Bircher hat als Oberst und Kommandant der Infanteriebrigade 12 am 12. Juli 1934 erstmals die Anregung zur Prüfung eines *«kleinen Forts in der Gegend Reuenthal – auf dem Strick»* dem Eidg. Militärdepartement unterbreitet[1]. Seine Begründung führt er im gleichen Dokument in anderem Zusammenhang aus:

«Besonders sei auf das Wehr des Kraftwerkes Albbruck-Dogern aufmerksam gemacht. Der Rhein ist dort bei niederm Wasserstand durchschreitbar. Grössere Truppenmassen können schon vor Eröffnung der Feindseligkeiten über den auf deutschem Gebiet liegenden Kanal geführt werden...»
Anlässlich einer örtlichen Begehung durch die zuständigen Kommandanten und Amtsvertreter am 5. August 1935 im *«Grenzabschnitt der (damaligen) 4. Division von Kaiserstuhl inkl. bis Leibstadt inkl.»* wurden die *«in der ersten Bauetappe auszuführenden Grenzbefestigungswerke»* (Tankbarrikaden, Werke mit Infanteriekanonen und Maschinengewehren) definitiv festgelegt[2]. Bei diesem Anlass wurde auch *«im Einverständnis aller Anwesenden»* entschieden, dass *«ein... Artillerie-Werk bei dem Steinbruch bei Fäsenäcker nördlich von Reuenthal errichtet werden... soll... mit allgemeiner Schussrichtung gegen das Stauwehr Albbruck-Dogern. Damit kann speziell die zur Zeit fast trocken liegende Rheinstrecke unterhalb des Wehres unter Feuer gehalten werden.»*

Der Bau

Damit war die Entscheidung gefallen; es war nunmehr die Aufgabe des Büros für Befestigungsbauten (BBB) in Bern, die konkrete Projektierung an die Hand zu nehmen: Es sollte ein Artilleriewerk mit zwei 7,5-cm-Kanonen errichtet werden.

Am 1. März 1937 begannen in Reuenthal die Aushubarbeiten; gleichzeitig führte man Verhandlungen mit der Gemeinde Full-Reuenthal betreffend Wasser- und Elektrizitätsversorgung[3]. Die Aushubarbeiten wurden am 1. Juni 1938 *«vorläufig abgenommen»*, das heisst der Rohbau war fertig; man begann mit den Installationen. Im April 1939 wurde die Festung Reuenthal der Truppe übergeben[4].

Die Bedeutung

Dieses einzige bereits vor Beginn des Zweiten Weltkriegs fertiggestellte Artilleriewerk im Bereich der Grenzbrigade 5, bzw. an der Nordfront zwischen der Töss und Basel, trug nicht nur entscheidend zur Steigerung der militärischen Abwehrkraft, sondern ebensosehr zur Stärkung des Verteidigungswillens von Truppe und Bevölkerung bei, wovon ein Zeitgenosse folgendes Zeugnis gibt[5]:
«Ich erinnere mich noch gut daran, wie wir aufatmeten, als wir vernahmen, bei Reuenthal werde eine Festung gebaut. Jeder Bunker an der Rheingrenze hatte uns schon ein Gefühl der Sicherheit verliehen und unser Selbstbewusstsein gegenüber unserem nördlichen Nachbarn gestärkt. Und nun gar eine richtige Festung! Es war uns fast, als sei die Schweiz jetzt gerettet.»
Die Festung Reuenthal wurde als ein *«mittleres... Artillerie-Kasematten-Werk... (Typ Reuenthal)* mit *«vier äusseren Betonwerken mit zwei 7,5-cm-Kanonen, zwei Artillerie-Beobachtungsständen, zwei Nahverteidigungs-Maschinengewehren (Mg) und leichten Maschinengewehren (Lmg)..., unterirdische Unterkunft»* gebaut[6]. Das Werk hatte eine Kapazität für 90 Wehrmänner. Die Baukosten allein schätzte man – ein Jahr vor der Fertigstellung des Hauptbaus – auf rund 1,4 Mio Franken. Die zwei 7,5-cm-Bunkerkanonen (BK.-L/30) mag man heute artilleristisch belächeln, entsprachen damals aber der Norm: Ein Grossteil der schweizerischen Artillerie war im Aktivdienst 1939 bis 1945 mit Feldkanonen bzw. mit Gebirgsgeschützen vom gleichen Kaliber ausgerüstet[7]. Die 7,5-cm-Bunkerkanone war eine schweizerische Neuentwicklung. Es handelt sich um ein halbautomatisches Geschütz, mit dem 15 Schuss pro Minute abgefeuert werden konnten. Am 7. April 1938 wurde erstmals mit ihr in Thun geschossen: *«Das Resultat war gut, so dass die vorgesehene Konstruktion beibehalten werden kann...»*[8]. Diese eingeschossene Bunkerkanone wurde dann als Nummer 1, zusammen mit Nummer 2 der Serie, in das Werk Reuenthal eingebaut[9]. Es ist deshalb verständlich, wenn die provisorischen *«Vorschriften für die Kenntnis und Bedienung»* (Reglement) der 7,5-cm-Bunkerkanone aus dem Jahr 1939 diese als *«Die 7,5-cm-Kanone Reuenthal»* bezeichnen[10].
Als Bunkergeschütze ziehen diese – wie Bunkerinfanteriekanonen und Bunkermaschinengewehre – Nutzen von der vorteilhaften *Pantographeneinrichtung* (seitenverkehrtes Panorama oberhalb des Geschützes mit numerierten Zielen, die mit Fadenkreuz an einem Hebelarm rasch gedeckt werden können und somit das diffizile Berechnen und Einstellen von Seiten- und Höhengraden ersparen). Die Nützlichkeit solcher Einrichtungen im Einsatzfall ist offensichtlich: In Sekundenschnelle kann der Schuss ins Ziel gebracht werden. Die Methode wurde aber als *«unartilleristisch»* disqualifiziert, weshalb sie über lange Zeiten hinweg bei den Festungstruppen nicht instruiert und eingeübt wurde[11]!

Blick aus dem Bunker B 1. Links Schiessscharte G 1; Mitte Schiessscharte G 2 (in Flucht); rechts Beobachter B 2 mit Mg-Schiessscharte. Im Hintergrund das Dorf Reuenthal (Foto vom 18. 12. 1939).

Blick aus dem Bunker B 2 auf den Bunker B 1 mit Beobachter-Scharte links und Mg-Schiessscharte rechts. Im Hintergrund das alte Wasserreservoir von Reuenthal; rechts Schiessscharte des Geschützes G 1 (Foto vom 18. 12. 1939).

7,5-cm-Kanone L 30 auf Ständerlafette. Diese Kanone war in der Schweiz als Festungsgeschütz weit verbreitet.

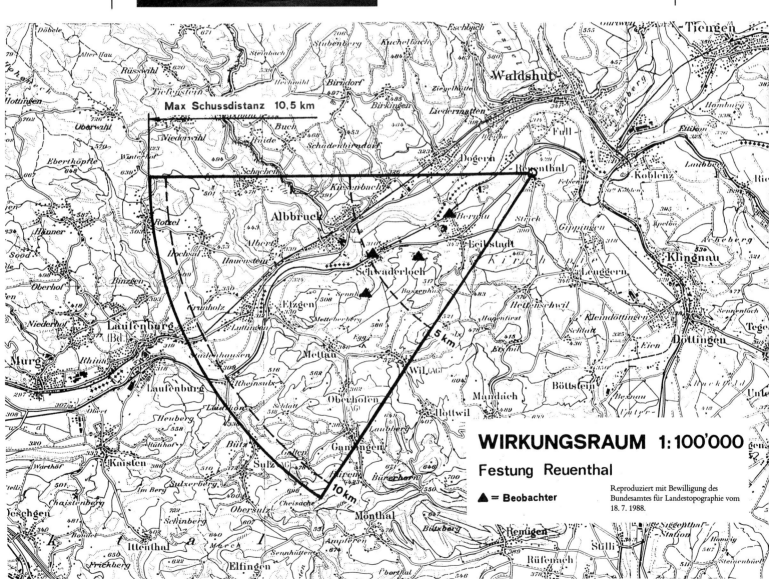

WIRKUNGSRAUM 1:100'000

Festung Reuenthal

▲ = **Beobachter**

Reproduziert mit Bewilligung des Bundesamtes für Landestopographie vom 18. 7. 1988.

Die Bedeutung der Festung Reuenthal kann auch aus den *Munitionsvorräten* abgeleitet werden. Gemäss einem Rapport vom 10. Juni 1940 waren im Werk 8016 Granaten für die 7,5-cm-Bunkerkanonen eingelagert! Ferner 107 466 Schuss Gewehr-, Lmg- und Mg-Munition (wovon 11 900 Stahlkern), 1709 Defensivhandgranaten (DHg 17), 696 Schuss Pistolen- und 958 Schuss Revolvermunition[12]. Die Festung Reuenthal war wahrlich mit Munition gut dotiert.

Ausser den beiden Geschützen war das Werk Reuenthal bei der Generalmobilmachung 1939 mit (nur) 4 Maschinengewehren (Mg) und 4 leichten Maschinengewehren (Lmg) ausgerüstet.

Lücken und Mängel hat man bald und sukzessive zu beheben versucht. Vorerst in baulicher Beziehung, später auch in der Ausrüstung und schliesslich durch Aufstockung der Besatzung.

Noch bevor die Truppe in das Werk Reuenthal einzog, wurde am 1. Juli 1939 mit dem Bau eines *«2. Einganges mit 2. Frischluftentnahme»* (Notausgang und Bunker Ost), verbunden mit einem 287 m langen Stollen (für rund 220 000 Franken), begonnen[13]. Ein entsprechender Antrag wie auch der des Einbaus einer dritten Kanone in das Werk wurden beim Gesamtprojekt zwei Jahre vorher vom Generalstabschef aus Kostengründen abgelehnt[14].

Den Hindernisbau um die Festung herum überliess die Bauherrschaft der zugeteilten Truppe. Wie die Infanteristen in der Umgebung mussten auch die Artilleristen von Reuenthal in den ersten Monaten des Aktivdienstes das Werk mit Drahtverhau abschirmen. Doch damit greifen wir vor!

Der hohe Schutzgrad der Festungsanlage für die Truppe, der moderne Standard der artilleristischen Ausrüstung (Halbautomat, Panorama) und die grosse Dotation von Munition zeugen von einer Stärke der Festung Reuenthal, die man diesem Werk damals zuschrieb, ohne Einzelheiten gewusst zu haben. Dass es auch Mängel und Schwächen zu verzeichnen gab, geht aus bisherigen wie nachfolgenden Ausführungen hervor. Jedenfalls handelte es sich bei Aktivdienstbeginn um ein mittleres artilleristisches Bollwerk. Darüber hinaus hatte die Festung Reuenthal auch eine begründete psychologische Wirkung: Das Vertrauen in das «starke» Werk war bei den Truppen in der Region wie bei der Zivilbevölkerung gross!

Ein Wiederholungs- und Umschulungskurs

Unter Generalstabshauptmann Peter Burckhardt, dem späteren Divisionär, absolvierte die dem Werk Reuenthal zugeteilte Truppe mit der Bezeichnung *Gz Art Det 253* (Grenz-Artillerie-Detachement 253) mit Oblt Wilhelm Miescher (ab 1. Januar 1940 Hauptmann), dem ersten Kommandanten dieser Festung, vom 10. bis 29. Juli 1939 einen Wiederholungs- und Umschulungskurs im «Fort Reuenthal» mit Schiessverlegung nach St-Maurice. Wie notwendig die Umschulung war, geht aus folgendem Bericht hervor[15]:

«Eine der grössten Schwierigkeiten bildete der Bestand, und zwar zahlenmässig wie auch in der Zusammensetzung. Für die gestellte Aufgabe genügte der anfangs vorhandene Bestand kaum zur Hälfte. Dieser setzte sich zusammen aus Angehörigen des Freiwilligen Grenzschutzes, aus Festungsartilleristen der Jahrgänge 1918 und 1919; dazu kamen

dann Abkommandierte aus verschiedenen Aargauer und Zürcher Feldbatterien... Sozu-
sagen jede Waffengattung hatte ihre Delegation in Reuenthal, auch der Bäckersoldat
und der Pontonier fehlten nicht. Zum Glück lag über dem Ganzen das militärische
Schweigegebot, und so drangen die lauten und stillen Flüche nicht nach aussen, sondern
verhallten in den verschiedensten Betonstollen.»

Das Grenzschutzaufgebot und der Aktivdienst

Das *Gz Art Det 253* – abwechselnd und zunehmend häufiger mit *Fest Art Det 253*
bezeichnet –, das heisst die Besatzung der Festung Reuenthal, wurde mit den infanteristischen Grenztruppen am 29. August 1939 aufgeboten: *«Morgens um 5 Uhr*
wurde die Grenzbrigade durch Glockengeläute und Trommeln alarmiert. Der letzte
Mann traf um 8.05 Uhr hier ein», wurde im Tagebuch vermerkt[16]. Die Werkbe-
satzung umfasste an diesem ersten Aktivdiensttag 57 Mann, 3 Unteroffiziere und
3 Offiziere, total also 63 Wehrmänner. Wie die erste Bezeichnung dieser Truppe
darauf hinweist, unterstand sie und das Werk dem Kommandanten des Grenz-
Füsilierbataillons 253 (Gz Füs Bat 253), das den Abschnitt Leibstadt/Bernau
(inkl.) bis zum untern Aarelauf (Felsenau/Kleindöttingen) mit fünf Kompanien
deckte, sozusagen das Gebiet des alten Kirchspiels Leuggern mit dieser Ortschaft
als Zentrum und Friedenskommandoposten des Bataillons. Das Werk Reuenthal
war demnach eingebettet in den Bataillonsraum und sehr bald auch in einem
Kranz von Feldstellungen, Unterständen usf., die ab Mobilmachungstag unter
Zeitdruck gebaut wurden. Lediglich die Bunker der Rheinlinie waren grösstenteils in der Vorkriegszeit schon fertig gebaut worden, aber noch nicht vollständig
eingerichtet[17]. Die Artilleristen von Reuenthal wurden auch mit dem Gz Füs Bat
253 am Mobilmachungstag, dem 29. August 1939, in Burlen-Leuggern vereidigt.
In der ersten Aktivdienstzeit verzeichnet das Tagebuch des Fest Art Det 253 wie-
derkehrend Notizen über *«Grabarbeiten»*, *«Hindernisbau»*, dazwischen *«Alarm-*
übung», *«Bunkerschiessen mit Maschinengewehr»*.
Selbstredend wurden solche Arbeiten und Übungen abgelöst von soldatischer und
waffentechnischer Ausbildung, wie das bei den andern Grenztruppen auch der
Fall war. Ein Hauptanliegen der Festung Reuenthal war, so rasch wie möglich geeignete *Beobachtungsposten* einzurichten und auszubauen und diese telefonisch mit
dem Werk unterirdisch zu verbinden. Zwar verfügte das Werk über zwei Beob-
achtungstürme B1 und B2 (aus denen zusätzlich mit Maschinengewehren die
Nahverteidigung sichergestellt wurde). Die Beobachtung von der Höhe von
Reuenthal ins Rheintal hinunter war aber sehr oft *«schlecht»*, das heisst weil *«neb-*
lig» oder *«dunstig»* waren *«die Objekte nicht erkennbar»*, wie im Tagebuch für den
Herbst 1939 häufig vermerkt wurde. Deshalb versuchte man Beobachtungsposten
näher an den *«Objekten»* am Rhein zu erstellen: Bei der Kapelle in Bernau/Leib-
stadt, auf der Wandfluh (oberhalb Leibstadt), auf dem Sennhof (oberhalb
Schwaderloch) und bei Schwaderloch-Station. Die Bauarbeiten (Holzkonstruk-
tion mit starker Überdeckung) wurden von der Motorisierten Sappeurkompanie
III/5 im Verlauf von zwei Wochen im September 1939 ausgeführt. Die *«Rest-*
tarnung und innere Einrichtung will die Besatzung von Reuenthal selbst ausführen»[18].

Die Erstellung der Telefonverbindungen zwischen dem Werk Reuenthal und den vier Beobachtungsposten gab den «Reuenthalern» noch während Monaten zu schaffen, insbesondere weil zu wenig Kabel vorhanden waren; solche mussten vom Armeestab angefordert werden[19].

Soweit es das militärische Dringlichkeitsprogramm erlaubte, wurden auch (wie andernorts) Massnahmen für die geselligen und kameradschaftlichen Bedürfnisse getroffen. Schon wenige Wochen nach der Mobilmachung begann man im Haus Binkert an der Zufahrtstrasse zum Werk eine *Soldatenstube* einzurichten: «Barbara», in der u. a. der Barbaratag, Weihnachten und Silvester/Neujahr gefeiert wurden. Diese Einrichtung entsprach einem besondern Bedürfnis, nachdem das Dorf Reuenthal über keine Wirtschaft verfügt. Im Alarmfall diente «Barbara» der Grenz-Füsilierkompanie V/253, die u. a. in Reuenthal einen Stützpunkt hatte, als Kompanie-Kommandoposten[20].

Gemeinsam mit der Bevölkerung von Reuenthal feierte 1939 das Fest Art Det 253 eine Waldweihnacht, zu deren gutem Gelingen beide Teile massgebend beigetragen hatten[21].

Der Bau des bereits erwähnten Bunkers Ost mit einem zweiten Notausgang wurde im Frühjahr 1940 fertig. Auch die Ausrüstung mit *Waffen* wurde im Verlauf der Aktivdienstjahre verbessert. Die Reuenthaler Einheit verfügte Ende des Aktivdienstes neben mobilen Maschinengewehren, leichten Maschinengewehren und Handgranaten auch über Maschinenpistolen, über eine 24-mm-Tankbüchse (Tb 41) sowie über eine mobile 4,7-cm-Infanteriekanone (Ik 35/41). Für letztere wurde beim alten Reservoir von Reuenthal ein offener, betonierter Unterstand als Ausgangsstellung gebaut; es handelte sich um einen sehr bescheidenen Ersatz für einen im Mai 1940 an dieser Stelle geplanten Bunker für die Aussenverteidigung[22].

Am 9. Dezember 1939 wurde das Gz Füs Bat 253 entlassen und durch das Schützenbataillon 4 (S Bat 4) im Frontabschnitt ersetzt[23]. Die Besatzung der Festung Reuenthal verblieb mit vollem Bestand im Dienst wie die Auszugstruppen der Grenzregimenter («Stammbataillone»). Das Fest Art Det 253 wurde dem Kommandanten des S Bat 4 *«administrativ»* unterstellt. Das Gz Füs Bat 253 rückte am 6. März 1940 wieder zum Ablösungsdienst ein und nahm das Fest Art Det 253 neu unter seine Fittiche mit vollem Mannschaftsbestand: 61 Wehrmänner (59 Unteroffiziere und Soldaten, 2 Offiziere)[24]. Im Verlauf der Aktivdienstjahre erlebte die Reuenthaler Besatzung entsprechend den Ablösungsdiensten immer wieder neue Unterstellungen.

Der *Gesamtbestand* des Fest Art Det 253 hat sich im Verlauf der Aktivdienstjahre vervielfacht: Anlässlich der Teilkriegsmobilmachung vom 15. Juni 1944 sind 5 Offiziere, 24 Unteroffiziere und 130 Soldaten, total 159 Wehrmänner in die Festung Reuenthal eingerückt[25], deren Unterkunftskapazität damit längst gesprengt war. Scheunen als Notunterkunft und die Erstellung einer Mannschaftsbaracke im Dorf konnten den Mangel beheben.

Da es sich bei der Besatzung von Reuenthal um eine Mischung der Altersklassen (Auszug, Landwehr, Landsturm) handelte, wurden an die älteren Heeresklassen grössere Dienstleistungsansprüche gestellt als an ihre Dienstkameraden der Infanterie. Dieser Ungleichheit versuchte man mit Gewährung von mehr Urlaubstagen zu begegnen[26].

Eine über Jahre hinaus wiederholt gestellte Forderung des Kommandanten des Fest Art Det 253 betraf die *Zuteilung weiterer Offiziere,* die vor allem in *«Rücksicht auf die Aussenbeobachtung notwendig»* waren (Artilleriebeobachter)[27]. Nach einem *«Umschulungskurs für die aus Landsturmeinheiten neu zugeteilten Offiziere...»* fand man es mit Recht *«bedauerlich, wenn für Bauten Millionen ausgegeben werden, es jedoch andererseits nicht möglich ist, das allernotwendigste Kader zuzuteilen»*[28]. Im Frühsommer 1944 forderte der Kommandant abermals energisch und mit voller Unterstützung des Brigadekommandanten die *«Zuteilung von jungen Offizieren»:* Mit *«sehr alten Subalternoffizieren»* und mit Offizieren, die *«schon in jungen Jahren die Qualifikation ‹als Zugführer nicht verwendbar› erhielten»,* sowie angesichts der Tatsache, dass er als Kommandant *«selbst Zugführerdienst leisten»* müsse, könne der Auftrag der Festung Reuenthal nicht erfüllt werden[29]. Offensichtlich bewirkte dieser letzte massive Antrag eine Verbesserung. Der Bestandesrapport vom 15. Juni 1944 wies jedenfalls 5 Offiziere auf.

Ein spezieller Fall bedarf noch der Erwähnung: Am 30. März 1940 wurde im Tagebuch des Bataillons 253 notiert[30]: *«Zu Fest Art Det 253 rückt ein Arzt, Leutnant Hug, ein; dadurch werden die zwei Ärzte des Bataillons ganz bedeutend entlastet...».* Damit konnte dann auch die sanitarische Infrastruktur der Festung (Operationsraum und Krankenzimmer) genutzt werden.

Die Festung Reuenthal war von der Mobilmachung 1939 bis Ende 1944 dauernd besetzt[31]. Allerdings reduzierte man den Mannschaftsbestand von Ende Mai 1941 an auf die Hälfte, dann auf einen Drittel und schliesslich im Mai 1943 auf einen Viertel. Bei grossen Bestandesreduktionen wurde angeordnet, dass die Aussenwache der Festung von Infanteristen übernommen werden musste, damit die Artilleristen vollumfängliche Bereitschaft sicherstellen konnten. Verpflegt wurden die Wachmannschaften aus der Festungsküche. Die Verpflegung durfte aber von diesen aus Geheimhaltungsgründen nicht drinnen abgeholt werden, sondern musste von den Artilleristen nach draussen gebracht werden!

Die Besatzung der Festung Reuenthal war wohl die *einzige Einheit der Gz Br 5,* die – wenn auch in Teilen – während des Aktivdienstes *von 1939 bis Ende 1944 lückenlos Dienst geleistet hat,* was auf die Bedeutung dieser Festung hinweist.

Wie andernorts entwickelte sich die Truppe der Festung Reuenthal allmählich zu einem kampf- und kriegstüchtigeren Verband, als er es bei der Mobilmachung am 29. August 1939 schon sein konnte. *«...im Mai 1940 verliessen die Angehörigen des Freiwilligen Grenzschutzes Reuenthal und die Artilleristen waren unter sich»*[32]. Jahr für Jahr wurden der Festung Reuenthal Kontingente der jüngsten Jahrgänge aus den Festungsartillerie-Rekrutenschulen zugeteilt, das heisst speziell für die Festung ausgebildete Kanoniere, Unteroffiziere und Offiziere.

Nachdem die notwendigen Bauarbeiten und Installationen für den Einsatz ausgeführt waren, blieb (wie bei andern Truppen) immer mehr Zeit für die militärische Ausbildung.

«Aus dem bescheidenen Gz Art Det 253 ist die stolze Fest Art Kp 95 geworden, eine der grössten Einheiten der Grenzbrigade.»[33] Diese neue Bezeichnung erhielt die Truppe von Reuenthal zu Beginn des Jahres 1943.

An wichtigen Ereignissen der Aktivdienstjahre für die Festungsbesatzung Reuenthal bleiben noch zu erwähnen:

Am 30. Oktober 1942 besuchte *General Guisan* die Festung Reuenthal. Leider konnten darüber keine Aufzeichnungen gefunden werden.

Am 14. November 1942 erfolgte eine Inspektion der ganzen Gz Br 5 auf dem Schachen in Aarau durch General Guisan. Anschliessend fand ein Vorbeimarsch vor dem General bei der Kaserne Aarau statt, *«wo die Reuenthaler ein spezielles Lob ernteten»*[34].

Besondere Höhepunkte für die Artilleristen wie für die Grenztruppen und die Bevölkerung bildeten die wenigen *Scharfschiesstage*. Eine kombinierte Schiessübung der Festung Reuenthal (Artillerie) mit dem Gz Füs Bat 253 (Minenwerfer- und Maschinengewehrfeuer), verbunden mit einem Stosstruppunternehmen in Richtung Bossenhaus-Wandfluh oberhalb Leibstadt, wurde von den infanteristischen Zuschauern auf Neuwelt in einem Tagebuch am 29. März 1941 wie folgt gewürdigt[35]: *«Besonders... die Treffsicherheit der Artillerie macht auf uns alle einen grossen Eindruck.»* Ein beteiligter Zugführer und späterer Kommandant der Festung Reuenthal erinnert sich an den *«Freudentag»*[36]: *«Dieser erste Schiesstag war ein Markstein in der Geschichte von Reuenthal. Nicht nur verlief das Schiessen entsprechend den Erwartungen, sondern wertvoller war dabei, dass es jedem zeigte, welch leistungsfähige Geschütze ihm anvertraut waren; und mit berechtigtem Waffenstolz zeigten sich von nun an die Reuenthaler. Sie hatten bewiesen, dass sie nicht nur ihr Werk zu bewachen, sondern aus ihm auch zu schiessen verstanden. Der Einheitskitt war jetzt fester denn je.»* Schiessübungen anlässlich von Ausbildungskursen für Werkbesatzungen der 5. und 4. Division im Dezember 1941 und Februar 1942 gaben ebenfalls Gelegenheit, die Wirkung des scharfen Schusses zu demonstrieren. Von weiteren Scharfschiessen der Festung Reuenthal – sicher am 17. November 1942[37] und im letzten Quartal 1944[38] – sind leider zu wenig Einzelheiten bekannt.

Zweimal hat die Besatzung der Festung Reuenthal *Grenzverletzungen* verursacht und diplomatische Verhandlungen bewirkt: Am 24. und 25. November 1942 flogen Prellschüsse – es soll sich um eine Scharfschiessübung aus einem Bunker mit leichten Maschinengewehren (Lmg) gehandelt haben[39] – aus dem Werk Reuenthal auf deutsches Gebiet. Nach Aussagen von Ehemaligen der Festung Reuenthal seien es Rikoschetts, das heisst Abpraller von Schüssen, verursacht durch gefrorenen Boden, gewesen. Dieser Vorfall führte zu einer *«Reklamation der Deutschen Gesandtschaft»*[40].

Eine zweite Grenzverletzung durch die Besatzung von Reuenthal erfolgte im Juli 1943[41]: Am 9. Juli (um 2.30 Uhr morgens!) *«pfiff ein Infanteriegeschoss an dem Posten der Grenzschutzwache Albbruck beim Brückensteg des Stauwehrs Dogern in unmittelbarer Nähe vorbei.»* Am 17. Juli (um 19.20 Uhr und nochmals um 19.45 Uhr) soll sich dasselbe wiederholt haben. Der deutsche Militärattaché von Ilsemann intervenierte zwei Monate (!) später. Von deutscher Seite nahm man an, *«dass die Geschosse entweder von einer Schweizer Befestigungsanlage kamen, die auf der Höhe bei Reuenthal liegt... oder von unterhalb davon befindlichen Infanteriewerken»* (!). General Guisan schloss sich *«den Erwägungen des Untersuchungsrichters»* an, dass *«der Angelegenheit weder militärgerichtlich noch disziplinarisch weitere Folge zu geben sei»*.

Von der Artillerie zur Infanterie

Diese Überschrift gilt für die Periode 1945 bis zur Truppenordnung 1961.
Durch die rasante Entwicklung der Militärtechnik und -taktik während des Zweiten Weltkrieges und der Nachkriegsjahre hat die Kapazität des Artilleriewerkes Reuenthal zusehends an Bedeutung verloren und jene der Infanterie des Werkes war gewachsen.

Die Aufgabe der *artilleristischen* Unterstützung der Infanterie der Grenzbrigade im Rheintal beim Kraftwerk Albbruck-Dogern und rheinabwärts blieb bestehen. Weil damit aber nur ein beschränkter Wirkungsbereich nach Westen gegeben war und insbesondere ein artilleristischer Einsatz ins unterste Aaretal (östlich von Reuenthal) als empfindliche Lücke beurteilt wurde, teilte man der Festung Reuenthal Ende der vierziger Jahre – anfänglich test- und übungshalber – für die Wiederholungskurse eine *Viererbatterie von 7,5-cm-Feldkanonen* zu. Die Standortfrage dieser «mobilen» Batterie kam über das Provisorium nicht hinaus. Deshalb wurde auch nie eine permanente oder halbpermanente Stellung für sie gebaut. In unmittelbarer Umgebung der Festung stand keine überzeugende Lösung in Aussicht; ein weiter entfernter Standort warf empfindliche Nachschubprobleme auf[42].

1949 wurde die Fest Art Kp 95 mit zwei weiteren Fest Art-Kompanien, im Aargauer Jura stationiert, in der *Fest Art Abt 21* zusammengefasst[43]. Es handelte sich um eine ausbildungstechnische und administrative Abteilung; für eine artilleristische Zusammenarbeit im Einsatz war die geographische Voraussetzung nicht gegeben. Diese organisatorische Massnahme bewirkte allmählich eine Entfremdung der Reuenthaler Einheit vom Gz Füs Bat 253 und Gz Füs Bat 254, für die der artilleristische Einsatz der Festung Reuenthal zwangsläufig hätte erfolgen müssen. Immer mehr Wiederholungskurse absolvierten die Artilleristen unter sich, mit Schiessverlegung oder vollumfänglich im Gebirge. Gleichzeitige Wiederholungskurse mit dem Gz Füs Bat 253 wurden immer seltener. Damit fehlten auch gemeinsame Besetzungsübungen sowie Gelegenheit für Kontaktgespräche und Absprachen. Eine löbliche Ausnahme bildete der Ergänzungskurs 1952 mit einer Besetzungsübung[44].

In den fünfziger Jahren veränderte sich das Gewicht der Festung Reuenthal: *Aus dem reinen Artilleriewerk entwickelte sich immer deutlicher ein starker Infanteriestützpunkt mit Artillerie.*

Neben der erwähnten artilleristischen, letztlich aber ungelösten Verstärkung erfuhr der infanteristische Auftrag der Festung Reuenthal mit entsprechender Ausrüstung eine deutliche Steigerung, offensichtlich mit der Absicht, einen starken infanteristischen Stützpunkt zu errichten. Die vermehrte Zahl der Automaten (Maschinengewehre, leichte Maschinengewehre und Maschinenpistolen) ist nicht genau feststellbar. Von besonderem Interesse ist aber, dass der Fest Kp 95 erstmals für den WK 1957 und vorerst provisorisch eine 9-cm-Pak (Panzerabwehrkanone) zugeteilt wurde. Somit *verfügten die Infanteristen der Festung Reuenthal über ein grösseres Kaliber als die Artilleristen!*

Mit der Steigerung der Ausrüstung wurde der Festung Reuenthal auch vermehrtes Personal zugeteilt. 1955 zählte die Reuenthaler Einheit mehr als 230 Mann; davon 10 Offiziere und über 30 Unteroffiziere[45].

Mit der Truppenordnung 1951 wurden die schweizerischen Festungseinheiten mehrheitlich zu Landwehr/Landsturmformationen umgestaltet – so auch die Reuenthaler Besatzung. Eingeteilte Auszüger verblieben zwar in der Kompanie; neue aus den Rekrutenschulen wurden jedoch keine mehr zugeteilt. Mit Umschulung in den kurzen Landwehrergänzungskursen (2 Wochen) kann aber nicht jener Ausbildungsstand erreicht werden, wie ihn die Grundschulung (17 Wochen Rekrutenschule) vermittelt. Der Jahr für Jahr abnehmende Auszugsbestand veranlasste immer häufiger, zusammen mit andern Festungseinheiten in den Wiederholungskursen Ad-hoc-Kompanien zu bilden.

1952 wurde der Kompanie als Kommandant-Stellvertreter *ein Infanterist* zugeteilt, Hptm E. Studer, der ab 1956 *als Kommandant der Festung Reuenthal* vorstand.

Die Umbenennung der Fest Art Kp 95 in *Fest Kp 95* mit der Truppenordnung 1951 auf 1. Januar 1952 entsprach zwar einer gesamtschweizerischen Bestimmung, ist aber symptomatisch für die Festungsbesatzung von Reuenthal: Das Artilleristische trat immer mehr zurück, das Infanteristische trat in den Vordergrund.

Die Endphase

Die sechziger und siebziger Jahre können – grob gesehen – als *Schrumpfung* der Festung Reuenthal und ihrer Besatzung charakterisiert werden; die achtziger Jahre als *Liquidation*[46].

Mit der Truppenordnung 1961 wurden die Kompanienummern der Festungsformationen durch Abteilungsbezeichnungen abgelöst. Die Fest Kp 95 wurde zur *Fest Kp II/21*, die fünfte und letzte Bezeichnung der Besatzung von Reuenthal.

War die *Artillerie* des Werkes schon ab der ersten Nachkriegszeit fragwürdig geworden, so verlor sie mit dem neu sich entwickelnden Festungskonzept der Schweizer Armee[47] vollends ihren Zweck. Mit dem Rüstungsprogramm 1983[48] wurde u.a. die Beschaffung von weiteren Festungsminenwerfern beschlossen: «*Für die Grenz-, Festungs- und Reduitbrigaden sollen weitere 12-cm-Minenwerfer für Festungen beschafft werden. Diese Waffe steht seit 1964 im Truppeneinsatz und hat sich bewährt.*» Mit dieser Waffe werden unvergleichlich grössere Wirkungsbereiche erfasst und grössere Feuerwirkung im Ziel erreicht als mit 7,5-cm-Bunkerkanonen. Überdies stellte die Munition der 7,5-cm-Kanone durch die Überalterung Probleme in der früher gewährleisteten Sicherheit.

Auch die *infanteristische* Entwicklung überholte Reuenthal. Das erwähnte Beispiel mit der 9-cm-Panzerabwehrkanone blieb ein Versuch. 1964 wurden der Fest Kp II/21 drei mobile 4,7-cm-Infanteriekanonen, Modell 35/41 (!), zugeteilt, acht Jahre später (1972) aber wieder zurückgezogen.

In *baulicher* Sicht sticht eine Investition hervor. Ende der fünfziger Jahre wurden die massiven Bunker mit Häusern verkleidet. Diese Tarnung blieb 20 Jahre lang und musste, weil eine Sanierung zu aufwendig war, 1978 wieder abgebrochen werden.

Die *Mannschaft* der Festung Reuenthal machte die gleiche abwärtsgleitende Entwicklung mit. Neuzuteilungen blieben aus; gute Jahrgänge wurden in wichtigere, zum Teil neu gebildete Festungseinheiten umgeteilt. Die Festung Reuenthal blutete langsam aus.

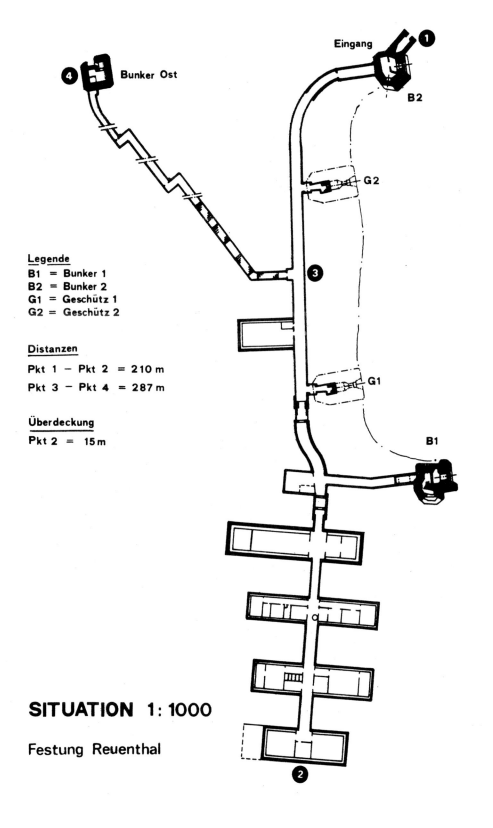

Eingang

1

B2

4 Bunker Ost

G2

3

Legende
B1 = Bunker 1
B2 = Bunker 2
G1 = Geschütz 1
G2 = Geschütz 2

Distanzen

Pkt 1 – Pkt 2 = 210 m
Pkt 3 – Pkt 4 = 287 m

Überdeckung

Pkt 2 = 15 m

G1

B1

SITUATION 1: 1000

Festung Reuenthal

2

In den beiden Jahrzehnten der Schrumpfung war demnach in allen Beziehungen die Kapazität der Festung Reuenthal empfindlich gesunken. Anlässlich einer Begehung und einer eingehenden Beurteilung des laufend abnehmenden Kampfwertes der Festung Reuenthal im September 1970 hat der damalige Kommandant des Feldarmeekorps 2, Korpskommandant J. Vischer, der spätere Generalstabschef, in Begleitung des Kommandanten der Grenzbrigade 5, Brigadier H. Hemmeler, an Ort und Stelle den Vorentscheid gefällt: Reuenthal muss (artilleristisch) aufgegeben werden[49]!

Noch zögerte man von seiten der Militärinstanzen, die bis zuletzt in gutem Zustand gehaltene, aber bedeutungslos gewordene Festung Reuenthal aufzugeben, um die Unterhaltskosten zu vermeiden. Man erwog und prüfte verschiedene Verwendungsmöglichkeiten der gut erhaltenen Anlage[50]. Im Vordergrund stand die Verwendung der Festung für *Umschulungskurse für Werkbesatzungen*. Von Ende der fünfziger Jahre bis 1976 wurden verschiedentlich solche Kurse im Werk Reuenthal durchgeführt. Als eigentliche Ausbildungsstätte hätte es grössere Investitionen für Um- und Zusatzbauten erfordert. Ob Aufwand und Rendement sich in der Waage gehalten hätten, ist fraglich.

Ein Schlusspunkt hinter die Geschichte des Artilleriewerks Reuenthal wurde am 30. April 1979 gesetzt durch die *Demontage der beiden 7,5-cm-Bunkerkanonen*. Die beiden Geschütze kamen schliesslich in privaten Besitz. (Mindestens das Geschütz Nummer 1 wird in Reuenthal wieder eingebaut.)

Im Jahre 1987 wurden zwischen dem Bundesamt für Genie und Festungen (BAGF) in Bern, der Gemeinde Full-Reuenthal und dem «Verein Festungsmuseum Reuenthal» Verhandlungen geführt, die zielstrebig und erfolgreich zu einem erfreulichen Resultat führten[51]. Die Gemeinde Full-Reuenthal kaufte gemäss Gemeindeversammlungsbeschluss vom 24. Juni 1988 das Land (2,3 Hektaren) der Festung Reuenthal für 66 000 Franken zurück[52]. Sie hat sich gleichzeitig gegenüber dem Verein Festungsmuseum Reuenthal vertraglich verpflichtet, die ober- und unterirdischen Anlagen der Festung zur Nutzung in der Form eines Museums zur Verfügung zu stellen. Der Verein beabsichtigt, die Festung Reuenthal in ihrer vollumfänglichen Gestalt, speziell wie sie zur Zeit des Zweiten Weltkriegs bestand, mit einigen Ergänzungen bezüglich Zweiter Weltkrieg und Bereich der Gz Br 5 als Museum zu gestalten. Die Eröffnung des allgemein zugänglichen Museums ist für den Frühsommer 1989 vorgesehen. Auf den 30. Juni 1988 hat das Eidg. Militärdepartement die *Festung Reuenthal entmilitarisiert* und gleichzeitig der Geheimhaltung enthoben, der sie rund 50 Jahre unterworfen war!

Die Festung Reuenthal hat ausgedient. Die Idee war gut; ihre Bedeutung im Zweiten Weltkrieg ist offensichtlich: Sie hat substantiell und moralisch/geistig ihren Beitrag zur Abwehr geleistet. Dass sie angesichts der militär-technischen Entwicklung in der Nachkriegszeit immer mehr an Bedeutung verlor, ist zwangsläufig. Der Entscheid, dieses gut erhaltene Bollwerk als Museum zugänglich zu machen, verdient volle Anerkennung. Die Artilleriefestung Reuenthal ist tot – es lebe das Festungsmuseum Reuenthal!

Robert Vögeli

Abkürzung: BAB = Bundesarchiv Bern.

[1] BAB: E 27/17359: Kdo J Br 12, Oberst Bircher: «Bericht und Anträge für den verstärkten Grenzschutz (Fall B) im Grenzgebiet des Kantons Aargau von Kaiserstuhl (einschliesslich) bis Stein (einschliesslich).» Aarau, 14. Juli 1934, S. 24.

[2] BAB: E 27/17357, Band 2: «Protokoll über die definitive Festlegung der in der ersten Bauetappe auszuführenden Grenzbefestigungswerke. Nordfront; Grenzabschnitt der 4. Division von Kaiserstuhl inkl. bis Leibstadt inkl.» Bern, 12. August 1935.

[3] BAB: E 27/17358: Bureau für Befestigungsbauten an den Waffenchef der Genietruppen vom 7. Juli 1939. BAB: E 27/17357, Band 1: Rapport Nummer 19 des Büros für Befestigungsbauten betr. Stand der Arbeiten vom 15. April 1937.

[4] BAB: E 27/17371: Festungssektion der Generalstabsabteilung: «Zeitpunkt der (approximativen) Übergabe der Grenzbefestigungsanlagen an die Truppe.» Bern, 8. März 1939.

[5] Persönliche Mitteilung von Arthur Heiz, alt Bezirkslehrer und Wm im Gz Füs Bat 254, an den Verfasser, 15. Juli 1988.

[6] BAB: E 27/17358: Abteilung für Genie des EMD: «Ungefähre Kosten für Grenzbefestigungsbauten.» Bern, 16. Juli 1938.

[7] Egli K.: «Unser Heer. Illustriertes Nachschlagewerk... zur Truppenordnung 1936.» Verlag Otto Walter, Olten (1938), S. 133 und 129.

[8] BAB: E 27/17357, Band 1: «Rapport des BBB betr. Stand der Arbeiten.» Nummer 31 vom 28. Mai 1938 (betr. Stand: 30. April 1938).

[9] Das Datum des Schiessversuchs in Thun (Anm. 8) und jenes des Eintrags im Schiessbuch stimmen überein. Am 7. April 1938 wurden je 1 Schuss mit Ladungen 2 bzw. 3 und 4 Schuss mit Ladung 4 abgefeuert; am 12. April 1938 dann nochmals 20 Schuss mit Ladung 2. Schiessbuch für 7,5 cm B-K, Rohr Nummer 1, im Besitz des Präsidenten des Vereins Festungsmuseum Reuenthal (VFMR). Leider fehlt das Schiessbuch für Rohr Nummer 2.

[10] «Vorschriften für die Kenntnis und Bedienung des Materials der Grenzbefestigungen. I. Teil: Die 7,5 cm Kanone Reuenthal.» Entwurf 1939. Ein Exemplar im Besitz des Verfassers.

[11] Der Verfasser hat als Leutnant am 2. Dezember 1953 einen Antrag an seine Vorgesetzten eingereicht, Instruktionen für Kader und Mannschaft für das Panoramaschiessen in das WK-Programm aufzunehmen – erfolglos! Kopie im Besitz des Verfassers.

[12] BAB: 5790/1780: «Tagebuch des Gz Füs Bat 253», Band 2. Beilage vom 10. Juni 1940.

[13] BAB: E 27/17358: Bureau für Befestigungsbauten an den Waffenchef der Genietruppen betr. Reuenthal und Nordfront-Befestigung. Bern, 7. Juli 1939.

[14] BAB: E 27/17358: Bureau für Befestigungsbauten an den Waffenchef der Genietruppen. Bern, 7. Juli 1939, S. 2.

[15] Schaelchli O.: «Die Artilleristen» in «Gedenkschrift Grenz-Regiment 50. Aktivdienst 1939 bis 1945.» Selbstverlag der Redaktionskommission, Dr. W. Drack, Nussbaumen bei Baden (1947), S. 112. – Übrige Aussagen gemäss Mitteilung von Div z D P. Burkhardt.

[16] «Tagebuch des Fest Art Det 253 vom 29. August 1939 bis 2. Februar 1940.» Eintragung vom 29. August 1939. (Noch) in Privatbesitz. – Leider fehlen die späteren Tagebücher der Reuenthaler Besatzung.

[17] BAB: E 27/17371: a.a.O.

[18] BAB: 5790/3255, Band 1, Beilage: Kdo Sap Bat 5 an Kdo 5. Div vom 25. September 1939.

[19] BAB: E 27/14955: «Periodische Berichte der Gz Br 5» Bericht vom 11. Dezember 1939, S. 9.

[20] BAB: 5790/1785, «Tagebuch der Gz Füs Kp V/253», Band 5: Eintrag vom 30. Oktober 1942.

[21] «Tagebuch des Fest Art Det 253» a.a.O., Eintrag vom 23. Dezember 1939.

[22] BAB: 5790/1780: «Tagebuch des Gz Füs Bat 253», Band 2: Eintrag vom 14. Mai 1940.

[23] «Tagebuch des Fest Art Det 253», a.a.O., Eintrag vom 9. Dezember 1939. Ferner BAB: 5790/221: «Tagebuch des S Bat 4», Band 2. Einträge vom 6. bis 9. Dezember 1939.

[24] BAB: 5790/1780: Frontrapport des Gz Füs Bat 253 vom 20. März 1940. Beilage zum «Tagebuch Gz Füs Bat 253», Band 2.

[25] BAB: 5790/1780: «Tagebuch des Gz Füs Bat 253», Band 4, Eintrag vom 15. Juni 1944.

[26] BAB: 5790/1780: «Tagebuch des Gz Füs Bat 253», Band 1: Urlaubsstatistik vom 12. November 1939: Festung 13,5% gegenüber Bat-Durchschnitt von 10,6% Urlaubstage.

[27] BAB: E 27/14955: «Periodische Berichte der Gz Br 5», Bericht vom 9. Februar 1940.

[28] BAB: E 27/14955, a.a.O., Quartalsbericht vom 1. Oktober bis 31. Dezember 1943.

[29] dass. und Quartalsbericht vom 1. April bis 30. Juni 1944, S. 6.

[30] BAB 5790/1780: «Tagebuch des Gz Füs Bat 253», Band 2: Eintrag vom 30. März 1940.

[31] Der letzte nachweisbare Dienst der Besatzung von Reuenthal endete am 30. Dezember 1944.
BAB: E 27/14248 (Z-g/4): Dienstleistungen-Kartei.
BAB: E 27/14330: «Standortkarten der Armee 1939 bis 1945.»
Da diese Unterlagen lückenhaft sind, wurden die fraglichen Zeitabschnitte weitgehend durch die DB-

Eintragungen und Aussagen von damaligen Angehörigen der Festung Reuenthal ergänzt.

[32] Schaelchli, a.a.O., S. 113.

[33] Schaelchli, a.a.O., S. 113.

[34] Schaelchli, a.a.O., S. 113.

[35] BAB: 5790/1784: «Tagebuch der Gz Mitr Kp IV/253», Band 4: Eintrag vom 29. März 1941.

[36] Schaelchli, a.a.O., S. 113.

[37] Schiessbuch, a.a.O.: 31 Granaten. – Das Schiessbuch für Rohr Nummer 2 fehlt.

[38] BAB: E 27/14955: «Periodische Berichte der Gz Br 5», Quartalsbericht vom 1. Oktober bis 31. Dezember 1944, S. 4.

[39] Gautschi Willi: «Geschichte des Kantons Aargau 1885 bis 1953», Band 3. Baden-Verlag, Baden, 1978, S. 480/81.

[40] «Bericht des Chefs des Generalstabes der Armee an den Oberbefehlshaber der Armee über den Aktivdienst 1939 bis 1945.» (Bern 1946), S. 68.

[41] BAB: E 27/14367: Korrespondenzen, u.a. Brief von General Guisan an den Chef des EMD vom 20. November 1943.

[42] Der Verfasser hat als Leutnant eine Studie mit «Vorschlag betr. Stellung der mobilen 7,5 cm FK-Batterie der Fest Kp 95» am 1. Dezember 1953 an seine Vorgesetzten eingereicht. Kopie im Besitz des Verfassers.

[43] Mitteilung von Oblt z.D. Otto Bühler, ehem. Adjutant der Fest (Art) Abt 21.

[44] «Befehl für den KVK und EK der Fest Abt 21» vom 6. März 1952, S. 5. Im Besitz des Verfassers.

[45] Mitteilung von Hptm Th. Alther, Kdt Fest (Art) Kp 95 von 1948 bis 1955. – Kopie eines Mannschaftsverzeichnisses vom 1. Januar 1955 im Besitz des Verfassers.

[46] Die Aussagen dieses Kapitels verdankt der Verfasser vornehmlich den Gesprächen mit Oberst R. Grundmann, Kdt FWK, Oberstlt S. Läuchli, Kdt Fest Region 21, und Adj Uof z.D. W. Oberbühler, jahrzehntelanger FWK-Werkchef von Reuenthal.

[47] Vgl. Siegenthaler Rolf, Divisionär und Waffenchef der Genie- und Festungstruppen: «Zukunft der Festungen» in: «Schweizer Soldat», Stäfa, Nummer 2/1987, vom Februar 1987, S. 6–9.

[48] Bundesblatt Nummer 12, Band I, vom 29. März 1983, S. 1113–1167: «Botschaft über die Beschaffung von Kriegsmaterial (Rüstungsprogramm 1983)», vom 16. Februar 1983. Zitat von S. 1144. – Bundesbeschluss, vom 5. Oktober 1983 in: Bundesblatt Nummer 41, Band III, vom 18. Oktober 1983, S. 1085.

[49] Mitteilung von a. Brigadier Hemmeler, ehem. Kdt Gz Br 5, an den Verfasser.

[50] Korpskdt E. Lüthy, Generalstabschef, im August 1987 in einem Gespräch mit dem Verfasser.

[51] Die nachfolgenden Aussagen stützen sich im Wesentlichen auf die Informationen des «Vereins Festungsmuseum Reuenthal», inkl. Mitteilungen von dessen Präsidenten, Dr. Thomas Hug, an den Verfasser.
Der «Verein Festungsmuseum Reuenthal» (VFMR) hat sich diesen Namen an der Generalversammlung vom 7. Mai 1988 gegeben und mit diesem seinen früheren ersetzt: «Verein zur Förderung des Wehrtechnischen Museums» (VFWM).

[52] «Die Botschaft», Döttingen, Nummer 74 vom 27. Juni 1988: «Gemeinde Full-Reuenthal… erwirbt Festungsanlage Reuenthal.»

Im Einsatz der Grenzbrigade 5 wirkte noch weit in die Nachkriegszeit hinein die Vorstellung eines unbeweglichen, statischen Sperrverbandes nach; die Stellungen seien zu halten; jeder hätte sich, seinerzeit pointiert ausgedrückt, «auf dem Platze zu opfern». Die sog. Besetzungsübungen, in deren Verlauf die vorgeschriebenen Stellungen besetzt und in denen auf den Gegner gewartet wurde, entsprachen weitgehend diesem Denken.

Nach 1965 zeichnete sich ein Wandel ab. Der Raum, in dem der Grenzverband wirksam werden sollte, blieb zwar derselbe, doch wurden in der Art, wie die Brigade ihren Auftrag zu lösen gedachte, neue Akzente gesetzt. Der Verfasser des nachfolgenden Beitrages hat es unternommen, den besagten Wandel, der zugleich eine Art Dreh- und Angelpunkt in der Geschichte der Grenzbrigade darstellt, näher zu beleuchten und die Vorstellungen zu charakterisieren, die die Entwicklung der Brigade weiterbestimmten.

Der taktische Kurs 1966 mit Stichwort «Rot»

Auf den 1. Januar 1966 übernahm Brigadier Hans Hemmeler die Grenzbrigade 5. Unter seiner Führung sollte sie sich in den folgenden Jahren weiterentwickeln, weg von der passiv geführten Abwehr zu einem aktiveren und beweglicheren Verband.

Um diese neuen Vorstellungen umzusetzen, benutzte der Brigadekommandant den taktischen Kurs im gleichen Jahr als nächste sich ihm bietende Gelegenheit, sein Kader einzuführen. Neu war für die Kommandanten aller Stufen, dass sie sich zwei Tage lang in die Rolle eines potentiellen Gegners hineinversetzen mussten. Eines Gegners, der mit einem mechanisierten Infanterieregiment im Brigadeabschnitt den Rhein überwinden und an die Limmat stossen wollte. Mit grosser Ernsthaftigkeit und Intensität mussten sich die Truppenführer in die Organisation und in die Kampfweise vollmechanisierter Truppenkörper einarbeiten. Dass A-Einsätze in die Angriffsabsichten miteinbezogen wurden, entsprach den Realitäten.

Oberstes Anliegen für diesen ersten Teil des Kurses war ein klares Feindbild. «Ob und in welchem Ausmass unsere Vorstellungen vom Gegner zutreffend sind, ist ganz entscheidend», bestätigte der Br Kdt[1]. Eine weiterführende taktische und technische Schulung war damit auch verbunden.

Im zweiten Teil des Kurses wechselte man die Seite und plante den Widerstand als Angehöriger der Gz Br in einer Reihe von Entschlussfassungen und Befehlen auf schweizerischer Seite. Als Vorgabe stand das zuvor erarbeitete Feindbild, das die Erfordernisse an Material, Zeit und Massnahmen, um dem Gegner die Stirn zu bieten, bestimmte. Der ganze taktische Kurs diente nicht zuletzt dazu, jene «Sicherheit» aufzubauen, die es braucht, um das Vertrauen in die eigenen Stärken zu erlangen[2].

Die Idee des Brigadekommandanten, den konventionellen Weg der taktischen Kurse etwas zu verlassen und Neuland zu betreten, indem er ein Schwergewicht auf das exakte Feindbild setzte, das den eigenen Entschlüssen zugrunde lag, wurde auf Divisions- und Korpsstufe wohl bemerkt und nicht vollumfänglich befürwortet. Während Divisionär Walde als Kdt der 5. Division den Schwerpunkt wieder vermehrt in der «Führung in verschiedenen Lagen im Gelände und in der Zusammenarbeit in den Stäben auf taktischem Gebiet sah»[3], wollte Korpskommandant Ernst als Kdt des FAK 2 das Vorgehen als «ganz ausnahmsweise» verstanden wissen[4]. Einerseits musste die Rechtfertigung oder Bestätigung dieses Vorgehens, so die Meinung in der Brigade, die Arbeit 1967 erbringen, andererseits ging es nicht zuletzt um eine gewisse «Selbständigkeitserklärung»[5].

Die Ausbildungsschwerpunkte in den Dienstleistungen 1967 standen folglich im Zeichen der thematischen Fortsetzung der taktischen und technischen Kurse von 1966. Die Ausbildung musste auf das Feindbild und auf die eigenen Möglichkeiten, den Kampf zu führen, abgestimmt werden[6]. Die Landwehrsoldaten waren mit dem Sturmgewehr wenig vertraut, weil sie erst ein paar Jahre zuvor umgeschult worden waren. Eine verstärkte Sturmgewehrausbildung sollte dieses Manko ausbügeln.

Im Rahmen des Wald- und Ortskampfes befahl der Brigadekommandant als persönliches Anliegen den Kampf in, um und aus Stützpunkten[7]. Hier hakte er mit der eigenen Vorstellung ein, die Einheiten aktiver zu machen und sie aus den passiv statischen Verhältnissen herauszureissen. Mit aggressiv geführten Gegenangriffen und -stössen sollte der Auftrag im und um den Stützpunkt herum erfüllt werden, was auf der unteren Stufe, gemäss Befehl, eingeübt werden musste. Die Leitung der Stützpunktübungen wurde den Rgt und Bat Kdt übertragen, so dass der grösste Teil des EK den Kp Kdt zur Verfügung stand.

Weiteren Anlass zu Diskussionen gab auch die Absicht, die Landwehr Infanterie per 1. Januar 1968 partiell zu reorganisieren. Andere Numerierungen wurden erwogen, Unterstellungen kritisch kommentiert u.a.m. Das Beispiel zeigt, wie ein militärischer Verband wie die Gz Br ein «vielfältiger und dadurch interessanter Verband» ist[8], der nicht ohne Reaktionen auf Änderungen der traditionellen Zusammensetzung reagiert, wenn auch der guteidgenössische Kantonsgeist viel hineinspielt. Bei der Gz Br kommt die Zusammensetzung aus Auszug und Landwehr hinzu und die Tatsache, dass sie beinahe eine Heereseinheit darstellt. Die vorgesehene Einteilung von Basler Truppen in der Aargauer Brigade begrüsste der Br Kdt jedenfalls und zog einen Vergleich mit dem «Sauerteig» der Brigade: belebend, kritisch, aufbauend und höchst erwünscht[9].

Defilee des Inf Rgt 105 ad hoc
vor Br Hemmeler am 3. November 1966
bei Hunzenschwil.
(Auf dem folgenden Bild mit
Regierungsrat Schwarz und den beiden
Obersten Weibel und Stäuble).

Die Stützpunktübungen im WK/EK 1967

Aufgeteilt in vier WK/EK-Gruppen und zeitlich gestaffelt, absolvierte die Brigade ihren Dienst im Brigaderaum. Die Organisation wies auf das Problem der schwindenden Anzahl von brauchbaren Schiessplätzen im Juragebiet hin; vorgängig war sogar eine Verlegung in die Voralpen erwogen worden[10].

Im abschliessenden Bericht zu den diversen Dienstleistungen, die engagiert und einsatzfreudig geleistet wurden, konnte der neue Br Kdt überzeugt «jene buchstäblich unermesslichen soldatischen Werte mit aller Deutlichkeit und allem Nachdruck hervorheben, die den Landwehrsoldaten kennzeichnen»[11]. Als charakterlich gereifter Mensch mit viel seelischer Widerstandskraft ist er als Soldat zu umfassender Pflichterfüllung fähig. Im weiteren würden solche Werte die Nachteile der körperlichen Verfassung (wie es bei arrivierten Familienvätern unum-

gänglich scheint) und die Mängel in den ausbildungsmässigen Fertigkeiten bei weitem überwiegen[12]. Ebenso deutlich konnte der Div Kdt «das durch den Kdt und seine Br in den Diensten 67 Geleistete kräftig anerkennen»[13].

So wie jede Dienstleistung Stärken und Schwächen der Truppe aufdeckt, so trat die richtige Einstellung, der kompromisslose Einsatz und die enge Verbundenheit mit dem eigenen Kampfraum einmal mehr zutage. Die Ausbildungsschwächen in den vorgegebenen Schwerpunkten wurden erkannt und diskutiert. Sie lagen zum einen in der Sturmgewehr-Ausbildung und waren simpel zu erklären. Die «Karabinergeneration» beherrschte das Stgw noch nicht, «… die Handhabung ist angelernt, die Waffe wird formal zwar gehandhabt, aber sie wird nicht auf einen Gefechtsauftrag und auf das Gelände bezogen eingesetzt[14]. Das Programm musste vollständig auf die Festigungsstufe («Grundschule») ausgerichtet werden[15]. Divisionär Walde pflichtete dieser Beobachtung bei, indem er in seinem Bericht feststellte: «Dass die Arbeit am Stgw nicht befriedigt, kann nicht erstaunen (…) unsere jetzigen Landwehrsoldaten haben den Gebrauch nie von Grund auf gelernt und werden es darum nie vollständig beherrschen.»[16]

Bei den vom Br Kdt angeordneten Stützpunkt-Übungen wurde die befriedigende Form auch noch nicht gefunden. «Der Schritt von der traditionellen Besetzungsübung, während welcher etwa 24 Stunden ein Gelände besetzt, etwas gegraben und im übrigen auf den Gegner gewartet wurde, zur hoch aktiven Stüpt-Übung ist erst zum Teil gelungen.»[17] Die neuen Vorstellungen des Br Kdt waren noch nicht im gewünschten Masse Gedankengut der Unterführer geworden. Doch der Schritt zu beweglicheren Abläufen war getan, und die nächsten Dienste mussten diesbezüglich weiterhelfen.

Schwieriger gestaltete sich der Versuch der Br, ihre Landwehr-Soldaten im Rahmen des Wehrsportes wieder vermehrt zu aktivieren. Die gesetzte Lebensweise der Männer bildete das grösste Hindernis im Bemühen, die körperliche Leistungsfähigkeit der Soldaten auch in ausserdienstlichen Anlässen zu erhalten oder gar anzuheben.

Ein sehr positives und gelungenes Experiment war der Einsatz von Sanitätszügen im WK-Rahmen auf der chirurgischen Abteilung des Kantonsspitals Aarau. Das Urteil der Krankenschwestern über die von Sanitätssoldaten geleistete Arbeit fiel durchwegs anerkennend aus. Der Kursbericht stellte nebenbei fest, dass die San Sdt «den Schrecken vor Blut verloren hätten»[18], eine Beobachtung, die der Truppe im Ernstfall sicherlich zum Vorteil gereicht hätte…

Die Dienstleistungen 1967 zeigten der Brigade die Marschrichtung für die nächsten Jahre an, und Teile davon konnten sich just im ereignisreichen Jahr 1968 im Manövereinsatz bewähren.

1968 – Das Ereignisjahr

Im FAK 2-Manöver hatte die Gz Div 5 zum ersten Mal seit 1961 unter der Leitung des Korpskommandanten zu bestehen. Die Auszugseinheiten der Gz Br wurden dabei in einem Ad-hoc-Rgt zusammengesetzt und hatten im Verlaufe des Manövers Markeurfunktionen.

Die Erkenntnisse aus diesem Manöver waren für die Brigade insofern interessant, als Korpskommandant Ernst in der Besprechung forderte, dass im gesamten die Abwehr «aktiver und aggressiver» geführt werden müsste. «Ein passives Abwarten bis die eigene Stellung angegriffen wird, ist der Gelegenheit, den gegen eine andere Stellung angreifenden Feind anzupacken, nie vorzuziehen.»[19] Diese Forderung deckte sich mit den Vorstellungen und Anstrengungen der Brigade im EK/WK 67 und zeigte, dass sie auf dem richtigen Weg war.

Das Jahr 1968 war ein ereignisreiches Jahr. Ein grosser Teil der jungen Leute geriet in Unruhe und Bewegung. Wertmassstäbe wurden ver-rückt, alternative Lebensformen ausprobiert, und Protestaktionen flammten auf. Die Brigade spürte diese anrollende Welle jugendlicher Opposition wenig, zu gross war der Anteil an reiferen Landwehrsoldaten, deren Sturm- und Drangjahre vorbei waren.

Ein anderes politisch brisantes Ereignis war der Überfall auf die CSSR im August 1968. Die Ereignisse in der Tschechoslowakei führten zu Überlegungen hinsichtlich ihrer Übertragbarkeit auf die Situation in der Schweiz. Der Überfall zeigte, dass Gewaltaktionen namhafter Streitkräfte jederzeit überraschend ausgelöst werden konnten. Um eine Bedrohung frühzeitig zu erkennen und erfassbare Anzeichen rasch und zuverlässig auszuwerten, erschien es dringlich, den Nachrichtendienst auszubauen[20]. Zwei Feststellungen bestimmten die Frage, ob aus den Ereignissen in der CSSR Schlüsse hinsichtlich der Abwehrkonzeption gezogen werden konnten[21].

- Die tschechische Armee leistete den Invasoren keinen Widerstand und verhielt sich passiv.

- Die Bevölkerung hatte mit ihrer Form des passiven Widerstandes den politischen Erfolg der bewaffneten Intervention ernsthaft beeinträchtigt, jedoch nur in geringem Masse den Ablauf gestört.

Das entkräftete den Schluss, die militärischen Abwehrvorbereitungen der Schweiz abzubauen und den passiven Widerstand zur Hauptwaffe zu machen, der als solches kein taugliches Mittel zur Kriegsverhinderung darstellt.

Die Gz Div 5-Manöver 1969

Die Truppendienste der Brigade Ende September Anfang Oktober 1969 knüpften nahtlos am Konzept von 1967 an und sahen zusätzlich eine Beteiligung am Divisionsmanöver vor. Das Problem der Schiessplätze erforderte einen erweiterten Brigaderaum für die Ausbildungsdienste. Namentlich für die Minenwerfer-Züge drängte sich eine Schiessverlegung in die Voralpen auf, wollte man den Erfordernissen des Kriegsgenügens Rechnung tragen.

Die Brigade als operativer Verband mit dem Ziel, den Gegner am Durchstoss des Grenzbereiches zu hindern und ihm die Aufnahme seiner Tätigkeit im Mittelland zu erschweren, wollte bewusst eine «Maginot-Denkweise» verlassen. Das hiess in der praktischen Ausbildung wie 1967: weg von der Besetzungsübung und hin zur Stützpunkt-Übung bzw. Einsatzübung[22]. Jeder Verband wurde angehalten, den Auftrag, die Vielfalt des Geländes, den Feind und die eigenen Möglichkeiten zu erarbeiten, vom Gelände Besitz zu nehmen, sich den Stüpt vollkommen zu eigen zu machen und zu handeln, anstatt abzuwarten[23]. So lautete der schriftliche Befehl des Br Kdt, der dafür sorgte, dass diese Absicht jedem Führer zum Gedankengut wurde. Der «Organismus Stützpunkt» verlangte von jedem einzelnen Mann zusätzlich klare Kenntnisse der Organisation und der Kampfidee seines Verbandes. Im Einklang mit den Lehren aus den FAK 2-Manövern[24] war es Auftrag, den Kampf aggressiv im und aus dem Stüpt zu führen.

Wurde diese Absicht 1967 noch nicht auf allen Stufen erfasst und umgesetzt[25], so konnte nach dem EK/WK 69 ein klar positives Echo in den Kursberichten der Kompanien festgestellt werden. Die neue Form der Übungen verlangte zwar von den Wehrmännern vermehrt körperliches und geistiges Engagement, doch befriedigte genau das den Soldaten in der Endabrechnung weitaus mehr als das Warten auf den Feind[26]. Die Stgw-Ausbildung zeigte erneut Mängel, und der zweiwöchige Dienst war zu kurz, um sie zu beheben. Den gut messbaren Erfolg ermöglichten die ausgearbeiteten Leistungsnormen, welche unerbittlich aufdeckten, was sass und wo verstärkt angesetzt werden musste.

In der zweiten Hälfte des Dienstes nahm die Brigade am Manöver der verstärkten Gz Div 5 unter dem Kommando von Divisionär Trautweiler teil, das unter dem Namen «Habsburg» vom 8. bis 10. Oktober rund 10 000 Sdt, Uof und Of unter die Fahne befahl. Die Zielsetzungen des Div Kdt, die eine Verbindung von Verteidigung und Gegenangriff, also Initiative und Angriffsgeist forderten, kamen dem bereits Eingeübten entgegen.

Bei trockenem, prächtigem Herbstwetter ging die ihrerseits verstärkte Brigade als blaue Brigadekampfgruppe «H» im Raum nördlich Brugg in Stellung und erwartete den Angriff von Grün. Im Verlaufe des 9. Oktobers, «H» hatte sich in den Raum westlich des unteren Aarelaufes zurückgezogen und neu gegliedert, gerieten Grün und Blau heftig aneinander. Eine supponierte Luftlandung mit Helikopter und Motorfahrzeugen hatte Grün mitten in den Abwehrraum von Blau getragen. Dort stiessen sie auf hartnäckigen und erbitterten Widerstand[27]. Um den Druck auf die Verteidigung zu erhöhen, wurde Grün verstärkt, was die Situation für Blau kritisch werden liess. Nachdem auch die blaue Brigadekampfgruppe verstärkt worden war, entschloss sich der Br Kdt, gemäss den Manöverzielsetzungen, seinerseits anzugreifen, und befahl zu diesem Zwecke seine Auszugsbataillone[28]. Nach der langen und nebligen Nacht zum 11. Oktober, in der die Kampfsituation den Parteien heikle Probleme auftrug, war die Lage nicht geklärt. Überall hatten sich Blau und Grün so stark ineinander verzahnt, dass der Übungsabbruch für die Beteiligten früher als erwartet eintraf[29].

Die Brigade hatte mit ihrem hartnäckigen Widerstand und den beherzten Angriffen viel Beweglichkeit gezeigt und untermauert, dass sie sich auf dem richtigen Weg befand. Als nachhaltigstes Erlebnis wurde auf die reibungslose Zusammenarbeit von Landwehr und Auszug hingewiesen[30].

1969 bis 1971 – Die Brigade in der Jahrzehntenwende

Der rote Faden in der Brigade, der mit dem Kommandoantritt von Brigadier Hemmeler verfolgt wurde, fand seine konsequente Einhaltung in den Kursen und

Truppendiensten. Sowie die Erarbeitung eines realistischen Feindbildes den takti-schen Kurs 1966 bestimmte, so blieb das die «oberste Zielsetzung aller Kurse», d.h. für die Kurse 1968 und 1970[31].

Der Absicht, die Grenzbrigade mittels Stüpt-Übungen aktiver und beweglicher zu machen, wurde in den Dienstleistungen 1969–1971 nachgelebt. Eine feststellbare Dynamisierung der Brigade war das Ergebnis der Bemühungen. Nennenswerte Verstärkung erfuhr der Grenzschutzverband in der Installation fester Unterstüt-zungswaffen, die Ende der 60er Jahre vorangetrieben wurde. Die effizienten und schwer bekämpfbaren Minenwerferanlagen ergänzten das Artilleriefeuer aus den Werken. Der steigenden Bedrohung durch chemische Kampfstoffe wurde mit der Einführung von persönlichem Schutzmaterial und -ausrüstung begegnet. Der Öf-fentlichkeit präsentierte sich der Wehrmann im neuen Schutzüberwurf in den Manövern 1971[32]. Interessant waren auch die Überlegungen, die in einer Studie gipfelten, ob und in welcher Weise das Wasser der Aare und des Rheins manipu-liert werden kann, um zum einen das Hindernis, das der Fluss an sich darstellt zu vergrössern und zum anderen dem Gegner Schaden zuzufügen[33]. Vermehrt muss-te die Brigade einzelne Einheiten in die Voralpen in den Dienst schicken, da das Problem der geeigneten Schiessplätze virulenter wurde. So leistete das Inf Rgt 105 ad hoc 1970 im Raum Emmental und ein Lw Inf Rgt im Frühjahr 1971 im Napfgebiet seinen Dienst. Das Gros der Brigade blieb im erweiterten Brigaderaum und bestritt das Manöver «Limes» Ende September 1971.

Neue Überlegungen mussten auch in Bezug auf die Infanterie-Werke angestellt werden. Die Werk-Truppen setzten sich nämlich aus Landwehrmannschaften verschiedener Truppengattungen zusammen, und sie waren – auch für die Ausbil-dung – teils Füsilierbataillonen, teils Festungsartillerieformationen unterstellt. Eine Inspektion im EK 69 zeigte die Notwendigkeit auf, die Werk-Kompanien zu einem Truppenkörper zusammenzufassen und damit einem einzigen Kommando zu unterstellen, das die Ausbildung entscheidend beeinflussen und prägen konnte. So wurde für den EK 71 das Werk Bat 5 ad hoc gebildet, das, unter dem sach-kundigen, tatkräftigen Kommandanten, dem nachmaligen Major Iten, und dank zusätzlicher freiwilliger Dienstleistungen von Kader und Truppe (u.a. verlängerte Kadervorkurse), rasch den erforderlichen Ausbildungsstand erreichte. Das Werk Bat 5 sollte fortan zweckmässiger Ausbildungsverband der Brigade bleiben.

Als eine eigentliche «Schweizer Premiere»[34] durfte die Aktion «G» (Gesundheit) gelten, die darauf abzielte, die Wehrmänner mit einem Fitnessprogramm, das ihnen die Lust an der Bewegung zurückbringen sollte, zu trainieren[35]. Neben einer intensiven Aufklärung über die Gesundheitsgefährdung durch übermässigen Konsum von Suchtmitteln aller Art versuchte man, die Lebensgewohnheiten über den Dienst hinaus zu erfassen und den einzelnen Wehrmann anzuregen, seiner Gesundheit Sorge zu tragen.

Mit einem Defilee in Brugg, bereits sechs Stunden nach Manöverende, setzte die Brigade vor ihrem scheidenden Kommandanten einen eindrücklichen Schluss-punkt. Vor zahlreichen Zuschauern sowie hohen militärischen und zivilen Gästen defilierten rund 4000 Mann mit über 1000 Pferden in Sechserkolonnen.

Ihr selbstbewusstes Auftreten war der Ausdruck der Überzeugung, dass die Bri-gade keine «Alte Garde» darstellte. Im Gegenteil: Im Zusammenwirken von jüngeren, schwungvollen Auszugsverbänden mit gereiften und belastungsfähigen Landwehreinheiten in vertrautem Gelände lag der Kitt, der zur Erfüllung ihres Auftrages nötig gewesen wäre.

Stefan Räber

[1] Brigaderapport vom 10.12.66, S. 4.
[2] ebenda, S. 6.
[3] Div. Walde in: Zum Bericht des Kdt der Takt Kurse A und B Gz Br 5 4.10.66.
[4] Kkdt Ernst in: Mitbericht über die Takt Kurse A und B der Gz Br 5 6.10.66.
[5] Aktennotiz vom 7.10.66.
[6] Brigaderapport 66, op.cit., S. 2 f.
[7] ebenda, S. 10.
[8] vgl. Brigaderapport, op.cit., S. 24.
[9] ebenda, S. 25.
[10] in: Bericht über die Dienstleistung von Kader und Truppe der Gz Br 5 1967 30.11.67, S. 4.
[11] ebenda, S. 15.
[12] ebenda, S. 15.
[13] Div Walde in: Zum Kursbericht der Gz Br 5 vom 28.12.67.
[14] Br Hemmeler im Kursbericht, op.cit., S. 8.
[15] ebenda.
[16] Div Walde in: Zum Kursbericht, op.cit.
[17] Kursbericht, op.cit., S. 10.
[18] Kursbericht, op.cit., S. 14.
[19] Kkdt Ernst in: Lehren aus den Manövern des FAK 2 1968, Abschnitt II.1.
[20] Stab der Gruppe für Generalstabsdienste: Die Ereignisse in der CSSR, Folgerungen vom militärischen Standpunkt aus, 12.9.69 S. 1.
[21] ebenda. S. 2.
[22] Br Hemmeler in: Anleitung für die Stützpunktübung im EK 1969, 31.3.69 S. 1.
[23] ebenda.
[24] vgl. S. 5.
[25] BrRapport vom 24.1.70, S. 20.
[26] ebenda, S. 21 f.
[27] «Aargauer Tagblatt», 9.10.69, S. 5.
[28] ebenda, 10.10.69, S. 5.
[29] ebenda, 11.10.69, S. 6.
[30] BrRapport 70, op.cit., S. 26.
[31] Br Hemmeler in: Presseorientierung vom 20.8.71 über die bevorstehende Dienstleistung des Gros der Gr Br 5, S. 1.
[32] vgl. «Badener Tagblatt», Nr. 191, 23.8.71.
[33] Geheime Studie im Auftrag des Br Kdt von Hptm Zeller, Stab Füs Bat 251.
[34] so der «Fricktal-Bote» vom 23.8.71.
[35] vgl. erste Versuche im EK 1967, S. 4/5.

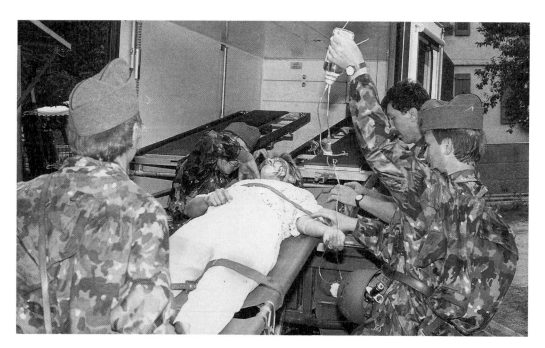

Auftragsbezogenheit der Ausbildung

Die Ausbildung begegnet in einer Grenzbrigade besonderen Problemen. Auf der einen Seite ist die Ausbildungszeit ihrer Landwehrformationen kürzer und rücken untere Kader und Mannschaften nicht alljährlich ein. Zudem müssen gewisse Spezialisten beim Übertritt in die Landwehr erst in neue Aufgaben eingeführt werden. Andererseits gilt es immer wieder, die Ausbildung ihrer Auszugsformationen zu integrieren. Dieser Herausforderung kann man allein mit einer *Konzentration auf die durch den primären Auftrag bedingte Ausbildung* begegnen. Die Ausbildung erhält folglich für jede Grenzbrigade eine besondere Färbung.
Der Auftrag ist *geheim*. Entsprechend sind diesem Bericht über die Ausbildung, weil sie auftragsbezogen sein muss, Grenzen gesetzt. Immerhin darf nachfolgend auf einige *Besonderheiten* hingewiesen werden.

Besondere Anforderungen

Arbeit im eigenen Einsatzraum

Auftragsbezogen ausbilden heisst zunächst, dass wir möglichst im *eigenen Einsatzraum* arbeiten. Wir müssen ihn geographisch, gefechts- und bautechnisch sowie taktisch kennen und mit unseren Nachbarn sowie den Kameraden anderer Waffengattungen, die ihre Aufgaben im gleichen Bereich erfüllen, zusammenarbeiten lernen. Ebenso muss es uns daran liegen, die Verbindungen mit zivilen Instanzen und vor allem mit der *Bevölkerung* zu pflegen. Darum finden die Dienste regelmässig mehr oder weniger im angestammten Raum statt. Freilich darf man dessen Nachteile nicht übersehen. Die Gelegenheiten zu grösseren Übungen im offenen Gelände und vor allem im scharfen Schuss nehmen in Folge der Überbauung laufend ab. Die Brigade muss daher periodisch auf *Schiessplätze* im Alpengebiet ausweichen. Diese Ausbildung im Einsatzraum zeigt dem Wehrmann handgreiflich, wo und wozu er eingesetzt ist. Er gewinnt Vertrauen in seine Möglichkeiten. Dies fördert seine *Motivation*. Auch in den letzten Jahren hat unsere Truppe eine *Leistungsbereitschaft* bewiesen, die Bewunderung auslöst; vor allem der Landwehrsoldat steht eben häufig bereits in einer spezifischen beruflichen oder bürgerlichen Verantwortung und weiss, worum es geht.

252

Landesgrenze, Rhein und Jura

Hauptaufgabe der Grenzformationen ist es nicht mehr, die Grenzlinie zu sichern und die Permanenzen zu bewachen. Die Grenzbrigade ist zu einem *operativen Kampfverband* geworden, der *selbständig den Kampf ab Landesgrenze* zu führen hat. Sie weicht nicht kämpfend aus; sie verzögert nicht nur, sondern soll die Bevölkerung im Grenzraum und die Mobilmachung der Feldarmee schützen. Sie hat *den Grenzraum nachhaltig zu verteidigen*. Damit hat sich die Brigade auf die *Verteidigung schlechthin* vorzubereiten. Diese Gefechtsform ist ihr Ausbildungsauftrag.

Die Verteidigung hat das *vorbestimmte Gelände* mit seinen zahlreichen *Permanenzen* an Sprengobjekten, Hindernissen, Unterständen, Kommandoposten usw. auszunützen, d.h. deren Verwendung zu schulen. Wichtigstes Gebot ist es nach wie vor, die *Hinderniswirkung des Rheins* ganz zu unserem Verbündeten zu machen. Umfangreiche Studien, die auf gesamtschweizerischer Ebene theoretisch und praktisch überprüft, vertieft und weitergeführt wurden, bestätigen, dass die üblichen Normen für den Flussübergang eines potentiellen Angreifers schon rein technisch in unserem Gelände nicht gelten. Ebenso sind heute die möglichen Übersetzstellen und die Wirkungen der Stauseeabsenkung bekannt. Also hat die Ausbildung alles daranzusetzen, den *raschen Schutz der Brücken* und die *Zerstörungsführung* einerseits, die *bewegliche, aggressive Kampfführung* schon gegen kleine Luftlandungen, Brückenköpfe usw. andererseits sicherzustellen. Diese Notwendigkeit kann uns in eine kriegerische Auseinandersetzung ziehen, wenn die Armee insgesamt noch den Neutralitätsschutzdienst betreibt. Dann lautet der Auftrag: «... wenn solche (Verletzungen der Landesgrenze) vorkommen, sie durch Einsatz angemessener Kräfte rasch zu bereinigen ... Es gilt, durch eine kräftige Reaktion auf Neutralitätsverletzungen dem Ausland und unserem Volk gegenüber unseren Abwehrwillen überzeugend unter Beweis zu stellen.» (Bericht des Bundesrates vom 6. Juni 1966). Eine glaubwürdige, auf diesen Auftrag ausgerichtete Ausbildung kann zur *Dissuasion* beitragen.

Der Auftrag bezieht sich ferner auf den *Jura*. Wie er es auf weite Strecken unserer Geschichte war, so ist der Jura heute noch *gebirgiger Grenzwall*. Er kanalisiert den Gegner und kann ihn zum Einsatz besonderer Mittel, zum Staffelwechsel, zum Nachziehen der Unterstützungswaffen usw. zwingen. Die Ausbildung muss darauf abzielen, *Stützpunkte und Sperren* hervorzubringen, die den feindlichen Stoss an künstlich verstärkten natürlichen Hindernissen auflaufen lassen, ihn mit *konzentriertem Feuer* überschütten und den Gegner mit kurzen, überfallartigen *Angriffen* zurückschlagen und vernichten.

Kampfführung

Eine Stärke der Grenzbrigaden ist der hohe *Vorbereitungsgrad*. Befehlsgebung, Planung und Kampfvorbereitungen sind bis auf die unterste sinnvolle Stufe im einzelnen durchgeführt. Freilich kann nur bis zum ersten Schuss einigermassen zuverlässig geplant werden. Nachher kommt die Kriegswirklichkeit. Sie ist immer anders, als wir uns das vorstellen. Kriegsnahe Ausbildung zielt auf eine Kampf-, nicht nur «Papierbrigade» ab. Sie muss so angelegt sein, dass die Truppe *nichts aus der Fassung* bringt, dass sie – trotz kurzer Ausbildungszeit – in langen Übungen *durchhalten* muss, körperliche Belastungen und den Einsatz in widerlichen Umweltverhältnissen besteht und ihr *realistische Feindbilder* vermittelt werden.

Dieser Weg zur *Ausbildung in der Kampfführung* kennzeichnet einmal mehr die letzten Jahre. Die elektronische Revolution hat *das Feuer erneut gewaltig aufgewertet*; man denke an die Verbesserung der Munition und der Treffergenauigkeit. Die Bewegung droht zu erstarren. Die Gegenmassnahme muss in der Ausbildung zu einer *flexiblen Verteidigung* liegen. Wir müssen uns noch vermehrt in *Befestigungsanlagen* und Geländestärkungen schützen und daraus kämpfen lernen: graben und ausheben mit genietechnischen Mitteln trotz teils felsigem Untergrund, Deckung suchen und tarnen, ausnützen von Gebäuden und Ortschaften, Stellungsbezug so spät wie möglich usw., alles, um das Feuer zu vermeiden und zu überstehen. Flexibilität heisst sodann hauptsächlich, Stützpunkte und Sperren, bevor sie fallen, zu *verstärken*; noch so heroische Gegenangriffsaktionen haben wohl geringere Erfolgschancen als das Errungene zu behaupten. Dazu kommen selbstverständlich *Angriffsaktionen* auf aufgelaufenen Gegner und vor allem in die gegnerische Tiefe, in die offenere Flanke.

Ausgestaltungen der Ausbildung

Im Grossen Verband

Die Grenzbrigaden können ihren Vorteil, rasch bereit zu sein, nur ausspielen, wenn sie die *Mobilmachung* beherrschen, sowohl im gewohnten Ablauf als auch aus dem Stand und unter verschiedenen Feindannahmen. Die dieser Operation eigentümlichen Schwierigkeiten treten am deutlichsten auf, wenn der grosse Verband diese Aufgabe gesamthaft löst. Darum werden immer wieder Übungen auf Brigadestufe durchgeführt. Dabei ist es gelungen, die vorsorglichen Massnahmen verschiedener Truppenkörper so zu koordinieren, dass heute am Rhein oder in andern Geländeabschnitten *Prioritäten* gesetzt und die Permanenzen unverzüglich eingesetzt werden können. Solche grossen Übungen zeigten, dass vor allem die Umsetzung der wohlvorbereiteten Einrichtungs- und Ausbildungsprogramme geschult werden muss; die Behebung von Störungen und der Aufmarsch bereiten kaum Probleme.

Bloss in solchen grossen Übungen kann die *Zusammenarbeit mit den Waffengattungen* trainiert werden: der Einbezug der Nachbarverbände, der Infanterie, der Artillerie, der Panzer, der Flieger, der Flab, der Genie, der Permanenzen, aber auch der Logistik in den *Kampf der verbundenen Waffen*. Nur so kann der Einsatzraum als ganzer erlebt, das Gelände ausgenützt und das auftragsgemässe Kampfverfahren ausexerziert werden. So kann der Truppe ein einigermassen *modernes Feindbild* dargestellt werden, zu dem mechanisierte, Kampfheli-, Luftlande-, Fliegerformationen, elektronische Einwirkungen, Speznaz usw. gehören.

In diesem Bemühen hatte die Grenzbrigade 5 in den letzten Jahren eine ganze Reihe von *«Feuer- und Vogel-Übungen»* zu bestehen; die Decknamen reichten vom «Feuervogel» zum «Kondor» und «Falken» über den «Habicht» zur «Feuerzange»; der Vögel sind auch für die Zukunft noch viele! Diese Übungen hängen ausbildungsmässig zusammen; sie stehen in einem *Ausbildungsprozess:* Die Übungsanlage baut jeweils auf der vorhergehenden Übung auf, erfasst die dort aufgetretenen Erfahrungen und Mängel, zieht die Lehre für die Kriegseinsätze und die weitere Ausbildung daraus und gestaltet sinngemäss die nächste Übung. Auch Kaderunterrichte, wie namentlich die taktischen Kurse, wurden in diesen Zusammenhang eingefügt. Durch die teilweise Delegation der Übungsleitung auf untere Stufe wurde es möglich, zu differenzieren und auf *Einzelheiten* einzugehen.

Kaderausbildung

Die zweite Hauptanstrengung galt der *Kaderausbildung.* Die Kürze der Ausbildung zwingt dazu, alle Möglichkeiten zur *Verlängerung* auszuschöpfen, etwa durch den Ausbau der Kadervorkurse zu Lasten des Ergänzungskurses, die Durchführung besonderer Kaderdienste zur Bearbeitung von Kriegseinsatzfragen, die volle Ausschöpfung der Zeiten für taktische Kurse, den Kaderunterricht im Ergänzungskurs und hauptsächlich erhebliche ausserdienstliche Belastungen. Zudem wurde erwartet, dass sich die einzelnen Vorgesetzten selber und laufend um die *Qualität* ihrer Ausbildung bemühen, sich dauernd mit militärischen Belangen beschäftigen und sich körperlich fit erhalten. Als Beispiel muss der *Brigadestab* vorausgehen. Er wurde denn auch erheblich gefordert. Er hat dem Kommandanten Entscheidungsgrundlagen für die Kriegseinsätze bereitzustellen und nachzuführen, am Ausbau der Permanenzen mitzutragen, die Übungen nach seinen Weisungen anzulegen und durchzuführen, mehrmals jährlich Stabs- und Stabsrahmenübungen zu bestehen und sich laufender Weiterbildung zu stellen.

Waffengattungen

Infanterie

Die Ausbildung der Landwehr- und Auszugs-Infanterie unterscheidet sich nicht grundsätzlich. Erstes Anliegen ist auch hier die Ausbildung des Einzelkämpfers; Treffen, Beherrschen der Waffen, Disziplin und gefechtsmässiges Verhalten bedürfen besonderen Gewichts, gerade angesichts der grossen Übungen. Die Integration der weitreichenden Panzerabwehr-Lenkwaffen-Kompanien ist das wichtigste Merkmal der letzten Jahre und erlaubte es, die Landwehr-Infanterie weitgehend den Auszugsformationen gleichzustellen.

Artillerie

Die Artillerie der Grenzbrigade 5 ist in letzter Zeit wesentlich umgestaltet worden. Der Einsatz neuer Festungsminenwerfer und die Verstärkung der Festungs-

artillerie mit mobilen Haubitzen-Einheiten verursachten ein grosses Ausbildungs-bedürfnis. Die Artillerieformationen sind entsprechend grundsätzlich umgestaltet worden.

Die Artillerieausbildung geschieht grundsätzlich ebenfalls im eigenen Raum. Geschult wird dabei intensiv die Beobachtung und die Zusammenarbeit mit der Infanterie und ihren Hilfsbeobachtern verschiedener Kategorien. Dazu gehört die Arbeit mit dem festeingerichteten Verbindungssystem. Zur *Scharfschiessausbildung* wird regelmässig in den Alpenraum disloziert.

Genie

Die Hauptanstrengung der Genie gilt einerseits der Ausbildung der *Mineure*. Ausserdem werden die möglichen Einsätze zum *Ausbau* der Dispositive sowie zur Überwindung der *Flüsse* und Verstärkung ihrer Ufer geschult, häufig wiederum in Zusammenarbeit mit Infanterie, Flab usw.

Zusammenfassende Schlussbetrachtung

Selbstverständlich stellen sich die allgemeinen Probleme der militärischen Ausbildung auch in der Grenzbrigade 5. Sie treten bei unserer Landwehrtruppe teils sogar noch schärfer hervor, weil die Ausbildungszeit kürzer ist. Ernsthaft fragt man sich, ob sie angesichts der heutigen Anforderungen überhaupt ausreicht. Jedenfalls muss sich die Ausbildung konsequent auf das *beschränken*, was die *Auftragserfüllung* der Brigade als ganzes in ihrem eigenen Raum bedingt. Also muss regelmässig erreicht werden, dass zu einer dazu geeigneten Jahreszeit möglichst alle Verbände – auch die Auszugstruppen – zumindest einen Teil ihres Dienstes gleichzeitig leisten, aber auch Plätze für Schiessverlegungen in den Alpen zur Verfügung stehen. Hauptaufgabe der Brigadeführung wird es immer sein, optimale Voraussetzungen für diese anspruchsvolle Ausbildungstätigkeit zu schaffen.

Thomas Pfisterer

258

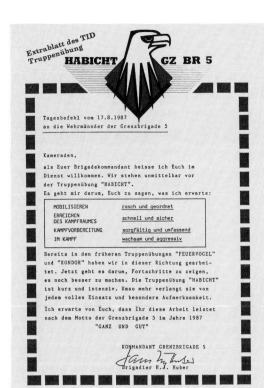

Extrablatt des TID
Truppenübung

HABICHT GZ BR 5

Tagesbefehl vom 17.8.1987
an die Wehrmänner der Grenzbrigade 5

Kameraden,

als Euer Brigadekommandant heisse ich Euch im
Dienst willkommen. Wir stehen unmittelbar vor
der Truppenübung "HABICHT".
Es geht mir darum, Euch zu sagen, was ich erwarte:

MOBILISIEREN	rasch und geordnet
ERREICHEN DES KAMPFRAUMES	schnell und sicher
KAMPFVORBEREITUNG	sorgfältig und umfassend
IM KAMPF	wachsam und aggressiv

Bereits in den früheren Truppenübungen "FEUERVOGEL"
und "KONDOR" haben wir in dieser Richtung gearbeitet. Jetzt geht es darum, Fortschritte zu zeigen,
es noch besser zu machen. Die Truppenübung "HABICHT"
ist kurz und intensiv. Umso mehr verlangt sie von
jedem vollen Einsatz und besondere Aufmerksamkeit.

Ich erwarte von Euch, dass Ihr diese Arbeit leistet
nach dem Motto der Grenzbrigade 5 im Jahre 1987
"GANZ UND GUT"

KOMMANDANT GRENZBRIGADE 5

Brigadier H.J. Huber

Lage am 16. 8. 87

Feindliche Verbände operieren nördlich unserer Landesgrenze. An
verschiedenen Orten im Landesinnern wurden in den letzten Tagen
und Stunden Sabotageakte verübt, die auf das Konto von Diversions-
truppen gehen! Der Bundesrat hat die KMOB ausgelöst.

Womit ist zu rechnen?

Agenten in Zivil oder in Uniformen unserer Truppe, mit meist guten Sprach-
kenntnissen (auch Mundart!) werden
unsere Kampfvorbereitungen mit allen erdenklichen Mitteln stören. Daher gilt:

Lass Dich nicht täuschen, wenn diese Informationen verbreitet werden.

Schweige!

Glaube nicht falschen Gerüchten,
feindlichem Radio, Fernsehen und
feindlicher Presse, sondern glaube den
Worten unserer Regierung und dem
Armeekommando.
Was du wissen musst, erfährst du
durch das schweizerische Radio, unsere Presse und andere geeignete Ver-
breitungsmittel.

Kämpfe dich durch!

Du kannst auf feindlichen Widerstand
stossen. Nimm Anschluss an Kameraden und die nächsten Vorgesetzten. Ihr
kämpft euch durch. Wo es die Lage erfordert, übernehmen anwesende Offiziere oder Unteroffiziere das Kommando.

Lass dich nicht aufhalten!

Verkehrsunterbrüche werden bestimmt eintreten. Mit allen Mitteln
versuchst du, deine Einheit zu erreichen. Sollte das nicht möglich sein, su-
che den nächsten Korpssammelplatz.

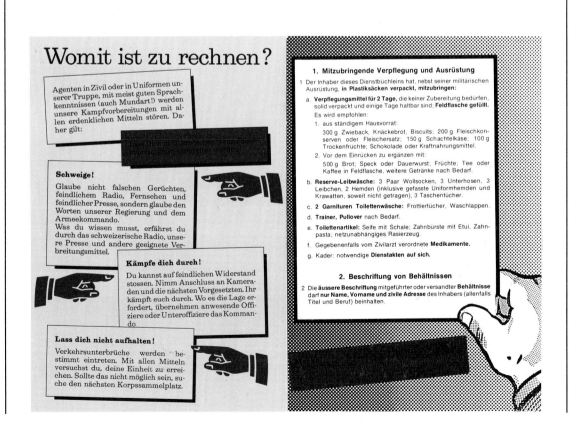

1. Mitzubringende Verpflegung und Ausrüstung

1 Der Inhaber dieses Dienstbüchleins hat, nebst seiner militärischen
Ausrüstung, **in Plastiksäcken verpackt, mitzubringen:**

a. **Verpflegungsmittel für 2 Tage,** die keiner Zubereitung bedürfen,
solid verpackt und einige Tage haltbar sind; **Feldflasche gefüllt.**
Es wird empfohlen:
1. aus ständigem Hausvorrat:
300 g Zwieback, Knäckebrot, Biscuits; 200 g Fleischkon-
serven oder Fleischersatz; 150 g Schachtelkäse; 100 g
Trockenfrüchte; Schokolade oder Kraftnahrungsmittel.
2. Vor dem Einrücken zu ergänzen mit:
500 g Brot; Speck oder Dauerwurst; Früchte; Tee oder
Kaffee in Feldflasche, weitere Getränke nach Bedarf.

b. **Reserve-Leibwäsche:** 3 Paar Wollsocken, 3 Unterhosen, 3
Leibchen, 2 Hemden (inklusive gefasste Uniformhemden und
Krawatten, soweit nicht getragen); 3 Taschentücher.

c. **2 Garnituren Toilettenwäsche:** Frottiertücher, Waschlappen.

d. **Trainer, Pullover** nach Bedarf.

e. **Toilettenartikel:** Seife mit Schale; Zahnbürste mit Etui, Zahn-
pasta; netzunabhängiges Rasierzeug.

f. Gegebenenfalls vom Zivilarzt verordnete **Medikamente.**

g. Kader: notwendige **Dienstakten** auf sich.

2. Beschriftung von Behältnissen

2 Die **äussere Beschriftung** mitgeführter oder versandter **Behältnisse**
darf **nur Name, Vorname und zivile Adresse** des Inhabers (allenfalls
Titel und Beruf) beinhalten.

Rekognoszierungsflug mit JU-52.
Oberstlt K. Willimann, 1. Adj Gz Br 5.

Orientierung der ehemaligen Brigade-
kommandanten. Von links: Brigadier
K. Eichenberger, Brigadier B. Siegwart,
Brigadier H. J. Huber, Brigadier
H. Hemmeler, Brigadier R. Trachsel,
Oberst i Gst R. Zoller.

Besuch der Aargauer Regierung im EK
1985 auf der Melchsee-Frutt.
Von links: W. Fricker, Informationschef,
Regierungsrat V. Rickenbach, J. Sieber,
Staatsschreiber, Oberstlt J. Bürge,
Regierungsrat A. Schmid, Hptm
F. Althaus, 2. Adj Gz Br 5, Hptm Schibli,
Brigadier H. J. Huber, Kdt Gz Br 5,
Hptm Knobel, Kdt Sch Füs Kp IV/253,
Major Zeller, Kdt Füs Bat 253, Oberst
P. Ruf, Kdt Inf Rgt 50.

Von links: Oberstlt J. Bürge, Oberst
Widmer, Chef MV AG, Hptm F. Althaus,
2. Adj Gz Br 5, Regierungsrat K. Lareida,
Oberst Ruf, Kdt Inf Rgt 50, Hptm Knobel,
Kdt Sch Füs Kp IV/253. Im Vordergrund:
Regierungsrat V. Rickenbach,
Brigadier H. J. Huber, Kdt Gz Br 5.

Brigade im Einsatz

Bei der 1938 erfolgten Formierung der Grenzbrigaden übernahm der damalige Kommandant der Infanteriebrigade 12, einer Aargauer Brigade, Oberst Karl Renold, als ihr erster Kommandant die Grenzbrigade 5. Aus der Infanterie hervorgegangen, befehligte er fast ausschliesslich Aargauer Truppen. Als Hauptmann führte er 1920 die Füs Kp IV/60, war dann als Major drei Jahre zugeteilter Generalstabsoffizier in der 4. Division und übernahm von 1924 bis 1928 das Kommando des Füs Bat 56. Er führte als Oberstleutnant von 1929 bis 1934 das Inf Rgt 24, als Oberst übernahm er 1935 die bereits erwähnte und bis dahin vom nachmaligen Oberstdivisionär Eugen Bircher befehligte Inf Brigade 12 und kommandierte diese bis 1937. Unvergessen bleibt seine Tätigkeit als Kommandant der aargauischen Grenzbrigade 5 während des Aktivdienstes, die er bis 1944 befehligte.

Karl Renold wurde am 4. August 1888 in Dättwil als Sohn des weiterum bekannten Aargauer Bauernführers Major Wilhelm Renold geboren. Vom elterlichen Bauernhof in Dättwil aus besuchte Karl Renold die Bezirksschule in Baden und später die Kantonsschule in Aarau. Nach bestandener Maturität studierte er in Dijon, Zürich, Bern und Leipzig Jurisprudenz, promovierte zum Doktor beider Rechte mit einer Arbeit über das Nachbarrecht im Schweizerischen Zivilgesetzbuch, also einem Thema, das weitgehend in die Belange der Landwirtschaft reicht, und erwarb sich anschliessend das aargauische Fürsprech- und Notariatspatent. Nachdem er 1917 in Baden eine Anwaltspraxis eröffnet hatte, wurde er noch im gleichen Jahr vom Regierungsrat zum aargauischen Staatsschreiber gewählt, welches Amt er bis zum Jahr 1925 versah. Damals wurde er Direktor des Aargauischen Versicherungsamtes und der Kantonalen Gebäudeversicherungsanstalt. Hier fand er sein hauptsächlichstes berufliches Wirkungsfeld. Seine Verdienste kamen auch darin zum Ausdruck, dass die Handelshochschule St. Gallen ihn mit einem Lehrauftrag über das Gebäudeversicherungswesen ehrte.

Auch politisch hat sich Karl Renold grosses Ansehen erworben. Sehr eng mit dem Bauernstand verbunden, wendete er sich der im Aargau neu gegründeten Bauern-, Gewerbe- und Bürgerpartei zu. 1942 wurde er in den Nationalrat gewählt. Das Aargauervolk hat ihm bis zu seinem Tod am 4. September 1959 bei den Wiederwahlen stets das grosse Vertrauen ausgesprochen.

Bereits 1951 wurde er auf Vorschlag der BGB-Fraktion praktisch einstimmig zum Nationalratspräsidenten gewählt. Dr. Renold war ein sehr weit- und umsichtiger Präsident, welcher den Rat mit der ihm angewohnten Sicherheit, Überlegenheit und Ruhe leitete. In der Folge präsidierte er auch mehrere Kommissionen, worunter bis zu seinem Tode die Militärkommission. Von 1953 bis 1957 leitete er als Präsident die Schweizerische Bauern-, Gewerbe- und Bürgerpartei.

Zurück zu seiner militärischen Tätigkeit als Kommandant der Grenzbrigade 5. In schwierigster Zeit, während des Aktivdienstes, wurde unter seinem Kommando aus dem Nichts das ganze Dispositiv der Grenzbefestigungen auf- und ausgebaut, womit er als deren eigentlicher Bauherr angesprochen werden muss. Oberst Karl Renold, selbst souveräner Taktiker und Führer, wusste sich seine Dienstchefs nach besten Qualitäten sorgfältig auszuwählen und einzusetzen.

Bei den wichtigen Verhandlungen zur Erstellung der Bauwerke im Grenzraum, die Oberst Renold mit der meist bäuerlichen Bevölkerung und als selbst guter Kenner des Aargaus verständnisvoll und zielbewusst durchführte, waren ihm seine vielseitigen politischen und wirtschaftlichen Verbindungen sehr wertvoll. Oberst Karl Renold war in seiner korrekten, überlegenen und ruhigen Art allgemein sehr geschätzt und geachtet.

Hptm Karl Belart
Hptm Franz Kaufmann

Oberst Hans Mäder (1896–1971), Bürger von Sirnach und Wuppenau, kommandierte als Hauptmann die Gebirgsfüsilierkompanie III/77, als Major das Füsilierbataillon 81 und im Aktivdienst als Oberst das Gebirgsinfanterieregiment 19. 1945–1950 war er Kommandant der Grenzbrigade 5.

Hans Mäder besuchte zunächst die Schulen in Flawil, Einsiedeln und St. Gallen und wandte sich dann dem Bankfach zu.

Als Oberleutnant wurde er Instruktionsoffizier der Sanitätstruppen, deren Ausbildung und Erziehung zu seiner Lebensaufgabe wurde.

Als Nichtakademiker bemühte er sich, den oft widerwillig zur (damals) nicht bewaffneten Sanitätstruppe Eingeteilten Disziplin und Kampfgeist zu vermitteln. «Mer mönd's zämmeschla und nidermetzle, und das mönd er leere!» (Hptm Mäder in der Geb San RS in Andermatt, 1930). Ein für die Ausbildung von Sanitätssoldaten vielleicht etwas seltsamer Ausspruch – aber bezeichnend für die Hingabe und Begeisterung des jungen Hauptmanns.

Mitunter wenig unterstützt von seinen medizinisch gebildeten Kameraden und Untergebenen war Oberst Mäder ein unermüdlicher Schaffer, der erste und letzte bei der Arbeit, gegen sich selbst härter als gegen andere.

Seine intellektuelle Demut verbot ihm, als Nicht-Arzt sich in rein fachtechnische Belange einzuschalten. Dass sich dies nicht zum Vorteil der Sanitätstruppe auswirkte, brachte eine fast tragische Note in sein Lebenswerk.

Oberst Mäder verfügte über umfassendes Wissen über Klöster und Kirchen im Lande. Gern machte er die Truppe auf die Schönheiten des Landes und wertvolle Kulturgüter aufmerksam.

Nach seinem Rücktritt durfte er sich noch zehn Jahre seiner Familie, seinen geschichtlichen Interessen und seiner schönen Waffensammlung widmen, bis ein Kehlkopfleiden ihn ins Spital zwang. Bei meinem Besuch, kurz vor seinem Tod, mit grösster Mühe gesprochen: «Du verzellsch jetz, ich sig en weinerliche Siech worde – aber das isch es nöd – i cha nu nümme andersch rede.»

Eduard von Orelli
Oberst i Gst a D

Oberst G. A. Frey (15. Mai 1898 bis 8. April 1983) absolvierte 1919 die RS, 1920 die UOS und 1921 die OS. 1929 wurde er zum Hauptmann, 1935 zum Major, 1940 zum Oberstleutnant und 1943 zum Oberst befördert. 1929–1935 kommandierte er die Füs Kp III/55, 1938–1942 das Füs Bat 57, 1943 das Gz Rgt 51 und 1944–1948 das Inf Rgt 24. Danach war er zwei Jahre zD gestellt. 1951–1955 kommandierte er schliesslich die Gz Br 5. Er wurde 1975 aus der Wehrpflicht entlassen. G. A. Frey studierte nach dem Ersten Weltkrieg an der Handelshochschule St. Gallen und an der Universität Bern, wo er mit dem Dr. rer. pol. abschloss. Er trat 1924 in die Dienste der Bally Schuhfabrik AG in Schönenwerd. Er wurde 1943 zum Delegierten des Verwaltungsrates ernannt. Er betreute den Bereich Finanz und Verwaltung. 1955 erfolgte sein Übertritt in die Leitung der damaligen C. F. Bally Holding AG in Zürich, deren Verwaltungsratspräsident er von 1961 bis 1973 war. G. A. Frey gehörte während mehrerer Jahre dem aargauischen Grossen Rat und verschiedenen aargauischen und schweizerischen Industrie- und Wirtschaftsverbänden sowie kulturellen Organisationen an.

1976 übernahm der Kanton Aargau das Säulenhaus, in welchem Oberst Frey einen grossen Teil seiner Jugend verbrachte und in welchem er von 1939 bis 1976 mit seiner Familie wohnte. Es war ganz in seinem Sinne, als dort 1980 der Friedens-KP der Feld Div 5 untergebracht wurde.

Während Oberst Freys Kommandozeit wurden das Dienstreglement 54 und die Truppenordnung 1951 eingeführt. Letztere brachte für die Gz Br 5 den Übergang von der Kriegsorganisation mit zwei Grenz- und zwei Territorialregimentern zur Nachkriegsorganisation mit im wesentlichen drei Landwehr Inf Rgt und zwei Auszugs-Füs Bat. Im Zuge dieser Umorganisation wurde das Gz Rgt 51 aufgehoben. Gustav Adolf Frey wurde nach seinem Ableben von einem früheren Mitarbeiter wie folgt charakterisiert: «Bei der Durchsetzung seiner Entschlüsse bediente er sich vorwiegend der Kraft seiner Überzeugung. Er wusste nur zu gut, dass ein motivierter Mitarbeiter mehr und besseres leistet als derjenige, der nur aufgrund eines Befehls handelt. Dabei waren es nicht nur seine sachlich ausgewogenen Argumente, die seiner Meinung zum Durchbruch verhalfen, sondern auch seine natürliche Autorität und die Ausstrahlung seiner Persönlichkeit, die ihm die Wertschätzung seiner Kollegen und Untergebenen einbrachten. Sein Führungsstil war jedem Pathos und künstlichem Gehabe abhold.»

Hptm Urs Peter Frey

Die Ansprache des damaligen Kommandanten der 5. Division, Oberstdivisionär Walde, anlässlich der Trauerfeier für Dr. Ernst Kistler vom 24. November 1964 in der Stadtkirche in Brugg ist derart zutreffend und prägnant, dass eine bessere Würdigung nicht möglich wäre. Diese Ansprache wird deshalb hier mit kleiner Änderung und Kürzung wiedergegeben:

«Das Militärische nahm in Wesen und Leben von Oberst Kistler einen besonders grossen Platz ein. Ernst Kistler begann seine Laufbahn in den Jahren nach dem Ersten Weltkrieg. Trotzdem man damals in weiten Volkskreisen der Armee müde war, wollte er Offizier werden. Er bestand die Offiziersschule 1923 und wurde ein ausgezeichneter Zugführer des Bataillons 59. In der Art der damaligen Zeit wurde er, als man seine taktische Begabung gewahrte, als Nachrichtenoffizier und als Adjutant im Bataillonsstab verwendet, dann zum Hauptmann vorgeschlagen. Er führte die Füs Kp II/57. Mit Einführung der Truppenordnung 1938 wurde er Kommandant des Füs Bat 56. An seiner Spitze bestand er die grosse Prüfung des Aktivdienstes bis 1943.

Auf Anfang 1944 wurde er Oberstleutnant; es begann die Zeit, da ihm höchste Verantwortungen übertragen wurden, welche die Armee unseren Offizieren gibt. Er führte zuerst das Gz Rgt 51, ab 1948 das Inf Rgt 23, ab 1953 das Kommando des Mobilmachungsplatzes Brugg, ab 1956 schliesslich während fünf Jahren unsere Grenzbrigade 5.

Der Dienstetat des Offiziers Kistler ist voll der besten Qualifikationen. Am treffendsten charakterisiert ihn wohl der spätere Oberstkorpskommandant Constam mit den Worten: ‹Rasch entschlossen, klar, frisch›. So war der Hauptmann Kistler, so noch der Brigadekommandant. Seine Klarheit war unübertrefflich, ein Ergebnis des scharfen Denkens, welches Kistler im juristischen wie im taktischen Bereich auszeichnete. Ein Ergebnis aber auch der Einfachheit, welche dem Menschen und Offizier zeit seines Lebens eigen war. Sie führte immer zu überzeugenden Lösungen, mochte die Ausgangslage noch so verworren sein oder scheinen.

Neben dem exakt arbeitenden Verstand besass Kistler den Charakter eines begnadeten Chefs: Männliche Entschiedenheit, Kraft, Sicherheit, Herz, Humor. Wenn der Kommandant Kistler befahl, musste man gehorchen, man tat es überzeugt und gern. Wenn er im Kameradenkreis Entspannung suchte, faszinierte er durch Wissen, Erfahrung und Witz. Wenn er Fragen des Zusammenlebens und der Ordnung regelte, beeindruckten seine Menschenkenntnis und Güte tief. Man vertraute ihm, denn er sagte, was er dachte. Diese Geradheit wäre nie mit dem Buhlen um die Gunst des Publikums oder der Untergebenen vereinbar gewesen, mit dem manche ihre Stellung zu festigen versuchen; das hatte er auch nicht nötig.

Mit dem Hineinwachsen in hohe Kommandostellen entwickelte Oberst Kistler eine ausserordentliche Gabe, die Offiziere seines Stabes sich entfalten zu lassen. Er, dessen Geist immer rege war, konnte warten, bis die Mitarbeiter Ideen erarbeitet hatten und ihm vortrugen. Entschied er sich für die Durchführung, dann setzte er sich mit dem ganzen Gewicht seiner Persönlichkeit für sie ein. Beglückt durfte der Stabsoffizier erleben, wie ihm sein Kommandant Vertrauen schenkte und ihn vorbehaltlos unterstützte.

Oberst Kistler war ein wahrhaft grosser Soldat. Er gehört in die Reihe der begnadeten militärischen Führer unseres Kantons.»

Oberst Ernst Kistler war ein leidenschaftlicher, waidgerechter Jäger, ein hochangesehener aargauischer Parlamentarier und langjähriger Vizeammann seiner Vaterstadt Brugg. Hier führte der begabte und sachkundige Jurist und der mit beispielhafter Gründlichkeit arbeitende Fürsprecher seine Anwaltspraxis. Als Verwaltungsratspräsident stand er an der Spitze der Aargauischen Hypotheken- und Handelsbank. Weitere Unternehmungen suchten dauernd seinen Rat. Wie im Militär war Ernst Kistler beruflich ein hervorragender, charaktervoller Aargauer.

Brigadier Hans Hemmeler

Brigadier Siegwart, in Aarau aufgewachsen und berufstätig, hat vornehmlich in der 4. bzw. 5. Division seine Militärdienste geleistet. Als Kpl und Lt in der Mitr Kp IV/57; als Hauptmann war er vorerst, von 1936 bis 1941, Kdt der Füs Kp I/ 57, alsdann, 1942, Kdt der Stabskp des Füs Bat 57. Seine Aktivdienstzeit ist geprägt durch das Kdo S Bat 4, das er von 1943 bis 1948 innehatte. Von hier wechselte er erstmals in die Gz Br 5 als Kdt des Gz Füs Bat 251 in den Jahren 1949 bis 1951. 1953, zum Oberst befördert, wurde Siegwart für vier Jahre das Kdo des Inf Rgt 23 übertragen, für die Jahre 1959 und 1960 das Kdo Mob Pl Aarau. Auf 1. Januar 1962 anvertraute ihm der Bundesrat unter Beförderung zum Oberstbrigadier das Kdo der Gz Br 5.

Siegwart führte in Aarau eine Arztpraxis, vorerst, von 1936 bis 1949, als Allgemeinpraktiker und ab 1952, nachdem er sich nebenberuflich in der Augenheilkunde ausgebildet hatte, als Augenarzt.

Die Erfordernisse des ärztlichen Berufes bestimmten auch die Kommandoführung Siegwarts. Major Burren hebt die ruhige, überlegene, vertraueneinflössende Art seines ehemaligen Regimentskommandanten hervor, der bei seinen Untergebenen in hoher Achtung stand. Benno Siegwart führte mit Zurückhaltung, ohne Draufgängertum oder Hektik. Er überzeugte dank klarer, knapper und gut formulierter Befehlsgebung. Seinen Untergebenen gewährte er im gebotenen Rahmen volle Freiheit und Selbständigkeit und damit die Möglichkeit, Ideenreichtum und Initiative zu entfalten. Dabei war er stets bereit, den Untergebenen bei allfälligem Misslingen zu decken.

Während seiner Zeit als Brigadekommandant waren die ersten Vorbereitungen für die bevorstehenden Verstärkungen und Armierungen im Brigaderaum zu treffen. Seine diesbezüglichen Entscheide fällte er nach gründlicher Beurteilung, zu denen er stets die massgeblichen Mitarbeiter heranzog, sicher und wegweisend. Er hat dadurch einen Beitrag an die künftige tiefgreifende Entwicklung dieses Grossen Verbandes geleistet.

Das Pflichtgefühl ist ein ausgesprochener Wesenszug Benno Siegwarts, und unverbrüchliche Kameradschaft zeichnet ihn aus. Beide Eigenschaften kamen in seiner Kommandoführung ebenso zum Tragen wie während seiner Zugehörigkeit zum aargauischen Grossen Rat, im ausserdienstlichen Schiesswesen und in der «Arizona», der Reitsektion der Offiziersgesellschaft Aarau.

Aus seinem militärischen Werdegang brachte Brigadier Hemmeler, geboren am 19. August 1915, Bürger von Aarau, alle Voraussetzungen für die Führung der Brigade mit. Als Zugführer und ab 1945 als Hauptmann leistete er während des ganzen Aktivdienstes in dieser Heereseinheit Dienst. Dabei eignete er sich auch seine erstaunliche Kenntnis des Brigaderaumes an, welche er später auf zahllosen Wanderungen noch vertiefte. Er kommandierte von 1945 bis 1947 die Füs Kp III/ 59, von 1953 bis 1956 das Füs Bat 60 und von 1962 bis 1964 das Inf Rgt 24. Ab 1949 war er Generalstabsoffizier, von 1957 bis 1961 Stabschef der Gz Br 5. So vorbereitet, übernahm er 1966 als Brigadier das Kommando der Grenzbrigade 5, welches er bis Ende 1971 innehatte.

Nach Absolvierung der Kantonsschule studierte Hans Hemmeler an der Handelshochschule St. Gallen und an der Universität Bern. Als Doktor der Jurisprudenz arbeitete er anschliessend ein Jahr bei der Eidg. Preiskontrollstelle in Montreux. 1945 trat er seine Lebensstelle in der Aargauischen Industrie- und Handelskammer in Aarau an, zuerst als Sekretär, dann als Vorsteher und Direktor. Von 1953 bis 1977 gehörte Hemmeler als engagierter und einflussreicher Vertreter der FdP dem Grossen Rat des Kantons Aargau an. Von 1965 bis 1978 war er zudem Präsident des Aargauischen Elektrizitätswerkes.

In seiner Kommandozeit mass Brigadier Hemmeler der Ausbildung eine sehr grosse Bedeutung bei. Schon als junger Zugführer hatte er zusammen mit andern Offizieren vielbeachtete Ausbildungshilfen publiziert. Als Brigadekommandant führte er die Stützpunktübungen ein. Diese sollten Kader und Mannschaften mit allen Problemen in einem – ihrem eigenen – Stützpunkt vertraut machen. Diese Übungen füllten eine in der Ausbildung der Feldarmee entstandene Lücke aus und stärkten, nicht zuletzt dank der umfassenden und sorgfältigen Vorbereitung, das Vertrauen aller Beteiligten in die Wirksamkeit unserer Kriegsvorbereitungen. Dem gleichen Zweck dienten auch die beiden gross angelegten Vorträge über das Feindbild («Angriff eines modernen Gegners auf den Brigaderaum»)und über unsere Möglichkeiten («Abwehr des Angriffs»). Daneben bildete er die Brigade in Manövern aus. Grosses Gewicht legte Hemmeler auf die Zusammenarbeit mit den zivilen Behörden und mit der Bevölkerung. Auch mit der Festungswachtkompanie 5 arbeitete er eng zusammen. Er kümmerte sich angelegentlich um ihre Probleme und nutzte ihre Fachkenntnisse für die Belange der Brigade. Gleichzeitig verbesserte er die Ausbildung der Werkkompanien durch deren Zusammenfassung in ein Werkbataillon.

Brigadier Hemmeler zeichnet sich durch eine erstaunliche Leistungsfähigkeit aus. Sein Arbeitspensum erfüllte uns oft mit Sorge. Er «brannte an beiden Enden». Nur seine tiefe Liebe zu seinem Heimatkanton und seine Hingabe an seine Aufgaben machten es ihm möglich, drei Lebensaufgaben nebeneinander zu erfüllen. Neben seinem Hauptberuf an verantwortungsvollem Posten der aargauischen Wirtschaft diente er dem Kanton 24 Jahre als Grosser Rat, wo er mutig und klar das freisinnige Gedankengut verfocht.

Neben allen diesen Aufgaben erfüllte er in der Armee ein Pensum, welches allein durchaus einen Hauptberuf ergeben hätte. Sein hervorstechendes Merkmal war die Gründlichkeit. Die von ihm geleiteten Übungen waren immer bestens vorbereitet. Dabei war er immer bestrebt, seinen Untergebenen ein Maximum an Ausbildungshilfen zu geben und ihre Kreativität und Selbständigkeit nicht durch Befehle und Auflagen einzuschränken. Ein weiteres Merkmal ist seine Fähigkeit, einen ihm erteilten Auftrag oder ein kompliziertes Ausbildungsproblem zu analysieren und seinen Untergebenen so darzustellen, dass jeder die Gedankengänge verstehen kann. Er nannte solche Gespräche «Palaver». In Wirklichkeit waren es tiefgründige Seminare.

Durch sein direktes Gespräch mit den Soldaten und durch den engen Kontakt zur Zivilbevölkerung trug Brigadier Hemmeler entscheidend zur Wehrbereitschaft bei.

Oberst i Gst a D Rudolf Ursprung

In schwerer Zeit leistete Füs Kpl Eichenberger Aktivdienst in der Füs Kp III/56, absolvierte dann die Offiziersschule, um als Zugführer von 1943 bis 1948 in der Füs Kp II/57 zu dienen, welche von Hptm R. Baumgartner – dem nachmaligen Brigadier und Kdt Ter Zone 4 – geführt wurde. Der Stil dieses Vorgesetzten, besonders seine Fähigkeiten, den Aargauer Soldaten verstehend und feinfühlig an die Aufgaben heranzuführen, prägten K. Eichenberger für seine ganze kommende Dienstzeit. Als Hptm kommandierte Eichenberger 1951 – 1955 die Füs Kp II/55. Damals fanden die unvergesslichen Manöver unter Korpskdt Nager und seinem brillanten SC Oberst A. Ernst statt. Letzterer hielt ein besonderes Augenmerk auf Eichenberger, forderte ihn bis an die Grenzen der Belastbarkeit und fand ihn schliesslich für die Weiterausbildung zum Generalstabsoffizier geeignet. Der spätere Korpskdt Ernst wurde zur zweiten, Eichenberger prägenden Persönlichkeit. Es entwickelte sich zwischen den beiden Offizieren eine lebenslange enge Beziehung in vollster Übereinstimmung in allen militärischen und militärisch-menschlichen Fragen. 1956–1959 leistete Eichenberger Dienst im Stab der 5. Div und kommandierte 1959–1963 das Füs Bat 55, um sich 1964–1968 in der Gz Div 5 und im FAK 2 erneut Stabsaufgaben zu widmen. 1969, zum Oberst befördert, wurde Eichenberger das Kdo des Inf Rgt 23 und schliesslich 1972, nach Ernennung zum Brigadier, das Kdo der Gz Br 5 übertragen, das er bis 1975 innehatte.

Eichenberger wurde 1922 in seiner Heimatgemeinde Burg/AG geboren, besuchte in Reinach die Bezirksschule und in Aarau die Kantonsschule. Er studierte die Rechte in Zürich und Bern und schloss 1948 mit dem Dr. iur. und 1950 mit dem Fürsprecherexamen ab. Nach Tätigkeiten als Gerichtsschreiber am Bezirksgericht in Baden (1949–1952), als Direktionssekretär der aargauischen Direktion des Innern und des Gesundheitswesens (1952–1959) sowie als hauptamtlicher Richter am Obergericht des Kantons Aargau (1959–1963) habilitierte sich Eichenberger 1960 an der Universität Bern und wurde ebenda 1963 Extraordinarius. Im selben Jahr wurde er als Ordinarius für Staats- und Verwaltungsrecht an die Universität Basel berufen. 1969 war Prof. Dr. Eichenberger Rektor dieser Universität. 1970–1973 präsidierte er den Schweizerischen Juristenverein. Eichenberger ist Träger zweier Ehrendoktorate: rer. publ. (St. Gallen) und iur. (Tübingen).

Unter Eichenbergers Kommando wurden in der Gz Br 5 Mobilmachungs- und Beweglichkeitsübungen, Rgt- und Br-Stabsübungen sowie Übungen im scharfen Schuss und auf Gegenseitigkeit durchgeführt. Schwergewichte in der *Ausbildung* wurden dahin gelegt, die Truppenführung 1969 mit ihren Folgeerlassen taktisch

277

und gefechtstechnisch einzuspielen und zu festigen. Insbesondere galt es, die Tauglichkeit der Kampfform «Abwehr» (TF 69) für die Br zu erproben, Selbstvertrauen, Sicherheit und Mobilität von Kader und Mannschaft zu steigern und die Arbeit der Stäbe zeitgemäss zu intensivieren. Bezüglich des Br-*Einsatzes* versuchte Eichenberger die Handlungsfreiheit für die taktische Br- und Rgt-Führung zu erweitern und den Einsatz vor allem der Auszugstruppen beweglicher zu machen. Die Dispositive der Brigade und ihrer Truppenkörper mussten den Weisungen für die operative Führung von 1966 und der TF 69 angepasst werden, und es wurden Massnahmen getroffen, die Kooperation mit der Gz Div 5 zu vereinfachen und zu beschleunigen. Schliesslich musste eine gewisse Erhöhung der Eigenständigkeit der Br im Korpsverband eingeleitet werden. Ganz besonders intensiv wurden Fragen des *Neutralitätsschutzes* bearbeitet. So wurden praktikable Methoden zur Kampfführung gegen Neutralitätsverletzungen ermittelt und im Lichte teilweise revisionsbedürftiger Neutralitätsauffassungen getestet.

Kurt Eichenberger hat in knapp dreissig Jahren alle Stufen des Soldatseins, diejenigen des erfolgreichen Truppenführers wie auch des kompetenten Generalstabsoffiziers bis zum Heereseinheitskommandanten durchlaufen. Der Schreibende, obwohl schon als Lt, später bei vielen militärischen Gelegenheiten mit Eichenberger in Berührung gekommen, um schliesslich als sein SC in der Gz Br 5 mit ihm eng verbunden zu sein, ist sich der Schwierigkeit bewusst, eine aussergewöhnliche, in manchen Sparten herausragende Persönlichkeit angemessen zu charakterisieren. Alle Aussagen müssen daher fragmentarisch bleiben, skizzenhaft und unfertig. Einfachheit, Bescheidenheit und Geradlinigkeit, Grundeigenschaften von Eichenberger, paaren sich mit grosser Intelligenz. Letztere gestattet, Abstraktes in leicht fassbare, logische Zusammenhänge zu gliedern: unabdingbar für eine militärische Karriere wie für eine Laufbahn als Rechtswissenschafter. Einfachheit und Bescheidenheit hat sich K. Eichenberger aus seiner Jugendzeit in der damals ländlichen Abgeschiedenheit aargauischer Talschaften zu bewahren gewusst. Wortkargheit und Zurückhaltung, aber auch Spontaneität gehören zu dieser Herkunft. Die Urteilsbildung nach Anhören und Analyse der Elemente erfolgte bei Eichenberger kurz und präzis. Mehr sein als scheinen – das Motto des Generalstabsoffiziers – charakterisiert ihn trefflich. Eichenberger ist eine Persönlichkeit von Format, in der Führung kooperativ mit realistischen Forderungen und machbaren Zielsetzungen. In der Kritik war er sachlich, wenn nötig hart, aber fair. Immer war er Chef und Kamerad zugleich, schenkte Vertrauen und leistete notfalls echte Hilfe. Zu seinem Wesen gehörte auch Loyalität gegenüber Untergebenen und Vorgesetzten. Er anerkannte Leistungen und setzte sich für berechtigte Anliegen bedingungslos ein. Obwohl von seiner geistigen Kapazität her dominierend, fügte sich Eichenberger eher unauffällig in Gruppierungen ein, ausgleichend, allenfalls einschreitend, wenn eine Korrektur notwendig erschien. Er besitzt in besonderem Masse die Gabe des Umganges mit Menschen, was ihm sofort Kontakt und Zutritt verschafft. Sein Wesen, seine hohen geistigen Fähigkeiten, seine Belastbarkeit liessen ihn zu einem Vorbild werden, das Vertrauen schaffte und dadurch die Basis für eine ausgezeichnete Leistung seiner Truppen zu bringen vermochte.

Oberst Fritz Knüsel

Brigadier René Trachsel hat 1944 – zu Anfang des letzten Kriegsjahres – die Artillerie-Rekrutenschule in Bülach absolviert. Er ist der letzte Kommandant der Grenzbrigade 5, der noch Aktivdienst geleistet hat, als Kanonier in der Sch Mot Kan Bttr 138. Kurz bevor er 1945 in die Offiziersschule einrückte, ging in Europa der Krieg zu Ende.

An René Trachsels Mundart erkennt man den Berner. Wenn man mit ihm zusammen ist, dann spürt man aber auch bald die enge Vertrautheit mit Landschaft, Geschichte und Kultur des Aargaus deutlich, der ihm Heimat geworden ist. Der Offizier Trachsel, der zur Militärgeographie des Aargaus spricht, kennt sich in Wynen- und Seetal ebenso gut aus wie im Aaretal, im Wasserschloss, auf den Höhen des Jura und im Grenzgebiet am Rhein. Geographie und Geschichte könnten sein Steckenpferd sein, wenn ihm dazu Zeit bliebe.

René Trachsel, 1924 geboren, ist Bürger von Wattenwil im Kanton Bern. Er wuchs in Solothurn auf, besuchte dort die Kantonsschule und erwarb sich 1943 die Matura. Anschliessend studierte er in Bern und Zürich Rechtswissenschaft und promovierte 1949 zum Dr. iur. Inzwischen hatten seine Eltern den Wohnsitz nach Aarau verlegt. Dr. Trachsel legte nach Praxis am Bezirksgericht Aarau das Aargauische Fürsprecherexamen ab und ergänzte seine Ausbildung durch einen zweijährigen Aufenthalt in den USA. Dort hat er sich auch – freilich mit einer Schweizerin – verheiratet. Es folgte eine mehrjährige Tätigkeit an der Aargauischen Hypotheken- und Handelsbank in Brugg. 1962 trat Brigadier Trachsel in die Firma Injecta AG in Teufenthal ein. Er wurde Mitglied der Geschäftsleitung, später Direktionspräsident und Präsident des Verwaltungsrates. Unternehmerisches Wirken, Führung und damit Übernahme von Verantwortung in komplexen und schwierigen Situationen brachten René Trachsel berufliche Erfüllung. Seine Leistungsfähigkeit und sein organisatorisches Geschick erlaubten es ihm, gleichzeitig der Aufgaben im Beruf und der grossen militärischen Verpflichtung gerecht zu werden. Im März 1988 trat Trachsel von seiner Stellung an der Spitze des Unternehmens zurück.

René Trachsel wurde 1954 Hauptmann und Batteriekommandant in der Sch Hb Abt 73. Dann absolvierte er die Generalstabsausbildung und wurde 1958 als Generalstabshauptmann in den Stab der 5. Division eingeteilt. Dort erlebte er den Wechsel von der 5. Division zur Grenzdivision 5 und die Neuerungen im Gefolge der Truppenordnung 61. Auf den 1. Januar 1963 wurde er zum Major befördert und übernahm das Kommando der Sch Hb Abt 74. Er führte sie während 4 Jahren und trat anschliessend wiederum in den Stab der Grenzdivision 5 über. Er wurde 1969 Stabschef, zunächst noch unter Divisionär Walde, dann unter Divisionär Trautweiler.

Als Stabschef galt seine besondere Aufmerksamkeit der Formung und dem Einsatz der Generalstabsoffiziere. René Trachsel hatte von der Rolle und den Pflichten des Generalstabsoffiziers eine sehr hohe Vorstellung. Neben Fachwissen und handwerklichem Können ist es vor allem der bedingungslose Dienst an der Sache unter Hintansetzung der eigenen Person, was für ihn den Generalstabsoffizier ausmacht. So umfassend der Anspruch war, so gross war auch immer das Vertrauen, das Trachsel als Stabschef und später als Kommandant den Mitarbeitern entgegenbrachte, und so vorbehaltlos war auch die Kameradschaft, in die man aufgenommen war.

Am 1. Januar 1972 übernahm Oberst Trachsel das Kommando des Infanterieregiments 23. Rasch und energisch machte sich der Artillerist mit dem Kampfverfahren, mit Möglichkeiten und Grenzen der Infanterie vertraut. Die Elemente des verstärkten Infanterieregiments im Kampf der verbundenen Waffen zu schulen, das sah er als Hauptaufgabe. So wurden unter seiner sorgfältigen und intensiven Leitung in den folgenden Jahren eine Reihe von Stabs- und Truppenübungen durchgeführt, in denen jedesmal eine Kampfform, eine besondere Bedrohung im Zentrum stand.

Auf den 1. Januar 1976 wurde René Trachsel zum Kommandanten der Grenzbrigade 5 ernannt und zum Brigadier befördert. Seine Erfahrung als Artillerieoffizier, als Stabschef der Division, als Kommandant eines Infanterieregiments kamen ihm zustatten, und was auf den früheren Stufen angelegt worden war, konnte sich nun entfalten. Wir erlebten die ausgesprochene Begabung des Kommandanten, komplizierte taktische und operative Probleme zu analysieren, die wesentlichen Elemente Schritt für Schritt zu entwickeln und Schlüsse klar zu formulieren. Einfache Strichskizzen, prägnant gefasste Grundsätze sind uns in Erinnerung. Der Brigadekommandant nahm in taktischen Kursen und bei Übungsbesprechungen die Gelegenheit war, den Kommandanten seine deduktive Methode weiterzugeben und sie anzuhalten, rational vorzugehen und konsequent die Regeln der Truppenführung zu beachten.

René Trachsel hatte Gelegenheit, den Kriegseinsatz der Brigade wesentlich zu beeinflussen. Er tat das unvoreingenommen, sorgfältig und überzeugend, so dass die unterstellten Kommandanten mit ganzem Herzen an der Verwirklichung arbeiteten. Es war für ihn eine Genugtuung, dass seine Vorgesetzten in dieser Phase, die Korpskommandanten Wildbolz und Zumstein, den Stellenwert der Grenzbrigade im Ganzen erkannten und die Anstrengungen des Brigadekommandanten ohne Vorbehalt unterstützten.

War die Brigade oder ihr Stab beübt, ging Brigadier Trachsel ohne Zögern geistig voran. Die Beurteilung der Lage nahm er im wesentlichen selber vor, der Entschluss war seine Idee, und in der formulierten Absicht erkannten wir seinen schmucklosen, prägnanten Stil. Dieser herausragende persönliche Einsatz entsprang nicht einem Misstrauen gegenüber seinen Mitarbeitern, sondern entsprach und entspricht seiner persönlichen Auffassung von der Aufgabe und der Verantwortung des Kommandanten. (Dabei war freilich für Eingeweihte auch ein leiser

Vorbehalt gegenüber komplizierten Stabsanleitungen und einem allzu umschweifigen Entscheidungsfindungsprozess spürbar.)

Brigadier Trachsel gewährte seinen Untergebenen stets einen grossen Freiraum. Er führte konsequent durch Vorgeben der Ziele. Seine Direktunterstellten waren angehalten, dasselbe zu tun. Wo es allerdings um Grundsätzliches ging, um Dinge, die er für entscheidend und notwendig befand, sei es im Bereich der Taktik, sei es in der Ausbildung, da setzte er seinen Willen beharrlich bis auf die unterste Stufe durch. Gleichzeitig wahrte Trachsel der Truppe gegenüber eine noble Zurückhaltung. Das entsprach seinem Wesen. Er war kein volkstümlicher Kommandant, so sehr er sich in besonderer Situation um den einzelnen kümmern mochte. Nie hätte es ihn gestört, vom einfachen Soldaten nicht erkannt, nicht beim Namen genannt zu werden. Der Soldat soll seinen Korporal, seinen Leutnant und den Kompaniekommandanten kennen, und zwar persönlich und aus der Nähe. So musste es sein. Das war für ihn wichtig. Der Brigadekommandant hatte sich an die ihm direkt unterstellten Kommandanten zu halten.

René Trachsel hat sein Kommando 1981 abgegeben. Wir erinnern uns seiner mit Zuneigung und Dankbarkeit. Zwar hat er vom militärischen Alltagsgeschehen etwas Abstand genommen, aber mit den wichtigen Fragen beschäftigt er sich weiterhin, und er steht als Offizier zur Verfügung, in gleichem Mass seinen Kameraden und der Sache, an die er einen guten Teil seines Lebens gewendet hat.

Brigadier Peter Wolf

Mit Hans Jörg Huber wurde erstmals ein Offizier Brigadekommandant, der aus dem Grenzraum selber stammt. Er wurde am 6. Juni 1932 geboren und ist in Zurzach aufgewachsen. Am Kollegium St. Fidelis in Stans erwarb er die Matura Typus A, studierte an den Universitäten in Freiburg, Bern und Perugia und promovierte an der Universität Freiburg mit der Doktorarbeit «Die Landesverteidigungskommission». Nach Praktika in Wettingen und Baden sowie am Bezirksgericht Zurzach erwarb er das aargauische Fürsprecherpatent. Die ersten zwölf Jahre seines Berufs arbeitete er mit Dr. Julius Binder zusammen als Anwalt in Baden. Bereits mit 20 Jahren trat er bei der Jungen CVP in die Politik ein. Mit 32 Jahren wurde er Mitglied des aargauischen Grossen Rates und kurz darauf Fraktionschef. 1975 bis 1988 gehörte er dem aargauischen Regierungsrat an; er leitete das Gesundheitsdepartement.

Parallel dazu verlief seine militärische Karriere. 1952 leistete er die Rekrutenschule in Aarau und tat dann vor allem Dienst als Zugführer im Füs Bat 102, in der Grenzbrigade 5 als Kommandant Füs Kp III/59 und Kommandant Füs Bat 60. Als Generalstabsoffizier war er in den Stäben der Felddivision 5, des FAK 2 und der Armee eingeteilt, um dann als Kommandant Inf Rgt 24 zur Truppe zurückzukehren. Auf den 1. Januar 1982 wählte ihn der Bundesrat zum Kommandanten der Grenzbrigade 5.

Als Truppenkommandant aller Stufen kümmerte sich Hans Jörg Huber stets in erster Linie um den einfachen Soldaten, der letztlich kämpfen muss. Er erkannte in seiner Gefechtsausbildung den Schlüssel zur Auftragserfüllung des ganzen Verbandes. Noch als Brigadekommandant setzte er sich – selber mit Waffe und Schutzmaske bewehrt – von Truppe zu Truppe eilend mit der Arbeit des Soldaten im Felde auseinander. Die Sorge um den einzelnen Mann entsprang seiner Grundüberzeugung von der Richtigkeit des Milizcharakters unserer Armee. Der Soldat ist hauptsächlich Bürger. Das Soldatenhandwerk betreibt er nur nebenbei. Darum bedarf das Kriegsgenügen grösster Anstrengung, gerade aus der Verantwortung dem Soldaten gegenüber. Dafür setzte sich Hans Jörg Huber mit der ihm eigenen Beharrlichkeit ein.

Mit gleicher Energie wandte er sich seiner Verantwortung für den ganzen Verband zu. Seine Hauptaufgabe sah er darin, die weithin konzipierten Kriegseinsätze in die Wirklichkeit umzusetzen. Es galt, die aktuellen Problem des Ausbaus, der Anpassung und der Umschulung auszumachen und sie zu lösen. Er griff namentlich zum Mittel grosser Übungen, die in dichter Folge Gelegenheiten schufen, um hauptsächlich die Mobilmachung, die Zusammenarbeit der verbundenen Waffen und die Auftragserfüllung im eigenen Raum zu schulen. Schliesslich lag ihm die Kaderausbildung besonders am Herzen. In Übungsbesprechungen, Kursen und Vorträgen durch alle Verbände hindurch förderte er das Offizierskorps auf breiter Ebene.

Beeindruckt hat immer wieder, wie Hans Jörg Huber sich eine eigene Vorstellung von Bedrohung und Kriegsgenügen erarbeitete. Nur auf dieser Grundlage war die erstaunliche Kreativität und Initiative des Kommandanten zu erklären. Trotzdem war er nicht auf das Eigene fixiert. Er liebte die geistige Auseinandersetzung mit dem Stab, um die gemeinsame, bessere Lösung zu finden. Er gewährte Freiheit und Mitverantwortung, erwartete aber auch volle Hingabe. Trotzdem konnte er, wo nötig, rasch selber eine Meinung bilden.

Und all dieses Engagement neben dem Amt als Regierungsrat: wahrlich eine aussergewöhnliche Leistung!

Oberst i Gst Thomas Pfisterer

Mit Peter Wolf setzt sich die Tradition fort, die Kommandanten möglichst aus dem Kreis der mit den Belangen der Grenzbrigade 5 vertrauten Offizieren zu rekrutieren. Peter Wolf wurde am 7. Oktober 1934 geboren und wuchs in Zofingen auf. An der Kantonsschule Aarau erwarb er sich die Maturität Typus B und studierte an der Universität Zürich Germanistik, Anglistik und Geschichte. Dort doktorierte er auch. Ausgerüstet mit dem Diplom für das Höhere Lehramt unterrichtete Peter Wolf als Hauptlehrer 1963 bis 1967 an der Kantonsschule Schaffhausen und 1967 bis 1972 am Literargymnasium Rämibühl, Zürich. 1972 wurde er Rektor der in Bülach damals neugegründeten Kantonsschule Zürcher Unterland; diese Aufgabe erfüllt er noch heute.

Militärisch stammt Peter Wolf im wesentlichen aus dem Inf Rgt 23 und der Grenzbrigade 5. Im Füs Bat 56 war er Zugführer sowie im Füs Bat 55 Kompaniekommandant und Bataillonskommandant. Generalstabsdienste leistete er in der Grenzbrigade 5, davon 1979 bis 1982 als Stabschef, sowie je zwei Jahre in der Felddivision 5 und im Armeestab. Auf den 1. Januar 1988 wählte ihn der Bundesrat zum Kommandanten der Grenzbrigade 5.

Brigadier Wolf konnte seine Kommandanten aller Stufen in einem intensiven taktischen Kurs, vorab am Computermodell Kompass, und seinen Stab bei den Vorbereitungen der Truppenübung «Feuerzange» kennenlernen. Nun hat er die aussergewöhnliche Chance, die Truppe an dieser bevorstehenden Übungsfolge in verschiedenen Einsatzformen zu überprüfen, weiterzubilden und selber zu führen. Die «Feuerzange» ist das eigentliche Geburtstagsgeschenk an die Grenzbrigade 5!

Oberst i Gst Thomas Pfisterer

Ein Jubiläum ist Anlass zur Besinnung auf Herkommen und Stationen in der Entwicklung. Eine Rückschau auf den Werdegang der Grenzbrigade 5 wird im vorliegenden Buch geleistet, in der Schilderung des geistigen Umfeldes und der Entstehung des Verbandes, in der Wiedergabe lebendiger Zeugnisse aus einer besonders bedeutungsvollen Zeit. Gegenstand ist durchgehend die militärische Anstrengung in einem Raum, der uns vertraut, der vielen Beteiligten nähere Heimat ist. Bei der Lektüre gehen die Gedanken hin und her zwischen Vergangenheit und Gegenwart, zwischen damals und heute. Was ist gleich geblieben? Wo erkennen wir uns wieder? Was hat sich geändert?

Überlegungen zum Gelände und zu frühen militärischen Aktionen machen den Anfang: Der Lauf des Rheins mit den beiden Uferstrassen (Hochrheinachse), die Höhen des Juras mit den Übergängen ins Aaretal (die «Aergeüischen Päss»), das Wasserschloss und der Unterlauf der Aare («die Strasse aus dem Österreichischen in das Schweizerland»). Es fallen die Konstanten auf. Das Kartenwerk des bernischen Kriegsrats verweist uns immer wieder auf Örtlichkeiten, die über Jahrhunderte hinweg ihre militärische Bedeutung behalten haben. Wenn darin die Fährstelle Stilli und das Corps de Garde auf der Bürersteig verzeichnet sind, müsste auch heute noch fast von einem «klassifizierten» Dokument gesprochen werden.

Grenzschutz. Die Schweizer Grenze ist in unserem Raum – anders als bei unsern Nachbarn im Osten und im Westen – leicht auszumachen. Der Rhein als Grenzfluss. Brücken und Wehrstege, welche die Ufer verbinden und einen regen Verkehr und Austausch ermöglichen, werden in Kriegszeiten zu besonders gefährlichen Stellen, die es zu bewachen, zu sperren, allenfalls zu zerstören gilt.

Die Grenze schützen, die Grenze besetzen. Es fällt auf, wie sich die Vorstellungen und Erwartungen geändert haben. Die Anstrengungen im Raum zwischen Rhein und Aare sind im Laufe der Zeit immer ernsthafter, die Aufträge der dort eingesetzten Verbände immer anspruchsvoller geworden. Ursprünglich begnügte man sich mit einem «Cordon sanitaire», einer Postenkette, unmittelbar an der Grenze. Sie sollte vor Überraschung schützen und die Mobilmachung der Feldarmee, insbesondere auch den Aufmarsch der zugehörigen «Deckungsdivision», ermöglichen. Im Laufe der Zeit wurde von der linearen Aufstellung der Kräfte abgerückt und Tiefe gewonnen. Geländeverstärkungen, Erhöhung der Feuerkraft, personelle und materielle Verstärkung erlaubten nach und nach eine selbstbewusstere Einschätzung der eigenen Möglichkeiten. Von der streng ortsgebundenen Verteidigung auf allen Stufen ging man über zu einer flexibleren Kampfführung, welche

285

Formen des Angriffs einschloss. So ist eine Entwicklung zu verfolgen, die zur heutigen Konzeption heranführt, nach welcher die Grenzbrigade in eigener Verantwortung von der Landesgrenze an in der ganzen Tiefe des Grenzraumes in mehreren Treffen und unter Einbezug zusätzlicher Kräfte den Kampf führt.

Die «gemischte Gesellschaft». Als roter Faden ist in der Geschichte der Grenzbrigade die Gegebenheit zu erkennen, dass sich Mannschaften aller Heeresklassen zu einem militärischen Verband zusammenfinden. Zudem ist für die meisten Wehrmänner die Einteilung in einer Einheit der Grenzbrigade eine Zweitverwendung. Nicht selten erfolgt dabei auch ein Wechsel der Waffengattung. Man spürt aus den Berichten, dass diese Besonderheit zwar zu erheblichen Schwierigkeiten führt, daneben aber auch ihre positiven Seiten hat.

Heute ist die Grenzbrigade 5 grundsätzlich ein Landwehrverband. Einzelne Einheiten setzen sich allerdings aus Angehörigen von Landwehr und Landsturm zusammen. Die enge Zusammenarbeit mit Truppen des Auszugs ist dauernd gegeben. Die Unterschiede zwischen Auszug und Landwehr sind geringer geworden. Bezüglich Bewaffnung und Ausrüstung darf ein erhebliches Gefälle auch nicht mehr entstehen, wenn wir glaubwürdig bleiben wollen. Nach wie vor zeichnen sich Landwehrsoldaten durch ihre Reife und Zuverlässigkeit aus, und wie früher verfügen die Auszügler über einen Vorsprung an Beweglichkeit und Schlagkraft.

Immer wieder taucht in den Berichten die Sorge der Verantwortlichen um den Ausbildungsstand der Truppe auf. Die Sorge ist geblieben. Seit je erschweren die kurzen Ausbildungsdienste einerseits und die langen Intervalle zwischen den Dienstleistungen anderseits die Arbeit. Auch heute fällt es schwer, im Ausbildungsstand wirkliche und bleibende Fortschritte zu erzielen. Oft müssen wir uns damit begnügen, den Stand zu halten und Lücken zu schliessen. In den Beiträgen des Buches wird auch deutlich, wie sehr die freiwillige und ausserdienstliche Fortbildung der Kader dazu beiträgt, den Ausbildungserfolg zu verbessern.

Die Zeugnisse Ehemaliger nehmen in unserem Buch einen wichtigen Platz ein. Sie sprechen uns unmittelbar an und illustrieren mannigfach die historischen Beiträge. Aus den knappen Berichten hören wir die verschiedenen Stimmungslagen heraus, die für die Zeit des Aktivdienstes, die Situation akuter Kriegsgefahr, bezeichnend sind: Niedergeschlagenheit, Sorge um die Angehörigen zu Hause, Wut, Entschlossenheit, selten je Angst. Deutlich der Wille, seine Haut so teuer als möglich zu verkaufen; ausgesprochen und unausgesprochen die Überzeugung, dazu in der Lage zu sein. «Vertrauen in unsere Führung und Vertrauen in uns selbst.» Wir erleben, wie der Zweifel am Nutzen der Anstrengung, das Gefühl der Ohnmacht gegenüber einer erdrückenden materiellen Überlegenheit, die immer wieder mächtig wurden, vor dem Gebot der Stunde zurücktreten.

Der Rückblick auf die letzten fünfzig Jahre darf nicht dazu verleiten, sich mit dem Erreichten zu begnügen. Er soll Ansporn sein, in der Anstrengung nicht nachzulassen. Die Wegstrecke, welche dieses Buch beleuchtet, zeigt, wie der Grenzraum an Bedeutung gewonnen, wie die Kampfkraft zwischen Rhein und Aare zugenommen hat. In der gleichen Richtung geht die Entwicklung heute weiter. Es gilt, aktuellen Formen der Bedrohung Rechnung zu tragen, neue Kampfmittel zu integrieren, die Intensität der Ausbildung beizubehalten und das «Vertrauen in uns selbst» zu erhalten und zu rechtfertigen.

So schliesst diese Darstellung keine Epoche ab, sondern führt ohne Bruch in die Gegenwart, als eine Orientierungshilfe in einer Zeit, die uns mancherlei Herausforderung stellt.

Brigadier Hans Jörg Huber, meinem Vorgänger im Kommando und Herausgeber dieses Bandes, danke ich herzlich. Ohne seine Tatkraft und Beharrlichkeit wäre das Buch kaum entstanden.

Brigadier Peter Wolf
Kommandant Grenzbrigade 5